高等教育财经类核心课程系列教材
高等院校应用技能型精品规划教材
高等院校教育教学改革融合创新型教材

金融企业会计
Financial Enterprises Accounting
（第二版）

理论·实务·案例·实训

李贺 ◎ 主编

视频版·课程思政

上海财经大学出版社

图书在版编目(CIP)数据

金融企业会计:理论·实务·案例·实训/李贺主编．—2版．—上海:上海财经大学出版社,2022.11
高等教育财经类核心课程系列教材
高等院校应用技能型精品规划教材
高等院校教育教学改革融合创新型教材
ISBN 978-7-5642-4037-0/F·4037

Ⅰ.①金… Ⅱ.①李… Ⅲ.①金融企业-会计-高等学校-教材 Ⅳ.①F830.42

中国版本图书馆 CIP 数据核字(2022)第 153717 号

□ 责任编辑　汝　涛
□ 封面设计　贺加贝

金融企业会计
——理论·实务·案例·实训
(第二版)
李　贺　主　编

上海财经大学出版社出版发行
(上海市中山北一路 369 号　邮编 200083)
网　　址:http://www.sufep.com
电子邮箱:webmaster@sufep.com
全国新华书店经销
上海新文印刷厂有限公司印刷装订
2022 年 11 月第 2 版　2024 年 7 月第 2 次印刷

787mm×1092mm　1/16　20.75 印张　572 千字
印数:8 001—9 500　　定价:58.00 元

第二版前言

金融企业会计也称"商业银行会计"或"银行会计",是我国高等院校财经类专业的必修课程。本书以应用为目的、以够用为原则,系统地介绍了金融企业会计的基本原理、基本技能和基本方法,旨在培养学生提出问题、发现问题、分析问题和解决问题的能力,因此,编者组织了"双师双能型"教师和校企行合作单位的会计师、金融企业一线工作人员,结合高等教育和应用技能型院校教学改革特色,以基于工作过程为导向,以"项目引领、任务驱动、实操技能"为特色,按照"必需、够用"的原则修订了这本富媒体数字化教材。富媒体数字化教材实现了传统纸质教材与数字技术的融合,通过二维码建立链接,将动漫视频、图文和题库等资源呈现给学生;从教材内容的选取与整合来看,实现了技能教育与产业发展相融合,注重专业教学内容与专业技能素养的有效对接;从教材的教学使用过程来看实现了线下自主与线上互动的融合,学生可以在有网络支持的地方自主完成预习、巩固与复习等。

本书兼顾"就业导向"和"生涯导向",紧紧围绕中国"经济发展新常态"下高等教育人才培养目标,依照"原理先行、实务跟进、案例同步、实践到位"的原则全面展开金融企业会计的内容介绍,体现新的课程体系、新的教学内容和新的教学方法,以提高学生整体素质为基础,以能力为本位,兼顾知识教育、技能教育和素质教育,力求做到:从项目引导出发,提出问题,引入概念,设计情境,详尽解读。全书共涵盖12个项目,51个任务;在结构安排上,采用"项目引领、任务驱动、实操技能"的编写方式,力求结构严谨、层次分明;在表述安排上,力求语言平实凝练、通俗易懂;在内容安排上,尽可能考虑到财经类专业不同层次的不同需求,课后的项目练习和项目实训结合每个项目的内容技能要求而编写,以使学生在学习每一项目内容时做到有的放矢,增强学习效果。

根据高等院校教育教学改革融合创新和应用技能型人才培养的需要,本书力求体现如下特色:

(1)结构合理,体系规范。本书在内容上特别注意借鉴和吸收当前的金融企业会计改革与实践,按理论与实务兼顾的原则设置教材内容。针对高等院校教学课程的特点,将内容庞杂的基础知识系统性地呈现出来,力求体现"必需、够用"原则,体系科学规范,内容简明实用。

(2)与时俱进,紧跟动态。根据金融企业会计课程体系和思路,立足于我国金融界改革的现实基础,本着理论联系实际的原则,系统全面地阐述了金融企业会计制度的基本内容。结合金融企业发展领域前沿专题,根据新修订的《企业会计准则》和相关会计处理规定(包括收入准则、金融工具确认和计量准则、金融资产转移准则、增值税会计处理规定等)及金融机构会计核算的最新变化,编者对本书进行了修订。

（3）突出应用，实操技能。本书从高等院校的教学规律出发，与实际接轨，介绍了当前的金融企业会计的发展和改革动态、理论知识和教学案例，在注重必要理论的同时，强调实际的应用；主要引导学生"学中做"和"做中学"，一边学理论，一边将理论知识加以应用，实现理论和实际应用一体化。

（4）栏目丰富，形式生动。本书栏目形式丰富多样，每个项目设有知识目标、技能目标、素质目标、思政目标、项目引例、做中学、动漫视频、提示、注意、项目练习（包括单项选择题、多项选择题、判断题、会计业务题、案例分析题）、项目实训（包括实训项目、实训目的、实训资料、实训要求）等栏目，并添加了二维码和相关解析等，充分体现富媒体特色。

（5）课证融合，双证融通。本书能满足学生对金融企业会计基础知识学习的基本需要，为适应国务院人力资源和社会保障行政部门组织制定职业标准，实行1+X证书制度，夯实学生可持续发展基础，鼓励院校学生在获得学历证书的同时，积极取得多类职业技能等级证书，拓展就业创业本领。

（6）理实一体，素能共育。在强化应用技能型教育特色的同时，特别注重学生人文素养的培养。我们力求在内容上有所突破，在注重培养专业素质的同时，把社会主义核心价值观教育融入教材内容，贯穿课程思政工作全过程，营造全员育人环境，全面提升人文素质，以培养和提高学生在特定业务情境中提出问题、发现问题、分析问题和解决问题的能力，从而强化学生的职业道德素质。

（7）课程资源，多元立体。为了使课堂教学达到多元立体化，编者开发教学资源（含有二维码解析、动漫视频、教师课件、习题答案、多套模拟试卷等）；为学生的技能培养配备了以"主要纸质教材为主体，线上学习平台为载体"，多种教学资源混合的立体化教学资源体系。

本书由李贺主编。李明明、赵昂、李虹、王玉春、李洪福5人负责全书教学资源包的制作。本书适用于高等教育和应用型教育层次的金融学、会计学、审计学、财政学、国际经济与贸易、人力资源管理、工商管理、财务管理等财经类专业方向的学生使用，也可作为自学考试和社会从业人员的业务学习辅助教材。

本书得到了上海财经大学出版社、辽宁泽润信会计师事务所所长张世国和盛京银行股份有限公司铁岭分行钟祖阳先生的大力支持与业务指导，同时得到了参考文献中作者们的贡献，谨此一并表示衷心的感谢！本书在编写过程中参阅了参考文献中的教材、著作等资料，由于编写时间仓促，加之编者水平有限，本书难免存在一些不足之处，恳请专家、学者批评指正，以便不断地更新与完善。

内容更新与修订

编　者

2022年6月

目　录

项目一　金融企业会计总论 ··· 001
　任务一　金融企业会计概述 ··· 002
　任务二　金融企业会计规范 ··· 004
　任务三　金融企业会计组织 ··· 007
　任务四　金融企业会计核算 ··· 008
　任务五　银行柜员基本技能 ··· 029
　　项目练习 ·· 036
　　项目实训 ·· 038

项目二　存款和理财业务核算 ··· 039
　任务一　存款业务概述 ·· 040
　任务二　单位存款业务核算 ··· 045
　任务三　个人存款业务核算 ··· 047
　任务四　存款利息业务核算 ··· 054
　任务五　存款特殊业务处理 ··· 059
　任务六　理财产品业务核算 ··· 064
　　项目练习 ·· 071
　　项目实训 ·· 074

项目三　贷款和贴现业务核算 ··· 076
　任务一　贷款业务核算 ·· 077
　任务二　贴现业务核算 ·· 086
　　项目练习 ·· 090
　　项目实训 ·· 091

项目四　支付结算业务核算 ········· 093
任务一　支付结算业务概述 ········· 094
任务二　票据结算业务核算 ········· 096
任务三　结算方式业务核算 ········· 110
任务四　信用卡的业务核算 ········· 116
任务五　信用证的业务核算 ········· 118
　　项目练习 ········· 125
　　项目实训 ········· 127

项目五　联行往来业务核算 ········· 130
任务一　联行往来业务概述 ········· 131
任务二　全国联行往来核算 ········· 132
任务三　电子汇兑系统核算 ········· 140
任务四　电子联行往来核算 ········· 142
　　项目练习 ········· 144
　　项目实训 ········· 146

项目六　金融机构往来业务核算 ········· 148
任务一　金融机构往来业务概述 ········· 149
任务二　商业银行与中央银行往来核算 ········· 149
任务三　商业银行同业往来业务的核算 ········· 158
任务四　网上支付跨行清算系统的核算 ········· 165
任务五　中国人民银行大额、小额支付 ········· 167
　　项目练习 ········· 178
　　项目实训 ········· 180

项目七　现金出纳业务核算 ········· 182
任务一　现金出纳工作概述 ········· 183
任务二　现金出纳业务核算 ········· 184
任务三　库房管理和现金运送核算 ········· 187
任务四　现金整点、兑换与识别 ········· 188
　　项目练习 ········· 192
　　项目实训 ········· 194

项目八　中间业务核算 … 195
任务一　中间业务概述 … 196
任务二　担保类业务核算 … 198
任务三　代理类业务核算 … 200
任务四　承诺类业务核算 … 207
　　项目练习 … 209
　　项目实训 … 211

项目九　外汇业务核算 … 212
任务一　外汇业务概述 … 213
任务二　外汇买卖业务核算 … 216
任务三　外汇存贷业务核算 … 220
任务四　国际结算业务核算 … 229
　　项目练习 … 239
　　项目实训 … 241

项目十　金融公司业务核算 … 242
任务一　信托投资业务核算 … 245
任务二　保险业务核算 … 249
任务三　租赁业务核算 … 258
任务四　证券业务核算 … 265
任务五　证券投资基金业务核算 … 271
　　项目练习 … 278
　　项目实训 … 280

项目十一　金融企业损益核算 … 282
任务一　收入业务核算 … 283
任务二　费用业务核算 … 287
任务三　利润业务核算 … 290
任务四　所有者权益业务核算 … 293
　　项目练习 … 301
　　项目实训 … 302

项目十二　金融企业财务报告 ·· 304
　任务一　年度决算 ·· 305
　任务二　企业财务报告概述 ·· 307
　任务三　商业银行财务报告 ·· 308
　　项目练习 ··· 319
　　项目实训 ··· 321

参考文献 ··· 322

项目一

金融企业会计总论

○ **知识目标**

理解：金融企业的组成及职能；金融企业会计的概念；金融企业日常账务核对的内容。

熟知：金融企业会计的对象、目标；金融企业会计法规制度体系；金融企业会计组织。

掌握：金融企业会计的基本前提；金融企业会计核算的基础和会计信息质量要求；金融企业会计核算。

○ **技能目标**

能够结合所学的金融企业会计总论中的基础知识，具备银行柜员基本职业技能，从而具备对金融企业的基本业务进行业务核算的能力。

○ **素质目标**

运用所学的金融企业会计总论基本知识研究相关案例，培养和提高学生在特定业务情境中分析问题与决策设计的能力；结合行业规范或标准，分析行为的善恶，强化学生的职业道德素质。

○ **思政目标**

能够正确地理解"不忘初心"的核心要义和精神实质；树立正确的世界观、人生观和价值观，做到学思用贯通、知信行统一；通过金融企业会计总论知识，提升自己的专业素养，激发自己的创新能力，树立自己的职业规划、职业成就和职业素养。

○ **项目引例**

你理解雅戈尔的公告吗？

2017年，财政部修订颁布《企业会计准则第22号——金融工具确认和计量》《企业会计准则第23号——金融资产转移》《企业会计准则第24号——套期会计》《企业会计准则第37号——金融工具列报》四项金融工具相关会计准则，也就是俗称的"新金融工具会计准则"。在境内外同时上市的企业自2018年1月1日起执行，其他境内上市企业自2019年1月1日起执行。

雅戈尔2019年4月9日公告：公司已于2019年1月5日发布2019-001《关于会计政策变更的公告》，公司于2019年1月1日起执行财政部于2017年3月发布的《企业会计准则第22号——金融工具计量》《企业会计准则第23号——金融资产转移》《企业会计准则第24号——套期会计》《企业会计准则第37号——金融工具列报》。2019年3月7日至2019年4月4日，公司出售中信股份（股票代码：00267.HK），交易金额为311 400.45万元，公司将中信股份指定为"以公允价值计量且其变动计入其他综合收益的金融资产"，其价值波动和处置均不影响当期损益，仅分红收入可计入当期投资收益从而影响当期损益。

资料来源：李贺等主编：《金融企业会计》，上海财经大学出版社2020年版，第1页。

试分析：结合资料说明财政部修订了《企业会计准则》，为什么雅戈尔也作出了相应的会计调整？

○ 知识精讲

任务一　金融企业会计概述

一、金融企业的组成及其职能

(一)金融企业的组成

金融企业是金融机构的重要组成部分。金融机构通常由银行和非银行金融机构组成。

1. 银行

银行是以存款、贷款、汇兑及储蓄等业务承担信用中介的金融机构。现代银行按其在市场经济发展过程中的经济功能和作用划分,可分为中央银行、商业银行和其他专业银行三种类型,其中商业银行是典型的金融企业。

商业银行是以营利为目,以多种金融负债筹集资金,并以多种金融资产为经营对象,具有信用创造功能的金融机构。

【提示】商业银行是现代金融体系的主体,它是依照《公司法》设立的吸收存款、发放贷款、办理结算等金融业务而获取利润的企业法人。商业银行是银行体系中的重要组成部分。

2. 非银行金融机构

非银行金融机构是指除商业银行以外的其他的金融企业,统称为非银行金融机构或金融公司,包括保险公司、证券公司、信托投资公司、租赁公司、基金管理公司、财务公司和期货公司等。

(二)金融企业的职能

1. 商业银行

商业银行也称银行业金融机构,我国商业银行是自主经营、独立核算、自担风险、自负盈亏、自我约束、自我发展的具有法人地位和权利的金融企业,以利润为经营目标,以流动性、安全性和效益性为经营原则。

【提示】商业银行的主要经营业务如下:吸收公众存款,发放短、中、长期贷款,办理国内外结算,办理票据贴现,发行金融债券,买卖政府债券,从事同业拆借,买卖外汇,提供信用证服务及担保,代理保险业务,提供保险箱服务,以及经中国人民银行批准的其他业务。

2. 保险公司

保险公司是经营保险业务和投资业务的经济组织,其主营业务是保险业务,具体包括财产保险、人身保险和再保险等。保险公司的投资业务是指保险公司在组织经济补偿或给付保险金的经营过程中,将收取的保险费积聚起来形成保险资金,并按规定用于投资使之增值的业务活动。

3. 证券公司

我国的证券公司分为两类,即综合类证券公司和经纪类证券公司。①综合类证券公司的业务包括证券经纪业务、证券自营业务、证券承销业务和经国务院证券监督管理机构核定的其他证券业务。②经纪类证券公司只允许专门从事证券经纪业务,即只能专门从事代理客户买卖股票、债券、基金、可转换债券、认股权证等业务。

4. 信托投资公司

信托投资公司是专门从事信托投资业务的公司,目前主要业务有:信托业务,如信托存款、信托贷款和信托投资等;委托业务,如委托存款、委托贷款和委托投资等;代理业务,如代理保管、代理收付、代理有价证券的发行和买卖、信用担保等;咨询业务,如资信咨询、项目可行性咨询、投资咨询和金融咨询等。

5. 租赁公司

租赁公司是从事金融租赁业务的公司，其主要业务有：动产和不动产的租赁、转租赁和回租赁业务；各种租赁业务所涉及的标的物的购买业务；出租物和抵偿租金产品的处理业务；向金融机构借款及其他融资业务；吸收特定项目下的信托存款；租赁项目下的流动资金贷款业务；外汇业务等。

6. 基金管理公司

基金管理公司是依据法律、法规和基金合同，负责基金的经营和管理操作的公司。其主要业务有：证券投资基金的发行和赎回；管理和运用证券投资基金从事股票、债券等金融工具的投资等。

7. 财务公司

财务公司是由企业集团内部集资组建的，主要为集团内部成员筹集和融通资金、提供金融服务的公司。其主要业务有：存贷款、结算、票据贴现、融资租赁、投资、委托及代理发行有价证券等。

8. 期货公司

期货公司是依法设立的、接受客户委托、按照客户的指令、以自己的名义为客户进行期货交易并收取交易手续费的中介组织，其交易结果由客户承担。期货公司是交易者与期货交易所之间的"桥梁"。期货交易者是期货市场的主体，期货交易者具有套期保值或投机盈利的需求，促进了期货市场的产生和发展。

【注意】尽管每一个交易者都希望直接进入期货市场进行交易，但是由于期货交易的高风险性，决定了期货交易所必须制定严格的会员交易制度，非会员不得入场交易。

二、金融企业会计的概念

我国金融结构体系是以中国人民银行为领导、商业银行为主体、政策性金融机构为补充的多种金融机构并存的新型金融机构组织体系。

会计是经济管理的重要组成部分，它以货币为主要计量单位，采用一系列专门的程序和方法，对社会再生产过程中的资金运动进行核算和监督。金融企业会计是会计的一个分支，也是一门专业会计，是以货币为主要计量形式，采用特定方法，对金融企业的经营活动内容、过程和结果进行核算和监督的行业会计，是金融企业管理的重要组成部分，是把会计的基本原理和基本方法具体应用到金融企业这一特殊行业的专业会计。

三、金融企业会计的对象

会计对象是指会计进行核算和监督的内容。金融企业是经营货币和货币资本的机构，其各项经济活动直接表现为资金运动。金融企业资金的来源主要是：①吸收单位和个人的存款，同时可向国际金融组织和国外金融机构借款，在国内外资本市场发行各种债券等，这些构成了金融企业的负债。②自有资本。对于所筹集的资金，应按照国家经济、金融方针政策，以有偿的原则加以运用，进行放款、贴现、投资等活动。金融企业的资金来源和资金运用始终处于不断的更替变化之中，金融企业会计就是要对这种资金的更替变化进行核算和监督，金融企业的资金运动和资金周转共同构成了金融企业会计的对象。

四、金融企业会计的目标

《企业会计准则——基本准则》明确规定，企业财务报告的目标是向财务会计报告使用者提供与企业财务状况、经营成果和现金流量有关的会计信息，反映企业管理层受托责任履行情况，有助于财务会计报告使用者做出经济决策。

【提示】财务会计报告使用者包括投资人、债权人、政府及有关部门和社会公众等。

保护投资者利益是市场经济发展的必然,金融企业的投资者关心其投资的风险与报酬,他们需要会计信息来帮助他们做出有关投资的决策;债权人关心债务企业的偿债能力和财务风险,他们需要财务信息对金融企业的还本付息能力做出合理的评估;政府及有关部门需要金融企业的财务信息来监管其业务活动、制定税收政策、进行收税征管和国民经济统计等;社会公众也关心金融企业对所在地经济做出的贡献,如增加就业、提供社区服务等。

【注意】现代企业制度强调企业所有权和经营权相分离,金融企业管理层受出资人之托经营管理金融企业,负有受托责任。财务报告应当反映金融企业管理层受托责任的履行情况,这样才有助于外部投资者和债权人等评价金融企业的经营管理责任和资源使用的有效性。

任务二 金融企业会计规范

一、金融企业会计法规制度体系

目前,我国的金融企业会计法规制度体系由《中华人民共和国会计法》(以下简称《会计法》)、会计准则体系、《金融企业财务规则》三个层次构成。

(一)《会计法》

《会计法》是银行会计核算法规制度体系的第一层次内容。《会计法》是一切会计工作的根本大法,是我国会计法规制度体系的基本法,是会计核算工作最高层次的规范。1985年1月经全国人民代表大会第六届九次会议通过后以国家主席的命令发布,同年5月开始实施,并分别于1993年12月、1999年10月和2017年11月对《会计法》进行了第一次、第二次和第三次修订。

(二)会计准则体系

会计准则体系是会计核算工作的基本规范。它对会计核算的原则和会计处理方法及程序作出规定,为会计制度的制定提供直接依据。我国会计准则体系由财政部负责制定和解释,报国务院批准后颁布施行。我国新的会计准则体系于2006年2月15日由财政部发布,自2007年1月1日在上市公司范围内实施,鼓励其他企业执行。新会计准则体系包括1个基本准则、42项具体准则和应用指南、解释公告等。

1. 基本准则

基本准则是企业进行会计核算工作必须共同遵守的基本要求,体现了会计核算的基本规律,是对会计核算要求所作的原则性规定,为具体准则的制定提供基本架构。基本准则规定了整个会计准则体系的目的、假设和前提条件、会计信息质量要求、会计要素及其确认与计量、会计报表的总体要求等内容,对42项具体准则具有统驭和指导作用,各具体准则的基本原则均来自基本准则。对企业发展中存在的特殊经济业务,会计人员需要根据基本准则的精神对经济业务进行判断和处理。

2. 具体准则

具体准则根据基本准则制定,用来指导企业各类经济业务的确认、计量、记录和报告的规范。具体准则共有42项,分为一般业务准则、特殊行业的特定业务准则和报告准则。2017年财政部修订了6项会计准则,即《企业会计准则第22号——金融工具确认和计量》《企业会计准则第23号——金融资产转移》《企业会计准则第24号——套期会计》《企业会计准则第37号——金融工具列报》《企业会计准则第16号——政府补助》《企业会计准则第14号——收入》,新增了一项会计准则,即《企业会计准则第42号——持有待售的非流动资产、处置组和终止经营》,另外新增6项会计准则解释。截至2019年6月,财政部修订了2项企业会计准则,即《企业会计准则第7号——非货币性资产交换》《企业会计准则第 12 号——债务重组》。

3.《企业会计准则——应用指南》

《企业会计准则——应用指南》(以下简称《应用指南》)是根据基本准则和具体准则制定的、指导企业会计实务的操作性指南。《应用指南》对各项准则的重点、难点和关键点进行具体解释与说明,着眼于增强准则的可操作性,有助于完整、准确地理解和掌握新准则,并对会计科目和主要账务处理作出操作性规定。由于金融企业的业务与一般企业具有很大区别,因此,《应用指南》中,财务报表(含附注)的列报说明较为详尽,同时区分了一般企业、商业银行、保险公司和证券公司等不同企业类型,基本满足了所有企业各类经济业务的财务报告需要,以及信息使用者的要求。《应用指南》的发布标志着我国企业会计准则体系的构建工作已基本完成。

(三)《金融企业财务规则》

2006 年 12 月,财政部颁布了《金融企业财务规则》(以下简称《规则》),自 2007 年 1 月 1 日起施行。《规则》根据有关法律、行政法规和国务院相关规定制定,包括 11 章 66 条,主要目的是加强金融企业财务管理,规范金融企业财务行为,促进金融企业法人治理结构的建立和完善,防范金融企业财务风险,保护金融企业及其相关方合法权益,维护社会经济秩序。我国的国有及国有控股金融企业、金融控股公司、担保公司、城市商业银行、农村商业银行、农村合作银行、信用社等都要遵循《规则》的要求。金融企业应当根据《规则》的规定,以及自身发展的需要,建立健全内部财务管理制度,设置财务管理职能部门,配备专业财务管理人员,综合运用规划、预测、计划、预算、控制、监督、考核、评价和分析等方法,筹集资金,营运资产,控制成本,分配收益,配置资源,反映经营状况,防范和化解财务风险,实现持续经营和价值最大化。

二、金融企业会计的基本前提

会计的基本前提(或称基本假设)是指会计人员为了实现会计目标而对错综复杂、变化不定的会计环境所做出的合乎情理的假定。

【提示】金融企业会计的四个基本前提分别是会计主体、持续经营、会计分期、货币计量。

(一)**会计主体**

会计主体是指会计工作为之服务的特定单位或组织,是会计工作特定的空间范围。凡是有能力拥有资源、承担义务、独立或相对独立的特定单位或组织,都可以且需要进行独立核算,成为一个会计主体。

动漫视频
会计主体

【注意】会计主体可以是一个企业,也可以是若干家企业通过控股关系组织起来的集团公司。

【提示】一个会计主体可能包括几个会计主体,如总公司和分公司;几个会计主体也可合并为一个会计主体,如联营公司。

(二)**持续经营**

持续经营是指会计主体的业务经营活动能够按照既定目标持续不断地经营下去。只有在持续经营的前提下,资金才能实现周而复始的循环与周转,会计人员才能分期记账,定期进行财务报告,会计处理方法才能保持一致性和稳定性,才能以权责发生制为基础确定本期的收益和费用,解决资产计价和负债偿还等问题。

动漫视频
持续经营

(三)**会计分期**

会计分期是指将会计主体的持续经营活动人为地分割为一定的期间,分期结算账目,报告财务状况,以满足有关各方对财务信息的需求。我国《企业会计准则》规定,会计分期按公历起讫日期分为年度、半年度、季度和月度。

【提示】会计分期这个前提解决了会计核算和监督的时间范围问题。

(四)货币计量

货币计量是指会计信息应以货币为计量尺度。我国金融企业的会计核算以人民币为记账本位币。业务收支以外币为主的企业,可以选定某种外币作为记账本位币,但编制的会计报表应折算为人民币反映。

【注意】境外企业向国内有关部门报送的会计报表也应折算为人民币反映。

三、金融企业会计的核算基础和会计信息质量要求

(一)金融企业会计的核算基础

金融企业应以权责发生制为基础进行会计确认、计量和报告。权责发生制又称应计制,是指凡是当期已经实现的收入和已经发生或应当负担的费用,不论款项是否收付,都应作为当期的收入和费用;凡是不属于当期的收入和费用,即使款项已在当期收付,也不应作为当期的收入和费用。

【提示】权责发生制原则主要是解决收入和费用何时予以确认、确认多少的问题。根据权责发生制进行收入和费用的核算,能够更加准确地反映特定会计期间真实的财务状况和经营成果。

(二)金融企业会计的会计信息质量要求

《企业会计准则——基本准则》对会计信息有如下质量要求:

1. 客观性

客观性又称真实性,是指金融企业会计核算应当以实际发生的交易或事项为依据,如实地反映其财务状况、经营成果和现金流量。

【提示】客观性具体包括真实性、可靠性和可验证性。

2. 相关性

相关性又称有用性,是指金融企业提供的会计信息应当与信息使用者密切相关,能够满足宏观经济管理的需要,满足各有关方面了解企业财务状况、经营成果和现金流量的需要,满足企业加强内部经营管理的需要。

3. 可比性

可比性又称统一性,是指金融企业应当按照规定的会计处理方法进行会计核算,会计指标应当口径一致、相互可比。可比的含义主要是:①横向上,本企业与其他同性质企业的会计信息可比;②纵向上,本企业现时资料与历史资料可比。

4. 及时性

及时性是指金融企业的会计核算应当及时进行,不得提前或延后。会计信息的价值在于帮助信息使用者做出经济决策,具有时效性。为保证会计信息的及时性,务必做到三点:①及时收集会计信息;②及时对会计信息进行加工处理;③及时传递会计信息。

5. 明晰性

明晰性是指金融企业的会计核算应当清晰明了,便于理解和运用。明晰性原则作为会计信息的重要质量特征,要求在会计核算中,会计记录应当准确清晰,凭证填制、账簿登记应当依据合法,账户对应关系清楚,文字摘要完整,会计报表应做到项目完整、数字准确、勾稽关系清楚。

6. 谨慎性

谨慎性又称稳健性,是指金融企业的会计核算应当认真、谨慎,不得多计资产或收益,也不得少计负债或费用。谨慎性原则是针对经济活动中的不确定因素,要求在会计处理上保持小心谨慎的态度,充分考虑到可能发生的风险和损失,当某些经济业务或会计事项存在不同会计处理程序和方法时,在不影响合理反映的情况下,尽可能

选择不虚增利润或夸大所有者权益的会计处理程序和方法，以便对金融风险起到预警作用。

7. 重要性

重要性是指金融企业在会计核算中对不同的交易或事项应当区别对待，根据其重要程度，采用不同的处理方法。它要求那些对资产、负债、损益等有较大影响，进而影响财务会计报告使用者做出合理判断的重要会计事项，必须按规定的会计方法和程序进行处理，并在财务会计报告中予以充分、准确地披露；对于次要的会计事项，在不影响会计信息真实性和不至于误导财务会计报告使用者做出错误判断的前提下，可适当简化处理。

8. 实质重于形式

实质重于形式是指金融企业应当按照交易或事项的实质和经济现实进行会计核算，不应当仅仅以它们的法律形式作为会计核算的依据。

【提示】实际工作中，交易或事项的外在法律形式或人为形式并不总能完全反映其实质内容，此原则能够保证会计核算信息与客观经济事实相符，从而提高会计信息的质量。

动漫视频

实质重于形式

任务三　金融企业会计组织

一、会计机构的设置

金融企业会计机构的设置，应当与金融企业的管理体制、业务工作需要相适应。就我国目前的情况来看，县级、城市区级以上的金融企业，均应设置会计机构。以商业银行为例，一般来说，总行设会计司（部），省、直辖市、自治区分行设会计（结算）和计财处；地（市）二级分行设会计科（处），县支行（城市区级办事处）设会计股（科）。支行以下分理处等单位，因业务量小未设会计机构，但也必须配备专职会计人员和会计主管，经办会计核算及处理日常业务。

中国人民银行总行会计司管理全国金融企业的会计工作。各级金融企业会计机构，都必须在本行行长和上级机构的直接领导下，依据《会计法》和《企业会计准则》，在各自的工作范围内开展会计工作。

二、会计人员

会计人员是直接从事会计核算、监督、分析、检查等各项工作的专业工作人员。

(一)**会计人员的职责**

(1)遵守国家的法律，贯彻执行会计法规和会计制度。

(2)按照会计制度的规定和有关操作规程，履行会计核算与监督职能，完成会计任务。

(3)认真组织、推动会计工作各项规章制度的贯彻执行。

(4)讲究职业道德，履行岗位职责，文明服务，优质高效，廉洁奉公。

(二)**会计人员的权限**

(1)有权要求开户单位及金融企业其他业务部门，认真执行财经纪律和金融企业的有关规章制度、办法。如有违反，会计人员有权制止和纠正，有权对本行各职能部门在资金使用、财产管理、财务收支方面实行会计监督。

(2)会计人员对违法的收支，制止或纠正无效的，应向单位的领导人提出书面意见，要求处理。单位领导人应当自接到书面意见之日起10天内做出书面决定。

(3)发现违反国家政策、财经纪律、弄虚作假等违法乱纪行为，会计人员有权拒绝执行，并向本行行长或上级行报告。

(4)有权越级反映情况。会计人员在行使职权的过程中,对违反国家政策、财经纪律和会计制度的事项,同本行行长(主任)意见不一致时,行长(主任)坚持办理的,会计人员可以执行,但必须向上级行提出书面报告,请求处理。如果有人对会计人员在行使职权的过程中进行刁难或打击报复,上级行要严肃处理。

任务四　金融企业会计核算

金融企业由于业务类型不同,各金融机构在会计处理上略有差异,并没有完全统一的基本核算方法。商业银行在凭证使用、账簿设置和账务处理程序方面具有特殊性。

【注意】金融公司在基本核算方法上可参照一般企业及商业银行的做法,并结合自身业务特色,组织日常会计核算。

一、会计要素和会计等式

(一)会计要素

所谓会计要素,就是对会计对象按其经济特征所做的进一步分类。它是会计对象的基本组成部分。金融企业的会计要素由资产、负债、所有者权益、收入、费用和利润构成。

1. 资产

资产是指过去的交易或事项形成并由企业拥有或者控制的资源,该资源预期会给金融企业带来经济利益。它包括各种财产、债权和其他权利。

金融企业的资产应按流动性进行分类,主要分为流动资产、长期投资、固定资产、无形资产和其他资产。

【提示】从事存贷业务的金融企业,还应按贷款发放的期限划分为短期贷款、中期贷款和长期贷款。

2. 负债

负债是指过去交易或事项形成的现实义务,履行该义务预期会导致经济利益流出金融企业。它是金融企业对其债权人所承担的全部经济责任,反映的是金融企业债权人对其资产的要求权。

金融企业的负债按其流动性可分为流动负债、应付债券、长期准备金和其他长期负债等。

动漫视频

负债

3. 所有者权益

所有者权益是指所有者在企业资产中享有的经济利益,金额为资产减去负债后的余额。

金融企业的所有者权益主要包括实收资本(股本)、资本公积、盈余公积、未分配利润、一般准备金。

【提示】从事存贷款业务的金融企业计提的一般准备、从事保险业务的金融企业计提的总准备金、从事证券业务的金融企业计提的一般风险准备,以及从事信托业务的金融企业计提的信托赔偿准备也是所有者权益的组成部分。

4. 收入

收入是指金融企业在一定经营期间提供金融产品或服务而实现的各种收入。

金融企业的收入主要包括利息收入、手续费及佣金收入、保费收入、租赁收入、其他业务收入、汇兑损益、公允价值变动损益、投资损益和营业外收入等。

【注意】收入不包括为第三方或者客户代收的款项,如企业代垫的工本费、代邮电部门收取的邮电费。

5. 费用

费用是指金融企业提供金融商品服务过程中所发生的经济利益的流出。

【注意】费用不包括为第三方或客户垫付的款项,主要包括利息支出、金融企业往来支出、手续费支出、汇兑损失等。

6. 利润

利润是指金融企业在一定会计期间的经营成果,包括营业利润、利润总额和净利润。

(二)会计等式

会计要素是对会计对象具体内容的高度概括和按其经济特征所做的最基本分类。各要素之间存在着一定的数量关系。表明各会计要素之间基本关系的恒等式称为会计等式。

1. 资产、负债和所有者权益之间的基本关系

任何金融企业要从事经营活动,都必须拥有或控制一定数量与其经营规模相当的资产。资产无论以什么具体形态存在都要有与其相应的来源或形成渠道,这样,为其提供资产者必然对金融企业的资产享有一定的权利,这就形成了权益。资产和权益反映了同一资金的两个不同的侧面,资产反映了资金被运用分布的状态,权益反映了资金的来源,两者之间存在着相互依存、相互制约的关系。

【提示】有一定量的资产,必然有与其相等的权益。

两者之间的关系可用等式表示如下:

$$资产=权益$$

金融企业的资金有向投资者筹集和向债权人筹集两个途径。向投资者筹集的资金形成了所有者权益,投资者有定期收取投资报酬的权利。向债权人筹集的资金形成了负债,债权人有到期收回本金和定期收取利息的权利。因此,资产、负债和所有者权益之间的关系可以用等式表示如下:

$$资产=负债+所有者权益$$

这是会计的基本等式,它反映了金融企业在某一时点资产与负债和所有者权益之间的恒等关系。

【注意】资产、负债和所有者权益三要素之间的数量关系表现了金融企业在一定时点上的财务状况,它是编制资产负债表的理论基础。

2. 收入、费用和利润之间的基本关系

金融企业从事经营活动的目的是获取利润。它的资产投入营运后,必然会取得收入,并将伴随着收入而发生相应的费用。

【提示】将一定期间的收入与费用相比较,收入大于费用的差额是利润;反之,收入小于费用的差额是负利润,也被称为亏损。

因此,收入、费用与利润的关系可以用等式表示如下:

$$收入-费用=利润$$

这一等式反映了金融企业某一时期收入、费用和利润的恒等关系,它是编制利润表的理论依据。

二、会计科目、账户和记账方法

(一)会计科目

会计科目是对金融企业的各项要素的具体核算内容,按金融企业会计核算的要求进行分类核算反映的类别名称,是设置账户、归集和记载各项经济业务的依据。

1. 会计科目设置原则

(1)满足经营管理需要

会计科目必须根据业务性质、资产负债的流动性及特定的管理要求设置,以全面反映金融企业经营资金的结构及运用情况,满足经营管理的需要。

(2)符合会计核算要求

动漫视频

会计科目

会计科目设置是会计核算的基础,因此,科目的设置要适应会计核算的要求,既不能过多过少,也不能过繁过简,要名称确切、含义清楚、核算内容明确,这样才有利于会计核算的组织和会计资料的提供。

(3)根据资金性质设置会计科目,以全面反映资产负债增减变化的情况

金融企业会计科目根据资金性质设置资产类、负债类、所有者权益类和损益类,这样,通过核算就能够反映出资金结构状况。同时,为适应资金划拨清算的需要,各银行开办了联行往来系统,在会计科目中设有联行往来科目,这类科目资产负债的性质不确定,因此,作为资产负债共同类科目。

(4)按国际通则设置会计科目

为了适应改革开放的需要,设置会计科目应遵照国际通用会计标准,按权责发生制和稳健性原则设置会计科目,应与国际通行的做法相一致,以促进改革开放、扩大国际交流。

2. 会计科目的分类

(1)按会计科目使用范围分类

为了统一核算口径,提供统一的会计报表指标,财政部会同中国人民银行根据各行业务的常规需要,制定了银行业会计科目和金融性公司会计科目,并划分为资产类、负债类、所有者权益类和损益类。金融公司会计科目也是各金融公司日常核算用科目,而各商业银行则在银行业会计科目的规定下,还各自制定了本系统内会计科目,进行具体业务核算时使用。

【注意】编制银行业会计报表时,必须严格按照银行业会计科目的归属关系填报有关数据,以确保核算口径一致、指标可比。

(2)按与会计报表的关系分类

会计科目按其与会计报表的关系划分,可分为表内科目和表外科目。

其一,表内科目是指核算金融企业会计要素实际增减变化的会计科目。

根据《企业会计准则》,表内科目按经济内容分为资产、负债、所有者权益、损益四大类。其中,银行业表内科目还包括具有资产和权益双重性质的科目,即资产负债共同类科目。

①资产类科目,是用来核算与监督金融企业资金的占用和分布的科目,包括各种资产债权和其他权利。该类科目根据资产的流动性和经营管理的需要排列,主要包括库存现金、存放同业、贵金属、各类贷款、应收款项、存放在中央银行和联行及同业的款项、对外投资、固定资产和其他资产等科目。资产类科目余额反映在借方。

②负债类科目,是用来核算金融企业资金取得和形成的渠道的科目。该类科目根据负债的期限长短和内容来排列,有流动负债和长期负债两类,主要包括各类存款、向中央银行借款、联行或同业存放在本行的款项、拆入资金、各种应付款项等。负债类科目余额反映在贷方。

③资产负债共同类科目,是用来核算和监督金融企业发生的资金往来业务的科目,适用于联行

往来、货币兑换、同城票据清算等业务。这类科目的特点是在日常核算中资产负债的性质不确定，其性质视科目的期末余额而定。其科目余额在借方表现为资产，余额在贷方表现为负债。

【提示】在编制会计报表时应根据余额方向，分别纳入资产类或负债类反映，如联行往账、联行来账、辖内往来等科目。

④所有者权益类科目，是用来核算金融企业投资者在金融企业净资产中享有的经济利益的科目，包括所有者投入的资本金和留存利润，主要包括实收资本、资本公积、盈余公积、本年利润和利润分配等科目。其余额方向，资本部分是贷方余额。

【注意】利润分配科目则可能是贷方余额，表示未分配的利润；也可能是借方余额，表示尚未弥补的亏损。

⑤损益类科目，是核算金融企业财务收支及经营损益的科目。主要包括收入类科目、成本支出及费用类科目，它们是计算金融企业损益的依据。在期末，损益类科目均转入本年利润科目。

其二，表外科目是指不核算金融企业会计要素实际增减变化，用于反映各项登记备查事项的会计科目。

(3)按反映经济业务内容的详略程度分类

金融企业会计科目按核算经济业务内容的详略程度，可分为一级科目和二级科目。

①一级科目。其名称代号及核算内容具有较强的统一性，科目的设置及修改应高度集中。

②二级科目。可以由各金融企业根据自身业务的实际需要和权限增加设置。

金融企业应依照《企业会计准则指南》中的科目表规定的科目名称和核算内容设置与使用会计科目，处理经济业务。企业会计科目名称和编号如表1—1所示。

表1—1　　　　　　　　　　　　　企业会计科目名称和编号

序号	编号	会计科目	序号	编号	会计科目
		一、资产类	20	1304	贷款损失准备
1	1001	库存现金	21	1311	代理兑付证券
2	1002	银行存款	22	1321	代理业务资产
3	1003	存放中央银行款项	23	1431	贵金属
4	1011	存放同业	24	1441	抵债资产
5	1012	其他货币资金	25	1461	融资租赁资产
6	1021	结算备付金	26	1501	债权投资
7	1031	存出保证金	27	1502	债权投资减值准备
8	1101	交易性金融资产	28	1503	其他债权投资
9	1111	买入返售金融资产	29	1504	其他权益工具投资
10	1121	应收票据	30	1511	长期股权投资
11	1122	应收账款	31	1512	长期股权投资减值准备
12	1123	预付账款	32	1521	投资性房地产
13	1131	应收股利	33	1531	长期应收款
14	1132	应收利息	34	1532	未实现融资收益
15	1221	其他应收款	35	1601	固定资产
16	1231	坏账准备	36	1602	累计折旧
17	1301	贴现资产	37	1603	固定资产减值准备
18	1302	拆出资金	38	1604	在建工程
19	1303	贷款	39	1605	工程物资

续表

序号	编号	会计科目	序号	编号	会计科目
40	1606	固定资产清理	75	2901	递延所得税负债
41	1611	未担保余值			
42	1701	无形资产			三、共同类
43	1702	累计摊销	76	3001	清算资金往来
44	1703	无形资产减值准备	77	3002	货币兑换
45	1711	商誉	78	3101	衍生工具
46	1801	长期待摊费用	79	3201	套期工具
47	1811	递延所得税资产	80	3202	被套期项目
48	1901	待处理财产损溢			
					四、所有者权益类
		二、负债类	81	4001	实收资本
49	2001	短期借款	82	4002	资本公积
50	2002	存入保证金	83	4003	其他综合收益
51	2003	拆入资金	84	4101	盈余公积
52	2004	向中央银行借款	85	4102	一般风险准备
53	2011	吸收存款	86	4103	本年利润
54	2012	同业存放	87	4104	利润分配
55	2021	贴现负债	88	4201	库存股
56	2101	交易性金融负债			
57	2111	卖出回购金融资产款			五、损益类
58	2201	应付票据	89	6011	利息收入
59	2202	应付账款	90	6021	手续费及佣金收入
60	2203	预收账款	91	6041	租赁收入
61	2211	应付职工薪酬	92	6051	其他业务收入
62	2221	应交税费	93	6061	汇兑损益
63	2231	应付利息	94	6101	公允价值变动损益
64	2232	应付股利	95	6111	投资收益
65	2241	其他应付款	96	6301	营业外收入
66	2311	代理买卖证券款	97	6402	其他业务成本
67	2312	代理承销证券款	98	6411	利息支出
68	2313	代理兑付证券款	99	6421	手续费及佣金支出
69	2314	代理业务负债	100	6602	业务及管理费
70	2501	长期借款	101	6701	资产减值损失
71	2502	应付债券	102	6702	信用减值损失
72	2701	长期应付款	103	6711	营业外支出
73	2702	未确认融资费用	104	6801	所得税费用
74	2801	预计负债	105	6901	以前年度损益调整

（二）账户

账户是指具有一定结构，用以分类记录经济业务引起会计要素的增减变动及其结果的一种记账载体。账户的具体表现形式是一种具有一定格式和结构的表格。

为了在账户中记录各项经济业务,每个账户既要有明确的经济内容,又要有便于记录的账户结构。各项经济业务引起的会计要素的变动,从数量上看,不外乎是增加和减少两种情况,因此账户的基本结构也相应地划分为左、右两方。一方记录增加数,另一方记录减少数。增减相抵后的差额,称为账户余额。账户的基本结构采用"T"型,具体格式如图 1—1 所示。

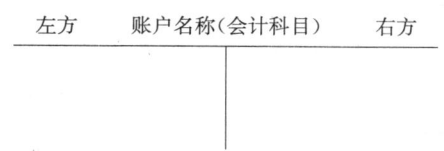

图 1—1　"T"型账户结构

在实际工作中,账户的基本格式是三栏式,如表 1—2 所示。

表 1—2　　　　　　　　　　　　　三栏式账户的基本格式

账户名称:

年		凭证号数	摘　要	借　方	贷　方	借或贷	余　额
月	日						

(三)记账方法

记账方法就是在核算时,使用一定的记账符号,按照一定的记账规则,将各项业务和财务活动记入账户,以反映资产、负债增减变化的一种专门的技术方法。按记录方式的不同,金融企业会计的记账方法包括复式记账法和单式记账法。

1. 复式记账法

复式记账法就是对每一项经济业务,都要以相等的金额,同时在两个或两个以上相互联系的账户中进行登记的记账方法。借贷记账法是复式记账法的一种。

(1)记账符号

借贷记账法以"借""贷"作为记账符号,将每个账户划分为借方和贷方两个基本部分。通常左方为借方,右方为贷方。一方登记增加金额,另一方登记减少金额。

【注意】至于哪一方登记增加金额,哪一方登记减少金额,则取决于账户所要反映的经济内容。借贷记账法下各类账户的记账方向如表 1—3 所示。

表 1—3　　　　　　　　　　　　借贷记账法下各类账户的记账方向

借　方	贷　方
资产增加	负债增加
负债减少	资产减少
所有者权益减少	所有者权益增加
成本、费用增加	成本、费用减少
收入减少	收入增加

(2)记账规则

借贷记账法以"有借必有贷,借贷必相等"作为记账规则。当经济业务发生时,同时要引起至少两个账户发生变化,根据所涉资金增减变化的内在联系,在确定应记科目的基础上,以同等的金额记入一个账户的借方,另一个或两个账户的贷方;或者记入一个账户的贷方,另一个或两个账户的借方。

【注意】有借方必有贷方,借贷双方金额必须相等。

(3)试算平衡

借贷记账法是根据复式记账原理,按照"资产=负债+所有者权益"的平衡理论来检查和平衡账务的。由于每笔业务始终坚持"有借必有贷,借贷必相等"的记账规则,因此每天或一定时期内的借方发生额和贷方发生额必然是相等的。

【提示】由于每天或一定时期内的上期借方余额和贷方余额是相等的,因此本期借方余额与贷方余额也必然是相等的。

账务平衡公式如下:

各科目借方本期发生额合计=各科目贷方本期发生额合计

各科目借方本期余额合计=各科目贷方本期余额合计

【做中学1—1】 1月11日,收到居民存入活期存款78 800元现金入库。其会计分录为:

借:库存现金　　　　　　　　　　　　　　　　　　　　　　　　78 800
　　贷:吸收存款——活期储蓄存款　　　　　　　　　　　　　　　　　78 800

【做中学1—2】 1月12日,借款单位大华公司以活期存款60 000元归还短期贷款。其会计分录为:

借:吸收存款——活期存款——大华公司　　　　　　　　　　　　　60 000
　　贷:短期贷款　　　　　　　　　　　　　　　　　　　　　　　　60 000

【做中学1—3】 1月23日,向中国人民银行解交回笼现金80 000元。其会计分录为:

借:存放中国人民银行款项　　　　　　　　　　　　　　　　　　　80 000
　　贷:库存现金　　　　　　　　　　　　　　　　　　　　　　　　80 000

【做中学1—4】 1月24日,居民将活期存款60 000元转为定期存款。其会计分录为:

借:吸收存款——活期储蓄存款　　　　　　　　　　　　　　　　　60 000
　　贷:吸收存款——定期储蓄存款　　　　　　　　　　　　　　　　60 000

根据以上四项经济业务的会计分录编制试算平衡表,如表1—4所示。

表1—4　　　　　　　　　　　　　试 算 平 衡 表
××××年××月××日　　　　　　　　　　　　　　　　　　单位:元

账户名称	期初余额(假设) 借方	期初余额(假设) 贷方	本期发生额 借方	本期发生额 贷方	期末余额 借方	期末余额 贷方
库存现金	207 800		78 800	80 000	206 600	
存放中央银行款项	282 600		80 000		362 600	
存放同业款项	220 900				220 900	
贷款	1 106 200			60 000	1 046 200	
固定资产	101 500				101 500	
吸收存款		1 447 000	120 000	138 800		1 465 800
同业存放款项		217 000				217 000
实收资本		255 000				255 000
合　计	1 919 000	1 919 000	278 800	278 800	1 937 800	1 937 800

2. 单式记账法

单式记账法是指对已发生的每一笔业务,只单方记入一个账户或一个科目的记账方法。

【注意】目前,单式记账法在其他部门会计中基本不用,在金融企业仅适用于对表外科目的记录。

根据规定,金融企业对业务上使用的重要空白凭证、未发行的国家债券、待结算凭证、待保管有价值物品等应设置表外科目登记,并进行单式记账。

【提示】以收入和付出作为记账符号,账簿设"收入""付出""余额"三栏,业务事项发生时记收入,销账或减少时记付出,余额表示结存或剩余。

【做中学1-5】 某行企业存款柜组领回重要空白凭证支票100本。其会计分录为:
收入:重要空白凭证——支票　　　　　　　　　　　　　　　　　　100

【做中学1-6】 某企业购买支票20本。其会计分录为:
付出:重要空白凭证——支票　　　　　　　　　　　　　　　　　　20

三、会计凭证

(一)会计凭证的特点

1. 除个别业务外,大多采用单式凭证

采用单式凭证既有利于加速凭证传递和分工记账,又便于在结账时按科目清分传票,编制科目日结单进行综合核算,适应了金融企业业务量大、分工细的特点。

2. 大量使用特定凭证代替记账凭证

金融企业办理对外业务,一般都以客户提交有关凭证代替收付款证明,大量采用客户来行办理业务所提交的原始凭证,经审核后代替记账凭证。会计凭证已具备了记账凭证的要素,且大多采用多联套写方式,既可以避免重复劳动,提高工作效率,又可使办理业务的收、付款单位及双方开户银行都有一张同一内容的凭证,从而保证了有关方面核算的一致性,也便于审核和装订保管。

3. 凭证传递环节多

以银行为例,银行办理每笔业务,从收到凭证到业务处理完毕,凭证不仅要在内部各柜组(如现金出纳柜、会计柜等)之间进行传递,而且有的还要在异地联行之间进行传递。因此,会计凭证传递环节多,也是其特点之一。

(二)会计凭证的种类

会计凭证按填制程序和用途的不同,可分为原始凭证和记账凭证。

1. 原始凭证

原始凭证是在经济业务发生时取得或填制的,用以记录和证明经济业务的发生和完成情况的原始依据。原始凭证按其来源不同可分为外来原始凭证和自制原始凭证。①外来原始凭证是经济业务发生时从外部取得的凭证,如开户单位签发的各种结算凭证、从其他单位收到的划款通知等。②自制原始凭证是办理各种业务时,根据业务需要而自制的凭证,如银行填制的特种转账借方和贷方凭证、利息计算清单等。

2. 记账凭证

记账凭证是根据原始凭证编制或用原始凭证代替的凭证,它是登记账簿的直接依据。这里需要说明的是,金融企业在办理各项业务的过程中,为了避免重复劳动、提高工作效率,较普遍地将审核后的单位或客户来行办理业务所提交的原始凭证,代替记账凭证。

(1)记账凭证按填制方法的不同,分为单式记账凭证和复式记账凭证

①单式记账凭证。单式记账凭证是指一笔业务的借方和贷方科目要分别编制两张或两张以上

的凭证,在一张凭证上只填记一个会计科目或账户。其优点是在手工记账时,便于分工记账、传递和按科目汇总发生额。其缺点是业务不集中,不便于事后查对。

【注意】目前,金融企业会计因其账务处理的特殊性一般采用单式记账凭证。

②复式记账凭证。复式记账凭证是指一笔业务的借方和贷方科目都填列在一张凭证上,并凭以记入两个或两个以上账户的凭证。其优点是科目对应关系明确,可以清楚地反映资金的来龙去脉,便于查对。其缺点是在手工记账时,不便于分工记账、传递和按科目汇总发生额。

(2)记账凭证按其格式和使用范围的不同,又分为基本凭证和特定凭证(主要指银行会计凭证)。

①基本凭证。基本凭证是银行会计人员根据原始凭证及业务事项,自行填制并凭以记账的凭证。按其性质和用途的不同,可分为现金收付凭证、转账凭证、特种转账凭证和表外收付凭证四类。在这四类凭证中,除现金收付凭证采用复式记账凭证形式外,其他三类凭证均采用单式记账凭证形式。

第一,现金收付凭证。它是指用于反映银行现金收入和付出事项的记账凭证。这类凭证有现金收入传票和现金付出传票两种,其格式分别如表1—5和表1—6所示。

表1—5　　　　　　　　　　××银行　现金收入传票

(贷)_____　　　　　　　　　　　　　　　　　　　　总字第　　号
(借)现金_____　　　　　　年　月　日　　　　　　字第　　号

户名或账号	摘　要	金　额（亿千百十万千百十元角分）	附单据　　张
	合　计		

会计　　　　　　出纳　　　　　　复核　　　　　　记账

表1—6　　　　　　　　　　××银行　现金付出传票

(借)_____　　　　　　　　　　　　　　　　　　　　总字第　　号
(贷)现金_____　　　　　　年　月　日　　　　　　字第　　号

户名或账号	摘　要	金　额（亿千百十万千百十元角分）	附单据　　张
	合　计		

会计　　　　　　出纳　　　　　　复核　　　　　　记账

第二,转账凭证。它是指用于反映银行转账事项,仅供银行内部使用,不对外传递的记账凭证。这类凭证有转账借方传票和转账贷方传票两种,其格式分别如表1—7和表1—8所示。

表 1-7　　　　　　　　　××银行　转账借方传票

科目(借)_____　　　　　　　　　　　　　　　　　　　总字第　　号
对方科目(贷)_____　　　　　年　月　日　　　　　　　字第　　号

户名或账号	摘要	金额（亿千百十万千百十元角分）	附单据　张
	合计		

会计　　　　　出纳　　　　　复核　　　　　记账

表 1-8　　　　　　　　　××银行　转账贷方传票

科目(贷)_____　　　　　　　　　　　　　　　　　　　总字第　　号
对方科目(借)_____　　　　　年　月　日　　　　　　　字第　　号

户名或账号	摘要	金额（亿千百十万千百十元角分）	附单据　张
	合计		

会计　　　　　出纳　　　　　复核　　　　　记账

第三，特种转账凭证。这类凭证供银行内部使用，不对外销售但可对外传递，适用于未设专用凭证但又涉及外单位的一切转账业务。这类凭证有特种转账借方传票和特种转账贷方传票两种，其格式分别如表 1-9 和表 1-10 所示。

表 1-9　　　　　　　　　××银行特种转账借方传票

　　　　　　　　　　　　　　年　月　日　　　　　　　总字第　　号
　　　　　　　　　　　　　　　　　　　　　　　　　　字第　　号

收款单位	全称　　　　账号或地址　　　　开户银行　　行号	付款单位	全称　　　　账号或地址　　　　开户银行　　行号	附单据　张
金额	人民币（大写）		千百十万千百十元角分	
原凭证金额		赔偿金		
原凭证名称		号码	科目(借)_____ 对方科目(贷)_____ 会计　复核　记账	
转账原因		银行盖章		

表 1—10　　　　　　　　　　××银行特种转账贷方传票

总字第　　号
字第　　号
年　月　日

收款单位	全　称			付款单位	全　称												附单据
	账号或地址				账号或地址												
	开户银行		行号		开户银行			行号									
金额	人民币（大写）						千	百	十	万	千	百	十	元	角	分	张
原凭证金额			赔偿金			科目(贷)．．．．．．．．．											
原凭证名称			号　码			对方科目(借)．．．．．．．											
转账原因					银行盖章	会计　　复核　　记账											

第四，表外科目收付凭证。它是指用于反映银行各项备查事项的记账凭证。这类凭证有表外科目收入传票和表外科目付出传票两种，其格式分别如表 1—11 和表 1—12 所示。

表 1—11　　　　　　　　　　××银行表外科目收入传票

总字第　　号
字第　　号

表外科目（收入）　　　　　　　　年　月　日

户　名	摘　要	金　额									附单据
		千	百	十	万	千	百	十	元	角	分
											张
	合　计										

会计　　　　　　出纳　　　　　　复核　　　　　　记账

表 1—12　　　　　　　　　　××银行表外科目付出传票

总字第　　号
字第　　号

表外科目（付出）　　　　　　　　年　月　日

户　名	摘　要	金　额									附单据
		千	百	十	万	千	百	十	元	角	分
											张
	合　计										

会计　　　　　　出纳　　　　　　复核　　　　　　记账

②特定凭证。特定凭证是指根据各项具体业务的特点和用途而制定的专用凭证。这类凭证一般由银行统一印制，客户购入和填写，并提交银行凭以办理业务，银行则用以代替传票并凭以入账，

如现金支票、转账支票等。也有某些特定凭证由银行填制并凭以办理业务,如银行汇票等。

【提示】这类凭证在金融企业会计凭证中占大多数,种类较多。

(三)会计凭证的基本内容

金融企业会计凭证虽然种类多,具体的格式和内容也不一样,但所有的会计凭证都必须填写与经济业务记载有关的基本要素。这些基本要素为:①凭证的名称及编制的年、月、日(特定凭证中的日期由客户填写);②收、付款单位开户银行的名称和行号;③收、付款单位的户名和账号;④货币符号和大小写金额;⑤款项来源、用途、摘要及附件张数;⑥会计分录和凭证编号;⑦单位按照有关规定的签章;⑧金融机构及有关人员的签章。

(四)会计凭证的填制

1. 按不同业务编制传票

每发生一笔现金收入或现金付出业务,只编制一张现金科目的对方科目传票。

【注意】每发生一笔转账业务,要分别填制转账借方传票和转账贷方传票,并且业务发生涉及多少个账户,就应填多少张转账传票。

2. 按规定填写传票

当传票内容填错时,应按规定更正或重填。

【注意】根据《中华人民共和国票据法》(以下简称《票据法》)的规定,票据的金额、日期、收款人三项内容,无论任何一项内容填错,均应重新填制凭证,更正无效。其他内容填错,可按规定更正,不必重填。非票据会计凭证填错,应按会计制度规定办理更正或重填凭证。

3. 按不同业务加盖印鉴或戳记

会计凭证应按规定加盖印鉴或戳记。①对现金收入业务,在收妥现金之后,应在现金传票上加盖"现金收讫"戳记。②对现金付出业务,在付出现金后,应在凭证上加盖"现金付讫"戳记。③对转账业务在转账完毕时应加盖"转讫"戳记。④银行对外填制的各种凭证应加盖业务专用章。⑤对联行业务应加盖联行业务专用章;⑥对银行汇票或银行承兑汇票,出票时应按规定加盖汇票专用章;⑦对银行本票在出票时应按规定加盖银行本票专用章。

(五)会计凭证的审查

凭证的审查是指对凭证的正确性、合法性、真实性和完整性进行确认,这是核算与监督经济业务的重要环节。审查的具体内容主要有:①是否属于本单位受理的凭证;②使用的凭证种类是否正确,凭证的基本内容、联数与附件是否完整齐全,是否超过有效期限;③账号与户名是否相符;④大小写金额是否一致,字迹有无涂改;⑤密押、印鉴是否真实齐全;⑥款项来源、用途是否填写清楚,是否符合有关规定的要求;⑦内部科目的账户名称使用是否正确;⑧计息、收费、赔偿金等的计算方法与数额是否正确。

【提示】经过审核,对于符合要求的凭证,予以账务处理或进行传递。对于不符合要求的凭证,应拒绝受理;如属内容不全或填写有差错的凭证,应向客户解释清楚,要求客户重填;如属伪造凭证等违法乱纪行为,要认真追究,配合有关部门严肃处理。

(六)会计凭证的传递

金融企业会计凭证的传递过程,是指从收到或编制凭证起,直到业务处理完毕、传票装订保管为止的整个过程。会计凭证的传递一般包括规定合理的传递路线、时间,会计凭证在传递过程中的衔接手续等。

会计凭证的传递,必须做到准确及时、手续严密。为了维护金融企业资金的安全,在人机并用的情况下,凭证传递的基本要求为:①现金收入业务,先收款,后记账,先记现金收入日记簿,后记分户账,以防止漏收或错收款项,保证账款一致。②现金付出业务,先记账(或通过电子计算机查询余额),后付款,先记入付款人的分户账,后记入现金付出日记簿,之后才支付现金,以防止透支、冒领事故的发生。③转账业务,先记付款人账,后记收款人账,代收他行票据必须坚持收妥抵用,以防止单位套用金融机构资金,造成金融机构垫款。

(七)会计凭证的整理、装订和保管

会计凭证是重要的会计档案,是事后查考的依据。为了保证会计资料的完整性和安全性,必须按规定装订归档,妥善保管。

1. 凭证的整理

传统上,由于商业银行业务量大,会计凭证应按期整理装订。每日营业终了,对已办完核算手续的凭证应集中整理,按先表内科目、后表外科目的顺序排列。表内科目按科目编号先小号后大号的顺序进行整理。同一科目下再按现金传票在前、转账传票在后,借方传票在前、贷方传票在后依次排列。表外科目按收入、付出顺序排列。原始凭证及有关单证附于记账凭证后面,并加盖"附件"戳记。

【注意】装订后,将当天所有传票依次逐张编列总号。

2. 凭证的装订

科目日结单装订在该科目各明细账记账凭证的前面,传票销号单则附在最后一并装订。装订成册的凭证,应由指定的会计人员负责妥善保管,年度终了,应移送财会档案室登记归档。凭证经整理后,外加传票封面和封底,在封面上要写明日期、传票总数、册数、号码等内容。装订成册后,在结绳处用纸条加封,由装订人员加盖骑缝章,封面上应由装订人员、会计主管人员盖章,以明确责任。无误后,入库保管。

四、账务组织和账务处理

(一)账务组织

账务组织就是指各种账簿的设置以及各类账簿在数字记载和账务核对方面的相互关系。账务组织主要由各种账簿组成,但为了核算的严密性,还设置了有关表、单,作为账务组织的组成部分。

【提示】金融企业的账务组织从核算体系上划分,包括明细核算和综合核算两个系统。

(二)明细核算

明细核算是对每一个会计科目分户的详细记录,由分户账、登记簿、余额表和现金收付日记簿组成。其核算程序如图1—2所示。

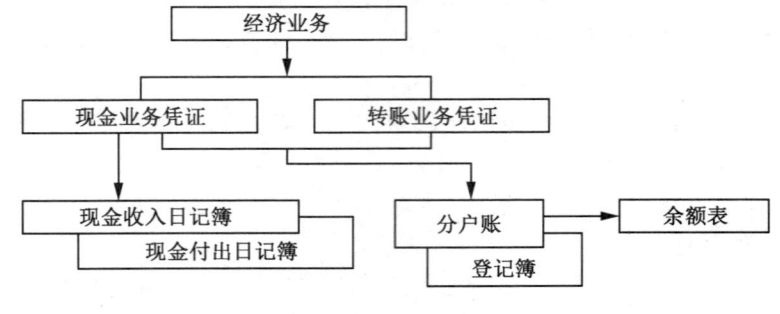

图1—2 明细核算程序

1. 分户账

分户账是明细核算的主要账簿,按户立账,根据凭证逐笔连续记载,具体反映每个账户的资金活动情况。因而,分户账是办理业务以及与客户核对账务的重要工具。

(1)分户账的基本账式

为了适应不同业务核算的需要,分户账一般设有四种账式。

①甲种账(见表1-13)又称"分户式账页",设有借方发生额、贷方发生额和余额三栏。

【提示】甲种账适用于不计息存款、内部往来资金及损益类科目的明细账。

表1-13　　　　　　　　　　　　中国××银行(　　)

＿＿＿＿＿＿账

户名:　　　账号:　　　领用凭证记录:

本账总页数
本户页数

年		摘要	凭证号码	对方科目代号	借方（位数）	贷方（位数）	借或贷	余额（位数）	复核盖章
月	日								

会计　　　　　　　　记账

②乙种账(见表1-14)又称"计息式账页",设有借方发生额、贷方发生额、余额、日数、积数五栏。

【提示】乙种账适用于在账页上直接计算利息积数的账户。

表1-14　　　　　　　　　　　　中国××银行(　　)

＿＿＿＿＿＿账

户名:　　　账号:　　　领用凭证记录:　　利率:

本账总页数
本户页数

年		摘要	凭证号码	对方科目代号	借方（位数）	贷方（位数）	借或贷	余额（位数）	日数	积数（位数）	复核盖章
月	日										

会计　　　　　　　　记账

③丙种账(见表1-15),设有借方发生额、贷方发生额、借方余额、贷方余额四栏。

【提示】丙种账用以记录需要在借、贷双方反映余额的账户。

表1-15　　　　　　　　　　　　中国××银行(　　)

＿＿＿＿＿＿账

户名:　　　账号:　　　领用凭证记录:　　利率:

本账总页数
本户页数

年		摘要	凭证号码	对方科目代号	发生额		余额		复核盖章
月	日				借方（位数）	贷方（位数）	借方（位数）	贷方（位数）	

会计　　　　　　　　记账

④丁种账(见表1—16)又称"销账式账页",设有借方发生额、贷方发生额、余额和销账四栏。

【提示】丁种账适用于记录逐笔销账的一次性业务,它兼有分户核算的作用。这种反映方法可以在同一行看出资金的全部面貌,便于核对账务。

表1—16　　　　　　　　　　中国××银行(　　)

_____账

户名：

年		账号	户名	摘要	凭证号码	对方科目代号	借方（位数）	销账		贷方（位数）	借或贷	余额（位数）	复核盖章
月	日							年	月				

本账总页数

本户页数

会计　　　　　　　　　记账

【注意】以上是分户账的四种基本格式,各金融企业根据需要全部使用或使用其中的几种。由于取消了借、贷双方同时反映余额的科目,因此,丙种账页使用较少。

(2)分户账的有关规定

具体包括：①填明账页上首,不得省略(如科目、户名、账号、货币符号、利率、账页编号和额度等),更换新账页时,应将前页的最后余额过入新账页的第一格余额栏内,并在摘要栏注明"承前页"。对乙种账页还应将计息累计积数同时结转过页。日期栏填写前页最后一笔记账日期。②记账时先核对好户名、账号、币别、印鉴、业务内容,防止串户、冒领、透支等事故发生。③经济业务发生后,必须根据传票逐笔记载和逐笔结出余额,在分户账摘要栏内简明扼要地写明业务内容和有关凭证号码。采用电算化的,应由计算机自动轧出余额。

2. 登记簿

登记簿是明细核算的辅助性账簿,是为了适应表内、表外科目某些业务需要而设立的账簿,主要运用于那些在分户账上未能记录或不必要分户记录的重要事项的登记,如对客户交来的托收单据的记录等。其格式可参照分户账,根据需要自行设计,通常有特定格式和一般格式两种。特定格式的登记簿是为了满足某些业务的需要而设置的；一般格式的登记簿(见表1—17)通常设有收入、付出和余额三栏,用来反映数量及金额情况。

表1—17　　　　　　　　　　中国××银行(　　)

_____账

户名：　　　　单位：

年		摘　要	收　入		付　出		余　额		复核盖章
月	日		数量	金额（位数）	数量	金额（位数）	数量	金额（位数）	

本账总页数

本户页数

会计　　　　　　　　　记账

3. 余额表

余额表是指用于登记余额的表格,是核对总账与分户账余额和计算利息的重要工具。余额表分为计息余额表和一般余额表。

(1)计息余额表

计息余额表(见表1—18)最主要的功能就是计息,适用于计息科目。每日营业终了时,根据同一科目分户账的最后余额逐户填列。

【注意】当天如果余额不变动或遇节假日,仍应将上日余额填入。每日填记后,还应按科目加计余额合计数,并与总账同一科目余额核对相符。

表1—18 计息余额表

科目名称： 年 月 共 页
科目代号： 第 页

日期/账号/户名/余额	(位数)	(位数)	(位数)	(位数)	复核盖章
上月底止累计应计息积数					
日期 ...					
10天小计					
11 ...					
20天小计					
21 ...					
本月合计(本月计息积数)					
应加积数					
应减积数					
本期累计应计息积数					
结息时计算利息数					
备注					

会计   复核   记账

(2)一般余额表

一般余额表(见表1—19)适用于不计息的科目,按各分户账当日最后余额填制。

表1—19 一般余额表 共 页
年 月 日 第 页

科目代号	户名	摘要	余额(位数)	科目代号	户名	摘要	余额(位数)

续表

科目代号	户 名	摘 要	余 额 (位数)	科目代号	户 名	摘 要	余 额 (位数)

会计　　　　　　　　复核　　　　　　　　制表

4. 现金收入、付出日记簿

现金收入日记簿(见表1—20)和现金付出日记簿(格式与现金收入日记簿相同)是记载和控制现金收入、现金付出笔数和金额的序时账簿,是现金收入和现金付出的明细记录。

【注意】现金收入、付出日记簿应由出纳根据已办理业务对编列顺序号的现金收入传票和现金付出传票逐笔记载,结出当日库存数,并与实际现金库存数核对相等。

表1—20　　　　　　　　　　　现金收入日记簿　　　　　　　　　　共　页
柜组名称：　　　　　　　　　　　年　月　日　　　　　　　　　　　第　页

凭证号数	科目代号	户名或账号	计划项目代号	金 额 (位数)	凭证号数	科目代号	户名或账号	计划项目代号	金 额 (位数)

复核　　　　　　　　出纳

(三)综合核算

综合核算是按总分类科目进行核算,综合、概括地反映各科目的资金增减变化情况,由各种总分类账组成的核算系统。商业银行综合核算所采用的主要形式包括科目日结单、总账、日计表等。其记账程序为:首先通过业务传票的审核编制科目日结单,其次根据科目日结单登记各科目总账,最后编制日计表。综合核算程序如图1—3所示。

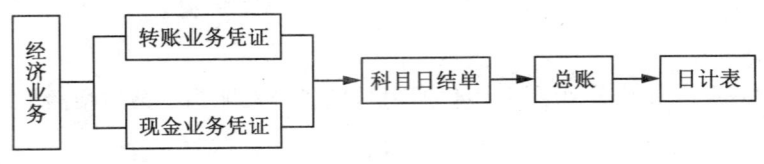

图1—3　综合核算程序

1. 科目日结单

科目日结单,也称总传票、总账记账凭证,是每天会计科目的当日借贷方发生额和凭证、附件张数的汇总记录,是监督明细账发生额、轧平当日账务的重要工具,也是记载总账的依据。每日营业终了,应按同一科目的凭证区分现金和转账凭证、借方或贷方发生额,各自加计总数填入科目日结单的有关栏目,并注明凭证张数。

【提示】全部科目日结单相加的借贷方合计数必须平衡。

科目日结单其格式如表1－21所示。

表1－21   中国××银行（ ）
科目日结单
年 月 日

凭证种类	借方		贷方		附单据 张
	传票张数	金额（位数）	传票张数	金额（位数）	
现金					
转账					
合计					

事后监督   复核   记账   制单

2. 总账

总账是各科目的总括记录，是综合核算和明细核算相互核对及统驭分户账的主要工具，是定期编制各种会计报表的依据。

【提示】总账按科目设置，每日根据该科目的科目日结单的借、贷方发生额合计数登记，每日占一行，并结出当天余额，10天一小计，每月终了，加计本月的借贷方发生额和本年累计发生额。

【注意】每月需更换一次账页。对那些借贷双方反映余额的科目，其余额应根据余额表或分户账各户的借方、贷方余额分别反映，不得轧差记载。

总账格式为借方发生额、贷方发生额和借方余额、贷方余额四栏，如表1－22所示。

表1－22   中国××银行（ ）
总 账

科目代号：_____
科目名称：_____   第 号

年 月	借方（位数）	贷方（位数）
上年底余额		
本年累计发生额		
上月底余额		
上月底累计未计息积数		

日期	发生额		余额		核对盖章 复核员
	借方（位数）	贷方（位数）	借方（位数）	贷方（位数）	
…					
10天小计					
…					
16					
17					
…					
20天小计					
21					

...				
30				
31				
月　计				
自年初累计				
本期累计计息积数				
本月累计未计息积数				

会计　　　　　　　　　复核　　　　　　　　　记账

3. 日计表

日计表(见表1—23)是反映当日业务活动和轧平全部账务的主要工具。日计表应每日编制，日计表上当日发生额和余额应根据总账各科目当日发生额和余额填记。

【提示】日计表上借、贷方发生额和借、贷方余额合计数必须各自平衡。

表1—23　　　　　　　　　　　　　　日　计　表
　　　　　　　　　　　　　　　　　　年　月　日　　　　　　　　共　　页　第　　页

科目代号	科目名称	发生额		余　额	
		借　方	贷　方	借　方	贷　方
		(位数)	(位数)	(位数)	(位数)
合　计					

行长(主任)　　　　　　　会计　　　　　　　复核　　　　　　　制表

(四)账务处理程序

金融企业的一般账务处理程序均为凭证—账簿—报表的处理过程，其中商业银行的账务处理较为特殊，其程序是将明细核算程序、综合核算程序和账务核对三个方面结合起来的一个完整的会计业务处理程序。

在传统手工核算时代，商业银行账务处理程序的具体步骤如下：①根据发生的银行业务编制或者受理审核会计凭证。②根据审核无误的会计凭证登记分户账或现金收入、付出日记簿。③根据分户账期末的余额正确地编制余额表。以上是明细核算的基本程序。④根据会计凭证编制科目日结单，并试算当天各科目所发生的借方和贷方发生额平衡。⑤根据科目日结单登记总账并结出总账的期末余额。⑥根据总账余额编制日计表，并试算日计表的平衡。这部分是综合核算的基本程序。⑦进行账务的核对，各总账余额与其所属分户账的余额合计核对相符。⑧总账现金科目与现金收入日记簿、现金付出登记簿和现金库存账簿核对相符。⑨现金库存登记簿和实存现金核对相符。

商业银行账务处理程序如图1—4所示。

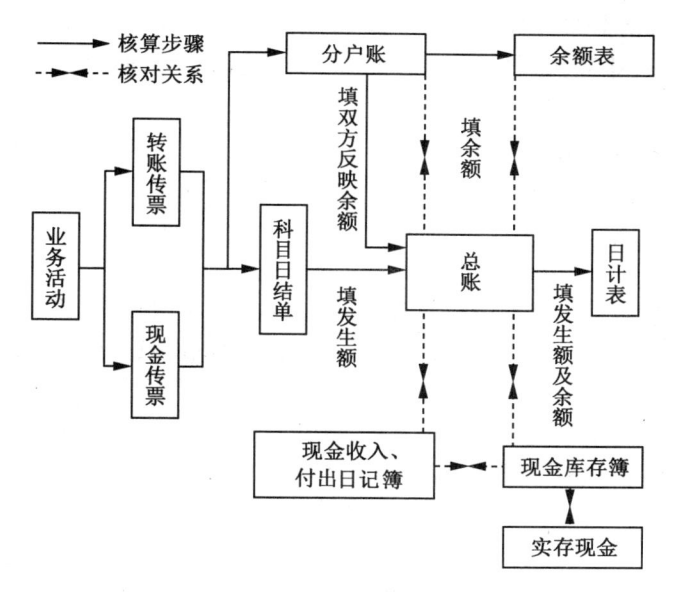

图 1-4 商业银行账务处理程序

目前,金融企业普遍应用了计算机核算系统,在电算化条件下,柜员办理业务只要按照系统提示的界面和有关规定在计算机中录入必要的原始信息,系统就会自动将有关数据过渡到相应的会计科目上,并生成账簿。

【提示】整个账务处理都是由系统自动完成的,柜员只是在上班、下班、中途交接班时打印柜员重要凭证日结表、柜员现金收付日结表,营业结束时打印交易流水和汇总传票(类似科目汇总表而非科目日结单)。

在计算机操作环境下,商业银行的明细核算、综合核算和账务核对系统的运行方式如图 1-5 所示。

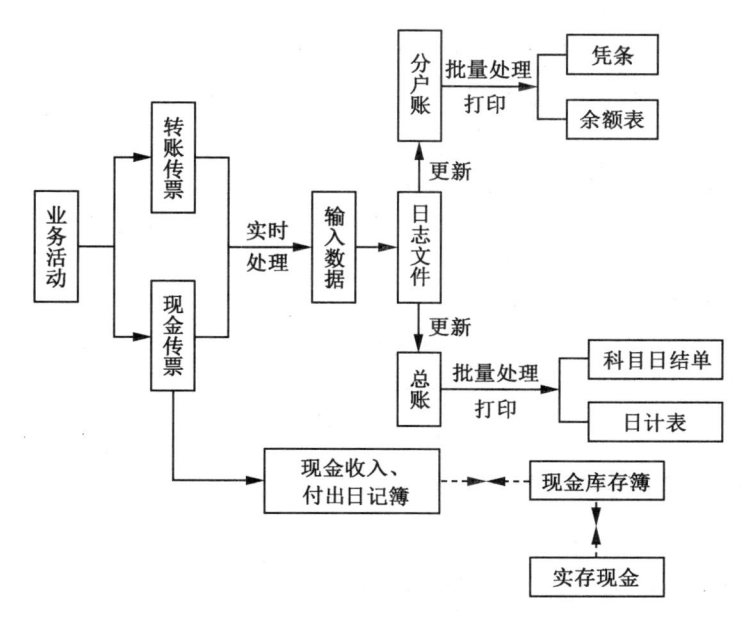

图 1-5 商业银行的明细核算、综合核算和账务核对系统的运行方式

编制会计报表是账务处理程序的最后一步,也是财务会计信息最后形成的过程。作为会计信息的载体,金融企业会计报表按照反映内容的不同可分为以下几种:资产负债表、利润表、所有者权益变动表、现金流量表和报表附注。

(五)记账规则和错账更正

记账是会计核算的主要内容,为了正确、完整、及时地记载各项经济业务,必须遵循一定的记账规则。如果记账中发生差错,也应按照规定的冲正方法进行更正。

1. 记账规则

(1)账簿的各项内容,必须根据传票的有关事项逐笔记载,做到内容完整、数字准确、摘要简明、字迹清晰,严禁弄虚作假。如传票内容错误或遗漏不全,应更正或补充后再记账。

(2)记账应用蓝黑墨水钢笔书写,复写账页可用圆珠笔及双面复写纸套写。红色墨水只能用于划线和冲账以及按规定用红字书写的有关文字说明。

(3)账簿上所记载的文字及数字,一般只占全格的1/2。摘要栏文字如一格写不完,可以在下一格连续填写,但其金额应填在末一行的金额栏内。账簿余额结算时,应在元位以"—0—"表示结平。

(4)账簿上的一切记载,不准涂改、刀刮皮擦、挖补和用药水消蚀。

(5)因漏记使账页发生空格时,应在空格的摘要栏用红字注明"空格"字样。

(6)一切账簿记载均以人民币"元"为单位,元以下计至角、分位,分位以下四舍五入。

2. 错账更正

在会计核算中,由于种种原因,可能会产生各种各样的差错,会计人员发现账簿记录错误时,应采用正确的方法进行更正。

(1)划线更正。凡在当日发现账簿记错日期或金额时,应以一道红线把全行数字划销,再将正确的数字填在划销数字的上边,并由记账员在红线左端盖章。如果划错红线,可在红线两端用红色墨水划"×"销去,并由记账员在右端盖章。如果文字写错,只需将错字用一道红线划销,将正确的文字写入划线文字的上方。

(2)红蓝字同方冲正。凡隔日发现记账串户,应填制同一方向的红蓝字冲正传票办理冲正。以红字传票在摘要栏注明"冲销×月×日错账"字样,记入错账串入户。在蓝字传票摘要栏注明"补充×月×日账"字样,记入正确账户。原传票和原记错账页的摘要栏用红字注明"已于×月×日冲正"字样。

(3)蓝字反方更正。如果发现上年度错账,应填制蓝字反方向传票更正,即先用蓝字填制一张与错账方向相反的传票,用以冲销错账;再用蓝字填制一张正确传票补记入账。在摘要栏注明"冲销×月×日错账"字样。

【提示】无论采用哪种更正错账,其冲正传票都必须经会计主管人员审查盖章后才能办理冲账,并对错账的日期、内容、金额及冲正的日期等进行登记,以便考核、分析研究、改进工作。

【注意】凡因冲正错账影响到利息计算的,都应计算应加、应减积数,并在余额表或乙种账页中注明。

五、金融企业日常账务核对的内容

账务核对是防止账务差错,保证账务记载正确的一项必要措施。通过核对可以确保账务正确,做到账账、账款、账据、账实、账表和内外账务六相符。

(一)每日核对

每日核对包括总分核对和账款核对。要求达到账账和账款两相符。

(1)总分核对。各科目的分户账或余额表的合计数应与同一科目总账余额核对相符。

(2)账款核对。现金收入、付出日记簿的总数,应与"现金"科目总账的借方、贷方发生额核对相符;现金库存登记簿的库存数,应与"现金"科目总账借方余额核对相符,并与实际库存现金核对一致。

(3)表外科目余额应与有关登记簿核对相符,对其中空白重要凭证、有价单证经管人员必须核对当日领入、使用、出售及库存实物数,保证准确无误。

(4)计算机处理会计业务的,还应按科目加计凭证借、贷方发生额与计算机打印的科目日结总额核对相符。

(二)定期核对

凡未能每日核对的账务,均属定期核对的内容。定期核对的内容如下:

(1)使用丁种账记账的科目,每旬末加计未销账的各笔金额总数,与该科目总账核对相符。

(2)计息积数核对。将余额表上的计息积数按旬、按月、按结息期与同科目总账的同期余额累计数核对相符。对应加、应减积数,应审查数字是否正确。

(3)各种卡片账的核对。如定期储蓄账卡、联行账卡、农贷账卡等,按月与各该科目总账核对相符。

(4)账实核对。包括固定资产、金银、物品、有价单证、重要空白凭证等,每月账实核对相符,房屋器具定期和在年终决算前账实核对相符。

(5)内外账务核对。包括银行与各单位之间,人民银行与商业银行以及其他金融机构之间的往来款项按月或按季采用一定的对账方法进行核对。

【提示】每日核对和定期核对二者必须有机结合,才能确保会计核算质量。

任务五　银行柜员基本技能

一、银行柜员岗位设置

为加强银行内部控制,防范风险,按照"事权划分、事中控制"的原则,柜员分为普通柜员、主办级柜员和主管级柜员。

(一)普通柜员

普通柜员是指具体办理权限范围内业务的操作和会计资料初审的柜员。普通柜员根据处理业务内容的不同,又分为临柜柜员和非临柜柜员。临柜柜员是直接面对客户,对外办理现金收付、转账结算、代理业务等工作的柜员。非临柜柜员是负责办理联行业务和记账业务、各类卡片的保管、印押证使用和管理、电子汇兑、票据交换、资金清算、会计信息的分析等综合工作的柜员。非临柜柜员具体可划分为联行柜员、交换柜员、记账柜员、管库柜员、督察柜员等。

(二)主办级柜员

主办级柜员是指在规定范围与额度内对处理各类经办业务进行复核授权的柜员。

(三)主管级柜员

主管级柜员是指对超过业务主办权限的重要业务、特殊业务进行授权处理的管理人员。主管级柜员主要包括营业网点的负责人、总会计、各级会计结算部门负责人以及有权部门聘任的行使业务主管职责的管理人员。

二、银行柜员管理规范

(一)银行柜员权限管理

为规范柜员柜面综合业务系统的操作和管理,明确柜员职责与权限,综合柜员按其工作性质和岗位职责不同可划分为会计经办人员和审批(授权)人员,其分别承担会计业务的操作和审批(授权)工作。

经办人员是指各项会计业务不超出自身范围和权限的受理人;审批(授权)人员是指在规定权限范围内进行复核确认、监督、审批的有权批准人。经办人员和审批(授权)人员对经办的会计业务终身负责。需经审批或授权的业务,审批(授权)人员承担主要责任,经办人员承担次要责任。

审批(授权)是指按照会计业务风险程度,对银行操作系统权限进行预先设定,在业务操作过程中,审批人员通过输入指纹或密码方式对权限范围内的业务进行审批。审批(授权)按形式分为现场审批(授权)和远程审批(授权)。

现场审批(授权)是指对于超出经办人员职责范围和权限的业务,经办人员、审批人员在同一台柜面终端对相关业务进行实时审核和确认的审批方式。审批人员需在确认审批的业务成功后方可离开现场。

远程审批(授权)是指对超出经办员职责范围和权限的业务,由经办员将需要授权的交易画面、业务凭证影像、身份证影像、客户头像、视频音频资料传输至后台集中审批授权中心审批授权人员的终端,由后台审批授权人员在异地自己方终端上完成审核和确认的审批方式。

(二)银行柜员身份认证

柜员进入银行操作业务系统的唯一合法身份就是柜员操作代码(柜员号),这是柜员在综合业务系统的唯一标识。柜员操作代码由各层级管理柜员在综合业务系统柜员管理模块审批确认后,由系统自动生成柜员操作代码。每个柜员只能拥有一个操作代码,操作代码必须由柜员本人使用,不得交与他人使用,日间临时离岗须锁屏或退出系统,严禁串用或混用操作代码。

目前大多数银行要求柜员采用登录系统使用指纹登录方式,对于指纹采集不成功等特殊情况可使用密码登录,但需上报总行备案。指纹采取现场采集的方式。指纹采集实行复核制,需由两名柜员管理员共同确认后方可完成;指纹采集时,应对柜员的拇指、中指、食指等指纹面积较大且较为清晰的手指指纹进行采集,指纹采集的数量应至少为2个,且每只手都采集一个手指指纹。

(三)银行柜员交接管理

柜员工作调动、离职、临时离岗或调离,要按以下步骤办理交接手续:

(1)清点。柜员办理交接时,双方认真核对有关账、款、实物等,逐一清点,仔细核对交接物品的名称、数量、号码。具体清点核对内容如下:①清点移交人尾箱(库房)中的库存现金、重要空白凭证及有价单证等物品,按当日实有库存数如数清点办理交接,并与相关账簿核对相符;②核对移交人保管的留底卡片、代保管有价值品及收缴的假币等,并与相关账簿核对相符;③核对移交人使用的各种会计结算专用印章,接收人应仔细审核所接收的印章与《银行重要印章(密钥、卡、具)保管使用登记簿》上加盖的印模是否完全相符;④逐户核对移交人保管的账户档案及预留印鉴卡片等会计资料;⑤核对移交人保管使用的各种账、簿、表等,保证账账、账据、账表相符;⑥移交金库(保险柜)钥匙及密码,交接结束后,接收人不得延续使用原密码,应立即更换密码;⑦移交与外挂系统相关的软件、密钥、IC卡、操作手册等重要物品及相关资料,做好外挂系统操作代码的新增及撤销,新增操作员应及时更换密码;⑧未了或特殊事项要交代清楚,并出具书面材料。

(2)登记。交接双方登记柜员交接登记簿,在柜员交接登记簿上详细列明交接的凭证、账簿、印章、重要机具以及应交接的其他物件等。

(3)监交。主办会计负责监交,监督交接双方按规定程序办理交接。

(4)签章。交接双方及监交人要在柜员交接登记簿(见表1—24)及书面资料上签章证明。

表1—24　　　　　　　　　　　　银行柜员交接登记簿

移交人	李丹	接交人	赵敏	监交人		张伟	交接时间		2022.4.17
一、重要空白凭证	起讫号码	份数	二、印、押、机		三、有价单证		份数	金额	四、库房(或保险箱)钥匙
1. 储蓄存单	22150608—22150615	8	1. 全国汇票专用章	✓					1. 正钥匙
2. 一般储蓄存折	22171109—22171118	10	2. 省辖汇票专用章	✓					2. 副钥匙
3. 单位定期存款证实书			3. 全国结算专用章						3. ATM钥匙
4. 现金支票			4. 省辖结算专用章						4.
5. 转账支票			5. 本票专用章						5.
6. 普通支票			6. 票据交换专用章						6.
7. 全国银行汇票			7. 全国联行编押机						
8. 个人借记卡			8. 压数机		五、现金 ¥58 796.25 $4 568.33				
9. 国库券收款凭证			9. 实时汇兑核押机						
10. 汇票申请书			10. 储蓄专用章(1)	✓					
11. 单位定期存单			11. 业务处理讫章		六、会计档案				
12. 信汇凭证			12. 业务公章	✓					
13. 电汇凭证			13. 受理凭证专用章(1)						
14. 结算存折			14. 转讫章(1)	✓					
15. 单位借记卡			15. 现金收讫章(1)	✓	七、其他说明				
16. 商业承兑汇票			16. 现金付讫章(1)	✓					
17. 银行承兑汇票	80210013—80210028	16	17. 全国联行印模卡						
18. 准贷记卡			18. 省辖印模卡						

(四)银行柜员行为管理

(1)在每个柜面窗口,综合柜员均置于监控设施的有效监控之下;监控设施能保证对当天营业全过程和安全情况进行监控录像;在监控未开启前和关闭后综合柜员不得办理临柜业务;柜员不得在监控范围外和本专柜外办理临柜业务;录像带原则上保存1个月以上。

(2)日常营业人员2人以上,即至少有2个窗口对外营业。

(3)柜员必须经培训合格持证上岗,具有良好的政治素质和业务素质,比较全面地掌握相关的业务知识。

(4)明确营业网点各岗位的职责与权限。

(5)每个柜员只能有一个权限卡,必须严格保管自己的权限卡。

(6)柜员不得在自己签到的终端上办理自己的存取款业务。

(7)柜员交接时登记手续合理,交接内容完整。

(8)大额现金收付及转账业务、特殊业务、重要业务必须进行授权。(①授权:在办理超过柜员的权限业务时必须获得主办级柜员的授权。②特殊业务、重要业务:涉及客户信息、挂失、解挂、冻结、解冻、查询查复、资金扣划、抹账、利息调整、系统内资金汇划、业务信息修改的交易等特殊业务、重要业务时,事中监督当场通过对特殊业务处理的合法性和有效性进行检查,主管事后要核查授权交易清单。)

(9)柜员临时离岗时必须临时签退,每日营业结束,柜员轧平账务后必须办理正式签退,如果是由于系统故障造成非正常签退,可由其他柜员进行强行签退。

(10)柜员轧账签退时的库存现金和凭证必须换人进行核查、监督上锁。

(11)柜员现金超限额时要及时上交库管员。

(五)银行柜员权限卡的管理

为保障银行操作系统的安全,必须对柜员进行操作权限认定。权限卡包括柜员号和密钥,是柜员的身份标志和办理业务的基本授权。

柜员首次使用权限卡时,由会计结算部门负责人在计算机上为其开启权限卡权限,设定初始密码。柜员启用权限卡时,要求进入修改密码界面先修改初始密码。柜员密码不得使用连续数字、相同数字、本人生日等易破译字符,营业网点的所有各级柜员应该按照规定定期更换密码,同一密码使用不得超过一个月,以保证系统及资金安全。要做到妥善保管密码,无论任何原因,严禁将本人的柜员操作代码和密码交予他人使用。柜员将密码泄漏而被他人使用的,由此造成的经济损失由柜员本人承担相应的责任。

三、银行柜员书写规范

(一)小写金额书写规范

1. 数字书写的基本要求

(1)位数要准确。用数字来计算时,数的位数是由该数首位数的数位决定的。如4321,首位数"4"的数位是千位,因此这个数是千位数,即四千三百二十一,也称作四位数。

(2)书写要清楚,容易辨认。书写数字,必须字迹清晰、笔画分明,一目了然。各个数字应有明显的区别,以免混淆。

(3)书写要流畅,尽量规范化。为了使计算工作达到迅速准确,数字书写力求流畅、美观、规范化。

2. 阿拉伯数字书写规范

(1)数字的书写与数位结合在一起写数时,每一个数字都要占一个位置,各个位置表示各种不同的数位。数位是按照个、十、百、千、万的顺序,由小到大,从右到左排列的,但写数和读数的习惯,却是由大到小、从左到右的。

(2)数的整数部分,采用国际通用的三位分节制,从个位向左每三位数字用分节号","(逗号)分开,例如:16,857,379。

（3）书写有高度标准，一般要求数字的高度占凭证账页横格高度的 1/2 为宜，书写时要注意紧靠横格底线，使上方能留出更正空间。

（4）保持均衡的间距，每个数字要大小一致，数字间的空隙应均匀，约半个数字大小，不宜过大以防被添加数字。在印有数位线的凭证、账簿、报表上，每一格只能写一个数字，不得几个数字挤在一个格里，也不得在数字中间留有空格。

（5）为防止被模仿或涂改，要保持书写规律和特色：

①"1"应居中写并不可写得过短，以防被改为"4""6""7""9"；

②"2"的底部上绕，以免被改为"3"；

③"4"的顶部不封口，写第 1 笔画时应上抵中线，下至下半格的 1/4 处，并注意"4"的中竖要明显比"1"短；

④"6"的竖划应偏左，"4""7""9"的竖划应偏右，此外，"6"的竖划应上提为一般数字的 1/4；"7""9"的竖划可下拉出格至一般数字的 1/4；书写"6"时下圆要明显，以防止改写为"8"；

⑤"8"有两种笔顺，都起笔于右上角，结束于右上角，写"8"时，上边要稍小，下边稍大，可以斜"S"起笔，也可直笔起笔，终笔与起笔交接处应成菱角，以防止将"3"改为"8"；

⑥"6""8""9""0"的圆圈必须封口；

⑦从有效数最高位写起，以后各格不得空着。

相关内容如图 1—6 所示。

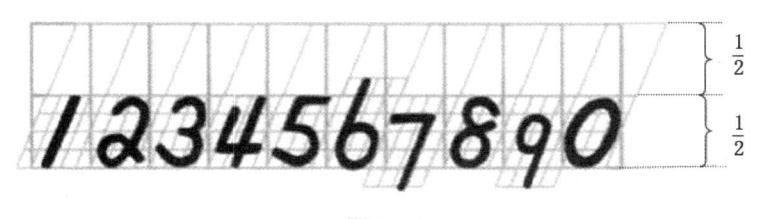

图 1—6

3. 小写金额书写要求

通常，将用阿拉伯数字表示的金额数字简称为"小写金额"，用汉字大写数字表示的金额数字简称为"大写金额"。人民币符号用"￥"表示，"￥"是"yuan"第一个字母缩写变形，它既代表了人民币的币制，又表示人民币"元"的单位。

（1）书写小写金额时，数字前面应当书写货币币种或者货币名称简写和币种符号。币种符号与数字之间不得留有空白，以防止金额数字被人涂改。凡数字前写有币种符号的，数字后面不再写货币单位。因此，小写金额前填写人民币符号"￥"以后，数字后面可不写"元"字。"￥"主要应用于填写票证（如发票、支票、存单等）和编制记账凭证，在登记账簿，编制报表时，一般不使用"￥"。

（2）在没有位数分隔线的凭证、账、表上，所有以"元"为单位的阿拉伯数字，除表示单价等情况外一律写到角分；无角分的，角位和分位可写"00"；有角无分的，分位应当写"0"，不得以符号"—"代替。账表凭证上用阿拉伯数字表示小写金额时，其数字前不得写上"人民币"字样，要添加人民币"￥"符号。金额数字若没有角和分时，应写上"0"不得以"—"或"元"字代替或连笔。例如，￥9 387.00 不得写成￥9 387.—，或￥9 387 元。

（二）大写金额书写规范

中文大写金额数字应用正楷或行书填写，大写金额由数字（壹、贰、叁、肆、伍、陆、柒、捌、玖、零）和数位[人民币、拾、佰、仟、万、亿、圆（元）、角、分、零、整（正）以及数量单位等]组成。不得用一、二（两）、三、四、五、六、七、八、九、十、毛、另（或 0）填写，不得自造简化字。如果金额数字书写中使用繁体字,也应受理。

人民币大写金额书写规范:

(1)中文大写金额数字到"元"为止的,在"元"之后应写"整"(或"正")字,在"角"之后可以不写"整"(或"正")字;大写金额数字有"分"的,"分"后面不写"整"(或"正")字。

(2)在票据和结算凭证大写金额栏内不得预印固定的"仟、佰、拾、万、仟、佰、拾、元、角、分"字样。

(3)大写金额前未印有货币名称(如"人民币")的,应加填货币名称,货币名称与金额数字之间不得留有空白。

(4)有关"零"的写法:阿拉伯数字小写金额数字中有"0"时,中文大写应按照汉语语言规律、金额数字构成和防止涂改的要求进行书写。举例如下:

①阿拉伯数字中间有"0"时,中文大写要写"零"字,如¥1 409.50,应写成人民币壹仟肆佰零玖元伍角;

②阿拉伯数字中间连续有几个"0"时,中文大写金额中间可以只写一个"零"字,如¥6 007.14应写成人民币陆仟零柒元壹角肆分。

③阿拉伯金额数字万位和元位是"0",或者数字中间连续有几个"0",万位、元位也是"0",但千位、角位不是"0"时,中文大写金额中可以只写一个"零"字,也可以不写"零"字,如¥1 680 32,应写成人民币壹仟陆佰捌拾元零叁角贰分,或者写成人民币壹仟陆佰捌拾元叁角贰分;又如107 000.53,应写成人民币壹拾万柒仟元零伍角叁分,或者写成人民币壹拾万零柒仟元伍角叁分。

④阿拉伯金额数字角位是"0"而分位不是"0"时,中文大写金额"元"后面应写"零"字,如¥16 409.02,应写成人民币壹万陆仟肆佰零玖元零贰分;又如¥325.04,应写成人民币叁佰贰拾伍元零肆分。

(5)壹拾几的"壹"字,不得遗漏。例如,¥180 000.00,大写应为壹拾捌万元整。

四、重要物品管理规范

银行的重要物品主要包括:银行业务印章、重要单证、手工密押器(含IC卡)、密押卡、印模、金库密钥及相关系统软件等需要作为重要物品管理的物品。

重要物品管理除会计结算专用印章、重要单证外,主要包括申请、审批、领用、保管使用、作废回收和销毁五个环节。由各级行向总行会计结算部申请;总行会计结算部汇总审批统一订购;经办人员登记领用物品;重要物品须由专人保管、使用;由总、分行会计结算部组织实施重要物品的作废回收和销毁。

【注意】重要单证、会计结算专用印章因其特殊性与重要性原因,需单独管理。

(一)重要单证分类及管理

1. 重要单证包括有价单证和重要空白凭证

有价单证是指经批准发行的印有固定面额的特殊凭证,主要包括银行发行或银行代理发行的实物债券、旅行支票、定额存单以及印有固定面额的其他单证。

重要空白凭证是指无面额的经银行或客户填写金额并签章后,具有支付票款效力的空白凭证,以及按监管部门要求或因其他特殊原因纳入重要空白凭证管理的空白凭证。

重要空白凭证包括各类存折、存单、存款开户证实书、存款证明、支票、汇票、本票、银行卡、USB Key盾、外汇兑换水单、债券收款凭证及其他重要空白凭证等。

2. 银行重要单证的使用和管理规定

具体包括:①各种重要单证必须由专人负责保管,建立严密的进出库和领用制度,坚持章证分管的原则。②柜员领用重要单证时,每开启一箱(包)重要单证,必须逐捆(本)清点,每开启一捆(本)重要单证时,必须逐本(份)进行清点,不能只点大数,防止印刷业重号、跳号、漏号。③柜员每班使用重要单证时,必须顺号使用,不得跳号使用。④各种重要单证应纳入表外核算,重要空白凭证以1份1元的假定价格记账,有价单证以面额记账,按有价单证号码控制,定期进行账实核对。⑤重要单证保管人员变动时,应按会计人员变动的有关规定办理交接手续,经监交人员、接管人员核对,达到账簿、账表、账证(实)三相符后,方可办理交接手续离岗。⑥不得事先在重要空白凭证上加盖业务印章或经办人名章,任何部门和个人不得以任何名义将重要单证挪作他用。⑦柜员领用的重要空白凭证和有价单证,日间应放置在专用保管箱或现金尾箱内,临时离岗或午休时应入箱上锁保管。轮休柜员的重要空白凭证,可由双人保管放入保险柜内。⑧柜员每日营业终了前自行对所保管重要空白凭证及有价单证的库存数量、号码进行账实相符检查,各登记簿数字必须与实物、报表数字核对一致,做到账实、账表相符。⑨属于银行签发的重要空白凭证,如填写错误,应作废重填,作废时必须剪角并加盖"作废"戳记。⑩营业机构负责人、支行主管部门负责人应定期对重要空白凭证及有价单证业务检查管理,履行一次查库职责。

(二)银行业务印章分类及管理

1. 银行业务印章分类

银行业务印章分为重要业务印章和一般业务印章。重要业务印章包括汇票专用章、本票专用章、业务公章、结算专用章、票据交换专用章、假币章、残币兑换章、信用证专用章等。一般业务印章包括业务清讫章等。

2. 业务印章的使用和管理

具体包括:①各种专用印章要有专人保管用印,不得散乱放置,要把印章存放在带锁的印章盒里。②营业时才能打开印章盒,如要临时离岗,印章盒要上锁,做到"人在章在,人走章锁,严禁托人代管"。③营业终了,各柜台的柜员必须对所使用的印章进行认真清点,核对相符后,入箱上锁,放入保险柜保管。印章保管人员遇公差或因事请假,应办理交接及登记手续,会计主管负责监交。④各种专用印章必须严格按照规定的范围进行使用,严禁错用、串用、提前或过期使用,严禁个人之间私自授受会计结算专用印章,因个人之间授受专用印章出了问题,原保管人员要承担连带责任。⑤加盖印章时要清晰到位,严禁在重要空白凭证和结算凭证上预先加盖各类会计结算专用印章,严禁在无真实会计记录的凭证上使用会计结算专用印章。⑥要爱护使用各种印章、名章,保持印章清洁、字迹清晰。

(三)银行几种主要印章的使用范围

(1)业务清讫章:适用于已处理的现金收付款凭证,转账凭证及回单。

(2)业务受理专用章:适用于受理客户提交而尚未进行账务处理的各种凭证的回执。

(3)结算专用章:适用于发出、收到结算凭证及同城异地的查询、查复等业务。

(4)汇票专用章:适用于银行汇票的签发,承兑银行承兑汇票及办理商业汇票转贴现和再贴现时的背书等。

(5)本票专用章:适用于银行本票的签发。

(6)票据交换专用章:适用于所有通过同城票据交换所进行清分的各种单证,如提出明细、提出卡、批控卡等。

(7)业务公章:适用于对外签发的公函、报告、报表、出具资信证明及其他需要加盖业务公章的重要事项等。

(8)储蓄专用章:适用于对外签发的储蓄存单(折)和代理业务委托等特定业务申请书。

(9)假币章:用于收缴假币时在假币或专用封装袋上加盖戳记的专用印章。

(10)残币兑换章:用于在兑换特殊残缺污损人民币时,在专用封装袋封签上加盖戳记的专用印章。

随着银行业务的发展,银行业务电子签章越来越普及,逐渐取代实物印章。

项目练习

一、单项选择题

1.(　　)是典型的金融企业。
A. 中央银行　　　B. 商业银行　　　C. 证券公司　　　D. 保险公司

2. 金融企业应以(　　)为基础进行会计确认、计量和报告。
A. 权责发生制　　B. 收付实现制　　C. 现金制　　　　D. 实收实付制

3.(　　)是会计工作特定的空间范围。
A. 会计主体　　　B. 持续经营　　　C. 会计分期　　　D. 货币计量

4.(　　)是会计核算的起点和基础。
A. 会计凭证　　　B. 会计账簿　　　C. 会计报表　　　D. 现金收付

5. 适用于在账页上直接计算利息积数的账户是(　　)。
A. 甲种账　　　　B. 乙种账　　　　C. 丙种账　　　　D. 丁种账

二、多项选择题

1. 金融企业会计的四个基本前提分别是(　　)。
A. 会计主体　　　B. 持续经营　　　C. 会计分期　　　D. 货币计量

2. 会计信息质量特征的客观性具体包括(　　)。
A. 真实性　　　　B. 可靠性　　　　C. 可验证性　　　D. 谨慎性

3. 按其性质和用途的不同,可分为(　　)凭证。
A. 现金收付　　　B. 转账　　　　　C. 特种转账　　　D. 表外收付

4. 乙种账又称"计息式账页",设有(　　)。
A. 借方发生额　　B. 贷方发生额　　C. 余额、日数　　D. 积数

5. 会计人员发现账簿记录错误时,应采用(　　)的方法进行更正。
A. 划线更正　　　B. 红蓝字同方冲正　C. 蓝字反方更正　D. 蓝字同方更正

三、判断题

1. 金融企业的资金运动和资金周转共同构成了金融企业会计的对象。(　　)

2. 收入包括为第三方或者客户代收的款项,如企业代垫的工本费、代邮电部门收取的邮电费。(　　)

3. 现金收付凭证,这类凭证有特种转账借方传票和特种转账贷方传票两种。(　　)

4. 现金收入业务,先记账(或通过计算机查询余额),后付款。(　　)

5. 甲种账适用于不计息存款、内部往来资金及损益类科目的明细账。(　　)

四、会计业务题

1. 储户王楠以现金800元存入活期储蓄存款。

2. 某行收到某投资者以现金投入的资本金10 000元。

3. 红星机械公司归还所借流动资金贷款 40 000 元,利息 1 500 元,由其存款账户支付。
4. 收兑黄金一份,价格为 1 000 元,以现金支付给客户。
5. 某行通过转账支付供销大厦活期存款利息 800 元。
6. 经批准,按法定程序将资本公积 20 000 元转增资本金。

请针对上述业务作出会计分录,并填写试算平衡表(见表1—25)。

表 1—24   试 算 平 衡 表
×××× 年 ×× 月 ×× 日   单位:元

账户名称	期初余额(假设) 借方	期初余额(假设) 贷方	本期发生额 借方	本期发生额 贷方	期末余额 借方	期末余额 贷方
**存款		50 000				
**贷款	240 000					
贵金属	30 000					
库存现金	300 000					
利息收入		23 000				
利息支出	21 000					
同业拆入		18 000				
实收资本		200 000				
资本公积		300 000				
合 计	591 000	591 000				

五、案例分析题

大肆虚开增值税票,家庭罪案实属罕见

广东省韶关市中级人民法院开庭审理了新丰县物资公司原副总经理潘 A 及其儿子潘 B、儿媳罗 C 三人虚开增值税专用发票价税合计 4 亿多元的案件。这种家庭式的虚开税票案实属罕见。

由于担任公职不便出面,潘 A 首先借用朋友潘 D 的身份证开立了新丰县新城物资有限公司,然后又指使自己的儿子潘 B 成立新丰县万源有限公司,指使冯 E 等人申请成立了商发、长能贸易有限公司。据公诉人 B 介绍,2017 年潘 A 竟然在一天之内成立了两家所谓的"贸易公司",而这些公司既无厂房工地,又无贸易往来,唯一的生意就是兜售虚开的增值税专用发票。有时需要出具的虚开发票太多,忙不过来,潘 A 就指使自己的儿子和儿媳开票。检察院诉称,潘 A 等三人从 2016 年 1 月到 2020 年 11 月,利用开设 5 家"皮包公司"的幌子,先后为中国石油物资装备总公司、天津三星电机有限公司、广东湛江制药总厂等全国 100 余家单位大肆虚开增值税专用发票。

经查实,被告人潘 A 共参与虚开增值税专用发票 4 亿多元,税额 5 900 万元。每一次做生意,潘 A 都坚持要求按价税总额的 1.5%～1.8% 收费。如此计算,潘家从中获取的不法之财达数百万元人民币。

资料来源:李贺等主编:《金融企业会计》,上海财经大学出版社 2020 年版,第 31 页,有改动。

问题:从会计角度看,增值税专用发票属于何种会计凭证? 虚开增值税专用发票的行为应承担何种法律责任?

项目实训

【实训项目】

金融企业总论。

【实训目的】

通过对金融企业会计总论知识的了解,加深对金融企业会计的认识。

【实训资料】

(1)近年来,由于受国家宏观调控的影响,某商业银行的业务规模有所下降,直接影响了经济效益。该行对石化总公司综合授信3亿元,到一季度末实际发放贷款1.2亿元。为了提高资金运用率指标,决定将对石化总公司3亿元的综合授信全部作为资产入账。

(2)将对到期银行承兑汇票垫付的款项10亿元,全部从表内转入表外"应收未收款项"科目。

(3)将一季度发生的出纳长款5 000元全部转作其他营业收入。

(4)将从营业费用中支付的价值总额5万元的低值易耗品费用转作固定资产购置费。

【实训要求】

1. 问题:

(1)以上会计处理是否正确?

(2)如果不正确,其错误何在?

(3)根据有关理论说明其正确的处理方法。

2. 活动指导与要求

(1)请到当地银行调查各银行的性质,确定银行会计核算主体。

(2)了解当地银行的组织形式及会计核算工作组织。

3. 撰写《金融企业总论》实训报告。

《金融企业总论》实训报告		
项目实训班级:	项目小组:	项目组成员:
实训时间: 年 月 日	实训地点:	实训成绩:
实训目的:		
实训步骤:		
实训结果:		
实训感言:		

项目二

存款和理财业务核算

○ **知识目标**

理解:存款业务的概念和种类;银行存款账户的开立与管理;存款业务核算的要求。

熟知:主要会计科目及核算内容;理财产品业务核算。

掌握:单位存款业务核算;个人储蓄存款业务核算;存款利息业务计算。

○ **技能目标**

能够结合所学的存款和理财业务核算知识,具备对相关业务进行核算的能力。

○ **素质目标**

运用所学的存款和理财业务核算知识研究相关事例,培养和提高学生在特定业务情境中分析问题与决策设计的能力;结合行业规范或标准,运用存款和理财业务核算知识分析行为的善恶,强化学生的职业道德素质。

○ **思政目标**

能够正确地理解"不忘初心"的核心要义和精神实质;树立正确的世界观、人生观和价值观,做到学思用贯通、知信行统一;通过存款和理财业务核算知识,正确认知业务核算的基本要领,明确学习目的,增强学习信心,同时,遵守职业道德和财经法规,强化财经纪律,增强责任感,加强内部控制与风险防范。

○ **项目引例**

岛上的存款

某岛上有一些金匠,他们靠加工金银首饰为生。其中,有手艺高超、工艺精湛的金匠,做出的东西好,拿着金银找他们加工的人就越来越多,甚至排成了长队等着加工。于是,大家就干脆把金、银存在那里,由金匠开出收据作为凭证。大家凭收据支取首饰。时间长了,有的金匠就有了市场上的信誉度。因为其中一位金匠的信誉度非常好,所以他开出的收据被市场所承认,可以直接在市场上流通。此时,该金匠开出的收据和他所存的金子是等值的,也就是说他开出的一两金子的票据,对应的是他的库房里的一两金子。随着时间的推移,人们存在该金匠这边的金子不断地增多,他发现每天只有一定数量的金子被提走,而另一部分金子是不动的。受此启发,该金匠就以存着不动的金子为基础,开出票据到市场上去投资或借给贷款人,用以获得更大的收益。

随着该金匠一次次的冒险成功,他的财富在不断地积累。他发现投资越多,财富增长得越快。可他没有那么多金子怎么办。于是,他就超出他实际所拥有的金子总额去开出更多的票据,到市场上去投资。此时,他所开出的票据和金子是不等值的。因为他可能只有一两金子,却开出了二两金子的票据。于是,十足的准备金制度演变为部分准备金制度。早期银行就在金匠业的基础上产生了。

恰巧这位聪明的金匠赶上了经济的不断增长,获得了很多收益。于是,这一过程就这样周而复始地运行了下去。以此类推到其他行业,这样,全岛上存款增加了。

随着经济的发展,在社会主义市场经济条件下,金融企业按照客观经济规律来组织和运用存款,对于增加社会积累、稳定市场物价、促进经济发展、平衡信贷收支、调节货币流通等都具有重要意义。

资料来源:李贺等主编:《金融企业会计》,上海财经大学出版社2020年版,第33页,有改动。

试分析:通过该案例,你获得了什么启发?

○ 知识精讲

任务一　存款业务概述

一、存款业务的概念和种类

(一)存款业务的概念

存款业务是银行以信用方式吸收社会闲置资金的筹资活动,存款是银行业金融机构重要的负债业务和信贷资金的主要来源。存款是银行负债的重要组成部分,是银行生存和发展的基础,也是发放贷款、扩大信贷规模的物质基础,对促进市场经济发展、调整货币流通、稳定金融、缓和市场供求矛盾、支援国家建设具有重要的意义。

(二)存款业务的种类

1. 按照存款的对象,可分为单位存款和居民个人储蓄存款

单位存款是指银行吸收的各类企业、事业单位、机关、学校和部队等具有团体法人营业执照和社团登记资格的实体的存款。居民个人储蓄存款是指银行吸收的城乡居民闲置和积余的现金所形成的存款。

2. 按照存款的稳定性,可分为活期存款和定期存款

活期存款是指存入时不确定存期,可以随时存取的存款,包括单位活期类存款和活期类储蓄存款。定期存款是指存入时约定存期,存款到期时才能支取的存款,包括单位定期类存款和定期类储蓄存款。

3. 按照存款的币种,可分为人民币存款和外币存款

人民币存款是指单位及城乡居民等存入的人民币款项所形成的存款。外币存款是指单位及城乡居民等存入的外币款项所形成的存款。

二、银行存款账户的开立与管理

(一)存款账户的种类

存款账户按管理要求的不同划分为基本存款账户、一般存款账户、专用存款账户和临时存款账户。

1. 基本存款账户

它是存款人因办理日常转账结算和现金收付的需要而开立的银行结算账户。

【注意】基本存款账户是存款人的主要账户。存款人日常经营活动的资金收付及其工资、奖金等现金的支取,应通过该账户办理。

2. 一般存款账户

它是存款人因借款或其他结算需要,在基本存款账户开户行以外的银行营业机构开立的银行结算账户。

【提示】一般存款账户用于办理存款人借款转存、借款归还和其他结算的资金收付。该账户可以办理现金缴存，但不得办理现金支取。

3. 专用存款账户

它是存款人按照法律、行政法规和规章，对其特定用途资金进行专项管理和使用而开立的银行结算账户。

【注意】专用存款账户用于办理各项专用资金的收付。

4. 临时存款账户

它是存款人因临时需要并在规定期限内使用而开立的银行结算账户。

【提示】临时存款账户用于办理临时机构以及存款人临时经营活动发生的资金收付。

(二)存款账户的管理

(1)单位基本存款账户的存款人只能在银行开立一个基本存款账户。申请人开立基本存款账户时，应向开户银行出具市场监管管理机关核发的企业法人执照或营业执照正本，有关部门的证明、批文等证明文件。

(2)存款人开立基本存款账户和临时存款账户，以及预算单位开立专用存款账户实行核准制度，经中国人民银行核准后，由开户行核发开户登记证。但存款人因注册验资需要开立的临时存款账户除外。

(3)存款人可以自主选择银行开立结算账户。开户可以实行双向选择，存款人可以自主选择银行，银行也可以自愿选择存款人开立账户。

【注意】银行不得违反规定强行拉客户在本行开户，任何单位和个人也不能干预存款人在银行开立和使用账户。

(4)存款人开立和使用银行结算账户应当遵守法律、行政法规，不得利用银行结算账户进行偷逃税款、逃废债务、套取现金及其他违法犯罪活动，也不允许出租和转让给他人。

三、存款业务核算的要求

(一)正确、及时地办理存款业务

为了使存款人的资金能够及时到账、款项能够及时对外支付，金融企业在办理存款业务时应按照规定的操作程序，认真审查相关凭证，正确使用有关会计科目及账户，及时进行账务处理，充分保证存款业务的核算质量。

(二)维护存款人的合法权益

单位和个人存入银行的资金作为金融企业的负债，银行只是暂时取得了对资金的使用权而没有所有权。因此，除国家法律和有关制度另有规定外，银行不得代任何单位或个人查询、冻结、扣划存款人账户内的存款。银行对应计利息的存款要正确、及时地计付利息。

(三)遵循银行不垫款原则

在银行开立存款账户的存款人委托金融企业办理款项支付时，必须在其存款账户上持有足够的资金，存款人签发的各种支款凭证的金额必须小于其存款账户余额，银行作为支付中介，不可以代垫款项。银行为保证资金的安全，在办理现金收入业务时，应先收款、后记账；在办理现金付出业务时，应先记账、后付款；在办理转账业务时，应先记付款单位账，后记收款单位账。

四、主要会计科目及核算内容

存款业务核算涉及的主要会计科目及核算内容如表2—1所示。

表 2—1　　　　　　　　　　　存款业务会计科目及其核算内容

	名　称	主要核算内容
负债类	吸收存款	核算企业(银行)吸收的除同业存放款项以外的其他各种存款。余额反映在贷方,反映企业吸收的除同业存放款项以外的其他各项存款余额。本科目应当按照存款类别和存款单位,分别以"本金""利息调整"等进行明细核算
	应付利息	核算商业银行按照合同约定支付的利息,包括吸收存款、分期付息到期还本的长期借款、发行债券等应支付的利息。应按存款的种类进行明细核算
损益类	利息支出	核算企业(银行)发生的利息支出,包括吸收存款、与其他金融机构(中央银行、同业等)之间发生资金往来业务、卖出回购金融资产等产生的利息支出。应按利息支出项目进行明细核算

五、储蓄存款概述

(一)储蓄存款业务管理及核算要求

储蓄是指个人或单位将其拥有的人民币或外币存入储蓄机构,储蓄机构开具存折(银行卡)或存单作为凭证,个人或单位凭存折(银行卡、单位结算卡)或存单可以支取本金和利息,储蓄机构依照规定支付存款本金和利息的活动。储蓄机构是指经中国银行业监督管理部门批准成立的商业银行、城乡信用社和邮政储蓄机构等。

储蓄存款是指银行通过信用方式吸收的城乡居民闲置和积余的现金所形成的存款,是存放同业业务的重要组成部分。积极开展储蓄存款业务,不仅可以扩大银行营运资金、积聚建设资金,而且对蕴蓄社会购买力、调节消费结构和市场货币流通、稳定物价等有重要意义。

1. 储蓄存款业务管理

(1)储蓄存款的原则

为做好储蓄工作,国家对储蓄一贯采取鼓励和保护的政策。银行对个人的储蓄存款,实行"存款自愿,取款自由,存款有息,为储户保密"的原则。

(2)个人存款账户实名制

为了保证个人存款账户的真实性,维护存款人的合法权益,我国从 2000 年 4 月 1 日起,实行个人存款账户实名制。个人存款账户实名制规定个人在金融机构开立个人存款账户时,应当出示本人有效身份证件,使用实名。①居住在中国境内 16 周岁以上的中国公民,为居民身份证或者临时居民身份证。②居住在中国境内 16 周岁以下的中国公民,由监护人代理开立个人存款账户,出具监护人的有效实名证件以及账户使用人的户口簿。③中国人民解放军军人,为军人身份证件(军官证和士兵证);中国人民武装警察,为武装警察身份证件。若同时持有居民身份证的,也可以居民身份证作为实名证件。④中国香港、澳门居民,为港澳居民往来内地通行证;中国台湾居民,为台湾居民来往大陆通行证或者其他有效旅行证件。⑤居住在境内或境外的中国籍华侨,可出具中国护照。⑥外国公民,可出具护照或外国人永久居留证。

2. 储蓄存款业务的核算要求

储蓄存款业务体现了存放同业业务和现金业务的高度统一,是银行的一项基本而烦琐的核算业务。银行在储蓄存款业务日常核算时必须做到:①双人临柜,钱账分管。②存款先收款后记账,取款先记账后付款,转账必须先办理转出方业务,收妥款项后,再办理转入方业务;当时记账,当日结账,轧对平衡。③储户开户时必须使用实名存款;存取款时必须做到账折(单)见面(代收代付业务按有关规定办理)。④大额取现(人民币 5 万元以上,不含 5 万元;外币为超过等值 1 万美元的外币,含 1 万美元)必须按照《加强金融机构个人存取款业务管理的通知》和《关于居民、非居民个人大额外币现钞存取款有关问题的通知》中的有关规定办理。⑤日间交班及调离必须核对账款,办理交接。⑥坚持"一日三次碰库(箱)"制度,即营业前、中午休息时和下班签退前,柜员必须核对现金实物与库存账。⑦营业终了必须坚持当日结账,总分核对,做到日结日清,账账、账据、账实、账款、账表相符。

(二)储蓄存款的品种

1. 普通储蓄存款品种

(1)活期储蓄存款

活期储蓄存款是指不规定存期,储户随存随取的储蓄。活期储蓄起存金额为1元,多存不限。它具有灵活方便、适应性强的特点。

【提示】活期储蓄存款可单独开立存折,以存折为凭证,凭折存取;也可以借记卡和存折同时开立,卡折一体、一卡一折共同支配同一账户资金,并以其中一种作为支取凭证(可办理无折、无卡存款),每季结息一次(每季末月的20日为结息日)。目前,多家银行出于账户安全考虑,已经停办卡折一体业务,新开账户只能在卡折之间二选一。

(2)定期储蓄存款

定期储蓄存款是指约定存期,一次或分次存入,一次或多次取出本金或利息的一种储蓄。

①整存整取定期储蓄存款。整存整取定期储蓄存款是储户本金一次存入,到期一次支取本息的一种定期储蓄。50元起存,多存不限,存期分为3个月、半年、1年、2年、3年和5年六个档次。开户时由银行发给存单,到期凭存单支取本息。

【提示】整取定期储蓄存款具有期限长、利率高的特点,适用于较长时期不用的节余款项的存储。该种储蓄可部分或全部提前支取。

②零存整取定期储蓄存款。该种储蓄约定存期,本金分次存入,到期一次支取本息,存期分1年、3年、5年三个档次。其特点是逐月存储,适合那些有固定收入但节余不多的储户。这种储蓄分以下两种:

第一种,每月固定金额。5元起存,多存不限,存款金额由储户自定,每月存入一次,中途如有漏存,应在次月补齐,未补存者,到期支取时,按实存金额和实际存期计算利息。本储蓄又分为个人户和集体户两种。集体户是由单位财务人员或代办员,每月从应发工资中代储,集中向存款行办理存取款而开立的一种账户,存期为1年。

【提示】每月固定金额该种储蓄不能办理部分提前支取(除集体户外)。

第二种,积零成整定期储蓄。由储户事先确定存期及预期支取本息之和的整数金额(如500元、1 000元、5 000元等),再由银行算出该储户每月应存金额,以后储户逐月存入,到期一次支取本息。

【注意】储户如在中途月份有漏存,一般应在次月补存,未补存者,到期时按实存金额和存期计息。

③存本取息定期储蓄存款。存本取息定期储蓄存款是一种一次存入本金、分次支取利息、到期支取本金的定期储蓄存款种类。这种储蓄的存期分为1年、3年、5年三个档次,起存金额一般为5 000元。开户时储户将本金一次存入,支取利息的期次可与银行商定为1个月或几个月一次,银行按本金和约定存期计算好分次应付利息,储户凭存单分期取息,到期全部支取本金。如到取息日未取息,以后可随时支取。存本取息储蓄存款在约定存期内如需提前支取,则要按定期存款提前支取的规定计算存期内利息,已支取的利息要一次性从本息中扣回。

【提示】存本取息定期储蓄存款适用于有大笔款项的储户存储。

④整存零取定期储蓄存款。整存零取定期储蓄存款是一种本金一次存入、分期支取固定本金、

到期一次性支取利息的定期储蓄存款种类。这种储蓄的存期分为1年、3年、5年三个档次,起存金额一般为1 000元。开户时储户可与银行约定存期和分期支取本金的期次,支取期次分为每1个月、每3个月或每半年一次。存款到期时结清利息。

【提示】整存零取定期储蓄存款适用于储户有较大款项需要分期使用的情况。

⑤定活两便储蓄存款。定活两便储蓄存款是一种不确定存款期限、利率随存期长短而变动的储蓄存款种类。开户起存金额一般为50元,存单分记名、不记名两种,记名的可挂失,不计名的不可挂失。它既具有活期储蓄随时可以提取的灵活性,又能享受到接近于定期存款利率的优惠。目前,银行开办的定活两便储蓄有以下两种:

第一种,定活两便定额储蓄。这种储蓄面额固定,通常存单面额为50元、100元、500元、1 000元等,存单不记名,不挂失,不办理异地托收,但通常规定可在同城或某区域内通兑。

第二种,定活两便不定额储蓄。由储户自己确定存入金额,存单可记名,可挂失。

2. 新品种介绍

(1)活期一本通

活期一本通是在一个账户内可以同时容纳人民币及多种外币活期储蓄的存款方式。其主要特点:集多种货币于一折,方便保管;兼有一般活期存款同城通存通兑的功能;可进行个人实盘外汇买卖;与电话银行相联通,足不出户便可实现个人理财。

(2)定期一本通

定期一本通是在一个存折上办理多种货币和多种期限的整存整取定期储蓄存款的一种存款方式。其主要特点:集多种货币、多种存期于一折,方便保管;本外币定期储蓄存款同城通存通兑,方便快捷;到期自动转存,确保利息收入;一次开户即可多次反复使用,不需另开账户;定期与活期可互相转存;与电话银行联通,提供个人理财服务;可做小额质押贷款。

(3)通信存款

通信存款是为华侨、港澳台同胞、外籍华人及其他在国外居住或留学的国内居民开办的将资金委托银行在国内办理储蓄存款的一种存款方式。

(4)通知储蓄存款

通知储蓄存款是由储户一次存入本金,银行发给存折,储户凭存折可不限次数支取款项,取款时需在取款日前以书面通知银行的储蓄种类。存期分为7天、15天、1个月、2个月、3个月、6个月、9个月、1年八个档次。通知储蓄存款利率按中国人民银行公布的通知存款利率执行,未包含档次的利率,按当地人民银行规定的利率执行,此储种适用于需要随时支取较大金额的储户。

(5)个人支票储蓄

个人支票储蓄是以个人信誉为保证,使用支票作为支付结算凭证的活期储蓄。开立个人支票储蓄账户的储户,其工资等收入可由付款单位转账划入支票账户,储户购买商品或支付其他费用时,可开具支票办理结算,也可办理汇款业务。

(6)电话银行

电话银行服务是指银行运用计算机、语音处理技术、电话信号数字化技术和通信网络等手段,为客户提供通过电话网络同银行进行金融交易的服务。无论是个人、家庭还是企业、单位,都不需要到银行,只要拨通电话,输入电话银行账号和密码,便可足不出户,轻松理财,简便又安全。

(7)二维码存取款

在互联网高度发达的情况下,2017年多家商业银行陆续在手机银行中增设了扫码存取款功能,储户在ATM提款机屏幕上选择扫码存取款,客户使用自己的手机银行App进行扫码登录,按照提示实现存取款功能。未来客户只需要携带手机加上智能金融设备便可实现银行的所有功能。

(8)银行卡Ⅰ类、Ⅱ类、Ⅲ类账户

自2016年12月1日起,银行为个人开立银行结算账户的,同一个人在同一家银行只能开立一个Ⅰ类户,已开立Ⅰ类户,再新开户的,应当开立Ⅱ类户或Ⅲ类户。

①Ⅰ类户要通过柜面办理,如果通过远程视频柜员机或智能柜员机等自助机开户,必须有银行工作人员现场核验开户申请人身份信息。通过电子渠道开通Ⅱ类户需要绑定一个Ⅰ类户,Ⅲ类户只要转入任意金额激活即可使用。

②Ⅱ类户满足直销银行、网上理财产品等支付需求,与Ⅰ类户最大的区别是不能存取现金、不能向非绑定账户转账,消费支付和缴费也有限额,单日最高不超过1万元,但购买理财产品的额度不限。

③Ⅲ类户则主要用于快捷支付比如"闪付""免密支付"等,仅能办理小额消费及缴费支付,不得办理其他业务,户内余额不超过1 000元。Ⅱ类、Ⅲ类户都没有实体卡片。

3.与储蓄业务相关的其他业务

(1)个人定期储蓄存款存单小额质押贷款

个人定期储蓄存款存单小额质押贷款,是指储户持本人名下的未到期的定期存款(包括整存整取、外币定期、大额定期)存单作质押,凭有效身份证件,向原存款银行申请一定数额的人民币贷款。

【提示】每笔质押贷款额度起点为1 000元,最高不超过10万元,在此范围内一般按质押存单面额的80%掌握。小额质押贷款期限均不得超过质押存单的到期日,若为多张存单质押,以距离到期日时间最近者确定贷款期限,且最长不得超过1年,原则上不予展期。对贷款逾期超过一个月的,银行有权处理其质押存单,抵偿贷款本息。

(2)"三代"业务

"三代"业务是指代收费、代发薪、代股票资金收付转账业务,是银行提供的一种服务,属于银行中间性业务。

(3)电子借记卡

电子借记卡是银行向持卡人提供的现代化金融支付工具。采用计算机联网即时扣账的方式,可在计算机联网的ATM机、特约商户和银行各分支机构、储蓄网点、信用卡机构办理存款、取款、转账、代发工资、代收费、购物消费等业务。

【提示】申领人要事先在银行开立存款账户,如已有活期储蓄存款账户,银行可直接为其发卡,从而免去了繁杂的申请手续,给客户带来了很大的方便。

(4)凭证式国债

凭证式国债于1994年开始由各银行、各地财政和邮政储蓄,面向社会发行,采用填制"国库券收款凭证"的方式,期限有2年期、3年期、5年期三个档次,利率按财政部公布的利率执行,可以记名、挂失,但不可以上市转让,也不能质押。到期后,财政部一次还本付息,逾期不计付利息。

任务二 单位存款业务核算

一、单位活期存款的业务核算

单位活期存款存取的方式主要有两种,即存取现金和转账存取。其中,转账存取主要是通过办理各种结算方式和运用信用支付工具实现的,本任务只介绍存取现金的处理方法。

(一)**存入现金的业务核算**

单位存入现金时,应填写一式两联现金缴款单(见表2—2)交银行柜台。银行柜员审查凭证点收现金,登记现金收入日记簿,并复核签章,将第一联加盖"现金收讫"章后作为回单退交存款人,第二联代现金收入传票登记单位存款分户账。会计分录为:

借:库存现金
　　贷:吸收存款——单位活期存款——××户

表2—2　　　　　　　　　　　　现金缴款单(收入凭证)

缴款人	全称		款项来源								
	账号		缴款部门								
人民币(大写)				十	万	千	百	十	元	角	分
券别	张数		券别	张数							

会计　　　　　　复核　　　　　　记账　　　　　　出纳

(二)支取现金的业务核算

支票户向银行支取现金时,应签发现金支票(其格式见表2—3),并在支票上加盖预留印鉴,由收款人背书后提交银行柜员。柜员接到现金支票后,应重点审查:支票是否真实;记载事项是否齐全;大小写金额是否相符;是否超过提示付款期限(支票的提示付款期限从出票日起10天);其签章与预留印鉴是否相符;出票人账户是否有足够支付的存款;是否背书等。经审查无误后,以现金支票代现金付出传票登记分户账后,凭以付款。会计分录为:

借:吸收存款——单位活期存款——××户
　　贷:库存现金

【提示】现金支票是登记现金付出日记簿的依据。银行柜员配款复核后,向取款人支付现金。

表2—3　　　　　　　　　　　　现金支票

××银行现金支票存根
支票号码:
附加信息:＿＿＿＿＿＿＿
　　　　　＿＿＿＿＿＿＿
　　　　　＿＿＿＿＿＿＿
出票日期　年　月　日
收款人:
金　额:
用　途:
单位主管　　会计

××银行　现金支票(省别简称)支票号码:
出票日期(大写)　　年　　月　　日　付款行名称:
收款人:　　　　　　　　　　　　　　出票人账号:

人民币(大写)	千	百	十	万	千	百	十	元	角	分

用途＿＿＿＿
上列款项请从
我账户内支付

支票付款期限十天

出票人签章　　　　　复核:　　　　　记账:

二、单位定期存款的业务核算

单位如有在一定时期内闲置不用的资金,可在银行办理定期存款。单位定期存款是单位存入款项时约定期限,到期支取本息的一种存款业务。

【提示】定期存款存期分为3个月、6个月、1年、2年、3年、5年六个档次。

（一）存入定期存款

单位存入定期存款时，应按存款金额签发活期存款账户转账支票交开户银行。银行按规定审查无误后办理转账。会计分录为：

借：吸收存款——单位活期存款——××户
　　贷：吸收存款——单位定期存款——××户

（二）支取定期存款

单位持存单支取定期存款时，银行会计人员核对定期存款分户账。核对无误后，计算出利息，填制利息清单，办理转账。会计分录为：

借：吸收存款——单位定期存款——××户
　　应付利息——定期存款利息支出户
　　贷：吸收存款——单位活期存款——××户

【提示】定期存款到期后，如果单位要求续存，可以按结清旧户另开新户办理。

三、对账与销户

（一）对账

对账是指银行与单位核对存款账户余额。银行与开户单位的经济往来，由于双方记账时间有先后以及发生技术性差错等原因，会导致双方账务不相符或产生未达账项。为了及时查清未达账项，保证内外账务相符和保护存款安全，银行必须与开户单位经常进行账务核对。具体做法是由客户根据银行出具的对账单进行逐笔勾对，发现问题，及时与开户银行沟通解决。

（二）销户

存款单位因迁移、合并、停产等原因不再使用原来存款账户时，应及时到银行办理销户手续。银行办理销户时，应首先与销户单位核对存款账户余额，核对相符后，对应计算利息的存款账户，要结清利息。

【提示】对支票存款户，应收回所有空白支票；对存折存款户，应收回存折注销。然后，将原存款账户的余额转入其他存款账户或其他地区金融机构。

【注意】撤销后的账户应停止使用。

任务三　个人存款业务核算

一、个人储蓄存款的原则和种类

（一）个人储蓄存款的原则

为了正确执行国家保护和鼓励人民储蓄的政策，银行对个人储蓄存款实行"存款自愿，取款自由，存款有息，为储户保密"的原则。同时，银行办理储蓄存款业务应实行实名制，即以客户本人有效身份证件的姓名办理存入手续。

（1）存款自愿。存款自愿是指储户对参加储蓄有充分的自主权，参不参加储蓄、参加何种储蓄、存多少钱、存多长时间、存在哪一个储蓄机构，均由储户自主决定，任何机构和个人均无权干涉。

（2）取款自由。在符合《储蓄管理条例》和有关规章制度的前提下，取款自由是指储户什么时候取款、取多少、做什么用，由储户自行决定，银行必须照章支付，不得刁难或限制，不得过问存款来源和取款用途。

（3）存款有息。存款有息是指储蓄机构对任何储蓄存款应按照国家规定的利率计息办法，为储户准确计付一定的利息。它体现了储蓄存款利息收入的合法性和储户依法获取利息的基本权利。

(4) 为储户保密。为储户保密是银行承担对储户及其存款的一切情况保守秘密的职责和义务,对储户的姓名、性别、年龄、身份、地址、签章式样、存款金额、支取时间、笔数、过户、继承等情况保守秘密,不得向任何人和机构透露。

(二) 个人储蓄存款的种类

个人储蓄存款业务的基本种类包括个人活期存款、个人定期存款、定活两便储蓄存款、通知存款、小额支付账户存款等。

在我国,银行在绝大多数城市实现了计算机储蓄。办理计算机储蓄业务的处所,建立有单独的联通系统,并在管辖行和各储蓄所分别设立地区计算机中心、本所计算机中心和终端机进行联网。业务发生后,由终端机输入本所计算机中心的小型计算机,再定时或批量输入区计算机中心的主计算机。

【注意】计算机储蓄应遵守"钱账分管""现金收入业务先收款后记账""现金付出业务先记账后付款"的基本规定。

二、个人活期储蓄存款的业务核算

(一) 开户

个人活期储蓄存款,是个人在银行开立的本外币活期储蓄账户和个人结算账户,该种存款不固定期限,客户可以采用柜面、自助渠道、行内、跨行等多种形式存取。

个人活期储蓄存款的开户可采用现金开户、支票开户、转存开户、来账通知开户等形式(本任务只介绍现金开户的核算)。

银行受理单笔现金开户业务时,按规定审核客户身份证件,录入客户预留信息,为客户开立分户账,设置取款密码,点款收款并进行账务处理,使用实名填写"储蓄存款凭条"(其格式见表2—4),会计分录为:

借:库存现金
　　贷:吸收存款——个人活期存款——××户

【提示】银行为个人开立活期存款分户账并存入资金后,将存折或银行卡交客户。

表2—4　　　　　　　　　　　中国××银行　存款凭条
　　　　　　　　　　　　　　　　年　　月　　日　　序号:

客户填写	户名_____ 账(卡)号_____ 顺序号_____ 币种(√):人民币□ 港币□ 美元□ 英镑□ 其他_____ 新开户的客户请继续填写背面_____	金额	亿	千	百	十	万	千	百	十	元	角	分

日期:	日志号:	交易码:	币种:
金额:	终端号:	主　管:	柜员:

制票:　　复核:

续正面,请选择填写:

存款工具(√):存单□ 存折□ 卡□ 其他 _____
储种(√):活期□ 定活两便□ 整存整取□ 零存整取□ 整存零取□ 存本取息□ 　　　　通知存款□ 教育储蓄□ 国债□ 其他 _____
支取方式(√):凭密码□ 凭证件□ 凭印鉴□ 其他 _____
定期存期 _____
整存整取　到期:约定转存□ 电话银行转账□
零存整取　每次:亲临办理□ 自动转账□(供款账号 _____)
存本取息　( )个月取一次 每次:亲临办理□ 电话银行转账□ 存入指定的活期账户□
整存零取　( )个月取一次 每次:亲临办理□ 电话银行转账□ 存入指定的活期账户□
指定的活期账号 _____ 户名 _____
国债种类　发行年份:_____ 年度　期次:第 _____ 期　期限:_____ 年
存款人证件名称(√):身份证□ 其他 _____ 证件号码 _____ 存款人地址 _____ 联系电话 _____ 代理人证件名称(√):身份证□ 其他 _____ 证件号码 _____ 代理人签名 _____

开户具体操作过程如下:

(1)业务受理。柜员聆听客户的开户要求(开立何种存款账户和存入现金的数量),如果客户是第一次来银行开户,应让客户填写开立个人银行账户申请书,然后接收客户的有效身份证件和现金。

(2)审核。柜员审核客户身份证件是否有效,并确定是否为本人(对身份证、户口簿等可以通过身份证联网系统进行核查的,必须核查)。开立个人结算账户的,还应审核其填写的开立个人结算账户申请书内容的完整性和正确性。

(3)点收现金。柜员收到客户递交的现金后,先询问客户存款金额,然后在监控下和客户视线内的柜台上清点。清点时柜员一般需在点钞机上正反清点两次,金额较小时,也可手工清点,但要注意假币的识别,并再次与客户唱对金额。之后应将现金放置于桌面上,待开户业务办理结束后再予以收存。收付款都要做到一笔一清。

①现金的清点程序:清点现金按"三先三后"程序操作,即先点大数(卡捆卡把),后点细数;先点主币,后点辅币;先点大面额票币,后点小面额票币。收入现金必须坚持手工清点,使用验钞机逐张核验(正面、背面各核验一遍,注意防范假币,区分版别)。

②现金的捆扎要求:收入的现金一旦可成把(纸币100张)、成卷(硬币50枚或100枚),要及时打把(卷),并在腰条侧面加盖柜员个人名章;可成捆(纸币10把,硬币10卷)的要及时打捆,打捆时做到捆扎牢固,随即放入现金箱保管,收妥的现金应按券别、残好分别放入个人钱箱,做到一笔一清,妥善保管。

(4)开户交易。柜员输入开户交易代码,进入个人活期储蓄存款开户界面,刷存折、系统自动读取磁条信息,输入储户姓名、证件类型、证件号码、电话号码、邮政编码及地址。需凭密码支取的,请客户设置密码(一般要求输入两遍),确认无误后提交。

(5)打印、签章。若为个人结算账户开户,柜员取出新折,进行划折操作,然后根据系统提示打印存折和开立个人银行结算账户申请书,并请客户签名确认。柜员在存折上加盖储蓄专用章(或业务公章),在开立个人银行结算账户申请书上加盖业务公章,在存款凭条上加盖业务清讫章,最后在上述所有凭证上加盖柜员名章。

(6)送别客户。柜员将身份证件、存折(单)、开立个人银行结算账户申请书客户联交给客户后,送别客户。

(二) 续存

客户续存现金时,将存折(或银行卡)和现金一并交柜员,口述存入金额。柜员检验存折(卡)、点收款项无误后,调出客户分户账,录入存款金额并打印存款凭证交客户签字确认。会计分录与开户时相同。个人活期储蓄存款的续存,也可以采用支票续存、转存续存、来账通知续存等方式。若为异地续存,需按规定扣收手续费(账务处理略)。

续存具体操作过程如下:

(1)业务受理。柜员聆听客户口述的存款要求,接收客户的储蓄存折和现金。客户在申请办理续存时,存在有折续存和无折续存两种情况。若为有折续存,客户可免填单,只需提供存折和现金。若续存金额大于5万元(含),应提供存款人身份证件,他人代理的,还应提供代理人身份证件。若为无折续存,则客户需填写个人现金存款凭证,按汇款业务处理。

(2)审核。需提供身份证件的,柜员应审核身份证件的真实性和有效性。无折续存的,柜员应审核其填写的个人存款凭证的内容是否完整、正确。

(3)点收现金。柜员先询问客户存款金额,然后在监控和客户视线内的柜台上,按照现金清点的"三先三后"程序点收现金。

(4)续存交易。有折续存时,柜员输入交易码,进入活期储蓄存款续存交易界面,划折后系统自动显示账号、户名、凭证号等信息,柜员根据系统提示录入存款金额等。无折续存时,柜员输入交易码,进入无折续存界面,柜员根据客户提交的个人存款凭证上的信息录入相关内容,经业务主管授权确认后按系统提示操作。

若为他行通存续存的,则会计分录为:

借:库存现金
　　贷:辖内往来

(5)打印、签章。续存交易成功后,若为有折续存,打印存折和存款凭证。若为无折续存,打印个人无折存款凭证,完成后,柜员进行核对,无误后请客户签名确认。

(6)送别客户。柜员在存款凭条上加盖业务清讫章和柜员名章,将存折或无折存款凭证客户联交给客户,送别客户。

(7)后续处理。柜员将现金放入钱箱,并将存款凭条作业务凭证整理存放。

(三) 支取

个人活期储蓄存款支取现金时,客户可持存折或银行卡通过柜台或自助取款设备办理。储蓄取款凭条如表2-5所示。会计分录为:

借:吸收存款——个人活期存款——××户
　　贷:库存现金

表2-5　　　　　　　　　中国××银行　取款凭条

客户填写	户名_____ 账(卡)号_____ 顺序号_____	金额	亿	千	百	十	万	千	百	十	元	角	分
	币种(√):人民币□ 港币□ 美元□ 英镑□ 其他_____													
	现金或转账(√) 现金□ 转账□													
	转入账(卡)号_____ 顺序号_____ 户名_____													
	取款人证件名称_____ 号码_____	(客户印鉴)												
	代理人证件名称_____ 号码_____ 代理人签名_____													
日期:	日志号:	交易码:	币种:											
金额:	终端号:	主　管:	柜员:											

　　　　　　　　　　　　　　　　　　　　　　　　　　制票:　　　复核:

客户也可以通过多种方式进行转账支取。异地支取和跨行支取的,应按规定扣收手续费(账务处理略)。

支取具体操作过程如下:

(1)业务受理。柜员聆听客户口述取款要求,接收客户的储蓄存折等。若客户取款金额超过人民币5万元(含)的,还应接收客户的身份证件,他人代理的还应同时接收代理人的身份证件。

(2)凭证审核。柜员与客户确认取款金额;审核客户存折的真实性和有效性;取款金额超过人民币5万元(含)的还应审核客户身份证件,并在待打印的个人业务取款凭证上摘录证件名称、号码、发证机关等信息。

(3)支取交易。柜员输入交易码,进入个人活期储蓄存取款交易界面;根据系统提示划折后,系统自动反馈账号、户名、凭证号等信息,然后录入取款金额;待客户输入正确密码后,系统要求配款操作,然后进行电子配款和实物配款。大额(超柜员权限)或外币取款的,需经有权人卡把复点,授权办理,配款结束后柜员确认提交。

若为他行通存支取的,则会计分录为:

　　借:辖内往来
　　　　贷:库存现金

(4)打印、签章。交易成功后,柜员根据系统提示打印存折和取款凭证,核对后请客户在取款凭证上签名确认,并加盖业务清讫章和柜员名章。

(5)送别客户。柜员与客户唱对金额,确认无误后,将现金和存折交客户,送别客户。

(6)后续处理。柜员整理、归档凭证,取款凭证作银行记账凭证或作当日机制凭证的附件整理存放。

(四)换折、换卡

1. 换折

柜员收回旧折,在最后余额栏下注明"过入新折",并另开新折。新折的扉页上应注明旧折账号、户名,第一行摘要栏内注明"旧折过入",余额栏内记载旧折的最后余额。原存折扉页公章处应加盖"注销",每页加盖"附件"戳记,作为当日存款或取款凭条的附件。其余手续参照存、取款办理。

2. 换卡

借记卡换卡业务可以在营业网点、手机银行、个人网银、电话银行渠道办理。①营业网点换卡需要持本人有效身份证件,到任意一家本行的营业网点换卡,不在开户地前往外地,换卡银行要支持互联网联网信息交换换卡或异地取卡;②手机银行换卡在账户管理中点击卡片,进入账户页面,预约换卡;③个人网银换卡,进入账户管理,选择预约换卡;④电话银行换卡转入人工客服后核实办理,部分银行不支持电话银行换卡。

(五)销户

储户不再续存,支取全部存款时即为销户,或称清户。柜员核对取款凭条和存折后,选择活期销户操作。显示和处理过程与支取时类似,不同的是,要求支取的金额数字应按画面上显示的余额数字输入(柜员核对取款凭条上填写的支取金额与显示的余额是否相同,如不同提示储户重新填写),计算机确定合法后,自动完成结息,代扣缴利息税,销账,记活期储蓄存款科目账和库存现金科目账、活期储蓄利息支出账等,在开销户登记簿中注销此户,依次打印凭条、存折及利息清单,柜员核对无误后加盖"结清"戳记和名章。将现金和利息清单第二联交储户,将存折和凭条一起留存,将利息清单第一联作为利息付出传票附件留存。销户为卡片的,将其卡片磁条处剪成V字行,并收回。销户为存折的,将其磁条处剪成V字形,并将其内页返还给客户,其他部分留存银行。其会计分录如下:

借:吸收存款——个人活期存款——××户
　　应付利息
　　贷:库存现金

【提示】现金清户时银行根据当日挂牌的活期存款利率计息,利息算至清户前一日止。

除现金清户方式外,还有转存清户和异地清户方式(账务处理略)。

销户具体操作过程如下:

(1)业务受理。柜员聆听客户口述销户要求,接收客户的储蓄存款凭证。销户业务需要客户本人办理并出示有效身份证件。

(2)凭证审核。柜员应审核客户是否符合销户条件,核查客户的有效身份证件。凭印鉴支取的,客户需回开户行办理。柜员应审核身份证件是否真实、有效。

(3)销户交易。柜员输入交易码,进入个人活期储蓄存款销户交易界面。柜员根据系统提示划折后,界面显示账号、户名和凭证号等信息,柜员录入取款金额进行配款操作。完成后,经业务主管授权确认提交。

(4)打印、签章。根据系统提示打印存折,取款凭证,储蓄存款利息清单等。核对无误后,客户需在取款凭证上签名确认。柜员在打印的凭证上加盖业务公章。将已销户的存折加盖销户戳记后剪角或加盖附件章,在取款凭证、利息清单上加盖业务清讫章及柜员名章。

(5)送别客户。柜员与客户唱对金额后,将现金、利息清单客户联交给客户,送别客户。

(6)后续处理。柜员将办理业务的相关凭证整理存放。

三、个人定期储蓄存款的业务核算

个人定期储蓄存款是指存入时约定存款期限,一次或分次存入本金,到期一次或分次支取本金和利息的一种储蓄方式。

个人定期储蓄存款按存取方式不同,可分为整存整取、零存整取、整存零取和存本取息等。由于定期储蓄各个类型只是在存期、利率及处理流程上不同,核算方面区别不大,因此这里重点介绍整存整取定期储蓄存款的核算。

(一)整存整取定期储蓄存款的业务核算

整存整取定期储蓄存款是本金一次存入,约定存期,到期一并支取本息的储蓄存款。

【提示】此种储蓄50元起存,多存不限,存期分为3个月、6个月、1年、2年、3年、5年等档次。

1. 单笔现金开户

客户来银行开户时,将身份证件和现金交给银行,并告知选择的存款期限。银行审核身份证件,并清点现金,点收无误后,打印相关凭证交客户签字确认,为客户开立定期存款账户。会计分录为:

借:库存现金
　　贷:吸收存款——整存整取定期储蓄存款——××户

客户也可以通过柜台、自助设备或网银进行转账开户,将活期存款转存定期。银行也受理支票开户和来账通知开户的定期储蓄存款(账务处理略)。

整存整取定期储蓄存款开户具体操作过程如下:

(1)业务受理。柜员仔细聆听客户的开户要求(即开立何种存款账户和存入现金的数量),接收客户的有效身份证件和现金。

(2)凭证审核。柜员审核客户身份证件是否有效,并确定是否为本人。

(3)点收现金。柜员收到客户递交的现金后,先询问客户存款金额,然后应在监控下和客户视线内的柜台上清点。具体过程及要求与活期储蓄存款业务操作相同。

(4)开户交易。柜员输入开户交易代码,进入整存整取定期储蓄存款开户交易界面,根据系统提示输入储户姓名、证件类型、证件号码、电话号码、邮政编码及地址。需凭密码支取的,请客户设置密码(一般要求输入两遍),确认无误后提交。

(5)打印、签章。柜员根据系统提示打印存款凭条以及储蓄存单,并请客户在存款凭条上签名确认。然后柜员在存单上加盖储蓄专用章和柜员名章,在存款凭条上加盖业务清讫章和柜员名章。

(6)送别客户。柜员将身份证件、存单交给客户后,送别客户。

(7)后续处理。柜员将现金放入钱箱,并将存款凭条作当日业务凭证整理存放。

2. 支取(清户)

(1)到期支取。客户到期取款时,银行核对一本通存折或银行卡;银行核对身份证件,验证密码无误后,计算出应付利息,填制利息清单,按客户要求办理转账或支取现金。会计分录为:

借:吸收存款——整存整取定期储蓄存款——××户
　　应付利息——定期存款利息
　　贷:库存现金

客户也可通过自助设备或网银办理支取(清户)操作。

整存整取定期储蓄存款销户具体操作过程如下:

①业务受理。柜员聆听客户口述取款要求,接收客户的储蓄存单等。若客户提前支取或销户,还应接收客户的身份证件。

②凭证审核。柜员审核客户存单是否为本行签发并已到期,审核该账户是否挂失、止付等。若需提供身份证件的,应审核身份证件是否真实、有效,在待打印的取款凭证或存单背面摘录其身份证件名称、号码、发证机关等信息。

③销户交易。柜员输入交易码,进入整存整取定期储蓄存款销户交易界面,手工录入账号、凭证号、证件类型、证件号码和取款金额,系统要求配款操作,完成后授权提交。

④打印、签章。柜员根据系统提示依次打印存单和储蓄存款利息清单,加盖业务清讫章和柜员名章,并在储蓄存单上加盖结清章。

⑤送别客户。柜员与客户唱对金额后,将现金(本息)、利息清单客户联交给客户,送别客户。

⑥后续处理。柜员将储蓄存单、利息清单记账联作业务凭证整理存放。

(2)过期支取。客户过期支取,其处理手续与到期支取相同,但利息计算应包括到期利息和过期利息。

(3)提前支取。存款尚未到期,客户如急需用款,可以凭本人身份证件到柜台办理全部提前支取或部分提前支取,也可通过自助设备或网银办理提前支取。①全部提前支取时,银行按提前支取规定计付利息。其余手续与到期支取相同。②部分提前支取时,除对支取部分按提前支取办法支付本息外,对未取部分(续存本金)应按新开立定期存款账户办理。会计分录为:

借:吸收存款——整存整取定期储蓄存款——××户(全部本金)
　　应付利息——定期储蓄利息(提前支取部分利息)
　　贷:库存现金(提前支取部分应给客户的本息)
　　　　吸收存款——整存整取定期储蓄存款——××户(续存本金)

整存整取定期储蓄存款部分提前支取具体操作过程如下:

①业务受理。柜员聆听客户口述取款要求,接收客户的储蓄存单和客户的身份证件。

②凭证审核。柜员审核客户存折(单)是否为本行签发,是否挂失、身份证件是否合法、有效,审核无误后确认客户部分提前支取金额。然后,在待打印的取款凭证上或存单背面摘录证件名称、号码、发证机关等信息。

③部分提前支取交易。柜员输入交易码,进入整存整取定期储蓄存款部分提前支取交易界面。手工录入账户、原凭证号、本金、部分提前支取金额、证件类型、证件号码和新凭证号,超限额取款需经业务主管授权。待客户输入密码无误后,系统要求配款操作,配款结束后柜员确认提交。

④打印、签章。柜员根据系统提示依次打印旧存单、储蓄存款利息清单,存款凭证和新存单,核对后请客户在存款凭证上签名确认,然后柜员在旧存单上加盖业务清讫章和结清章,在储蓄存款利息清单、旧存单上加盖业务清讫章,在新存单上加盖储蓄专用章(或业务公章),并在上述所有凭证上加盖柜员名章。

⑤送别客户。柜员与客户唱对金额后,将现金、身份证件、新存单和利息清单客户联交给客户,送别客户。

⑥后续处理。柜员将旧存单、利息清单记账联和存款凭证作银行记账凭证整理存放。

(二)关于其他定期储蓄存款

(1)零存整取定期储蓄存款是存款时约定期限,每月固定存入一定数额本金,到期一次支取本息的一种储蓄存款。这种储蓄存款每月存入一次,如中途漏存一次,应在次月补存。

(2)存本取息定期储蓄存款是指本金一次存入,在约定存期内分次支取利息,到期支取本金的一种储蓄存款。存本取息通常以5 000元起存,多存不限,由银行发给存款凭证,到期一次支取本金,利息凭存单分期支取,由客户与银行商定每月或几个月支取一次。

(3)整存零取定期储蓄存款是本金一次存入,约定存期,分次支取本金,到期支取利息的一种储蓄存款。其最低起存金额为1 000元人民币。

(4)定活两便储蓄是一种本金一次存入,不约定存期,可随时一次支取本息的存款方式。它既有活期之便,又有定期之利。一般以50元起存,多存不限。记名式定活两便储蓄存款的会计核算手续基本上与整存整取定期储蓄相同。不记名式存单一般固定面额,分50元和100元两种,可以在约定范围内通存通兑。

(5)个人通知储蓄是一次存入本金,不约定存期,支取时需提前通知银行(提前1天或7天),约定支取时间和金额,一次或多次提取存款的储蓄。个人通知储蓄存款的起存金额为5万元。最低支取金额为5万元,存款人需一次存入,一次或分次支取。利率以取款当日中国人民银行公告的利率为准。

任务四 存款利息业务核算

一、利息核算的一般规定

(一)计息范围

银行吸收存款人资金,除财政性预算内存款以及有特殊规定的款项不计利息外,应按规定支付利息。会计部门应按结息期和计算方法,准确地计算利息。对于应付而未付的存款利息按权责发生制进行核算。

(二)计息时间

存期是存款的时间,计息时存期"算头不算尾",也就是存入日计算利息,支取日不计算利息,其计算方法是从存入日算至支取的前一日。

具体计算利息时,定期存款与活期存款的存期计算方式有所不同。

①定期存款计算利息时,按照存期"算头不算尾"的方法,从存入日算至支取的前一日为止。存期一般按对年、对月计算。

②单位活期存款除非清户,一般均连续不间断发生存取款业务,因此,活期存款利息一般采取定期结息的做法,即按季结计利息。具体方法是计算计息积数,对活期存款的存期也就按照实际天数计算。所谓实际天数,就是按照日历天数,大月按 31 天计算,小月按 30 天计算,2 月按 28 天(或 29 天)计算。

③个人储蓄的活期存款按季度计算利息,每季末月 20 日为结息日,从上季末月 21 日至本季末月 20 日。

④单位和个人的定期存款利息,应根据存期的档次,于存款到期日利随本清。

(三)利息计算的基本公式

$$利息=本金(存款金额)\times 存期\times 利率$$

本金元位起息,元位以下不计息。计算的利息保留到分位,分位以下四舍五入。利率是指一定存款的利息与存款本金的比率。利率由国务院授权中国人民银行制定并公布,各金融机构执行。

【注意】利率分为名义利率和实际利率,目前在核算利息时使用名义利率,暂不考虑实际利率。利率可表示为:年利率(%)、月利率(‰)、日利率(‰)。

在运用不同利率时,应注意其相互关系:年利率÷12=月利率,月利率÷30=日利率。

二、单位存款利息的业务核算

(一)单位活期存款利息的业务核算

单位活期存款按季结息,每季度末月 20 日为结息日,利息次日转入本金,不计复利。由于活期存款存取频繁,存款余额经常发生变动,因此,银行在实际工作中通常采用累计日积数法计息。累计日积数是各存款账户每日最后余额的逐日累计数。计算公式为:

$$应付存款利息=累计计息积数\times 日利率$$
$$累计计息积数=每日余额合计数$$

下面以余额表计息和分户账账页计息具体说明积数计息法的基本原理。

1. 余额表计息

采用该方法计息,银行会计部门于每日营业终了,将各计息分户账的最后余额按户抄列在计息余额表内(当日余额未变动的,照抄上日余额)。如遇错账冲正,应在余额表的"应加积数""应减积数"栏内调整计息积数。结息日,逐户将全季的累计积数乘以日利率,即得出各户应计利息数。余额表计息如表 2—6 所示。

表 2—6   ××银行余额表计息

20××年 9 月份

科目名称:吸收存款——单位活期存款   利率:月 0.6‰   共 页 第 页

账号、户名日期、余额	20××…0901	20××…0902	…
	X 公司	Y 公司	…
至上月底累计未计息积数	12 320 000	(略)	
1	11 200		
2	45 000		
3	45 000		
4	45 000		

续表

账号、户名日期、余额	20××…0901	20××…0902	…
	X公司	Y公司	…
5	33 200		
6	22 100		
7	22 100		
8	22 100		
9	24 300		
10	24 300		
10天小计	294 300		
⋮			
20天小计	680 000		
⋮			
本月合计	1 030 000		
应加积数①	71 000		
应减积数			
至结息日累计应计息积数②	10 371 000		
至本月底未计息积数③	350 000		

注：①应加积数和应减积数是因账务记载中出现的差错、做出更正后调整积数造成的。本例中的应加积数为本计息期内漏记X公司转账收入一笔，金额1 420元，5天以后发现，更正后累计5天的应加积数为71 000元。

②至结息日累计应计息积数＝至上月底累计未计息积数＋20天小计＋应加积数＝12 320 000＋680 000＋71 000＝10 371 000元。

③至本月底未计息积数＝本月合计－20天小计＝1 030 000－680 000＝350 000元。

【做中学2—1】 根据表2—6的计息余额表，计算X公司第三季度的利息并转账。

第三季度利息＝10 371 000×(0.6‰÷30)＝207.42(元)

借：利息支出　　　　　　　　　　　　　　　　　　　　　　　207.42
　　贷：应付利息　　　　　　　　　　　　　　　　　　　　　　207.42

次日转入单位活期存款账户时：

借：应付利息　　　　　　　　　　　　　　　　　　　　　　　207.42
　　贷：吸收存款——单位活期存款——X公司户　　　　　　　207.42

2. 分户账账页计息

采用乙种账结计利息的，存款账户使用带积数的乙种账。当存款人存款账户发生资金收付后，按前一次最后余额乘以该余额的实存天数计算出积数，记入账页的"日数"和"积数"栏内。如更换账页，应将累计积数过入新账页第一行内，待结息日营业终了，加计本结息期内的累计天数和累计积数，以积数乘以日利率，即可得出应付利息数。分户账计息如表2—7所示。

表 2-7　　　　　　　××银行吸收存款——单位活期存款分户账计息

户名：X公司　　　　　　账号：20××……　　　　　　利率：月0.6‰

20××年		摘　要	借方	贷方	借或贷	余额	日数	积　数
月	日							
9	1	承前页			贷	…		12 320 000
						11 200	1	11 200
9	2	转贷		33 800	贷	45 000	3	135 000
9	5	转借	11 800		贷	33 200	1	33 200
9	6	转借	11 100		贷	22 100	3	66 300
9	9	转贷		2 200	贷	24 300	2	48 600
⋮	⋮	⋮				⋮	⋮	⋮
9	20	结息					—	10 371 000
9	21	转息		207.42		—		

【注意】计算利息和转账分录与余额表计息相同。

3. 单位定期存款利息计算

单位定期存款的利息计算采取逐笔计息、利随本清的办法，即在存款到期日支取本金的同时一并计付利息。逐笔计息法的计算公式为：

应付存款利息＝本金×年(月)数×年(月)利率＋本金×零头天数×日利率

或

利息＝本金×自然天数×日利率

【做中学2-2】　假设S公司存入银行定期存款500 000元，定期2年，年利率假定为3.33%，3月20日到期，该公司于4月1日来行支取，支取日活期存款年利率为0.36%，其利息计算如下（假定以前年度未计提应付利息）：

到期利息＝500 000×2×3.33%＝33 300(元)

逾期利息＝500 000×12×(0.36%÷360)＝60(元)

```
借：利息支出                                      33 360
    贷：应付利息                                      33 360
借：吸收存款——单位定期存款——S公司户              500 000
    应付利息                                      33 360
    贷：吸收存款——单位活期存款——S公司户          533 360
```

三、个人存款利息的业务核算

(一)活期储蓄存款利息的业务核算

按规定，活期储蓄存款按季结息，银行按当日活期储蓄存款挂牌利率结计利息，每季末月20日为结息日，从上季末月21日至本季末月20日。未到结息日清户的，利息按清户日活期储蓄利率计算，算至清户日前一日为止。

(二)定期储蓄存款利息的业务核算

1. 整存整取定期储蓄存款利息的计算

根据《储蓄管理条例》的规定，整存整取定期储蓄存款在原定存期内的利息，一律按存入日银行挂牌公告的利率计付利息,存期内遇利率调整,不分段计息;整存整取定期储蓄存款未到期,客户全部或部分提前支取的,提前支取部分按支取日活期储蓄存款利率计息,其余部分到期时,按原存入日挂牌公告的定期储蓄存款利率计息;整存整取定期储蓄存款过期支取的,除约定自动转存的以外,其超过原定存期的部分,按支取日活期储蓄存款利率计息。应付利息计算公式如下:

$$应付利息 = 本金 \times 存期 \times 利率$$

【做中学2—3】 假设客户王平2020年4月16日存入整存整取定期储蓄存款80 000元,定期2年,年利率为3.06%。该档利率2022年2月21日调至2.99%,王平2022年4月16日到期支取(假定以前年度未计提应付利息)。

应付利息＝80 000×2×3.06%＝4 896(元)

借:利息支出	4 896
贷:应付利息	4 896
借:吸收存款——整存整取定期储蓄存款——王平户	80 000
应付利息	4 896
贷:库存现金	84 896

2. 零存整取定期储蓄存款利息的计算

零存整取定期储蓄存款按约定存期到期支取的计息,根据不同情况,可以采用不同的计算方法。在实际工作中,常用的计算方法有固定基数法、月积数法和日积数法三种。

(1)固定基数法是指事先算出每元存款利息基数,到期乘以存款余额的计息方法。这种方法适用于存款逐月全存、到期支取的计息,计算公式为:

$$每元存款利息基数 = (1+存款月数) \div 2 \times 月利率$$

【做中学2—4】 假设客户王平于2021年3月18日来银行办理零存整取定期储蓄存款,月存1 600元,存期1年,月利率为1.425‰,于2022年3月18日支取。

每元存款利息基数＝(1+12)÷2×1.425‰＝0.009 262 5(元)

应付利息＝19 200×0.009 262 5＝177.84(元)

3年期、5年期的存款也可以按各档利率,参照上述公式算出基数,乘以存款余额,计算应付利息。

(2)月积数法是适用于存款已到期,但有漏存月份情况下的计算利息的方法。将零存整取储蓄存款分户账的每月存款余额乘以所存月数,就是月积数。到期支取时,按月积数之和乘以同档月利率,即为应付利息数。

(3)日积数法,即客户每次来存款时,根据存入发生额乘以业务发生日至存款到期日的天数(算头不算尾),取得计息积数,按"存加取减"的原则,结出积数余额。到期日,以积数余额乘以存入日约定利率即为应付利息数。如客户提前支取,则按"存加取减"的原则,从积数余额中扣除未存满约定存期所产生的积数(即提前支取金额乘以提前支取日算至到期日的天数),结出计息积数,乘以支取日银行挂牌公告的活期储蓄存款利率,即为应付利息数。

【注意】过期支取的应付利息为到期息与过期息之和。到期息按正常规定计算,过期息则按最后余额与过期月数及支取日挂牌公告的活期储蓄存款利率计息;提前支取可比照整存整取定期储蓄存款的计息办法计算利息,不满整月的零头天数不计利息。

3. 存本取息定期储蓄存款利息的计算

存本取息每次支取的利息数可按如下公式计算:

$$每次支取利息数 = (本金 \times 存款月数 \times 月利率) \div 支取利息次数$$

【做中学 2-5】 假设客户王平于 2022 年 6 月 10 日存入本金 200 000 元,存期 1 年,月利率为 1.65‰,每 3 个月支取利息一次。则:

每次支取利息数=(200 000×12×1.65‰)÷4=990(元)

4. 整存零取定期储蓄存款利息的业务核算

在这种储蓄存款方式下,到期计息可采用本金平均数法和月积数法。本金平均数法计息公式为:

到期应付利息=(全部本金+每次支取本金额)÷2×存期×月利率

【做中学 2-6】 假设客户王平一次存入本金 36 000 元,1 年期,每月支取 3 000 元,月利率为 1.65‰,最后一次支取日期为到期日,连同利息一并支取。

到期应付利息=(36 000+3 000)÷2×12×1.65‰=386.10(元)

【提示】客户在存期内若要求部分提前支取,可提前支取 1~2 次,但必须在以后月份内停取 1~2 次。剩余款项的支取日按原定日期不变。如果提前支取全部余额,则根据实存金额和实存日期,按规定的活期储蓄利率计息;过期支取,可比照零存整取储蓄存款原则办理。

(三)定活两便储蓄存款利息的计算

定活两便储蓄存款的利息,根据实际存期同档的整存整取定期储蓄利率,按一定的折扣率计算。不满规定存期的按活期利率计算。具体规定为:存期不满 3 个月的,按支取日挂牌公告的活期利率计算;存期 3 个月以上(含 3 个月)不满半年的,整个存期按支取日挂牌公告的整存整取 3 个月定期储蓄利率打六折计息;存期半年以上(含半年)不满 1 年的,整个存期按支取日挂牌公告的整存整取半年定期储蓄利率打六折计息;存期在 1 年以上的(含 1 年),无论存期多长,整个存期一律按支取日整存整取 1 年期定期储蓄利率打六折计息。

任务五　存款特殊业务处理

一、挂失、补发和假币

(一)存单(折)挂失

(1)储户遗失存单、存折、预留印鉴的印章、账户的密码、个人支票等均可到原储蓄机构书面申请挂失。不记名式的存单、存折,银行不受理挂失。正式挂失一般须到原开户网点办理。

(2)储户办理挂失时,必须持本人身份证件,并提供姓名、存款时间、种类金额、账号及住址等有关情况。

(3)银行根据储户提供的资料,确认存款未被支取和未被冻结止付后,方可受理申请。银行在受理挂失申请(包括临时挂失和正式挂失)前账户内的储蓄存款已被他人支取的,储蓄机构不负赔偿责任。

(4)对挂失金额较大的(按地区经济发展程度的不同,由各省行自定金额限度),要复印其身份证件作附件备查。

(5)储户在特殊情况下,以口头、电话、信函等方式申请的挂失,均视为口头挂失,储户必须在办理口头挂失后的 5 天之内,到原开户行办理正式挂失手续,否则挂失将失效,口头挂失不收手续费。

(二)补发存折或取现

(1)储户 7 天后(由于各家银行内控制度规定不一,解挂的时间也不尽相同,办理具体业务时从其规定)持挂失申请书的客户联来银行办理补领新存单(折)或支取存款等手续,必须由原存款人办理,他人不得代办。

(2)储户办理储蓄存款挂失后,在挂失期限之内找到了原存单(折)的可以要求撤销挂失,撤销挂失需要由储户本人持有效身份证件连同原挂失申请书的客户联,到原挂失的网点办理。撤销挂失后,已收的挂失手续费不退还储户。

(三)假币收缴

(1)由发现假币的金融机构两名(含)以上持有反假货币上岗资格证书的业务人员当面予以收缴。

(2)对假人民币纸币,应当面加盖"假币"字样的戳记。

(3)对假外币纸币及各种假硬币,应当面以统一格式的专用袋加封,封口处加盖"假币"字样戳记,并在专用袋上标明币种、券别、面额、张(枚)数、冠字号码、收缴人、复核人名章等细项。

(4)告知持有人如对收缴的货币真伪有异议,可向中国人民银行当地分支机构或中国人民银行授权的当地鉴定机构申请鉴定。

(5)收缴的假币,不得再交与持有人。

(6)《中华人民共和国人民币管理条例》第 31 条规定:"单位、个人持有伪造、变造的人民币的,应当及时上交中国人民银行、公安机关或者办理人民币存取款业务的金融机构;发现他人持有伪造、变造的人民币的,应当立即向公安机关报告。"

(7)中国人民银行及中国人民银行授权的国有商业银行业务机构应当无偿提供鉴定人民币真伪的服务。

二、储蓄存款挂失

储蓄存款挂失的具体操作过程如下:

(1)业务受理。柜员受理客户正式挂失申请或口头挂失申请。若为正式挂失,柜员接收客户的身份证件,并请客户填写一式三联的挂失申请书;若为口头挂失(客户可通过电话、网上银行或到营业网点来办理),柜员填写挂失止付单。

(2)凭证审核。柜员根据储户提供的有关资料,认真核对储户的身份证件及账户的各项内容,审核挂失申请书上的内容填写是否完整、准确;在确认存款确未被支取的情况下,先冻结账户,再办理其他挂失手续。

(3)系统处理。柜员输入交易码,进入存折(单)、密码挂失界面,录入挂失账户信息,经主管柜员审核并授权后确认提交。

(4)收费。若为正式挂失,柜员需向客户收取手续费,并打印一式两联业务收费凭证,由客户签收后收回,同时登记挂失登记簿。

挂失收费业务的会计分录为:

借:库存现金
　　贷:手续费收入——挂失手续费收入

(5)打印、签章。柜员完成系统操作后,打印挂失申请书。若为口头挂失,打印特殊业务凭证后请客户签名,并加盖授权人和柜员名章。

(6)送别客户。柜员将加盖了业务公章和柜员名章的挂失申请书客户联、收费凭证回单联及客户身份证件交客户,与客户道别。若为口头挂失,应明确告知客户必须在 5 日(异地为 15 天)内持本人身份证件到原开户网点办理正式挂失手续。

(7)后续处理。柜员将客户身份证件复印件和挂失申请书银行留存联专夹保管,业务收费凭证记账联按规定整理存放。

三、储蓄存款解挂

储蓄存款解挂的具体操作过程如下：

(1) 业务受理。柜员接收客户的身份证件，储蓄挂失申请书客户联。若客户已找回挂失的存折(单)，则还需接收存折(单)。

(2) 凭证审核。柜员根据储户提供的有关资料，确认挂失时限已过、储户为客户本人后，按挂失申请书编号从专夹中抽出申请书银行留存联，会同主管柜员进行核对。

(3) 系统处理。柜员输入解挂交易码，进入储蓄存折(单)解挂界面，录入账户信息、证件类型、证件号码等，经主管柜员审核并授权后确认提交。

(4) 打印、签章。若为挂失换凭证、挂失开户业务，柜员根据系统提示打印新存折(单)和特殊业务凭证(若为存折，应先划新存折写磁后再打印)；若为撤销挂失，挂失销户和密码重置业务，则系统直接打印特殊业务凭证，挂失销户还需打印储蓄存款利息清单。打印后，柜员审核各类存折(单)、特殊业务凭证和储蓄存款利息清单，确认无误后，在储蓄挂失申请书的"处理结果"栏注明处理结果，请客户在挂失申请书和特殊业务凭证上签名确认，并加盖业务公章和柜员名章。然后，柜员在新存折(单)上加盖储蓄专用章或业务专用章和柜员名章。

(5) 送别客户。若为撤销挂失和密码重置业务，柜员将旧存折(单)交给客户；若为挂换，挂开业务，柜员将新开的存折(单)交给客户；若为挂销业务，柜员将现金(本息合计数)、储蓄存款利息清单请客户签名确认后交给客户，与客户道别。

(6) 后续处理。柜员在挂失登记簿上写明处理结果，并与主管柜员分别签章确认，将特殊业务凭证(挂失申请书银行留存联作附件)和储蓄存款利息清单记账联整理存放。

四、协助查询、冻结与扣划

(1) 协助查询是指金融机构依照有关法律或行政法规的规定以及有权机关查询的要求，将单位或个人存款的金额、币种以及其他存款信息告知有权机关的行为。

(2) 协助冻结是指金融机构依照法律的规定以及有权机关冻结的要求，在一定时期内禁止单位或个人提取其存款账户内全部或部分存款的行为。

办理协助冻结业务时，金融机构经办人员应当核实以下证件和法律文书：①有权机关执法人员的工作证件；②有权机关县团级以上机构签发的协助冻结存款通知书，法律、行政法规规定应当由有权机关主要负责人签字的，应当由主要负责人签字；③人民法院出具的冻结存款裁定书、其他有权机关出具的冻结存款决定书。

【注意】冻结的期限最长不超过6个月，有特殊原因需要延长的，应在冻结期满前重新办理冻结手续。逾期未重新办理冻结手续的，视为自动撤销冻结。解除冻结时应由原通知单位提出正式的解除冻结存款通知书。

(3) 协助扣划是指金融机构依照法律规定以及有权机关扣划的要求，将单位或个人存款账户内的全部或部分存款资金划拨到指定账户上的行为。

办理协助扣划业务时，金融机构经办人员应当核实以下证件和法律文书：①有权机关执法人员的工作证件；②有权机关县团级以上机构签发的协助扣划存款通知书，法律、行政法规规定应当由有权机关主要负责人签字的，应当由主要负责人签字；③有关生效法律文书或行政机关的有关决定书。

(4) 金融机构协助查询、冻结和扣划存款，应当在存款人开户的营业分支机构具体办理。营业机构协助办理时应进行过程登记。

(5)有权机关是指依照法律、行政法规的明确规定,有权查询、冻结、扣划单位或个人在金融机构存款的司法机关、行政机关、军事机关及行使行政职能的事业单位。

协助查询、冻结与扣划业务的具体操作过程如下:

(1)业务受理。柜员接收执法人员的身份证件,协助查询存款通知书。

(2)凭证审核。办理协助查询业务时,经办人员应当核实执法人员的工作证件,以及有权机关县团级以上(含,下同)机构签发的协助查询存款通知书。司法机构处理案件、纠纷,行使司法权时,如有必要了解储户存款的有关情况,必须按照司法程序正式行文,由银行审核。

(3)业务登记。金融机构在协助有权机关办理查询、冻结和扣划手续时,应对下列情况进行登记:有权机关名称,执法人员姓名和证件号码,金融机构经办人员姓名,被查询、冻结、扣划单位或个人的名称或姓名,协助查询、冻结、扣划的时间和金额,相关法律文书名称及文号,协助结果等。登记表应当在协助办理查询、冻结、扣划手续时填写,并由有权机关执法人员和金融机构经办人签字。

(4)系统查询。系统查询的对象包括被查询单位或个人开户、存款情况以及与存款有关的会计凭证、账簿、对账单等资料。对上述资料,金融机构应当如实提供,有权机关根据需要可以抄录、复制、照相,但不得带走原件。金融机构协助复制存款资料等支付了成本费用的,可以按相关规定收取工本费。

(5)送别客户。柜员将查询结果(抄录、复印、照相等资料)请客户确认后交给客户,与客户道别。

(6)后续处理。柜员妥善保存登记表,并严格保守有关国家秘密。

五、假币收缴

假币收缴业务的具体操作过程如下:

(1)发现假币。柜员在办理业务时发现假币应立即向客户声明,并马上报告主管柜员。

(2)双人确认。两名(含)以上持有反假币上岗资格证书的柜员在客户的视线范围内采用人机结合的方式进一步对假币进行鉴定和确认。

(3)加盖戳记。确认为假币后,两名(含)以上持有反假币上岗资格证书的柜员在客户视线范围内办理假币收缴手续,对假人民币纸币,应当面加盖"假币"字样戳记;对假外币纸币及各种假硬币,应当面以统一格式的专用袋加封,封口处加盖"假币"字样戳记,并在专用袋上标明币种、券别、面额、张(枚)数、冠字号码、收缴人、复核人名章等细项。

(4)出具凭证。柜员输入交易码,进入假币收缴操作界面,完整录入中国人民银行统一设计的假币收缴凭证上所有内容后,打印假币收缴凭证,并请客户在银行留存联上签字确认;若客户拒绝签字,应在客户签字栏注明"客户拒签",然后在假币收缴凭证上加盖业务公章和经办柜员、复核柜员名章。将假币收缴凭证客户联交给客户。收缴的假币,柜员不得再交与持有人(客户),也不得自行将假币销毁。

(5)告知权利。柜员应告知客户,如对被收缴的货币真伪有异议,可自收缴之日起3个工作日内,持假币收缴凭证直接或通过收缴单位向中国人民银行当地分支机构或中国人民银行授权的当地鉴定机构申请鉴定。

(6)送别客户。柜员将假币收缴凭证客户联交给客户并告知权利后,与客户道别。

(7)后续处理。柜员使用"假币出入库"交易,选择"收缴入库",查询"登记"状态下柜员假币收缴记录,与实物核对无误后,作入库处理。

六、票币兑换

票币兑换业务的具体操作过程如下：

(1)业务受理。银行柜员仔细聆听客户票币兑换的要求，接收需兑换的票币。

(2)凭证核对。主、辅币兑换，柜员要确认客户兑换金额，进行清点与核对；特殊残缺、污损人民币兑换由柜员按照《中国人民银行残缺污损人民币兑换办法》有关规定确定兑换标准，经业务主管确认无误后，当着兑换人的面在损伤票币上加盖"全额"或"半额"戳记，分类别按全额、半额使用专用袋密封，填制金融机构特殊残缺污损人民币兑换单，加盖有关人员名章；专用袋及封签应具有不可恢复性。如有特殊原因需放宽损伤票币标准的，需要有关领导批准。

(3)配款。柜员清点与核对无误后，按客户要求(主、辅币兑换)或按鉴定(残缺票币兑换)配款。

(4)送别客户。柜员将配好的款项交与客户，待客户确认无误后与客户道别。

(5)后续处理。柜员将主、辅币兑换的现金放入钱箱，残缺币兑换的，将有关证明与被兑换、鉴定票币一起装封入袋，以备查考。鉴别人签章封口，交中国人民银行当地发行库销毁。

七、残币兑换

(1)损伤票币的兑换标准。《中国人民银行残缺污损人民币兑换办法》规定：①能辨别面额，票面剩余3/4(含3/4)以上，其图案、文字能按原样连接的残缺、污损人民币，应按原票面额给予全额兑换。②能辨别面额，票面剩余1/2(含1/2)以上至3/4以下，其图案、文字能按原样连接的残缺、污损人民币，按原面额的一半兑换。

【提示】纸币呈正十字形缺少1/4的，按原面额的一半兑换。

(2)不予兑换的残缺人民币：①票面残缺1/2以上者；②票面污损、熏焦、水湿、油浸、变色不能辨别真假者；③故意挖补、涂改、剪贴、拼凑、揭去一面者。

持有人如对残缺、污损的人民币兑换结果有异议的，经持有人要求，金融机构应出具认定证明并退回该残缺、污损人民币。

持有人可凭认定证明到中国人民银行分支机构申请鉴定，中国人民银行应自申请日起5个工作日内作出鉴定并出具鉴定书。持有人可持中国人民银行的鉴定书及可兑换的残缺、污损人民币到金融机构进行兑换。

(3)不宜流通人民币纸币挑剔标准。为规范不宜流通人民币纸币回收工作，提高流通中人民币整洁度，中国人民银行先后制定、颁布了《损伤人民币挑剔标准》《"七成新"纸币的基本标准》《不宜流通人民币挑剔标准》等管理规定。这些规定对提高流通中人民币整洁度、维护人民币信誉发挥了重要作用。但为了适应和满足当前人民币国际化及货币发行业务发展的需要，中国人民银行货币金银局经报金融标准化委员会批准，于2017年编制了《不宜流通人民币纸币》金融行业标准。

①脏污。人民币纸币在流通过程中自然磨损、老化，使票面整体颜色改变，按照人民银行规定的各面额人民币纸币采样点及检测条件，检测的人民币纸币正面、背面采样点光密度V值分别计算平均值的最大值，若大于等于规定标准，为不宜流通人民币。

②污渍。人民币纸币在流通过程中因受到侵蚀，形成票面局部污渍，有下列情形之一的，为不宜流通人民币：①印刷区域出现多处污渍，累计污渍面积大于150mm^2，或单个污渍面积大于100mm^{2}的；②非印刷区域出现多处污渍，累计污渍面积大于60mm^2，或单个污渍面积大于50mm^{2}的；③污渍面积虽未超过规定标准，但遮盖重要防伪特征之一，影响防伪功能的。

③脱墨。人民币纸币票面出现部分或全部褪色，有下列情形之一的，为不宜流通人民币：票面出现一处脱墨，脱墨面积大于100mm^{2}的；票面出现多处脱墨，累计脱墨面积大于80mm^{2}的；票面

脱墨面积虽未超过以上标准,但重要防伪特征之一脱墨严重,影响防伪功能的。

④缺失。人民币纸币票面缺损,有下列情形之一的,为不宜流通人民币:票面(不含4个角及安全线)缺失,单处缺失面积大于 $10mm^2$,或票面多处缺失,累计缺失面积大于 $12mm^2$ 的(缺失面积大于 $2mm^2$ 起计入累计量);票面单个缺角,其缺角面积大于 $20mm^2$,或票面多个缺角,缺角面积累计大于 $30mm^2$ 的;票面安全线缺失10mm以上,或其他重要防伪特征之一缺失,影响防伪功能的。

⑤粘贴。人民币纸币票面粘贴有胶带、纸张及其他物质,无法在不损害票面的情况下除去,且有下列情形之一的,为不宜流通人民币:票面出现一处粘贴物,粘贴物面积大于 $100mm^2$ 的;票面出现多处粘贴物,粘贴物的累计面积大于 $60mm^2$ 的;粘贴物面积虽未超过规定标准,但遮盖了重要防伪特征之一,影响防伪功能的。

⑥撕裂。人民币纸币票面撕裂,有下列情形之一的,为不宜流通人民币:票面出现一处撕裂,撕裂长度大于10mm的;票面出现多处撕裂,最短撕裂长度大于3mm,累计撕裂长度大于9mm的。

⑦拼接。一张人民币纸币损坏为2部分(含)以上的,通过粘贴等方式,按原样连接的,为不宜流通人民币。

⑧变形。人民币纸币形状、尺寸发生变化,票幅长边与标准规格相差2%以上,或票幅宽边与标准规格相差4%以上的,为不宜流通人民币。

⑨涂写。人民币纸币票面出现人为的文字、图画、符号或其他标记,有下列情形之一的,为不宜流通人民币:票面出现一处涂写,其涂写面积大于 $200mm^2$ 的;票面出现多处涂写,累计涂写面积大于 $100mm^2$ 的;票面涂写面积虽未超过规定标准,但遮盖了重要防伪特征之一,影响防伪功能的。

⑩皱折。人民币纸币票面出现皱褶、折痕,有下列情形之一的,为不宜流通人民币:票面出现4处以上皱褶,褶纹明显、无法恢复原状,累计皱褶长度大于20mm,或票面单个皱褶长度大于10mm的;票面出现贯穿纸币的明显折痕,折痕处纸质变软、起毛的。

⑪绵软。人民币纸币纸质变软、结构损坏,明显失去挺括度,按照人民银行规定的各面额人民币纸币采样点及检测条件,检测的人民币纸币采样点弯曲挺度值的平均值,若小于等于规定标准,为不宜流通人民币。

⑫炭化。人民币纸币因受高温作用,形成票面局部纸张炭化,有下列情形之一的,为不宜流通人民币:票面出现一处炭化,其炭化面积大于 $10mm^2$ 的;票面出现多处炭化,累计炭化面积大于 $18mm^2$ 的;票面炭化面积虽未超过规定标准,但遮盖了重要防伪特征之一,影响防伪功能的。

任务六　理财产品业务核算[①]

商业银行的代客理财业务,是指银行遵循为客户利益服务的原则,以客户需求为导向,以客户特定目的为目标,为客户提供的资产管理等专业化服务。理财产品是指上述服务过程中所运营管理的资产管理产品,是银行将所募集的客户理财资金进行独立投资与运用,并按约定兑付客户理财本金和收益的产品。

一、理财产品的种类及核算要求

(一)理财产品的种类

1. 保本理财产品

银行接受投资者的委托和授权,按照事先约定,自主对投资者资金或资产进行交易、投资、配置

[①] 任课教师根据实际选讲本任务内容。学生可自行选读本任务内容。

和管理，同时按照约定条件向客户承诺保证本金支付及/或支付固定收益或最低收益的，属于保本理财产品。保本理财产品包括保本固定收益理财产品和保本浮动收益理财产品。

2. 非保本理财产品

银行接受投资者的委托和授权，按照事先约定，自主对投资者资金或资产进行交易、投资、配置和管理，根据约定条件和实际投资收益情况向客户支付收益，并不保证客户本金安全的，属于非保本理财产品。

（二）核算要求

（1）银行理财业务应当按照管理运作方式、承担职责和风险属性不同，分别进行会计核算。银行应将理财业务投资与本行自营投资业务分开运作，分设投资专户核算。

（2）将理财业务资金实行专户管理。原则上应当按每一理财产品设置资金专户独立核算，确保专款专用。

（3）对于保本理财产品，银行承担由此产生的投资风险，因此将其纳入表内核算，全面反映与该理财产品相关的资产与负债。

（4）对于非保本理财产品，银行代理客户进行投资且不承担任何投资风险，因此应当将非保本理财产品纳入表外核算。同时，对于非保本理财业务，应当比照表内理财业务核算规定做好表外备查登记，以满足信息披露和对账的需要。

二、主要会计科目及核算内容

理财业务核算涉及的主要会计科目及核算内容如表2—8所示。

表2—8　　　　　　　　　理财业务核算涉及的主要会计科目及核算内容

	名　称	主要核算内容
资产类	直接指定公允价值计量金融资产	核算商业银行发行单位（个人）保本理财产品吸收的理财资金运用所形成的投资组合的投资成本、公允价值变动、应收利息、待处理款项和手续费。本科目应设置"单位（个人）理财投资"二级科目，按照核算内容，分别按"本金""公允价值变动""应付利息""待处理款项""手续费"等进行明细核算，本金、公允价值变动和应付利息应按投资标的逐项核算
资产类	代理业务资产	核算商业银行代理单位（个人）客户非保本理财业务所形成的资产。应设置"理财"二级科目，区分"单位（个人）理财投资资金"，并按"成本"和"已实现未结算损益"进行明细核算
资产类	应收手续费及佣金	核算应收取的各项理财产品的手续费
负债类	直接指定公允价值计量金融负债	核算商业银行发行保本理财产品所吸收的单位（个人）理财资金本金、公允价值变动、应付利息及待处理款项。本科目应设置"单位（个人）理财资金"二级科目，并按照核算内容，分别按"本金""公允价值变动""应付利息""待处理款项"等进行明细核算
负债类	代理业务负债	核算商业银行代理单位（个人）客户非保本理财业务收到的款项。应设置"理财"二级科目，按单位（个人）进行明细核算
损益类	投资收益	核算商业银行发行的保本理财产品产生的利息收入、手续费、理财投资差价收益、利息支出等。本科目应设置"直接指定公允价值计量金融资产收益"二级科目，并按单位（个人）理财投资及损益种类进行明细核算
损益类	理财类业务收入	核算理财业务取得的销售手续费收入、推荐费收入、管理费收入等。应按收入种类进行明细核算

注：对于非保本理财业务，应设置"非保本理财投资资产"表外科目，用于核算非保本理财投资基础资产的成本和利息，本科目应根据投资标的不同下设债券、贷款、票据等明细科目。

三、保本理财的业务核算

(一)保本理财资金募集、扣款的业务核算

(1)客户认/申购保本理财产品时,根据客户认/申购额,止付客户存款。理财产品成立日,将资金从客户账户扣划至保本理财募集户。会计分录为:

借:吸收存款——单位/个人活期存款——××户
　　贷:直接指定公允价值计量金融负债——单位/个人理财资金——待处理款项

(2)保本理财产品成立日,将资金从募集户转至保本理财专用户。会计分录为:

借:直接指定公允价值计量金融负债——单位/个人理财资金——待处理款项
　　贷:直接指定公允价值计量金融负债——单位/个人理财资金——成本

(二)保本理财资金投资的业务核算

(1)保本理财资金划转至本行或他行托管专户时,确认保本理财投资。会计分录为:

借:直接指定公允价值计量金融资产——单位/个人理财投资——待处理款项
　　贷:吸收存款——单位活期存款——××户
　　　(或)存放中央银行款项——准备金

(2)保本理财资金进行实际投资时,应当根据本行实际购买价格按照投资标的逐项确认投资成本;对于债券等能够在购买时区分交易净价和孳息的资产,其交易净价和孳息分别确认;对于存在能够独立核算的交易费用的,交易费用应当计入当期损益。会计分录为:

借:直接指定公允价值计量金融资产——单位/个人理财投资——成本——信托计划等
　　直接指定公允价值计量金融资产——单位/个人理财投资——应收利息——信托计划等
　　投资收益——直接指定公允价值计量金融资产投资收益——理财投资手续费——单位/个人理财投资手续费(如有)
　　贷:直接指定公允价值计量金融资产——单位/个人理财投资——待处理款项

(三)保本理财存续期间的业务核算

1. 理财资金公允价值变动

商业银行总行在资产负债表日应对理财资金进行公允价值评估,并将公允价值变动金额计入损益。若理财资金公允价值增加,会计分录为:

借:公允价值变动损益——直接指定公允价值计量金融负债变动损益——理财资金变动损益——单位/个人理财资金变动损益
　　贷:直接指定公允价值计量金融负债——单位/个人理财资金——公允价值变动

若理财资金公允价值减少,做相反的会计分录。

2. 利息支出

(1)商业银行总行每月在资产负债表日对保本理财资金按产品募集本金及预期收益率计提利息支出。会计分录为:

借:投资收益——直接指定公允价值计量金融负债收益——理财资金利息支出——单位/个人理财资金利息支出
　　贷:直接指定公允价值计量金融负债——单位/个人理财资金——应付利息

(2)保本理财产品在存续期间向客户派发收益。会计分录为:

借:直接指定公允价值计量金融负债——单位/个人理财资金——应付利息
　　贷:吸收存款——单位/个人活期存款——××户

3. 投资组合公允价值变动

商业银行每月在资产负债表日对保本理财投资组合进行公允价值评估,并将公允价值变动金额计入损益。若保本理财投资组合公允价值增加,会计分录为:

借:直接指定公允价值计量金融资产——单位/个人理财投资——公允价值变动——信托计划等
　　贷:公允价值变动损益——直接指定公允价值计量金融资产变动损益——理财投资变动损益——单位/个人理财投资变动损益

【提示】若保本理财投资组合的公允价值减少,做相反的会计分录。

4. 利息收入

(1)商业银行每月在资产负债表日对保本理财投资组合按对应资产的成本和名义利率计提利息收入。会计分录为:

借:直接指定公允价值计量金融资产——单位/个人理财投资——应收利息——信托计划等
　　贷:投资收益——直接指定公允价值计量金融资产收益——理财投资利息收入——单位/个人理财投资利息收入

(2)商业银行在保本理财投资持有期间收到利息的,会计分录为:

借:直接指定公允价值计量金融资产——单位/个人理财投资——待处理款项
　　贷:直接指定公允价值计量金融资产——单位/个人理财投资——应收利息——信托计划等

5. 理财投资售出或到期收回

商业银行出售或到期收回理财投资本息时,应当终止确认该投资,补计提资产的应收利息至出售日,将本行实际收到的款项与账面价值和应收利息之间的差额确认为保本理财投资收益。会计分录为:

借:直接指定公允价值计量金融资产——单位/个人理财投资——待处理款项
　　公允价值变动损益——直接指定公允价值计量金融资产变动损益——理财投资变动损益——单位/个人理财投资变动损益
　　直接指定公允价值计量金融资产——单位/个人理财投资——公允价值变动——信托计划等
　　投资收益——直接指定公允价值计量金融资产收益——理财投资差价收益——单位/个人理财投资差价收益
　　贷:公允价值变动损益——直接指定公允价值计量金融资产变动损益——理财投资变动损益——单位/个人理财投资变动损益
　　　　直接指定公允价值计量金融资产——单位/个人理财投资——成本——信托计划等
　　　　直接指定公允价值计量金融资产——单位/个人理财投资——公允价值变动——信托计划等
　　　　直接指定公允价值计量金融资产——单位/个人理财投资——应收利息——信托计划等
　　　　投资收益——直接指定公允价值计量金融资产收益——理财投资差价收益——单位/个人理财投资差价收益

(四)保本理财相关费用的业务核算

1. 销售费用的业务核算

(1)银行每月计提保本理财产品销售费用。会计分录为:

借:投资收益——直接指定公允价值计量金融资产收益——理财投资手续费——单位/个人

理财投资手续费
  贷：直接指定公允价值计量金融资产——单位/个人理财投资——手续费

(2) 实际支付销售费时,转销应付销售服务费。会计分录为：
  借：直接指定公允价值计量金融资产——单位/个人理财投资——手续费
  贷：直接指定公允价值计量金融资产——单位/个人理财投资——待处理款项

(3) 总行应当每月计提并确认理财产品销售服务费收入。会计分录为：
  借：应收手续费及佣金——代理业务手续费——代理理财手续费
  贷：理财类业务收入——理财销售收入——××理财销售收入
    (或)理财类业务收入——理财推荐费收入——××理财推荐费收入

(4) 实际收到销售服务费时,转销手续费及佣金。会计分录为：
  借：吸收存款——单位活期存款——××户
    (或)存放中央银行款项——准备金
  贷：应收手续费及佣金——代理业务手续费——代理理财手续费

2. 管理费用的业务核算

(1) 本行每月计提保本理财产品固定管理费用。会计分录为：
  借：投资收益——直接指定公允价值计量金融资产收益——理财投资手续费——单位/个人理财投资手续费
  贷：直接指定公允价值计量金融资产——单位/个人理财投资——手续费

(2) 实际支付管理费时,转销应付管理费。会计分录为：
  借：直接指定公允价值计量金融资产——单位/个人理财投资——手续费
  贷：直接指定公允价值计量金融资产——单位/个人理财投资——待处理款项

(3) 如果保本理财产品已经约定支付浮动管理费的,应当在该产品到期赎回并实际支付时确认保本理财产品管理费支出。会计分录为：
  借：投资收益——直接指定公允价值计量金融资产收益——理财投资手续费——单位/个人理财投资手续费
  贷：直接指定公允价值计量金融资产——单位/个人理财投资——待处理款项

(4) 本行作为理财产品管理人的,对于理财产品协议约定的固定管理费,总行应当每月计提并确认理财产品收入。会计分录为：
  借：应收手续费及佣金——代理业务手续费——代理理财手续费
  贷：理财类业务收入——理财管理费收入——××理财管理费收入

(5) 收到保本理财资产支付的固定管理费时,转销应收理财产品管理费。会计分录为：
  借：吸收存款——单位活期存款——××户
    (或)存放中央银行款项——准备金
  贷：应收手续费及佣金——代理业务手续费——代理理财手续费

(6) 如果理财产品协议中约定收取浮动管理费的,本行作为管理人应当在产品到期赎回并实际收到时确认为理财产品收入。会计分录为：
  借：吸收存款——单位活期存款——××户
    (或)存放中央银行款项——准备金
  贷：理财类业务收入——理财管理费收入——××理财管理费收入

3. 托管费用的业务核算

(1) 本行每月计提保本理财产品托管费用。会计分录为：

借：投资收益——直接指定公允价值计量金融资产收益——理财投资手续费——单位/个人
　　　　　理财投资手续费
　　　　贷：直接指定公允价值计量金融资产——单位/个人理财投资——手续费
(2) 实际支付托管费时,转销应付托管费。会计分录为：
　　借：直接指定公允价值计量金融资产——单位/个人理财投资——手续费
　　　　贷：直接指定公允价值计量金融资产——单位/个人理财投资——待处理款项
(3) 本行每月计提保本理财产品托管费用。会计分录为：
　　借：应收手续费及佣金——托管业务手续费
　　　　贷：资产托管业务收入
(4) 本行作为托管行实际收到托管费。会计分录为：
　　借：吸收存款——单位活期存款——××户
　　　　贷：应收手续费及佣金——托管业务手续费

(五)保本理财提前终止或到期的业务核算

1. 保本理财产品提前终止和到期的
其会计分录为：
　　借：直接指定公允价值计量金融负债——单位/个人理财资金——成本
　　　　　　　　　　　　　　　　　　——应付利息
　　　　贷：吸收存款——单位/个人活期存款——××户
同时,全额转销累计公允价值变动和未实现损益。会计分录为：
　　借或贷：直接指定公允价值计量金融负债——单位/个人理财资金——公允价值变动
　　　　贷或借：公允价值变动损益——直接指定公允价值计量金融负债变动损益——理财资金变
　　　　　　　　动损益——单位/个人理财资金变动损益

2. 同时将托管账户款项及待处理款项明细科目全部结清
其会计分录为：
　　借：吸收存款——单位活期存款——××户
　　　(或)存放中央银行款项——准备金
　　　　贷：直接指定公允价值计量金融资产——单位/个人理财投资——待处理款项
同时,全额转销累计公允价值变动和未实现损益。累计公允价值变动为借方余额的,会计分录
为：
　　借：公允价值变动损益——直接指定公允价值计量金融资产变动损益——理财投资变动损
　　　　　益——单位/个人理财投资变动损益
　　　　贷：直接指定公允价值计量金融资产——单位/个人理财投资——公允价值变动——信
　　　　　　托计划等
如果累计公允价值变动为贷方余额,做相反的会计分录。

四、非保本理财的业务核算

(一)非保本理财资金募集、扣款的业务核算

　　客户认/申购理财产品时,银行根据客户认/申购额,冻结客户存款。理财产品成立日,将资金
从客户账户扣划至非保本理财募集户。会计分录为：
　　借：吸收存款——单位/个人活期存款——××户
　　　　贷：代理业务负债——理财——单位/个人理财资金

(二)非保本理财资金投资的业务核算

(1)非保本理财资金划转至本行或他行托管专户时,确认非保本理财投资。会计分录为:

借:代理业务资产——理财——单位/个人理财投资资金——成本
　　贷:吸收存款——单位活期存款——××户
　　　　(或)存放中央银行款项——准备金

(2)非保本理财投资时,根据投资情况登记表外明细账。会计分录为:

收:非保本理财投资资产——成本——债券等资产

(三)非保本理财存续期间的业务核算

(1)非保本理财产品存续期间,基础资产结息时,会计处理如下:

①如结息当日收到了利息,无须进行表外利息的核算。
②基础资产结息日不能收到利息时,登记表外明细账:

收:非保本理财投资资产——利息——债券等资产

③收到应收未收的利息时,注销表外明细账:

付:非保本理财投资资产——利息——债券等资产

(2)非保本理财产品存续期间,基础资产到期或处置时,会计分录为:

付:非保本理财投资资产——成本——债券等资产
　　非保本理财投资资产——利息——债券等资产

(3)总行收到理财资产收益时,会计分录为:

借:存放中央银行款项——准备金
　　(或)吸收存款——单位活期存款——××户
　　贷:代理业务资产——理财——单位/个人理财投资资金——已实现未结算损益

(四)非保本理财相关费用的业务核算

1. 管理费用的业务核算

(1)银行作为理财产品管理人的,对于理财产品协议约定的固定管理费,总行应当每月计提并确认理财产品收入。会计分录为:

借:应收手续费及佣金——代理业务手续费——代理理财手续费
　　贷:理财类业务收入——理财管理费收入——××理财管理费收入

(2)若理财产品协议中约定收取浮动管理费的,银行作为管理人应当在产品到期赎回并实际收到时确认为理财产品收入。

2. 销售费用的业务核算

总行应当每月计提并确认理财产品销售服务费收入。会计分录为:

借:应收手续费及佣金——代理业务手续费——代理理财手续费
　　贷:理财类业务收入——理财销售收入——××理财销售收入
　　　　　　　　　　——理财推荐费收入——××理财推荐费收入

(五)非保本理财提前终止或到期的业务核算

(1)理财产品提前终止和到期时,商业银行总行收到理财产品本金和损益后,应当终止确认理财投资资金成本科目,并将差额记入理财投资已实现未结算损益明细科目。会计分录为:

借:存放中央银行款项——准备金
　　(或)吸收存款——单位活期存款——××户
　　贷:代理业务资产——理财——单位/个人理财投资资金——成本
　　贷或借:代理业务资产——理财——单位/个人理财投资资金——已实现未结算损益

同时,销记基础资产表外账。会计分录为:
　　付:非保本理财投资资产——成本——债券等资产
　　　　非保本理财投资资产——利息——债券等资产

(2)总行与客户进行结算,结转已实现未结算损益,将客户本金及损益划至客户账户,将本行收益计入理财产品收入。会计分录为:
　　借:代理业务负债——理财——单位/个人理财资金
　　借或贷:代理业务资产——理财——单位/个人理财投资资金——已实现未结算损益
　　　　贷:吸收存款——单位/个人活期存款——××户(客户本金＋客户收益)
　　　　　应收手续费及佣金——代理业务手续费——代理理财手续费
　　　　　(或)理财类业务收入——理财管理费收入——××理财管理费收入(本行未计提的收益)
　　　　　(或)理财类业务收入——理财推荐费收入——××理财推荐费收入(本行未计提的收益)
　　　　　(或)理财类业务收入——理财销售收入——××理财销售收入(本行未计提的收益)

项目练习

一、单项选择题

1.(　　)账户可以办理现金缴存,但不得办理现金支取。
　A. 基本存款　　　B. 一般存款　　　C. 专用存款　　　D. 临时存款

2.(　　)特点是逐月存储,适合那些有固定收入但节余不多的储户。
　A. 存本取息定期储蓄存款　　　　B. 整存零取定期储蓄存款
　C. 整存整取定期储蓄存款　　　　D. 零存整取定期储蓄存款

3. 个人储蓄的活期存款按季度计算利息,每季末月(　　)日为结息日。
　A. 10　　　　B. 15　　　　C. 20　　　　D. 30

4. 整存零取定期储蓄存款其最低起存金额为(　　)元人民币。
　A. 1　　　　B. 50　　　　C. 100　　　　D. 1 000

5. 个人客户要求支取全部存款余额,不再续存,称为(　　)。
　A. 清户　　　　B. 支取　　　　C. 换折　　　　D. 销户

二、多项选择题

1. 按照存款的对象分为(　　)。
　A. 单位存款　　　　　　　　B. 居民个人储蓄存款
　C. 活期存款　　　　　　　　D. 定期存款

2. 存款账户按管理要求的不同划分为(　　)。
　A. 基本存款账户　B. 一般存款账户　C. 专用存款账户　D. 临时存款账户

3. "三代"业务是指(　　)。
　A. 代收费　　　　　　　　　B. 代发薪
　C. 代股票资金收付转账业务　　D. 代收款

4. 储蓄原则为(　　)。

A. 存款自愿　　　　B. 取款自由　　　　C. 存款有息　　　　D. 为储户保密
5. 零存整取定期储蓄存款利息的计算,常用的计算方法有(　　)。
A. 实际利率法　　　B. 固定基数法　　　C. 月积数法　　　　D. 日积数法

三、判断题
1. 一般存款账户是存款人的主要账户。　　　　　　　　　　　　　　　　　　(　　)
2. 存本取息定期储蓄存款的起存金额一般为5 000元。　　　　　　　　　　　(　　)
3. 计算机储蓄遵守"现金收入业务先记账后付款""现金付出业务先收款后记账"的基本规则。　　　　　　　　　　　　　　　　　　　　　　　　　　　　　　　(　　)
4. 单位定期存款的利息计算采取在存款到期日支取本金的同时一并计付利息。(　　)
5. 若采用月积数法,在到期日以积数余额乘以存入日约定利率即为应付利息数。(　　)

四、会计业务题
1. 本行发生以下业务,请按业务要求完成有关会计分录:
(1)本行客户丹霞百货公司将本日营业额16 000元现金存入支票户;
(2)本行客户东风机械公司开来支票一张,要求提取现金5 000元;
(3)本行客户红日造船公司要求将80 000元暂时闲置资金转存1年定期;
(4)本行客户红叶服装公司1年期长期存款50 000元到期,存入日年利率为3.02%,办理转账;
(5)本行储户赵磊存入现金2 000元;
(6)本行储户张丽提取现金3 000元。
2. 本行客户红冶钢铁公司分户账账页记载如表2—9所示(单位:元),要求按照账页计息原理,计算利息并登记账簿,编制会计分录。

表2—9　　　　　　　××银行吸收存款——单位活期存款分户账

户名:红冶钢铁公司　　　　账号:20××……　　　　利率:1.2‰(日利率)

20××年 月	日	摘要	借方	贷方	借或贷	余额	日数	积数
6	1	承前页			贷		72	628 900
						12 300	4	49 200
6	5	付购货款	2 000		贷	10 300	6	61 800
6	11	现收		11 000	贷	21 300	5	106 500
6	16	收销货款		12 000	贷	33 300	2	66 600
6	18	付购货款	30 000		贷	3 300	1	3 300
6	19	收销货款		61 000	贷	64 300	1	64 300
6	20	现付	2 300		贷	62 000	1	62 000
6	21	计息		125	贷	62 120		

3. 本行6月份计息余额表中客户长昆商贸公司活期存款余额如表2—10所示,其中:截至5

月31日累计余额6 558 000元；6月需补记贷方余额（应加积数）32 000元，补记借方金额21 000元（应减积数），冲减借方金额2 000元（应加积数）。

要求：核算长昆商贸公司第二季度应计利息，并将表2—10中的阴影部分填写数字。

表2—10　　　　　　　　　　　　××银行计息余额表
20××年6月份

科目名称：吸收存款——单位活期存款　　　利率：4.2%（年利率）　　　共　页　第　页

日期＼账户	长昆商贸公司	略	略	合计
1	81 000			
2	83 450			
⋮	⋮			
10日小计	11 266 000			
11	9 860 000			
12	10 799 000			
⋮	⋮			
20日小计	1 600 000			
21	1 930 000			
22	2 275 000			
⋮	⋮			
本月合计	2 520 000			
至上月底未计息积数				
本月应计息积数				
应加积数				
应减积数				
至结息日累计应计息积数				
至本月底累计未计息积数				
结息日计算利息数				

提示：至结息日累计应计息积数＝至上月底未计息积数＋本月应计息积数±调整积数

　　　计息积数＝积数和±调整积数

　　　调整积数中的应加积数和应减积数的计算方法：

　　　①应加积数＝补记贷方（积数）＋冲记借方（积数）

　　　②应减积数＝补记借方（积数）＋冲记贷方（积数）

4. 老李准备购置首套商品房，按照银行贷款数七成的约定，老李欲购置时下价值80万元的住房一套，需一次性向贷款银行首付24万元。假设老李将其筹集的24万元资金暂时存入银行，他应选择哪种活期存款方式？

表 2—11

储种 \ 存款时间	2 个月	3 个月
活期储蓄存款		
定活两便储蓄存款		
个人通知存款(一天)		
个人通知存款(七天)		

利率:活期储蓄存款 0.72‰。利息所得税税率:20%。个人通知存款(一天期)1.08‰。个人通知存款(七天期)1.62‰。整存整取定储(三个月期)1.80‰。

要求:请将利息计算结果填入表 2—11,并指出哪种活期存款方式对老李更有利。(单位:元)

五、案例分析题

储蓄柜员粗心,取款变成存款,银行损失严重

N 支行邻里储蓄所已实行银行会计电算化,储蓄业务实行通存通兑,劳动组织形式也变为柜员制。某日上午,一储户李林持活期储蓄存折(注:该储户不在本所开户)来该所要求支取存款 5 000 元整,柜员接过存折为其办理了取款手续,并将现金 5 000 元整交与李林。日终该柜员进行结账,出现库存现金额与打印的库存现金箱余额不一致,造成库存现金箱短款。

经查找,确认就是当日上午储户李林的那笔取款业务出现问题:①取款业务办成存款业务。柜员脑海中想的是取款,却将取款业务交易码误输为存款业务交易码,用的又是存款凭条,还将凭条交与取款人确认签字(注:本所取款 5 万元以下免填凭条)。②储户在签字确认时并未提出任何疑问,随后,柜员又将 5 000 元现金连同存折一并交给储户。③经与省行信息中心取得联系后,方知储户李林离开该所后,随即在系统内其他储蓄网点将存折所有余额取走。

资料来源:案例取材网络,编者有改动。

问题:储蓄柜员在此笔业务中有哪些失误?

项目实训

【实训项目】

存款和理财业务核算。

【实训目的】

通过对存款和理财业务核算知识的了解,加深对金融企业会计的认识。

【实训资料】

1.2022 年 9 月,甲银行的开户单位发生如下经济业务,请根据这些业务编制会计分录:

(1)9 月 3 日,新兴百货公司存入现金,现金缴款单上的合计数为 80 000 元。

(2)9 月 5 日,红星乳品公司提取现金,开出现金支票,金额 30 000 元。

(3)9 月 20 日,第三季度红星乳品公司活期存款账户累计积数 860 000 元,由于错账更正应冲减积数 5 000 元。活期存款年利率为 0.72%。

2. 甲银行活期储蓄存款的结息日为每季度末月 20 日。该行的客户李江 2022 年分别在该行办理如下存款业务(活期储蓄存款月利率为 0.6‰),请根据这些业务计算积数的变化情况及结息

日和销户时的利息金额,并编制有关会计分录:

(1)1月5日开户,存入现金10 000元。

(2)2月18日,支取现金1 500元。

(3)3月20日,结息,存入客户账户。

(4)5月26日,存入现金4 000元。

(5)6月15日,李江要求销户,银行计算并支付应付利息。

3. 客户陈强于2022年8月20日在甲银行存入3年期整存整取定期存款20 000元。陈强于2022年9月20日要求提前支取5 000元,剩余部分续存。开户时3年定期存款月利率为2.7‰,2022年9月20日活期储蓄存款月利率为0.6‰。

要求:

(1)计算2022年9月20日甲银行应付陈强的利息并编制相关分录。

(2)编制存款到期日甲银行支付剩余款项及利息的会计分录。

【实训要求】

1. 针对上述资料回答问题。

2. 撰写《存款和理财业务核算》实训报告。

	《存款和理财业务核算》实训报告				
项目实训班级:		项目小组:		项目组成员:	
实训时间: 年 月 日		实训地点:		实训成绩:	
实训目的:					
实训步骤:					
实训结果:					
实训感言:					

项目三

贷款和贴现业务核算

○ **知识目标**

理解:贷款的概念和分类;贷款的业务核算原则。

熟知:主要会计科目及核算内容。

掌握:贷款的业务核算;贴现的业务核算。

○ **技能目标**

能够结合所学的贷款和贴现业务核算知识,具备对相关业务进行核算的能力。

○ **素质目标**

运用所学的贷款和贴现业务核算知识研究相关事例,培养和提高学生在特定业务情境中分析问题与决策设计的能力;结合行业规范或标准,运用贷款和贴现业务核算知识分析行为的善恶,强化学生的职业道德素质。

○ **思政目标**

能够正确地理解"不忘初心"的核心要义和精神实质;树立正确的世界观、人生观和价值观,做到学思用贯通、知信行统一;通过贷款和贴现业务核算知识,结合财经法规和金融企业要求,注重贷款和贴现业务的管理和控制;培养良好的职业道德、谨慎的工作态度,规避不良贷款和违规贴现。

○ **项目引例**

国际通用的贷款风险管理规则——《巴塞尔协议》

《巴塞尔协议》是国际清算银行(BIS)的巴塞尔银行业条例和监督委员会的常设委员会——巴塞尔委员会于 1988 年 7 月在瑞士的巴塞尔通过的《关于统一国际银行的资本计算和资本标准的协议》的简称。该协议首次建立了一套完整的、国际通用的、以加权方式衡量表内风险与表外风险的资本充足率标准,有效地扼制了与债务危机有关的国际风险。

为适应世界经济一体化、金融国际化的浪潮,解决银行业日益提高的规避管制的水平和能力问题,巴塞尔委员会从 1998 年开始大范围修订《巴塞尔协议》。1999 年 6 月,巴塞尔委员会提出了以三大支柱——资本充足率、监管部门监督检查和市场纪律为主要特点的新资本监管框架草案第一稿,并广泛征求有关方面的意见。2002 年 10 月 1 日,巴塞尔委员会开始新一轮调查,评估该建议对全世界银行最低资本要求的可能影响。同时,巴塞尔委员会加强了对操作风险管理和监管规程的制定,并于 2003 年 2 月再次更新了"操作风险管理与监管有效措施",对操作风险的资本要求提出了具体的计算办法。

根据 2003 年新《巴塞尔协议》的初衷,资本要求与风险管理紧密相连。新协议作为一个完整的银行业资本充足率监管框架,由三大支柱组成:一是最低资本要求;二是监管当局对资本充足率的监督检查;三是银行业必须满足的信息披露要求。

2007 年 2 月 28 日,中国银监会发布了《中国银行业实施新资本协议指导意见》,标志着我国正式启动了实施新《巴塞尔协议》的工程。按照我国商业银行的发展水平和外部环境,我国银行业在短期内尚不具备全面实施新《巴塞尔协议》的条件,因此中国银监会确立了分类实施、分层推进、分步达标的基本原则。

资料来源:李贺等主编:《金融企业会计》,上海财经大学出版社2020年版,第63页。

试分析:会计核算作为监督的基础对于银行贷款业务的管理具有重要意义,那么如何进行金融企业贷款业务的核算呢?

○ **知识精讲**

任务一　贷款业务核算

一、贷款的概念和分类

贷款是银行或其他金融机构按一定利率和归还期限等条件出借货币资金的一种信用活动形式。广义的贷款是指贷款、贴现、透支等让渡资金使用权业务的总称。贷款是商业银行最主要的资产业务。

【注意】商业银行发放贷款应遵循资金使用安全性、流动性和营利性的原则。

按照不同的标准,可以将商业银行贷款业务分为以下几类:

(一)按贷款期限不同,可分为短期贷款、中期贷款和长期贷款

短期贷款是指银行根据有关规定发放的、期限在1年以下(含1年)的各种贷款。

中期贷款是指银行发放的贷款期限在1年以上5年以下(含5年)的各种贷款。

长期贷款是指银行发放的贷款期限在5年以上的各种贷款。

(二)按还款方式不同,可分为一次偿还的贷款和分期偿还的贷款

一次偿还的贷款是在贷款到期时一次偿还本金,而利息则根据约定,或在整个贷款期间分期支付,或在贷款到期时一次支付。

分期偿还的贷款是按年、按季、按月以相等的金额还本付息。

(三)按贷款对象不同,可分为公司贷款和个人贷款

公司贷款具体分为流动资金贷款、固定资金贷款、贸易融资、住房信贷和综合授信等信贷品种。

个人贷款又分为个人消费贷款和个人住房贷款,如个人质押贷款、个人汽车消费贷款、个人综合消费贷款、个人小额短期信用贷款和个人助学贷款(包括国家助学贷款和一般商业性助学贷款)等大类个人消费贷款业务品种。

(四)按贷款的保障条件不同,可分为信用贷款、担保贷款和票据贴现

信用贷款是指银行完全凭借客户的信誉而无须提供抵押物或第三方保证而发放的贷款,这类贷款从理论上讲风险较大,银行通常要收取较高的利息。

担保贷款是指具有一定的财产或信用作为还款保证的贷款。根据还款保证的不同,具体分为抵押贷款、质押贷款和保证贷款。

票据贴现是持票人向银行贴付一定利息所做的票据转让行为。

(五)按照自主程度不同,可分为自营贷款、委托贷款和特定贷款

自营贷款是指银行自主发放的贷款,贷款本息由银行收回,贷款的风险由银行承担。自营贷款构成商业银行贷款的主要部分。

委托贷款是指由委托人提供资金,由受托人根据委托人指定的贷款对象、用途、金额、期限和利率代为发放、监督使用并协助委托人收回的贷款。

特定贷款是指经国务院批准并对贷款可能造成的损失采取相应补救措施后责成国有独资商业

银行发放的贷款。此类贷款具有政策性贷款的性质,但又不属于政策性贷款,如扶贫救灾贷款。

【注意】在办理委托贷款业务的过程中,贷款人只收取手续费,并且不承担贷款的风险。

(六)按贷款的质量和风险程度不同,可分为正常贷款、关注贷款、次级贷款、可疑贷款和损失贷款

正常贷款是指借款人能够履行合同,有充分把握按时、足额偿还本息的贷款。

关注贷款是指尽管借款人目前有能力偿还本息,但是存在一些可能对偿还产生不利影响因素的贷款。

次级贷款是指借款人的还款能力出现了明显问题,依靠其正常经营收入已无法保证足额偿还本息的贷款。

可疑贷款是指借款人无法足额偿还本息,即使执行抵押或担保也会造成一定损失的贷款。

损失贷款是指在采取所有可能的措施和一切必要的法律程序后,本息仍无法收回或只能收回极少部分的贷款。

二、贷款的业务核算原则

(一)本息分别核算

银行发放的中长期贷款,应当按照实际贷出的贷款金额入账。期末,应当按照贷款本金和适用的利率计算应收取的利息,分别贷款本金和利息进行核算。

(二)商业贷款与政策性贷款分别核算

由于政策性贷款的发放与国家相关政策导向有密切相关性,并且政策性贷款在利率上也通常具有一定的优惠,因此,银行应将政策性贷款与商业贷款分别核算。

(三)自营贷款和委托贷款分别核算

自营贷款的风险由银行承担,并由银行收取本金和利息。委托贷款的风险由委托人承担,银行在发放委托贷款时,只收取手续费,不得代垫资金。

(四)应计贷款和非应计贷款分别核算

应计贷款是指非应计贷款以外的贷款。非应计贷款是指贷款本金或利息逾期 90 天没有收回的贷款。当贷款的本金或利息逾期 90 天时,应单独核算。

三、主要会计科目及核算内容

贷款业务核算涉及的主要会计科目及核算内容如表 3-1 所示。

表 3-1　　　　　　　　　　贷款业务会计科目及核算内容

	名　称	主要核算内容
资产类	贷款	核算企业(银行)按规定发放的各种客户贷款,包括质押贷款、抵押贷款、保证贷款、信用贷款等。本科目可按代理类别、客户,分别按"本金""利息调整""已减值"等进行明细核算
	贴现资产	核算企业(银行)办理票据的贴现、转贴现等业务所融出的资金。本科目可按贴现类别和贴现申请人进行明细核算
	应收利息	核算金融企业发放贷款、存放中央银行款项、拆出资金、买入返售金融资产等应收取的利息。本科目可按借款人进行明细核算
	贷款损失准备	核算企业(银行)各项贷款、垫款及拆出资金计提的减值准备
	抵债资产	核算金融企业依法取得并准备按有关规定处置的实物抵债资产的成本。本科目可按抵债资产类别及借款人进行明细核算
损益类	利息收入	核算金融企业确认的利息,包括发放的各类贷款、与其他金融机构之间发生的资金往来业务、买入返售金融资产实现的利息收入。本科目可按业务类别进行明细核算

四、贷款的业务核算

(一)信用贷款的业务核算

1. 贷款发放

商业银行发放的信用贷款、担保贷款、抵押贷款多采用逐笔核贷的贷款核算方式。这种核算方式的特点:由借款单位向银行提出申请,银行根据批准的贷款计划,逐笔立据、逐笔审查、逐笔发放,约定期限,一次贷放,一次或分次归还贷款,按照规定利率计收利息的一种贷款核算方式。

借款人申请贷款时,首先向信贷部门提交贷款申请书,经信贷部门审核批准后,双方商定贷款的额度、期限、用途、利率等,并签订借款合同或协议。借款合同一经签订,便具有法律效力,银行和借款人必须共同遵守、履行。借款合同申请书的格式如表3-2所示。

表3-2　　　　　　　　　　借款合同申请书

借款人		账　号		已借款金额	
申请贷款金额		还款日期		借款利息(月息)	
借款用途及理由					
借款方 借款单位(章) 负责人(章) 经办人(章)		借款担保方 担保单位(章) 负责人(章)		贷款方 贷款银行(章) 经办人(章)	
银行审核意见:					
上列贷款按银行核定金额,双方商定如下合同条款,共同遵守: 1. 贷款方应按核定的贷款金额和用途,保证按计划提供贷款;否则应按规定付给借款方违约金。 2. 借款单位保证按规定的用途使用贷款,未经贷款方的同意,不得挪作他用。如转移贷款用途,贷款方有权进行处罚,实施收取罚息、提前收回贷款、停止发放新的贷款等信用制裁。 3. 上列借款,借款方应保证按期归还。如需延期使用,借款方最迟在贷款到期前3天提出延期使用申请,经贷款方同意办理延期手续。贷款方未同意延期或未办理延期手续的逾期贷款,按政策规定加收20%~50%的罚息。 4. 贷款到期一个月后,如借款方未按期归还贷款本息,由担保单位负责为借款方偿还本息和逾期罚息。 5. 本合同一式三份,借款方、贷款方、担保方各执一份。					

借款合同签订以后,借款单位需要用款时,应填制一式五联的借款凭证,送信贷部门审批,其格式如表3-3所示。信贷部门审查同意后,在借款凭证上加注贷款编号、贷款种类、贷款期限、贷款利率、银行核定贷款金额等项目,送会计部门凭以办理放款手续。

表 3—3　　　　　　　　　　银行(贷款)借款凭证(申请书代付出凭证)

单位编号：　　　　　　　　　　　　　　　年　月　日　　　　　　　　　　　　　银行编号：

收款单位	名　称		借款单位	名　称	
	往来户账号			放款户账号	
	开户银行			开户银行	

| 借款期限 | | 利率 | | 起息日 | |

借款申请金额	人民币（大写）	千 百 十 万 千 百 十 元 角 分
借款原因及用途	银行核定金额	千 百 十 万 千 百 十 元 角 分

银行审批 负责人　　信贷部门主管　　信贷员	期限	计划还款日期	计划还款金额

| 兹根据你行贷款办法规定，申请办理上述借款，请核定贷给。
　　　　此致
银行
（借款单位预留往来户印鉴） | 会计分录：借
对方科目：贷
会计　　　复核　　　记账 |

会计部门收到借款凭证后，应认真审查信贷部门的审批意见，审核凭证各项内容。审核无误后办理转账。会计分录为：

借：贷款——借款单位户——本金（合同本金）
　　贷：吸收存款——借款单位户（实际支付的金额）
按其差额，借记或贷记：贷款——利息调整

【做中学3—1】甲银行2022年3月10日接到开户单位X公司的借款申请，经信贷部门核定，同意贷给该客户期限9个月、利率6‰的短期贷款1 000 000元，会计部门于3月20日根据借款凭证编制贷款发放的转账分录。

3月20日贷款发放的会计分录为：

借：贷款——短期贷款——X公司户　　　　　　　　　　　　　1 000 000
　　贷：吸收存款——X公司户　　　　　　　　　　　　　　　　　　1 000 000

2. 贷款收回

银行会计部门应经常查看贷款借据的到期情况，在贷款快要到期时，与信贷部门联系，通常提前3天通知借款单位准备还款资金，以便到期时按期还款。

（1）未减值贷款的收回

当借款单位归还贷款时，应签发转账支票及填制一式四联的还款凭证办理还款手续。还款凭证格式如表3—4所示。

表 3—4　　　　　　　　　　　　银行(　　贷款)还款凭证(借方凭证)
　　　　　　　　　　　　　　　　　　　　年　月　日　　　　　　　　　　　　　合同编号：

借款单位	名　称		付款单位	名　称	
	放款户账号			往来户账号	
	开户银行			开户银行	

还款日期	年　月　日	还款次序	第　次还款

偿还金额	人民币(大写)	亿 千 百 十 万 千 百 十 元 角 分

还款内容	
由我单位往来划转归还上述借款 (借款单位预留往来账户印鉴) (银行主动收贷时免盖)	会计分录：借 对方科目：贷 会计　　　复核　　　记账

收回未减值贷款时,银行应按客户归还的金额,
　　借：吸收存款——借款单位户
　　　　贷：应收利息
　　　　　　贷款——借款单位户
存在利息调整余额的,还应同时结转。

【做中学3—2】 接做中学3—1,X公司于2022年12月20日按期归还贷款本息。假设甲银行采取定期收息的方式核算贷款利息(增值税税率为6%),则应于当年6月20日、9月20日和12月20日分别做以下计息分录：

6月20日,利息=1 000 000×6%×3÷12=15 000(元)
会计分录为：
　　借：应收利息　　　　　　　　　　　　　　　　　　　　　　　　　　15 000
　　　　贷：利息收入　　　　　　　　　　　　　　　　　　　　　　　　14 150.94
　　　　　　应交税费——应交增值税(销项税额)　　　　　　　　　　　　849.06
　　借：吸收存款——X公司户　　　　　　　　　　　　　　　　　　　　15 000
　　　　贷：应收利息　　　　　　　　　　　　　　　　　　　　　　　　15 000

9月20日,利息及转账分录与6月20日相同。

12月20日,计息的分录仍与6月20日相同,由于客户当日按期还款,因此可将最后一季度的利息与本金一并收回。会计分录为：
　　借：吸收存款——X公司户　　　　　　　　　　　　　　　　　　　1 045 000
　　　　贷：贷款——短期贷款——X公司户　　　　　　　　　　　　　1 000 000
　　　　　　应收利息(已计提利息)　　　　　　　　　　　　　　　　　　30 000
　　　　　　利息收入(最后一季度利息)　　　　　　　　　　　　　　　14 150.94
　　　　　　应交税费——应交增值税(销项税额)　　　　　　　　　　　　849.06

(2)减值贷款的处理
资产负债表日,对于减值贷款按应减计的金额,
　　借：资产减值损失
　　　　贷：贷款损失准备
　　借：贷款——已减值

贷：贷款——本金
　　　　　——利息调整

同时,应按贷款的摊余成本和实际利率计算确定的利息收入金额(暂不计算增值税)：
　　借：贷款损失准备
　　　贷：利息收入

此外,还需将按合同本金和合同约定的名义利率计算确定的应收利息金额进行表外登记。

收回减值贷款时,
　　借：吸收存款——借款单位户(实际收到的金额)
　　　　贷款损失准备(贷款损失准备余额)
　　　贷：贷款——已减值
　　　　　资产减值损失(差额)

【做中学3—3】 甲银行2019年1月1日发放的3年期贷款中,有一客户Y公司的贷款本金为200万元,年利率为6.4%。2020年12月31日,经测试确认该笔贷款已发生减值15 000元。

2020年12月31日的会计分录为：
　　借：资产减值损失　　　　　　　　　　　　　　　　　　　　15 000
　　　贷：贷款损失准备　　　　　　　　　　　　　　　　　　　　　15 000

同时,
　　借：贷款——已减值——Y公司　　　　　　　　　　　　　　　2 000 000
　　　贷：贷款——本金——Y公司　　　　　　　　　　　　　　　　2 000 000

假定甲银行仍采取定期收息方式收取利息,且至2020年第三季度为止已计提的应收利息均已收回。

2020年第四季度,利息＝1 985 000×3×6.4%÷12＝31 760(元)。

会计分录为：
　　借：贷款损失准备　　　　　　　　　　　　　　　　　　　　31 760
　　　贷：利息收入　　　　　　　　　　　　　　　　　　　　　　29 962.26
　　　　　应交税费——应交增值税(销项税额)　　　　　　　　　　1 797.74

表外分录：
　　收：应收利息　　　　　　　　　　　　32 000(2 000 000×3×6.4%÷12)

甲银行于2022年1月1日全额收回Y公司贷款本金200万元及全部应收未收利息。

甲银行在2021年共提利息＝31 760×4＝127 040(元)

贷款损失准备借方余额＝127 040+31 760-15 000＝143 800(元)

全部应收未收利息＝32 000+32 000×4＝160 000(元)

　　借：吸收存款——Y公司户　　　　　　　　　　　　　　　　2 160 000
　　　贷：贷款——已减值　　　　　　　　　　　　　　　　　　　2 000 000
　　　　　资产减值损失　　　　　　　　　　　　　　　　　　　　15 000
　　　　　贷款损失准备　　　　　　　　　　　　　　　　　　　　143 800
　　　　　利息收入　　　　　　　　　　　　　　　　　　　　　　1 132.08
　　　　　应交税费——应交增值税(销项税额)　　　　　　　　　　67.92

表外分录：
　　付：应收利息　　　　　　　　　　　　　　　　　　　　　　32 000

(3)贷款展期

贷款到期,由于客观情况发生变化,借款人经过努力仍不能还清贷款的,短期贷款必须于到期日前10日,中长期贷款必须于到期日前1个月,由借款人向银行提出贷款展期的书面申请,写明展期的原因,银行信贷部门视具体情况决定是否展期。对同意展期的贷款,应在展期申请书上签署意见,然后将展期申请书交给会计部门。

【注意】每一笔贷款只能展期一次,短期贷款展期不得超过原贷款的期限,中长期贷款展期不得超过原贷款期限的一半,最长不得超过3年。

【提示】贷款展期,会计部门无须办理转账手续。

(4)贷款逾期

贷款到期,借款单位事先未向银行申请办理展期手续,或申请展期未获得批准,或者已经办理展期,但展期到期日仍未能归还贷款的,即视为逾期贷款。银行应将贷款转入该单位的逾期贷款账户。等借款单位存款账户有款支付时,一次或分次扣收,并从逾期之日起至款项还清前一日止,除按规定利率计息外,还应按实际逾期天数和中国人民银行规定的罚息率计收罚息。

【注意】贷款本金或利息逾期90天没有收回的贷款通过"非应计客户贷款"科目核算。本科目应按贷款种类设置一级科目再按借款人设专户进行明细核算。期末借方余额,反映银行按规定发放的客户贷款余额。

当应计贷款转为非应计贷款时,
  借:非应计客户贷款
   贷:逾期贷款——借款单位户
同时,冲减利息收入,
  借:利息收入
   贷:应收利息(已计提为收回的应收利息和以后计提的应收利息,均应在表外进行登记)
到期收回客户贷款本息时,按实际收到的金额,
  借:吸收存款——××单位存款户
   贷:非应计客户贷款(按客户贷款本金)
    利息收入(按其差额)
    应交税费——应交增值税(销项税额)

(二)抵押贷款的业务核算

抵押贷款是担保贷款的一种,是银行对借款人以一定财产作为抵押而发放的一种贷款。借款人到期不能归还贷款本息时,银行有权依法处置贷款抵押物,并从所得价款收入中优先收回贷款本息,或以该抵押物折价充抵贷款本息。

【提示】抵押贷款一般采取逐笔核贷的贷款核算方式。

1. 抵押贷款发放

抵押贷款由借款人向银行提出申请,并向银行提交"抵押贷款申请书",写明借款用途、金额、还款日期、抵押品名称、数量、价值、存放地点等有关事项,同时提交有权处分人的同意抵押(质押)的证明或保证人同意保证的有关证明文件。

【提示】在抵押贷款中,流动资金贷款最长不超过1年,固定资金贷款一般为1~3年,最长不超过5年。

抵押贷款通常不是按抵押品价值全额贷放,而是按抵押品价值的一定比例发放贷款,这个比率通常称为抵押率。抵押率的计算公式如下:

$$抵押率 = 1 - \frac{抵押物预计贬值率}{抵押物现值} \times 100\%$$

【注意】银行在办理抵押贷款时,抵押率一般控制在80%以下,对于一些科技含量高、更新速度快的机器设备,抵押率更低,一般控制在50%以下。

借款人使用贷款时,由信贷部门根据确定的贷款额度,填写一式五联的借款凭证,签字后加盖借款人的预留印鉴,经信贷部门有关人员审批后,与抵押贷款有关单证一并送交会计部门。

会计部门收到信贷部门转来的有关单证,经审查无误后,根据有关规定及借款人的要求办理转账。贷款发放时的会计分录为:

借:抵押贷款——借款人贷款户
  贷:吸收存款——借款人存款户

同时,对收到的担保物品进行表外登记:

收:抵押物——××种类

2. 抵押贷款收回

抵押贷款到期,借款人应主动提交还款凭证,连同银行出具的抵押品代保管收据,办理还款手续。会计分录为:

借:吸收存款——借款人存款户
  贷:抵押贷款——借款人贷款户
    应收利息——抵押贷款利息

同时,销记表外科目,原抵押申请书作为表外科目付出传票的附件:

付:抵押物——××种类

3. 抵押贷款逾期

抵押贷款到期,借款单位如不能按期归还贷款本息,银行应将其贷款转入逾期贷款科目核算,并按规定计收罚息。出现下列情况,银行有权依法处理抵押物品:①借款合同履行期满,借款人未按期偿还贷款本息,又未同银行签订贷款展期协议或申请展期未经批准的;②抵押期间,借款人死亡、无继承人或受遗赠人的;③借款人的继承人拒绝偿还贷款本息或继承人放弃继承的;④借款人被解散、宣布破产或依法撤销的;⑤其他可以依法处分抵押物的情形。

【提示】银行处理抵押品主要有两种方式——作价入账和出售。

4. 抵债资产核算

抵债资产是指银行依法行使债权或担保物权而受偿于债务人、担保人或第三人的实物资产或财产权利。这里主要介绍抵债资产冲减贷款本息、抵债资产处置变现和抵债资产转自用的核算。

按照抵债金额与对应贷款本息余额的关系划分,以物抵债可分为抵偿全部贷款和抵偿部分贷款。

【注意】抵债金额大于或等于对应贷款本息余额时为抵偿全部贷款,小于对应贷款本息余额时为抵偿部分贷款。

【提示】贷款冲销前,先补提上次计息日至结清日之间的利息及罚息,然后结息、抵销贷款等。

(1) 取得抵债资产

取得抵债资产,先进行表外登记。会计分录为:

收:处理期内待处理抵债资产——××种类
付:抵押物——××种类

(2) 抵债资产冲减贷款本息

抵债资产冲减贷款本息时,应按抵债资产的公允价值入账。会计分录为:

借:抵债资产(公允价值)
  贷款损失准备(已计提的贷款损失准备)

资产减值损失(贷方大于借方时的损失)
　　贷：抵押贷款——借款人户——本金
　　　　应交税费(取得抵债资产应承担的税费)
　　　　营业外收入(借方大于贷方时的利得)
　(3)抵债资产处置变现
　当抵债资产处置的金额大于抵债资产账面价值时,差额计入营业外收入；当抵债资产处置金额小于抵债资产账面价值时,差额计入营业外支出。
　①银行将依法取得的抵债资产进行处置时,会计分录为：
　　借：吸收存款——购买单位户(或跨行清算资金往来)(实际收到的金额)
　　　贷：其他应付款——信贷业务款项
　②收回资金大于贷款本息,需向客户支付补价时,会计分录为：
　　借：其他应付款——信贷业务款项
　　　　营业外支出——抵债资产损失(差额)
　　　贷：抵债资产
　　　　其他应付款——抵债资产处置补价
　　　　(或)营业外收入——抵债资产收入(差额)
　③向客户支付补价时,会计分录为：
　　借：其他应付款——抵债资产处置补价
　　　贷：吸收存款——贷款客户(或跨行清算资金往来)
　④当处置抵债资产收回资金小于贷款本息时,不再支付补价,会计分录为：
　　借：其他应付款——信贷业务款项
　　　　营业外支出——抵债资产损失(差额)
　　　贷：抵债资产
　　　　(或)营业外收入——抵债资产收入(差额)
　4. 将抵债资产转为自用资产
　当抵债资产可以为银行自用时,银行可进行以下处理：
　　借：固定资产
　　　贷：抵债资产
　抵债资产冲抵贷款本息、处置变现或转为自用后,均应进行表外注销：
　　付：处理期内待处理抵债资产——××种类
　抵债资产取得以后,未处置或未转为银行自用之前,若发生减值,也应计提抵债资产减值准备,记入"抵债资产减值准备"账户。该账户的余额应于处置或转为自用时与"抵债资产"账户的余额一并转出。

(三)贷款利息的业务核算

1. 贷款利息的计算方法

　银行发放的各种贷款,除国家有特殊规定和财政补贴外,均应按规定计收利息。贷款利息的计算分为定期收息和利随本清两种。
　(1)定期收息
　对于定期收息的贷款,银行于每季度末月 20 日营业终了时,根据下列公式计算利息：
$$应收利息 = 本金 \times 年利率 \times 3 \div 12$$
　(2)利随本清

利随本清也称为逐笔结息的计息方式。贷款到期,借款人还款时,应计算自放款日起至还款日前一日止的贷款天数,然后利用下列公式计算利息:

$$应收利息＝还款金额\times 日数\times 月利率\div 30$$

2. 贷款利息的核算

企业应按照"本金、表内应收利息、表外应收利息"的顺序收回贷款本金及贷款产生的应收利息。

按期计提贷款应收利息时,会计分录为:

借:应收利息
 贷:利息收入
  应交税费——应交增值税(销项税额)

收到利息时,会计分录为:

借:吸收存款——借款单位户
 贷:应收利息

【提示】当贷款成为非应计贷款时,应将已入账但尚未收取的利息收入和应收利息予以冲销;其后发生的应计利息,应纳入表外核算。贷款成为非应计贷款后,在收到该笔贷款的还款时,首先应冲减本金;本金全部收回后,再收到的还款则确认为当期利息收入。

已转入表外核算的应收利息以后收到时,应按以下原则处理:

(1)本金未逾期,且有客观证据表明借款人将会履行未来还款义务的,应将收到的该部分利息确认为利息收入。收到该部分利息时,按收到的金额记账如下:

借:吸收存款——存款单位户
 贷:利息收入

(2)本金未逾期或逾期未超过90天,且无客观证据表明借款人将会履行未来还款义务的,以及本金已逾期的,应将收到的该部分利息确认为贷款本金的收回。收到该部分利息时,按收到的金额记账如下:

借:吸收存款——存款单位户
 贷:贷款——短期或中长期贷款——借款单位户

【注意】当拆出资金到期(含展期,下同)90天后仍未收回的,或者拆出资金尚未到期而已计提应收利息逾期90天后仍未收回的,应将原已计入损益的利息收入转入表外核算,其后发生的应计利息纳入表外核算。

任务二　贴现业务核算

一、票据贴现的概念

票据贴现是指票据持有人在票据到期以前为获得资金而向银行贴付一定的利息所做的票据转让。目前,银行办理贴现业务的票据主要是商业汇票。商业汇票按承兑人的不同可以分为商业承兑汇票和银行承兑汇票。

【注意】商业汇票一律记名,允许背书转让,期限最长不超过6个月。

二、商业汇票贴现的业务核算

商业汇票持有者如急需使用资金,可持汇票向开户银行申请贴现。申请时填制一式五联的贴现凭证,如表3—5所示。

表3—5　　　　　　　　　　　贴现凭证(代申请书)

申请日期　　　　　　　　　　　　年　月　日　　　　　　　　　　　第　号

贴现汇票	种类		号码						持票人	名称									
	出票日		年　月　日							账号									
	到票日		年　月　日							开户银行									
汇票承兑人名称			账号							开户银行									
汇票金额	人民币 (大写)										千	百	十	万	千	百	十	元	角	分
贴现率	‰	贴现 利息	千	百	十	万	千	百	十	元	角	分	实付贴现 金额	千	百	十	万	千	百	十	元	角	分
附送承兑汇票申请贴现,请审核。 持票人签字			银行审核						负责人 信贷员						科目:贷 对方科目:借 复核　　　记账					

贴现申请人在第一联凭证上按规定签章后,将凭证及商业汇票一并送交银行信贷部门。信贷部门根据信贷管理办法及结算规定进行贴现审查后,填写《××汇票贴现审批书》,提出审查意见,按照贷款审批权限,报经相关部门审批。贷款决策部门审查同意后,应在《××汇票贴现审批书》上签署决策意见,并在贴现凭证的"银行审核"栏签注"同意"字样并加盖有关人员名章后,送交会计部门。

会计部门接到贴现凭证和商业汇票后,按照规定的贴现率,计算出贴现利息并予以扣收。贴现利息的计算方法如下:

$$贴现利息=汇票金额×贴现天数×(月贴现率÷30)$$

$$实付贴现金额=汇票金额-贴现利息$$

将按规定贴现率计算出来的贴现利息、实付贴现金额填在贴现凭证有关栏内,办理转账手续。银行通过"贴现资产"科目核算办理商业票据的贴现、转贴现和再贴现业务的款项。该科目应按贴现种类和贴现申请人进行明细核算,期末为借方余额,反映银行办理的贴现款项。

(一)贴现行办理卖方付息式贴现业务融出资金

1. 确认票据资产,贴现行的会计分录

借:贴现资产——商业承兑汇票或银行承兑汇票(面值)
　　贷:其他应付款——票据业务
　　　　贴现资产——利息调整

同时,按汇票金额登记表外科目:

收:贴现票据——商业承兑汇票或银行承兑汇票

2. 付款时的会计分录

借:其他应付款——票据业务
　　贷:吸收存款——××贴现客户

(二)贴现行办理非卖方付息式贴现业务融出资金

1. 收到付息资金时的会计分录

借:跨行清算资金往来——大额支付
　　(或)吸收存款——××付息客户
　　贷:其他应付款——票据业务

2. 确认票据资产时的会计分录
  借：贴现票据——商业承兑汇票/银行承兑汇票——面值
    其他应付款——票据业务（买方或第三方付息金额）
   贷：其他应付款——票据业务（支付给贴现方金额）
     贴现票据——商业承兑汇票——利息调整
同时，登记表外账：
  收：贴现票据——商业承兑汇票/银行承兑汇票
3. 付款时的会计分录
  借：其他应付款——票据业务
   贷：吸收存款——××贴现客户

（三）贴现行办理买断式贴现业务融出资金

  买断式商业汇票贴现，是商业汇票贴现申请人将汇票的全部权利转让给贴现银行，不可回购的一种贴现方式。银行对买断式商业汇票贴现可以行使追索权，但追索权不得针对票据贴现申请人。此种方式下，确认贴现资产及付款阶段的分录与上面（一）或（二）相同，但贴现行需在贴现期内按票据面值和贴现利率确认利息收入，会计分录为：
  借：贴现票据——商业承兑汇票/银行承兑汇票——利息调整
   贷：利息收入——买断式贴现利息收入
    应交税费——应交增值税（销项税额）
  贴现行办理买断式贴现业务融出资金，在贴现期内，应在季末日对票据的账面价值进行检查，有客观证据表明该票据发生减值的，应当计提贷款损失准备，提取的贷款损失准备计入当期损益。会计分录为：
  借：资产减值损失——计提贷款损失准备——贴现票据损失准备
   贷：贷款损失准备——贴现票据损失准备
  已计提贷款损失准备的，有客观证据表明票据质量提高时，应在已计提的准备范围内转回，增加当期损益。

【做中学 3—4】 2022 年 5 月 5 日，甲银行收到客户 Y 公司提交的银行承兑汇票，金额为 340 000 元，到期日为 2022 年 7 月 10 日，Y 公司申请贴现，甲银行审定后同意按 7.2% 的贴现率贴现。

贴现天数＝66 天
贴现利息＝340 000×66×7.2%÷360＝4 488（元）
实付贴现金额＝340 000－4 488＝335 512（元）
会计分录为：
  借：贴现资产——银行承兑汇票   340 000
   贷：吸收存款——Y 公司户   335 512
    贴现资产——利息调整   4 488

三、贴现汇票到期收回贴现款的业务核算

  贴现银行应经常查看已贴现汇票的到期情况。对于已到期的贴现汇票，应及时收回票款。

（一）商业承兑汇票贴现款到期收回

  商业承兑汇票贴现款的收回是通过委托收款方式进行的。贴现银行作为收款人，应于汇票到期前发出托收，向承兑人收取票款。

此时表外科目的会计分录为:
付:贴现票据——商业承兑汇票

当贴现银行收到承兑人划回的票款时,分下列几种情况处理:

1. 其他银行客户承兑

会计分录为:
借:跨行清算资金往来——大额支付
　　贷:其他应付款——票据业务

2. 核销票据资产

会计分录为:
借:其他应付款——票据业务(或"跨行清算资金往来")
　　贷:贴现资产——商业承兑汇票——面值
借:贴现资产——利息调整
　　贷:利息收入
　　　　应交税费——应交增值税(销项税额)

3. 特殊情况的处理

如果贴现银行收到付款人开户行退回委托收款凭证、汇票和拒付理由书或付款人未付票款通知书时,在非买断式贴现的情况下,可向贴现申请人索取贴现票款。对于贴现申请人在本行开户的,可以从贴现申请人账户收取。会计分录为:

借:吸收存款——贴现申请人存款户
　　贷:贴现资产——商业承兑汇票
借:贴现资产——利息调整
　　贷:利息收入
　　　　应交税费——应交增值税(销项税额)

若贴现申请人账户余额不足,则不足部分转为逾期贷款。会计分录为:

借:吸收存款——贴现申请人存款户
　　逾期贷款——贴现申请人贷款户
　　贷:贴现资产——商业承兑汇票

(二)银行承兑汇票贴现款到期收回

银行承兑汇票的承兑人是付款人开户银行,信用可靠,不会发生退票情况,贴现银行在汇票到期前,以自己为收款人,填制委托收款凭证,向对方银行收取贴现款。

此时表外科目的会计分录为:
付:贴现票据——银行承兑汇票

等收到对方银行划回的款项时,其会计分录与收回商业承兑汇票贴现款相同。

【做中学3—5】 接做中学3—4,设上例银行承兑汇票到期,甲银行向异地某承兑银行(同系统)发出委托收款凭证和汇票后,于日后收到划回的汇票款项。

甲银行的会计分录为:

借:支付清算类科目340 000
　　贷:贴现资产——银行承兑汇票　　　　　　　　　　　　340 000
借:贴现资产——利息调整　　　　　　　　　　　　　　　　4 488
　　贷:利息收入　　　　　　　　　　　　　　　　　　　　4 233.96
　　　　应交税费——应交增值税(销项税额)　　　　　　　254.04

项目练习

一、单项选择题

1. 银行发放的贷款期限在1年以上5年以下(含5年)的各种贷款是指(　　)。
   A. 信用贷款　　　B. 短期贷款　　　C. 中期贷款　　　D. 长期贷款
2. (　　)具有政策性贷款的性质,但又不属于政策性贷款。
   A. 正常贷款　　　B. 自营贷款　　　C. 委托贷款　　　D. 特定贷款
3. 非应计贷款是指贷款本金或利息逾期(　　)天没有收回的贷款。
   A. 30　　　　　　B. 60　　　　　　C. 90　　　　　　D. 180
4. (　　)科目可按代理类别、客户,按"本金""利息调整""已减值"等进行明细核算。
   A. 贷款　　　　　B. 贴现资产　　　C. 应收利息　　　D. 贷款损失准备
5. "贷款损失准备"账户是银行的(　　)。
   A. 所有者权益类账户　　　　　　　B. 资产类账户
   C. 负债类账户　　　　　　　　　　D. 费用类账户

二、多项选择题

1. 按贷款的保障条件不同,可以将贷款分为(　　)。
   A. 信用贷款　　　B. 担保贷款　　　C. 票据贴现　　　D. 一次偿还的贷款
2. 按贷款的质量和风险程度不同,可以将贷款分为(　　)。
   A. 正常贷款　　　　　　　　　　　B. 关注贷款
   C. 次级贷款　　　　　　　　　　　D. 可疑贷款和损失贷款
3. 银行发放贷款主要遵循(　　)原则。
   A. 安全性　　　　B. 流动性　　　　C. 营利性　　　　D. 风险性
4. 银行通过"贴现资产"科目核算办理商业票据的(　　)业务的款项。
   A. 贴现　　　　　B. 转贴现　　　　C. 再贴现　　　　D. 利息
5. 下列关于贷款逾期的说法中正确的有(　　)。
   A. 银行应将贷款转入该单位的逾期贷款账户
   B. 贷款本金或利息逾期60天没有收回的贷款通过"非应计客户贷款"科目核算
   C. 本科目应按贷款种类设置一级科目再按借款人设专户进行明细核算
   D. 期末借方余额,反映银行按规定发放的客户贷款余额

三、判断题

1. 贷款是商业银行最主要的负债业务。　　　　　　　　　　　　　　　　(　　)
2. 中长期贷款展期不得超过原贷款期限的一半,最长不得超过5年。　　　　(　　)
3. 抵押贷款一般采取逐笔核贷的贷款核算方式。　　　　　　　　　　　　(　　)
4. 银行处理抵押品主要有两种方式:作价入账和出售。　　　　　　　　　(　　)
5. 在贷款快要到期时,通常提前15天通知借款单位准备还款资金,以便到期时按期还款。
   　　　　　　　　　　　　　　　　　　　　　　　　　　　　　　　　(　　)

四、会计业务题

1. 某银行百合支行2022年9月20日编制的短期贷款计息表的本季累计积数华为商厦为

22 560 000 元、风华公司为 39 420 000 元、振兴公司为 63 120 000 元,合同利率为 5.4%,请采用合同利率计算确定利息收入。

2. 某银行百合支行于 2022 年 4 月 8 日向百姓商场发放贷款一笔,金额为 30 万元,期限 6 个月,月利率 4.35‰为合同利率,现行逾期贷款利率为 2.1‰。假定该笔贷款于同年 10 月 28 日归还,采用利随本清的计息方法,按合同利率计算确定利息收入。

3. 某银行百合支行于 2022 年 9 月 13 日收到泰达公司交来贴现凭证和商业承兑汇票各一份,该票据由在当地汇通银行太仓支行开户的广发公司签发并承兑 90 000 元,到期日为 11 月 5 日,月贴现率为 3‰。

五、案例分析题

2022 年 8 月 6 日,A 市公安局接到该市工商银行义马支行紧急报案。义马支行报案称:2022 年 4 月 19 日,该行办理了银行承兑汇票贴现一份,金额 200 万元,贴现率为 4.2‰,到期日为 2022 年 8 月 6 日,出票行为 B 市工商银行龙文支行,出票人为 B 市东方食品有限公司,收款人为 A 市南四集团有限公司。2022 年 8 月 6 日承兑票据到期,义马支行发"委托收款"凭证给龙文支行,该行接到龙文支行电话通知,"委托收款"凭证已收到,经审查为假银行承兑汇票。

到义马支行办理贴现业务的高某,是一个年近 50 岁且仅有小学文化的农民,然而他却成功地导演了这场骗局。他和李某通过熟人关系来到义马支行,没费多大周折,便于 2022 年 4 月 19 日,办理了贴现。该行的工作人员由于是熟人关系,打包票称:没有增值税发票,没关系,随后补上;没有原始合同,也没关系,有空白合同就行;没有在义马支行开户,也没关系,我们帮你找背书单位;只要你们敢保证这张票不假,我们就敢给你办。该行的有关人员还亲自执笔为两人写下了一份保证书。最终,扣除贴息后的金额便汇到了高某的私人账户上。收到款项后,高某便开始大肆挥霍。直至东窗事发,公安机关仅追回赃款 46 万余元。

资料来源:李贺等主编:《金融企业会计》,上海财经大学出版社 2020 年版,第 79 页,有改动。

问题:义马支行的工作人员在办理该项贴现业务时违反了哪些规定?

项目实训

【实训项目】

贷款和贴现业务核算。

【实训目的】

通过对贷款和贴现业务核算知识的了解,加深对金融企业会计的认识。

【实训资料】

某商业银行发生下列未减值贷款业务:

1. 7 月 2 日,开户单位新兴百货公司申请流动资金贷款 200 000 元,经信贷部门审查同意发放,转入该公司存款账户。

2. 7 月 3 日,开户单位塑料公司申请办理抵押贷款 300 000 元,审核后予以办理。

3. 7 月 7 日,开户单位塑料公司归还 2 月 7 日借入的短期贷款 500 000 元,月利率为 6‰,贷款本息一并归还。

4. 7 月 20 日,计提借款人制药公司贷款利息 34 000 元。

5. 7 月 23 日,借款人王刚以现金支付贷款本金 50 000 元,利息 2 300 元。

6. 7 月 28 日,借款人李鸿申请短期贷款 20 000 元,审查后予以办理,付给现金。

7. 7月31日,向借款人制药公司收取贷款利息34 000元。

【实训要求】

1. 针对上述资料编制会计分录。
2. 撰写《贷款和贴现业务核算》实训报告。

《贷款和贴现业务核算》实训报告		
项目实训班级：	项目小组：	项目组成员：
实训时间：　年　月　日	实训地点：	实训成绩：
实训目的：		
实训步骤：		
实训结果：		
实训感言：		

项目四

支付结算业务核算

○ **知识目标**

理解：支付结算的概念；支付结算的管理体制；支付结算原则和结算纪律。

熟知：支付结算业务的核算特点；支付结算的方式；主要会计科目及核算内容。

掌握：票据结算业务核算；结算方式核算；信用卡核算；国内信用证核算。

○ **技能目标**

能够结合所学的支付结算业务核算知识，具备对相关业务进行核算的能力。

○ **素质目标**

运用所学的支付结算业务核算知识研究相关事例，培养和提高学生在特定业务情境中分析问题与决策设计的能力；结合行业规范或标准，运用支付结算业务核算知识分析行为的善恶，强化学生的职业道德素质。

○ **思政目标**

能够正确地理解"不忘初心"的核心要义和精神实质；树立正确的世界观、人生观和价值观，做到学思用贯通、知信行统一；通过支付结算业务核算知识，按照支付结算法律法规，结合财经法规和企业要求，解决核算中的常见问题，同时树立风险意识观念，健全信用预警制度。

○ **项目引例**

S银行2 000万元银行承兑汇票诈骗案

2月17日，广西某公司取得了异地G银行某支行开出的一张票面金额2 000万元的银行承兑汇票，向S银行申请融资。S银行两名客户经理随即前往实地查验，在承兑银行的营业柜台，G银行工作人员验票后在查询查复书上盖章确认，并将G银行留存的汇票第一联复印盖章后交给了S银行人员。验票后，S银行根据企业要求，于2月27日办理了质押贷款1 900万元。

3月份，S银行开展票据业务自查，会计人员通过中国人民银行大额支付系统对上述票据进行查询，G银行回复称从未开出此承兑汇票。S银行立即向当地公安局报案，并向G银行通报了有关情况。经侦查，这是一起G银行员工李某伙同涉案企业及社会人员内外勾结制造的票据诈骗案。嫌疑人已被抓获，公安机关追踪赃款和法院查封企业财产的工作正在进行中。

资料来源：李贺等主编：《金融企业会计》，上海财经大学出版社2020年版，第82页。

试分析：结合资料说明发案原因及主要教训、案件防范措施。

○ 知识精讲

任务一　支付结算业务概述

一、支付结算的概念

结算是指对经济主体之间因商品交易、劳务供应、资金调拨及其他款项往来而产生的货币收付关系，是对债权和债务进行清偿的行为。

支付结算又称转账结算，是指单位、个人在社会经济活动中使用票据、信用卡和汇兑、托收承付、委托收款等结算方式进行货币给付及资金清算的行为。《支付结算办法》第六条规定："银行是支付结算和资金清算的中介机构，未经中国人民银行批准的非银行金融机构和其他单位不得作为中介机构经营支付结算业务。"银行在支付结算中起着重要的中介作用。

二、支付结算的管理体制

在我国，支付结算业务实行集中统一和分级管理相结合的管理体制。支付结算的有关制度和办法由中国人民银行总行负责统一制定，并由中国人民银行组织、协调、管理和监督全国的社会支付结算工作，协调和处理银行之间的支付结算纠纷。

各商业银行总行可以根据统一的支付结算制度，结合本行情况和经济活动的需要，制定具体管理实施办法，但必须报经中国人民银行总行批准后执行。

【提示】商业银行总行负责组织、管理、协调本行内的支付结算工作，协调、处理本行内分支机构之间的支付结算纠纷。

三、支付结算原则和支付结算纪律

（一）支付结算原则

1. 恪守信用，履约付款

信用是企业、单位生存发展的基础，也是商品交易和办理结算的前提条件。进行结算的企业、单位及其开户银行必须树立信用观念，讲信誉，重信用，按照协议、合约规定的付款金额和付款日期进行支付。

2. 谁的钱进谁的账，由谁支配

银行作为资金清算的中介机构，在办理支付结算时，必须遵循存款人的委托，将款项支付给其所指定的收款人；对存款人的存款，除国家法律另有规定外，必须由其自主支配，其他单位、个人以及银行都不得对其资金进行干预和侵犯。

3. 银行不垫款

银行在办理支付结算过程中，只负责将结算款项从付款单位账户划转到收款单位账户，而不承担垫付任何款项的责任，以防止客户占用银行资金。

（二）支付结算纪律

1. 银行需遵守的结算纪律

具体包括：①不准以任何理由压票、任意退票、截留挪用客户和他行的资金、受理无理拒付、不扣少扣滞纳金。②不准在结算制度之外规定附加条件，影响汇路通畅。③不准违反规定为单位和个人开立账户。④不准拒绝受理、代理他行正常结算业务。⑤不准放弃对企事业单位和个人违反结算纪律的制裁。⑥不准违章签发、承兑、贴现票据,套取银行资金。⑦不准超额占用联行汇差资金、转嫁资金矛盾。⑧不准逃避向中国人民银行转汇大额汇划款项和清算大额银行汇票资金。⑨不准签发空头银行汇票、银行本票和办理空头汇款。⑩不准无理拒绝支付应由银行支付的票据款项。

2. 单位和个人需遵守的结算纪律

具体包括:①不准套取银行信用,签发空头支票、印章与预留印鉴不符支票和远期支票以及没有资金保证的票据。②不准无理拒付,任意占用他人资金。③不准违反规定开立和使用账户。④不准签发、取得和转让没有真实交易和债权债务的票据,套取银行和他人资金。

四、支付结算业务的核算特点

银行是全国的支付结算中心,社会支付结算业务在商业银行的各项业务中所占的比重最大,核算手续繁多,其会计核算归纳起来有如下特点:①支付结算的核算程序必须以相关法律为依据。②支付结算业务的处理程序与支付结算业务的会计处理步骤完全一致。③支付结算业务的凭证格式由银行统一制定。

五、支付结算的方式

目前,我国的国内支付结算工具主要包括银行汇票、商业汇票、银行本票、支票、信用卡、汇兑、托收承付、委托收款和信用证等。其中,银行汇票、商业汇票、银行本票和支票属于票据结算。

由于结算业务的当事人可在不同地点、不同银行开户,银行间资金的划转和清算需根据不同情况参与不同的支付清算系统(包括中国人民银行大额实时支付系统、小额批量支付系统、银行业金融机构行内支付系统、同城票据交换等)。为强调结算业务流程中账户资金划转的会计核算,本项目除行内转账业务外,跨行业务一律使用"跨行清算资金往来"科目完成资金的清算划拨。

【注意】"跨行清算资金往来"科目可以用于中国人民银行大、小额支付系统和同城票据清算业务。由于各商业银行可能在内部会计制度中使用不同名称的科目,实际工作中应按所在银行实际设置的账户系统进行操作。

【提示】行内转账是指在同一银行系统范围内的资金划转,本项目将此类银行统称为"本行"或"行内",并将银行业金融机构行内支付系统的账务划转简化为直接转账。

六、主要会计科目及核算内容

支付结算业务核算涉及的主要会计科目及核算内容如表4—1所示。

表4—1　　　　　　　　　　　支付结算业务会计科目及核算内容

	名　称	主要核算内容	
资产类	跨行清算资金往来	核算和反映银行发生跨行的电子汇划和往来资金等的资金清算款项,可设置同城票据清算、大额支付和小额支付等二级科目	
负债类	汇出汇款	核算出票银行开出银行汇票收取的款项	这三个科目的余额在编制资产负债表时可并入"吸收存款"科目
	应解汇款(及临时存款)	核算银行暂收客户的款项	
	开出本票	核算出票银行开出银行本票收取的款项	
损益类	手续费及佣金收入	核算金融企业确认的手续费及佣金收入,可按手续费及佣金收入类别进行明细核算	

任务二　票据结算业务核算

一、票据的概念和票据行为

票据是按照一定形式制成、写明有付出一定货币金额义务的证件。用于结算的票据是指以支付金钱为目的的有价证券,即出票人根据《票据法》签发的、由自己无条件支付确定金额或委托他人无条件支付确定金额给收款人或持票人的有价证券。

【提示】票据包括汇票、本票、支票、提单、存单、股票、债券等。在我国,票据一般包括汇票、本票和支票。

票据的基本功能有三个:①结算功能;②信用功能;③流通功能。

票据的当事人有:出票人、收款人、付款人、承兑人、背书人、被背书人、保证人。

能够产生票据权利与义务的法律行为,称为票据行为。票据行为主要包括出票、背书、承兑和保证四种:①出票是指出票人签发票据并将其交给收款人的票据行为;②背书是指在票据背面或者粘单上记载有关事项并签章的票据行为;③承兑是指票据的付款人在票据上记载一定的事项,以承诺在票据到期日向持票人支付票据金额的票据行为;④保证是指票据债务人以外的第三人通过在票据上记载一定的事项,为特定的票据债务人履行票据债务提供担保,对汇票的债务承担保证责任的票据行为。

二、银行汇票的业务核算

银行汇票是出票银行签发的、由其在见票时按照实际结算金额无条件支付给收款人或者持票人的票据。

【提示】银行汇票的出票人为经中国人民银行批准办理银行汇票业务的银行,银行汇票的出票银行即为银行汇票的付款人。

【注意】单位和个人各种转账结算,均可使用银行汇票。银行汇票可以用于转账,签发现金银行汇票,申请人和收款人必须均为个人;申请人或者收款人为单位的,不得为其签发现金银行汇票。

【提示】银行汇票的提示付款期限为自出票日起1个月。持票人超过付款期限提示付款的,代理付款人不予受理。

银行汇票业务流程如图4—1所示。

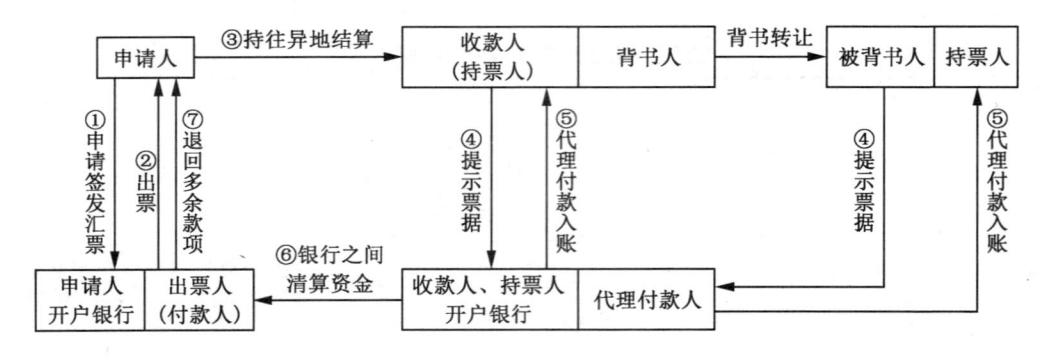

图4—1　银行汇票业务流程

（一）汇款人向银行申请汇票

单位或个人需要使用银行汇票，应向银行填写银行汇票申请书一式三联，第一联存根，第二联借方凭证，第三联贷方凭证。

出票银行受理申请人提交的汇票申请书时，需详细审查其内容是否填写齐全、清晰，汇票上的签章是否为预留银行的签章；申请书填明"现金"字样的，要看申请人和收款人是否均为个人，且申请人是否交存现金。

对银行汇票申请书的有关内容审查无误后，出票行才可予以受理。

对申请人以账户扣款方式签发的，出票行以第二联申请书作为借方凭证，第三联作为贷方凭证，转账分录为：

借：吸收存款——申请人户
　　贷：汇出汇款
　　　　手续费及佣金收入——结算业务收入
　　　　应交税费——应交增值税（销项税额）

申请人交付现金的，出票行以第三联申请书作为贷方凭证，其会计分录为：

借：库存现金
　　贷：汇出汇款
　　　　手续费及佣金收入——结算业务收入
　　　　应交税费——应交增值税（销项税额）

出票行办好转账或收妥现金后，即可签发银行汇票，如表4—2所示。

表4—2　　　　　　　　　　××银行银行汇票　　　　　　　　2地名 $\frac{BA}{01}$ 00000000

付款期限壹个月

出票日期（大写）　　年　月　日	代理付款行：　　　行号：
收款人：　　账号：	
出票金额人民币（大写）	
实际结算金额人民币（大写）	千百十万千百十元角分
申请人：_____　　账号：_____ 出票行：_____　行号：_____ 备　注：_____ 凭票付款 出票行签章	密押： 多余金额　　　　复核 千百十万千百十元角分　　记账
此联代理付款行付款后作联行往账借方凭证附件	

汇票凭证一式四联，第一联卡片，第二联汇票，第三联解讫通知，第四联多余款收账通知。填写的汇票经审核无误后，在第二联上加盖汇票专用章，并由授权的经办人签名或盖章，在实际结算金额栏的小写金额上端用总行统一制作的压数机压印出票金额，然后连同第三联一并交给申请人。

（二）持票人接受并审核汇票

银行汇票的申请人将出票行开出的汇票第二、第三联作为支付手段交给汇票上记名的收款人，用以偿付商品或劳务结算款项。收款人审查无误后，应在汇票出票金额以内，按实际交易结算款项的金额办理结算，将实际结算金额和多余金额填入银行汇票和解讫通知的有关栏内。

(三)持票人向银行兑付汇票

1. 解付行内签发的银行汇票

转账汇票的持票人向开户银行提示付款时,应在汇票背面"持票人向银行提示付款签章"处签章,签章须与预留银行签章相同,然后,将银行汇票和解讫通知及两联进账单一并送交开户银行。

银行接到汇票、解讫通知和进账单(见表4—3),审查无误后,将汇票作为借方凭证附件,第二联进账单作为贷方凭证,办理转账。会计分录为:

　　借:汇出汇款
　　　　贷:吸收存款——持票人户(或其他有关科目)

现金银行汇票付款仅限于解付行内签发的银行汇票,不能代理解付其他商业银行签发的银行汇票。解付时,会计分录为:

　　借:汇出汇款
　　　　贷:库存现金

2. 解付其他商业银行签发的转账银行汇票

代理解付其他商业银行签发的银行汇票,持票人在代理付款行开户时,代理付款行解付全国银行汇票通过同城票据交换提出银行汇票;解付华东三省一市银行汇票通过小额方式解付或同城票据交换提出银行汇票。

(1)解付全国银行汇票,会计分录为:

　　借:跨行清算资金往来——同城票据清算
　　　　贷:其他应付款——同城票据款项——同城票据清算——提出

(2)解付华东三省一市汇票小额方式付款,会计分录为:

　　借:跨行清算资金往来——小额支付
　　　　贷:吸收存款——××户

同城方式的会计核算同解付全国银行汇票。

表4—3　　　　　　　　　××银行　进账单　(贷方凭证)　　2
　　　　　　　　　　　　　　　　　年　月　日

出票人	全　称		收款人	全　称	
	账　户			账　号	
	开户银行			开户银行	
金额	人民币大写		亿 千 百 十 万 千 百 十 元 角 分		
票据种类		票据张数			
票据号码					
备注:			复核　　　　记账		
此联由收款人开户银行作贷方凭证					

【注意】银行汇票超期付款的,持票人只能持银行汇票和解讫通知到出票行请求付款,代理行不得代为付款。

【提示】银行汇票退款是指申请人由于银行汇票超过提示付款期限或其他原因要求退款的情况,分为转账银行汇票退款和现金银行汇票退款。发生银行汇票退款的,持票人也只能到出票人处申请办理。

(四)银行汇票的结清

银行汇票结清是指银行汇票的出票行收到代理付款行的付款凭据或信息时销记汇出汇款的过

程。银行汇票结清在代理付款行付款时联动进行账务处理,分为按实际金额全额付款和余款退回。

1. 按实际金额全额付款

出票行在汇票卡片的实际结算金额栏填入全部金额,在多余款收账通知的多余金额栏填写"—0—",汇票卡片作为借方凭证,解讫通知和多余款收账通知作为借方凭证的附件。

(1)行内签发银行汇票的结清,其核算见前文"(三)1. 解付行内签发的银行汇票"的核算。

(2)代理其他商业银行签发银行汇票结清。汇票全额付款的,按实际结算金额结算,会计分录为:

借:汇出汇款
　　贷:跨行清算资金往来——同城票据清算
　　　　　　　　　　　　——小额支付

2. 付款后汇票有余款

(1)行内签发银行汇票付款后有余款的,原申请人在本核算单位开户的,将多余款项转入原申请人账户。出票行应在汇票卡片和多余款收账通知上填写实际结算金额,汇票卡片作为借方凭证,解讫通知作为多余款贷方凭证。会计分录为:

借:汇出汇款
　　贷:吸收存款——××户

(2)行内签发银行汇票付款后有余款的,采用现金方式退回余款的,会计分录为:

借:汇出汇款
　　贷:库存现金

【做中学 4—1】 甲银行接受客户 M 单位的申请,开出银行汇票金额为 450 000 元,由客户持往异地办理采购业务。M 单位业务员将汇票转交异地销货方 N 公司,实际结算金额为 400 000 元,N 公司将汇票在当地跨系统乙银行兑付,款项转入 N 公司存款账户。乙银行向甲银行清算资金,并划回汇票多余款。

甲银行开出汇票时,会计分录为:

借:吸收存款——M 单位户　　　　　　　　　　　　　　　　　450 000
　　贷:汇出汇款　　　　　　　　　　　　　　　　　　　　　　　　450 000

乙银行代理兑付时,会计分录为:

借:跨行清算资金往来　　　　　　　　　　　　　　　　　　　400 000
　　贷:吸收存款——N 公司户　　　　　　　　　　　　　　　　　400 000

甲银行结清汇票时,会计分录为:

借:汇出汇款　　　　　　　　　　　　　　　　　　　　　　　450 000
　　贷:跨行清算资金往来　　　　　　　　　　　　　　　　　　　400 000
　　　　吸收存款——M 单位户　　　　　　　　　　　　　　　　　50 000

三、商业汇票的业务核算

商业汇票是出票人签发的、委托付款人在指定付款日期无条件支付确定金额给收款人或持票人的票据。商业汇票分为商业承兑汇票和银行承兑汇票两种。商业承兑汇票由银行以外的付款人承兑,银行承兑汇票由银行承兑。商业汇票的付款人即为承兑人。

商业汇票的使用,必须是在银行开立存款账户的法人以及其他组织之间,且必须具有真实的交易关系或债权和债务关系。

【注意】出票人不得签发无对价的商业汇票,用以骗取银行或者其他票据当事人的资金。

【提示】汇票的付款期限最长不得超过 6 个月。商业汇票的提示付款期限为自汇票到期日起 10 日。

符合条件的商业汇票的持票人可持未到期的商业汇票向银行申请贴现。

商业承兑汇票与银行承兑汇票的业务流程分别如图 4-2 和图 4-3 所示。

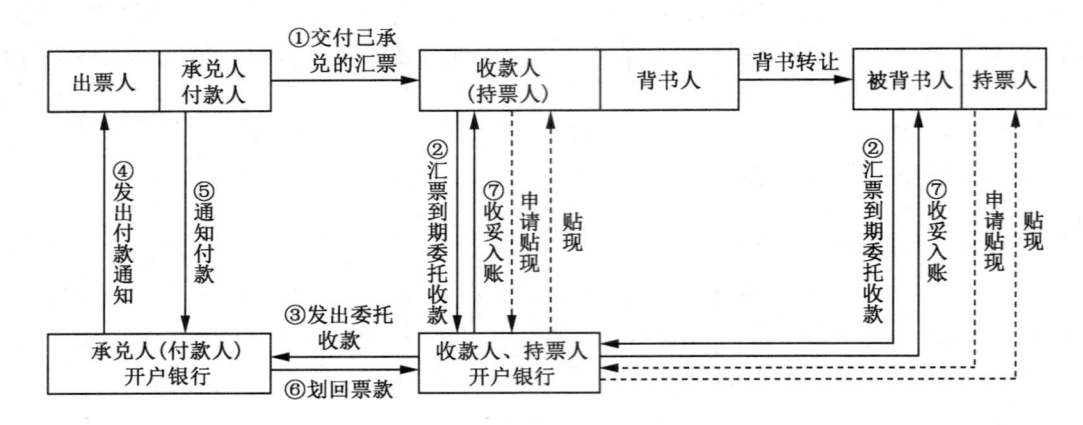

图 4-2 商业承兑汇票的业务流程

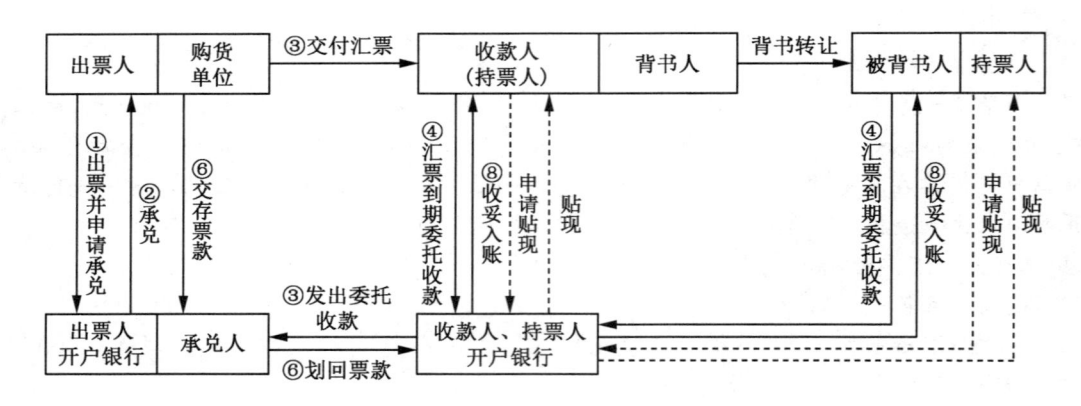

图 4-3 银行承兑汇票的业务流程

(一)商业承兑汇票的业务核算

1. 商业承兑汇票的签发与承兑

(1)商业承兑汇票的签发

商业承兑汇票的出票人,必须是在银行开立存款账户的法人以及其他组织,与付款人具有真实的委托付款关系,且具有支付汇票金额的可靠资金来源。签发商业承兑汇票(见表 4-4)必须记载表明"商业承兑汇票"的字样、无条件支付的委托、确定的金额、付款人的名称、收款人的名称、出票日期和出票人的签章。

【注意】商业承兑汇票必须记载的内容缺一不可,否则汇票无效。

(2)商业承兑汇票的承兑

商业承兑汇票可以由付款人签发并承兑,也可以由收款人签发交由付款人承兑;付款人承兑商业汇票,应当在汇票正面记载"承兑"字样和承兑日期并签章。

【注意】付款人承兑时不得附有条件,否则视为拒绝承兑。

【提示】 付款人对承兑的汇票负有到期无条件支付票款的责任。

商业承兑汇票的付款人承兑后,该汇票即可作为延期付款的一种支付手段,收款人作为持票人,可在提示付款期内通过开户银行或直接向付款人提示付款。

2. 持票人委托开户行收取汇票款

持票人在提示付款期内,委托开户银行收取商业承兑汇票款时,应先填制邮划或电划的托收凭证(见表4-5),并在"托收凭据名称"栏注明"商业承兑汇票"及汇票号码。然后,将托收凭证连同汇票一并送交开户银行。

表4-4 商业承兑汇票 2 $\frac{A}{O}\frac{A}{I}$00000000

出票日期: 年 月 日(大写)

付款人	全 称		收款人	全 称	
	账 户			账 号	
	开户银行			开户银行	
金额	人民币大写			亿 千 百 十 万 千 百 十 元 角 分	
汇票到期日(大写)			付款人开户行	行号	
交易合同号码				地址	
本汇票已经承兑,到期无条件支付票款。 承兑人签章 承兑日期 年 月 日			本汇票请予以承兑于到期日付款。 出票人签章		
此联持票人开户行随托收凭证寄付款人开户行作借方凭证					

表4-5 托收凭证 (贷方凭证) 2

委托日期 年 月 日

业务类型	委托收款(□邮划、□电划)		托收承付(□邮划、□电划)		
付款人	全 称		收款人	全 称	
	账 号			账 号	
	地 址	省 市 县 开户行		地 址	省 市 县 开户行
金额	人民币大写			亿 千 百 十 万 千 百 十 元 角 分	
款项内容		托收凭据名称		附寄单证张数	
商品发运情况		合同名称号码			
备注: 收款人开户银行收到日期 年 月 日		上列款项随附有关债务证明,请予办理。 收款人签章		复核 记账	
此联收款人开户银行作贷方凭证					

开户银行接到汇票和托收凭证,审查无误后,即在托收凭证各联上加盖"商业承兑汇票"戳记,托收凭证第一联加盖业务公章,退给持票人;第二联专夹保管;第三、第四、第五联与商业承兑汇票一并寄交付款人开户行。

3. 付款人开户行收到汇票

付款人开户行收到持票人开户行寄来的托收凭证及汇票后,应按前述内容认真进行审核,确定付款人确在本行开户,承兑人在汇票上的签章与预留银行的签章相符,即可将商业承兑汇票留存,托收凭证第五联转交给付款人并签收。

付款人接到开户银行的付款通知,应在当日通知银行付款。在接到通知次日起的3日内未通知银行付款的,视同付款人承诺付款,银行应于第四日上午开始营业时,将票款划给持票人。划款时可能出现两种情况:

(1)付款人的银行账户有足够款项支付汇票款。

①收付款人在同一系统银行开户时,将第三联托收凭证作借方凭证,汇票加盖转讫章作附件。会计分录为:

借:吸收存款——付款人户
　　贷:吸收存款——收款人户

②收款人在其他商业银行开户时,会计分录为:

借:吸收存款——付款人户(或其他有关科目)
　　贷:跨行清算资金往来

(2)付款人的银行账户不足支付的,银行应填制付款人未付票款通知书,在委托收款凭证备注栏注明"付款人无款支付"字样,连同汇票一并退回持票人开户行。处理手续与委托收款结算的无款支付相同。

银行在付款人接到通知日的次日起3日内收到付款人的拒绝付款证明的,应按委托收款结算拒绝付款的手续处理,注明"拒绝付款"的委托收款凭证、拒付证明及汇票均寄回持票人开户行。

4. 持票人开户银行收到划回票款或退回凭证

(1)持票人开户行(跨行)收到划回款项,办理转账,会计分录为:

借:跨行清算资金往来
　　贷:吸收存款——持票人户(或其他有关科目)

转账后,将第四联委托收款凭证加盖转讫章,作为收账通知交给持票人。

(2)持票人开户行若收到付款人开户行发来的未付票款通知书或拒绝付款证明以及退回的汇票和委托收款凭证,应按委托收款结算时同种情况下的处理手续办理,将未付款通知书或拒绝付款证明及汇票和委托收款凭证一并退还给持票人,并由持票人签收。

【做中学4—2】 甲银行受理客户M单位提交的商业承兑汇票及委托收款凭证,向同城的丙银行收取即将到期的商业汇票款35 000元。丙银行收到交换提入的票据后,向汇票付款人R公司提示付款。汇票到期,丙银行将汇票金额划转甲银行付款。

丙银行划款的会计分录为:

借:吸收存款——R公司户　　　　　　　　　　　　　　　　　　35 000
　　贷:跨行清算资金往来——同城票据清算　　　　　　　　　　 35 000

甲银行收到款项,为M单位入账,会计分录为:

借:跨行清算资金往来——同城票据清算　　　　　　　　　　　　35 000
　　贷:吸收存款——M单位户　　　　　　　　　　　　　　　　 35 000

(二)银行承兑汇票的业务核算

1. 银行承兑汇票的签发

银行承兑汇票的出票人,必须是在承兑银行开立存款账户的法人以及其他组织,且与承兑银行具有真正的委托付款关系,出票人必须资信状况良好,具有支付汇票金额的可靠资金来源。

银行承兑汇票应由在承兑银行开立存款账户的存款人签发。签发银行承兑汇票必须记载表明

"银行承兑汇票"的字样、无条件支付的委托、确定的金额、付款人和收款人的名称、出票日期和出票人签章如表4-6所示。

表 4-6　　　　　　　　　　　××银行承兑汇票　　2　　　$\dfrac{CA}{OI}$00000000

出票日期：　年　月　日（大写）

出票人全称		收款人	全称	
出票人账户			账号	
付款行全称			开户银行	
出票金额	人民币大写			亿千百十万千百十元角分
汇票到期日（大写）		付款行	行号	
承兑协议编号			地址	
本汇票请你行承兑,到期无条件付款。 出票人签章	本汇票已经承兑,到期日由本行付款。 承兑行签章 承兑日期　年　月　日 备注		复核　　记账	
此联收款人开户行随托收凭证寄付款行作借方凭证附件				

2. 银行承兑汇票的承兑

银行承兑汇票的出票人或持票人持银行承兑汇票向银行提示承兑时,银行的信贷部门须按有关规定和审批程序,对出票人的资格、资信、购销合同和汇票记载的内容进行认真审查,必要时可由出票人提供担保。符合规定和承兑条件的,与出票人签署承兑协议,一联留存,另一联及副本和第一、第二联汇票一并交本行会计部门。

会计部门接到汇票和承兑协议,应审查汇票必须记载的事项是否齐全,出票人的签章是否符合规定,出票人是否在本行开有存款账户,汇票上记载的出票人名称、账号是否相符,汇票是否为统一规定印制的凭证。审核无误后,在第一、第二联汇票上注明承兑协议编号,并在第二联汇票"承兑人签章"处加盖汇票专用章,并由授权的经办人签名或盖章。由出票人申请承兑的,将第二联汇票连同第一联承兑协议交给出票人;由持票人提示承兑的,将第二联汇票交给持票人,一联承兑协议交给出票人。

【提示】商业银行在办理票据承兑时,为防范风险,可向承兑申请人收取保证金和敞口风险管理费,同时,还要按票面金额向出票人收取万分之五的手续费。

(1)收取保证金。银行为承兑申请人开立保证金账户,并从其结算账户转入资金。会计分录为:

　　借:吸收存款——承兑申请人户
　　　　贷:吸收存款——单位活期保证金存款(银行承兑汇票)——承兑申请人户

(2)收取敞口风险管理费、工本费和承兑手续费的会计分录为:

　　借:吸收存款——承兑申请人户(或其他有关科目)
　　　　贷:手续费及佣金收入
　　　　　　应交税费——应交增值税(销项税额)

承兑银行将留存的第一联汇票卡片及承兑协议副本专夹保管,并在登记簿上进行登记。

3. 持票人委托开户银行收取汇票款

持票人在提示付款期内,委托开户银行向承兑银行收取票款时,应填制委托收款凭证,在"委托收款凭证名称"栏注明"银行承兑汇票"及其汇票号码,连同汇票一并转交开户行。

开户银行按规定要求审查无误后,在委托收款凭证各联上加盖"银行承兑汇票"戳记,委托收款凭证第一联加盖业务公章交持票人,第二联专夹保管,第三、第四和第五联连同汇票一并转交承兑银行。

4. 承兑银行到期收取汇票款

承兑银行因留有汇票和承兑协议,故应每天查看汇票的到期情况,对于到期的汇票,应于到期日(遇法定休假日顺延)向承兑申请人收取票款。承兑银行需填制两联特种转账借方凭证,一联特种转账贷方凭证,并在"转账原因"栏注明"根据××号汇票划转票款"。

(1)会计分录为:

借:全额保证金扣款
　　吸收存款——单位活期保证金存款(银行承兑汇票)——承兑申请人户
　贷:应解汇款(及临时存款)

一联特种转账借方凭证加盖转讫章后作为支款通知交给出票人。

(2)部分保证金扣款,不足部分从出票人结算账户扣收。会计分录为:

借:吸收存款——单位活期保证金存款(银行承兑汇票)——承兑申请人户(或其他有关科目)
　　吸收存款——承兑申请人户
　贷:应解汇款(及临时存款)

(3)保证金账户和结算账户均不足支付,银行需要垫款时,会计分录为:

借:吸收存款——单位活期保证金存款(银行承兑汇票)——承兑申请人户(或其他有关科目)
　　吸收存款——承兑申请人户
　　贷款——承兑垫款(本金)
　贷:应解汇款(及临时存款)

5. 承兑银行支付汇票款

承兑银行收到持票人开户行转来的汇票和委托收款凭证后,应抽出专夹保管的汇票卡片和承兑协议副本,并认真审查。审查无误后,应于汇票的到期日或到期日之后的见票日,按照委托收款划款阶段的手续办理。

(1)持票人在本行开户,会计分录为:

借:应解汇款(及临时存款)
　贷:吸收存款——收款人户

(2)持票人在其他商业银行开户,会计分录为:

借:应解汇款(及临时存款)
　贷:跨行清算资金往来

6. 持票人开户行收款

持票人开户行接到跨系统承兑银行转来的划款凭证,按照委托收款款项划回的手续处理,将留存的第二联委托收款凭证抽出,与收到的第四联凭证相核对,核对无误后,在第二联凭证上填注转账日期,并以之作为贷方凭证。会计分录为:

借:跨行清算资金往来
　贷:吸收存款——持票人户

转账后,第四联委托收款凭证加盖转讫章,作为收账通知交给持票人。

7. 已承兑的银行承兑汇票的注销、丧失和挂失

出票人对未使用已承兑的银行承兑汇票,应到承兑银行申请注销。已承兑的银行承兑汇票丧失,失票人到承兑银行挂失时,应提交三联挂失止付通知书。

【做中学4—3】 甲银行接到客户W公司的承兑申请,承兑其开出的银行承兑汇票,金额为200 000元,经审核签署承兑协议,并按票面额的3‰收取手续费。数月后,异地的跨系统乙银行收到开户单位N单位提交的银行承兑汇票和托收凭证,为其收取即将到期的银行承兑汇票款。(增值税税率为6%)

(1)甲银行与W公司签署承兑协议,全额扣收保证金,并收取承兑手续费。会计分录为:

借:吸收存款——W公司户　　　　　　　　　　　　　　　　200 600
　　贷:吸收存款——单位活期保证金存款(银行承兑汇票)
　　　　　　　　　——W公司户　　　　　　　　　　　　　　200 000
　　　　手续费及佣金收入　　　　　　　　　　　　　　　　　566.04
　　　　应交税费——应交增值税(销项税额)　　　　　　　　　33.96

(2)银行承兑汇票到期,甲银行办理转账。会计分录为:

借:吸收存款——单位活期保证金存款(银行承兑汇票)——W公司户　200 000
　　贷:应解汇款(及临时存款)　　　　　　　　　　　　　　　200 000

(3)甲银行收到乙银行发来的委托收款凭证及汇票,按期划出汇票款。会计分录为:

借:应解汇款(及临时存款)　　　　　　　　　　　　　　　　200 000
　　贷:跨行清算资金往来　　　　　　　　　　　　　　　　　200 000

(4)异地乙银行收到划回的款项,为收款人收账。会计分录为:

借:跨行清算资金往来　　　　　　　　　　　　　　　　　　200 000
　　贷:吸收存款——N单位户　　　　　　　　　　　　　　　200 000

四、银行本票的业务核算

银行本票是银行签发的、承诺自己在见票时无条件支付确定的金额给收款人或者持票人的票据。银行本票由银行签发,保证兑付,而且见票即付,信用高,支付功能强。

【提示】 单位和个人在同一票据交换区域需要支付各种款项时,均可使用银行本票。银行本票可以用于转账,注明"现金"字样的银行本票可以用于现金支取。银行本票的提示付款期自出票日起最长不得超过2个月。

银行本票业务流程如图4—4所示。

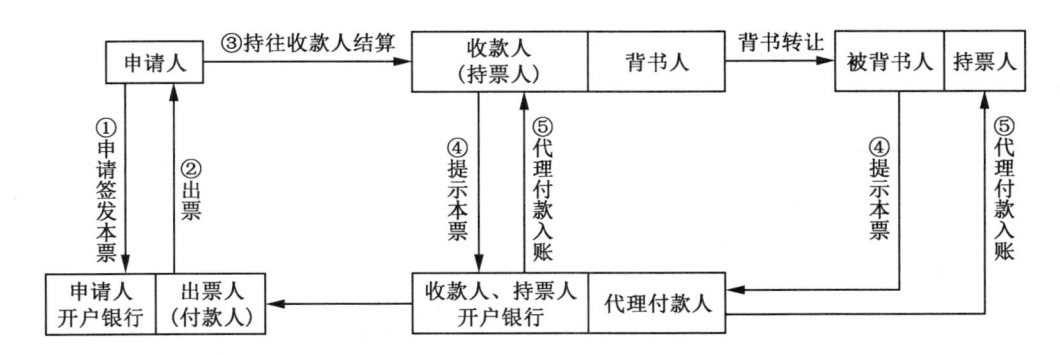

图4—4　银行本票业务流程

(一)银行本票的申请

申请人使用银行本票,应向银行填写"银行本票申请书",填写收款人名称、申请人名称、支付金额、申请日期等事项并签章。申请人和收款人均为个人,需要支取现金的,应在"支付金额"栏先填写"现金"字样,然后填写支付金额。

【注意】申请人或收款人为单位的,不得申请签发现金银行本票。

银行本票申请书一式三联,第一联为存根,第二联为借方凭证,第三联为贷方凭证。交现金办理本票的,第二联注销。

出票银行受理银行本票申请书,应认真审查其填写内容是否齐全、清晰;申请书填明"现金"字样的,要审查申请人和收款人是否均为个人。审查无误后,收妥款项并签发银行本票,如表4—7所示。

表4—7　　　　　　　　　Ⓡ中国建设银行本票　　2　　　　　地名 $\dfrac{EB}{03}$ 00000000

付款期限贰个月　　　　　　　出票日期(大写)　年　月　日

收款人:		申请人:		
凭票即付人民币(大写)				
转账	现金			
备注:				
		出票行签章	出纳　复核　经办	
此联出票行结清本票时作借方凭证				

出票银行签发银行本票的账务处理如下:

(1)以账户扣款方式签发的,以第二联申请书作为借方凭证,以第三联作为贷方凭证。会计分录为:

　　借:吸收存款——申请人户
　　　　贷:开出本票
　　　　　　手续费及佣金收入——结算业务收入
　　　　　　应交税费——应交增值税(销项税额)

(2)现金交付的,以第三联作为贷方凭证。会计分录为:

　　借:库存现金
　　　　贷:开出本票
　　　　　　手续费及佣金收入——结算业务收入
　　　　　　应交税费——应交增值税(销项税额)

出票银行在办理转账或收妥现金后,签发银行本票。本票填写时,出票日期和出票金额必须大写;用于转账的,须在银行本票上划去"现金"字样;支取现金的,须在银行本票上划去"转账"字样。本票的小写金额需用压数机压印。

签发完毕,出票银行在本票上签章后,本票正联交申请人,第一联卡片或存根联盖章后留存,并专夹保管。

(二)银行本票付款的业务核算

1. 本票收款人的处理

本票的申请人取得银行本票后,将其用于债权和债务的结算,将本票转给相关的收款人。收款人可以将银行本票背书转让给被背书人。收款人或被背书人需在付款期内持本票向银行兑付。

2. 代理付款行的处理

代理付款行接到持票人提交的本票和进账单时,应认真审查。审查无误后,即可办理兑付手续。

(1)出票行、代理付款行、持票人开户行均为本系统银行。此时,兑付行应以本票第一联代借方凭证,以进账单第二联代贷方凭证办理转账。会计分录为:

　　借:开出本票
　　　　贷:吸收存款——持票人户

第一联进账单加盖转讫章交持票人作为收账通知。

持票人向银行兑取现金时,需要认真查验本票上填写的申请人和收款人是否均为个人以及收款人和被委托人的身份证件,并要求提交收款人和被委托人身份证件的复印件留存备查。审查无误后,办理付款手续,将本票作为借方凭证,本票卡片或存根联作为附件。会计分录为:

　　借:开出本票
　　　　贷:库存现金

(2)代理兑付其他商业银行签发的本票。当持票人与原申请人不在同一系统银行开户时,代理兑付行以进账单第二联代贷方凭证办理转账。会计分录为:

　　借:跨行清算资金往来
　　　　贷:吸收存款——持票人户

第一联进账单加盖转讫章交持票人作为收账通知,本票加盖转讫章,通过同城票据交换或中国人民银行小额支付系统将其转给出票银行。

(三)银行本票结清的业务核算

当持票人与申请人在同一系统银行开户时,本票付款时即可结清"开出本票"科目;当持票人与申请人不在同一系统银行开户时,代理付款行通过同城票据交换提出本票,出票行收到交换提入的本票时,抽出专夹保管的本票卡片或存根,经核对相符,确属本行出票,则将本票作为借方凭证,本票卡片或存根作为附件,办理本票的结清。会计分录为:

　　借:开出本票
　　　　贷:跨行清算资金往来

【做中学4—4】 甲银行应客户M公司申请,为其开出银行本票一张,金额为660 000元。M公司将本票用于结算货款,将其交付收款人S公司。S公司将本票在同城跨系统的丙银行兑付,存入其存款账户。丙银行通过票据交换与甲银行清算本票资金。

(1)甲银行开出本票时,会计分录为:

　　借:吸收存款——M公司户　　　　　　　　　　　660 000
　　　　贷:开出本票　　　　　　　　　　　　　　　　660 000

(2)丙银行代理兑付本票时,会计分录为:

　　借:跨行清算资金往来　　　　　　　　　　　　　660 000
　　　　贷:吸收存款——S公司户　　　　　　　　　　660 000

(3)甲银行结清本票时,会计分录为:

　　借:开出本票　　　　　　　　　　　　　　　　　660 000
　　　　贷:跨行清算资金往来　　　　　　　　　　　　660 000

五、支票的业务核算

支票是出票人签发的、委托办理支票存款业务的银行或其他金融机构在见票时无条件支付确定的金额给收款人或者持票人的票据。

支票是一种委托式信用证券,分为现金支票、现金支票和普通支票:①支票上印有"现金"字样的为现金支票,现金支票只能用于支取现金;②支票上印有"转账"字样的为转账支票,转账支票只能用于转账;③支票上未印有"现金"或"转账"字样的为普通支票,普通支票既可以用于转账,也可以用于支取现金。

转账支票（票样）

【提示】在普通支票左上角划有两条平行线的,为划线支票;划线支票只能用于转账,不能提取现金。

【注意】支票的使用范围为同一票据交换区,单位和个人在同一票据交换区域的各种款项结算均可使用支票。

现金支票（票样）

支票的提示付款期限为自出票日起10日,但中国人民银行另有规定的除外。支票业务流程如图4—5所示。

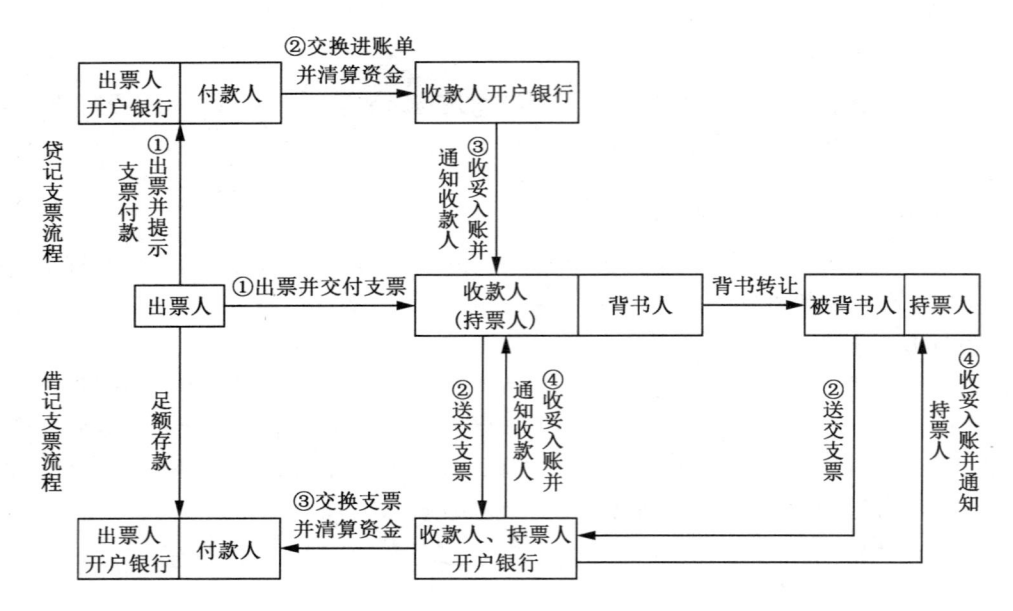

图4—5 支票业务流程

现金支票的核算内容较为简单,下面介绍转账支票的核算。

(一)持票人与出票人在同一系统银行开户的处理手续

1. 借记支票的核算

银行接受持票人交来的支票和进账单时,应对其内容进行严格的审查。对支票进行上述审查,无误后将支票作为借方凭证,以进账单第二联作为贷方凭证办理转账。会计分录为:

　　借:吸收存款——出票人户
　　　　贷:吸收存款——持票人户

进账单第一联加盖转讫章交持票人作为收账通知。

2. 贷记支票的核算。

出票人向银行送交支票时,应填写三联进账单,连同支票一并送交开户银行。银行仍按审查的内容予以审查,审查无误,进行账务处理,会计分录与受理持票人交存支票时相同。转账后,进账单第一联加盖转讫章后,交出票人作为回单;进账单第三联加盖转讫章后作为收账通知,转交收款人。

(二)持票人与出票人不在同一系统银行开户的处理手续

1. 持票人在本行开户、出票人在他行开户(借记支票)的核算持票人开户银行收到持票人交存的支票和进账单时,仍按前述内容进行审查,审查无误后,在第二联进账单上加盖"收妥后入账"戳记,将第一联进账单加盖转讫章交持票人,支票按照同城票据交换的有关规定,及时提出交换。

(1)提出借记支票时,会计分录为:

借:跨行清算资金往来——同城票据清算
　　贷:其他应付款——同城票据清算——提出

待退票时间过后,办理转账。会计分录为:

借:其他应付款——同城票据清算——提出
　　贷:吸收存款——持票人户

发生退票时,分别冲减"跨行清算资金往来"和"其他应付款"账户。

(2)出票人开户银行收到交换提入的支票,经审核为正确时,会计分录为:

借:吸收存款——付款人户
　　贷:跨行清算资金往来——同城票据清算

若提入借记支票有错误,会计分录为:

借:其他应收款——同城票据清算——退票户
　　贷:跨行清算资金往来——同城票据清算

退票时,会计分录为:

借:跨行清算资金往来——同城票据清算
　　贷:其他应收款——同城票据清算——退票户

2. 出票人在本行开户、持票人在他行开户(贷记支票)的核算

(1)出票人开户银行接到出票人交来的转账支票和三联进账单时,仍按上述内容进行审查,无误后以支票作为借方凭证办理转账。会计分录为:

借:吸收存款——出票人户
　　贷:跨行清算资金往来——同城票据清算

第一联进账单加盖转讫章,交出票人作为回单;第二、第三联进账单盖章后,按照同城票据交换的有关规定,及时提出交换。

(2)收款人开户银行收到交换提入的第二、第三联进账单,审查无误后,以第二联进账单作为贷方凭证,办理转账。会计分录为:

借:跨行清算资金往来——同城票据清算
　　贷:吸收存款——收款人户

第三联进账单加盖转讫章交收款人作为收账通知。

(3)若提入的贷记支票需要退票,会计分录为:

借:跨行清算资金往来——同城票据清算
　　贷:其他应付款——同城票据清算——退票

退票时,会计分录为:

借:其他应付款——同城票据清算——退票
　　贷:跨行清算资金往来——同城票据清算

现金支票的核算可参照"存款和理财业务核算"(项目二)中的有关内容,本项目不再赘述。

(三)支票的领购和挂失

银行的存款人需领购支票时,应填写"票据和结算凭证领用单",加盖与预留银行签章相同的签章。银行审核后,收取支票工本费和手续费,在"重要空白凭证领用登记簿"上注明领用日期、存款

人名称、支票起止号码等以备核查,然后将支票交存款人。支票账户的存款人结清账户时,必须将全部剩余空白支票交回银行,由银行统一处理。

【提示】支票丢失,失票人应及时到支票的付款行办理挂失手续,并提交挂失止付通知书,银行审核无误并确定票款未付后,登记"支票挂失登记簿",并在出票人分户账做出标记,凭以掌握止付。

任务三 结算方式业务核算

所谓结算方式,是指汇兑、托收承付和委托收款等不使用票据的结算方式。

一、汇兑结算的业务核算

汇兑结算,又称汇款,是汇款人委托银行将款项汇给收款人的结算方式。作为一种传统的结算方式,汇兑结算便于汇款人向收款人主动汇款。汇兑结算广泛应用于单位和个人的各种款项的结算。目前,客户通过网上银行或终端设备等途径办理汇兑业务已经基本普及。汇兑结算业务流程如图4-6所示。

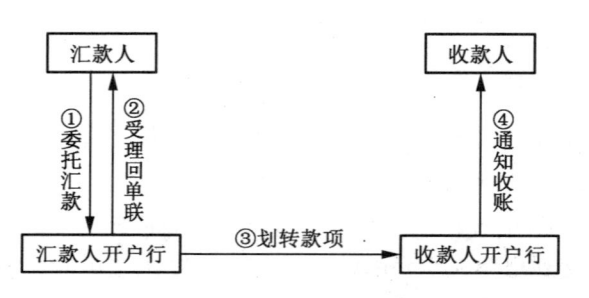

图4-6 汇兑结算业务流程

若汇款人通过柜台委托银行办理汇款,应按照汇款凭证的填写要求,认真填制凭证(见表4-8)。填妥后盖章,交银行工作人员办理。汇款凭证第一联为收款凭证,第二联为支款凭证,第三联为收款凭证,第四联为收账通知。如果汇款人是以现金交付的,应将现金和汇款凭证一并交付汇出行办理。

表4-8　　　　　　　××银行　信汇凭证(借方凭证)　　2

汇款人	全　　称		收款人	全　　称	
	账　　号			账　　号	
	汇出地点	省　　市/县		汇入地点	省　　市/县
汇出行名称			汇入行名称		
金额	人民币(大写)			亿千百十万千百十元角分	
此汇款支付给收款人。			支付密码		
			附加信息及用途:		
		汇款人签章		复核　　记账	
此联汇出行作借方凭证					

1. 汇出行的核算

汇出行受理汇款凭证,审查凭证无误后,第一联加盖转讫章后退给汇款人。汇款人转账交付的,银行以第二联作为借方凭证办理转账。

(1)对于行内转账的,会计分录为:

借:吸收存款——汇款人户
　　贷:吸收存款——收款人户

(2)对于跨行汇款,会计分录为:

借:吸收存款——汇款人户
　　贷:跨行清算资金往来

(3)对于跨行现金汇的,银行另填一联特种转账贷方凭证,以第二联汇款凭证作为借方凭证记账。会计分录为:

借:库存现金
　　贷:应解汇款(及临时存款)

借:应解汇款(及临时存款)
　　贷:跨行清算资金往来

转账后,汇出行向汇入行发出汇款信息。

2. 汇入行的核算

汇入行收到汇出行转来的汇款信息,审核无误后按下列手续处理:

(1)来账入账、直接收账的汇款。若来账信息与收款人信息相符,银行应将汇款直接转入收款人账户,并向收款人发出收账通知。会计分录为:

借:跨行清算资金往来
　　贷:吸收存款——收款人户

(2)来账挂账、不直接收账的汇款。通过中国人民银行支付系统划入的来账,如果无法记入指定收款人的存款账户,银行先将款项记入"其他应付款"账户。会计分录为:

借:跨行清算资金往来
　　贷:其他应付款——待处理汇划款项

(3)挂账汇款手工入账。若收款人在本行开户,经查只是由于收款人户名不符等原因挂账的,可根据收款人信息手工清分后入账。会计分录为:

借:其他应付款——待处理汇划款项
　　贷:吸收存款——收款人户

(4)挂账汇款退汇。若无法清分进行手工入账,则汇入行办理退汇手续。会计分录为:

借:其他应付款——待处理汇划款项
　　贷:跨行清算资金往来

3. 手续费的核算

(1)经办行收取交易手续费。汇兑业务发生时,银行应向客户收取汇兑手续费和汇划费(统称交易手续费),会计分录为:

借:库存现金
　　(或)吸收存款——汇款人户
　　贷:手续费及佣金收入——结算业务收入
　　　　应交税费——应交增值税(销项税额)

(2)向中国人民银行支付交易手续费。各商业银行使用中国人民银行现代化支付系统,需由总行统一向中国人民银行支付大额、小额支付系统手续费。

①商业银行总行统一支付时,会计分录为:
　　借:其他应收款——待分摊手续费
　　　　贷:存放中央银行款项

②商业银行总行向下级行分摊手续费时,会计分录为:
　　借:手续费及佣金支出——支付结算业务手续费支出
　　　　应交税费——应交增值税(进项税额)
　　　　贷:其他应收款——待分摊手续费

中国人民银行对商业银行多支付的手续费会予以返还。返还的手续费统一转给商业银行总行,在由总行根据业务量在各下级行之间分配(会计分录略)。

二、托收承付结算的业务核算

托收承付也称异地托收承付,是指收款人根据购销合同发货后,委托银行向异地付款人收取款项,并由付款人向银行承认付款的结算方式。

托收承付结算方式的业务流程如图4—7所示。

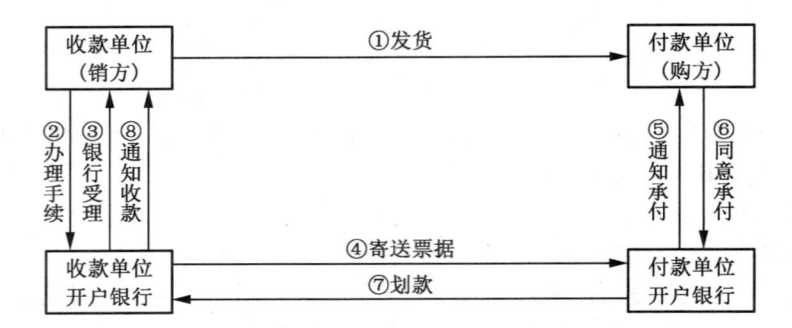

图 4—7　托收承付结算方式业务流程

(一)收款人开户银行受理托收承付

全额支付的异地托收承付结算,其处理过程可分为四个阶段:收款人开户行受理并发出托收凭证;付款人开户行通知承付;付款人开户行划款;收款人开户行收款。

收款人按照签订的购销合同发货后,即可填制托收凭证一式五联(见表4—9)。第一联为回单,第二联为贷方凭证,第三联为借方凭证,第四联为收账通知,第五联为付款通知。

托收凭证按要求的内容填妥并盖章后,连同发运单证或其他符合托收承付结算要求的有关证明和交易单证(所附单证的张数应在托收凭证上注明)一并送交银行。收款人如需取回发运证件,银行应在托收凭证上加盖"已验发运单证"戳记。

开户银行接到托收凭证及其附件后,应当按照托收的范围、条件和托收凭证填写的要求认真进行审查,必要时,还应查验收付款人签订的购销合同。

【注意】凡不合要求或违反购销合同发货的,不能予以办理。审查时间最长不得超过次日。

开户银行将托收凭证、发运证件和交易单证审核无误后,托收凭证第一联加盖业务公章退给收款人,第二联托收凭证据以登记"发出托收结算凭证登记簿",并留存保管,托收凭证的第三、第四、第五联连同所附单证一并转交付款人开户行。

表 4—9 　　　　　　　　　　托收凭证　（贷方凭证）　　2

委托日期　　年　月　日

业务类型	委托收款(□邮划、□电划)　　托收承付(□邮划、□电划)		
付款人	全　　称 账　　号 地　　址　　省　市　县　开户行	收款人	全　　称 账　　号 地　　址　　省　市　县　开户行
金额	人民币大写	亿 千 百 十 万 千 百 十 元 角 分	
款项内容		托收凭据名称		附寄单证张数	
商品发运情况		合同名称号码			
备注： 收款人开户银行收到日期 　年　月　日	上列款项随附有关债务证明，请予办理。 　　　　　　　　收款人签章	复核　　记账		
此联收款人开户银行作贷方凭证			

（二）付款人开户行通知承付

付款人开户行收到托收承付凭证和所附单证，审查无误后，在各联凭证上批注到期日及承付期限，第三、第四联托收凭证按承付到期日顺序保管，并登记"定期代收结算凭证登记簿"。托收凭证第五联连同所附单证送交付款人，通知其准备到期付款。

承付货款分为验单付款和验货付款两种，由收付款双方商量选用，并在合同中明确规定。验单付款的承付期为3天，从付款人开户银行发出承付通知的次日算起（承付期内遇法定休假日顺延）；验货付款的承付期为10天，从运输部门向付款人发出提货通知的次日算起。

（三）付款人开户行划款

承付期满次日上午，付款人开户行主动将托收款项从付款人账户付出，划往收款人开户行，以第三联托收凭证代借方传票办理转账。

(1)收付款人在同一银行系统开户，会计分录为：

借：吸收存款——付款人户
　　贷：吸收存款——收款人户

(2)收款人为跨行开户，可通过同城票据交换、中国人民银行大额支付系统或中国人民银行小额支付系统划款，会计分录为：

借：吸收存款——付款人户
　　贷：跨行清算资金往来——同城票据清算（或大额支付/小额支付）

（四）收款人开户行收款

收款人若与付款人在同一系统银行开户，付款的同时收款也已完成。收款人为跨行开户，可通过同城票据交换、中国人民银行大额支付系统或中国人民银行小额支付系统收款，会计分录为：

借：跨行清算资金往来——同城票据清算（或大额支付/小额支付）
　　贷：吸收存款——付款人户

至此，全额解付的托收承付结算业务处理完毕。

【做中学4—5】 甲银行收到客户M公司提交的托收承付结算凭证和发运单证，向异地购货方N公司收取货款及代垫运费共计182 600元。甲银行审核无误后发出托收凭证和交易单证。N公司开户行丙银行(跨行)收到凭证后，通知N公司验单付款。承付期满，N公司未提出异议，丙银行通过中国人民银行大额支付系统将款项划转给甲银行。

(1)丙银行划出款项时,会计分录为:
　　借:吸收存款——N公司户　　　　　　　　　　　　　　　182 600
　　　贷:跨行清算资金往来——大额支付　　　　　　　　　　　182 600
(2)甲银行收到划回款项时,会计分录为:
　　借:跨行清算资金往来——大额支付　　　　　　　　　　　　182 600
　　　贷:吸收存款——M公司户　　　　　　　　　　　　　　　182 600

(五)逾期付款

付款人在承付期满日银行营业终了时,如无足够资金支付,其不足部分,即为逾期未付款项,按逾期付款处理。

(1)逾期天数及赔偿金。逾期天数应从承付期满日算起。承付期满日银行营业终了时,付款人如无足够资金支付,其不足部分,应当算作逾期1天,计算1天的赔偿金;赔偿金为每天按逾期付款金额的5‰计。在各单位流动资金账户内扣付货款,应从企业销售收入中预留工资后,按照应缴纳税款、到期贷款、应偿付货款、应上缴利润的顺序扣付。

逾期付款的赔偿金实行定期扣付,每月计算一次,于次月3日内单独划给收款人。赔偿金的扣付列为企业销售收入扣款顺序的首位,如付款人账户余额不足全额支付时,应排列在工资之前,并对该账户采取"只收不付"的控制方法,待一次扣足赔偿金后,才准予办理其他款项的支付,因此而产生的经济后果由付款人自行负责。

(2)付款人开户银行对付款人逾期未能付款的情况,应当及时通知收款人开户银行,由其转告收款人。

(3)付款人开户银行要随时掌握付款人账户逾期未付的资金情况,待账户有款时,必须将逾期未付款项和应付赔偿金及时扣划给收款人,不得拖延扣划。赔偿金扣款的账务处理与全额付款相同。

(4)付款人开户银行对不执行合同规定、三次拖欠货款的付款人,应当通知收款人开户银行转告收款人,停止对该付款人办理托收。如果收款人不听劝告,继续对该付款人办理托收,付款人开户行对发出通知的次日起1个月之后收到的托收凭证,可以拒绝受理,注明理由,退回原件。

(5)付款人开户银行对逾期未付的托收凭证,负责进行扣款的期限为3个月(从承付期满日算起)。在此期限内,银行必须按照扣款顺序继续扣款。期满时,如果付款人仍无足够资金支付该笔尚未付清的欠款,银行应于次日通知付款人将有关交易单证(单证已做账务处理或已部分支付的,可以填制"应付款项证明单"),在两日内退回银行。

对付款人逾期不退回单证的,开户银行应当自发出通知的第3天起,按照该笔尚未付清款项的金额,每天处以万分之五但不低于50元罚款,并暂停付款人向外办理结算业务,直到退回单证时止。罚款时的会计分录为:
　　借:吸收存款——付款人户
　　　贷:营业外收入——罚没所得

(六)拒绝付款

对下列情况,付款人在承付期内,可向银行提出全部或部分拒绝付款:①没有签订购销合同或未订明使用异地托收承付结算方式购销合同的款项;②未经双方事先达成协议,收款人提前交货或因逾期交货付款人不再需要该项货物的款项;③未按合同规定的到货地址发货的款项;④代销、寄售、赊销商品的款项;⑤验单付款,发现所列货物的品种、规格、数量、价格与合同规定不符,或货物已到但经查验货物与合同规定或发货清单不符的款项;⑥验货付款,经查验货物与合同规定或发货清单不符的款项;⑦货款已经支付或计算有错误的款项。

【注意】不属于上述情况的,付款人不得向银行提出拒绝付款。

付款人对以上情况提出拒付时,必须填写一式四联的"拒绝付款理由书"。

开户银行必须认真审查拒绝付款理由,查验合同。对于付款人提出拒付的手续不全、依据不足、理由不符合规定和不属于前述七种拒付情况的,以及超过承付期拒付和应当部分拒付提为全部拒付的,银行均不得受理,银行不同意拒付的,应实行强制扣款。

银行同意部分或全部拒付的,应在拒付理由书上签注意见。如果是部分拒付款,除办理部分付款外,应将拒付理由书连同拒付证明及拒付商品清单邮寄收款人开户银行转交收款人;如果是全部拒付,则应将拒付理由书、拒付证明和有关单证邮寄收款人开户银行转交收款人。

三、委托收款结算的业务核算

委托银行收款,是收款人向银行提供收款依据,委托银行向付款人收取款项的结算方式。

凡在银行或其他金融机构开立账户的单位和个体工商户的商品交易、劳务款项和其他应收款项的结算,均可使用委托收款结算方式。委托收款在同城和异地均可使用,且不受金额起点的限制。

委托收款结算方式的业务流程可参考托收承付结算的业务流程。

(一)**收款人开户银行受理委托收款**

收款人办理委托收款时,填制委托收款凭证(现已与托收凭证合并为同一凭证)一式五联(见表4—9)。第一联为回单,第二联为贷方凭证,第三联为借方凭证,第四联为收账通知,第五联为付款通知。

填妥委托收款凭证后,收款人在凭证的第二联加盖单位印章或个人签章后,将结算凭证和债务证明提交开户银行。开户银行按照委托收款凭证的填写要求审查无误后,比照托收承付结算方式的处理方法,向付款人开户银行发出委托收款凭证。

(二)**付款人开户银行通知划款**

付款人开户银行收到委托收款凭证及有关单证,审查是否确属本行受理,审查无误后,登记"收到委托收款凭证登记簿",将第五联凭证加盖业务公章,连同其他有关单证一并交付款人签收。

(三)**付款人开户银行划款**

1. 收款人开户行为行内机构

会计分录为:

  借:吸收存款——付款人户

    贷:吸收存款——收款人户

2. 收款人开户行为跨行其他商业银行

付款人开户行可以通过同城票据交换提入方式付款,也可以通过大额贷记、小额贷记方式付款。会计分录为:

  借:吸收存款——付款人户

    贷:跨行清算资金往来——同城票据清算(或大额支付/小额支付)

付款人在付款期满时,账户上如果没有足够的资金支付全部款项,银行应索回全部单证,并填写付款人未付款通知书,连同第四联委托收款凭证一并退回收款人开户银行。

付款人若提出全部或部分拒付,应填制拒付理由书,连同委托收款凭证及所附单证送交开户银行,由银行转交收款人开户银行。付款人开户银行不负责审查拒付理由,对部分支付的款项按全额划款的手续处理。

(四)收款人开户银行收款

收款人开户行为行内机构时,在付款阶段已完成这一步骤。跨行的收款人开户银行收到划回的款项后办理转账,手续与托收承付基本相同。会计分录为:

借:跨行清算资金往来——同城票据清算(或大额支付/小额支付)
　　贷:吸收存款——收款人户

对于无款支付和拒付的情况,收款人开户银行应将未付款通知书、拒付理由书及债务证明转交收款人。

任务四　信用卡的业务核算

一、信用卡的概念和基本功能

信用卡是指商业银行向个人和单位发行的、凭以向特约商户(如商店、旅馆、娱乐场所、饭店等)购物、消费和向银行存取现金,且具有消费信用功能的特制载体卡片。信用卡的外观为带有卡名、卡号、持卡人姓名、有效期、信息磁条或芯片、防伪标志等内容的卡片。信用卡广泛运用于商品经济的支付与结算,具有"电子货币"功能。

二、单位信用卡结算的业务核算

(一)信用卡的发放

单位申请使用信用卡,应按发卡银行规定向发卡银行填写申请表。发卡银行审查同意后,应及时通知申请人前来办理领卡手续,并按规定向其收取备用金和手续费。申请人从其基本存款账户支付以上款项。具体分为以下两种情况:

1. 申请人已在发卡银行开有基本存款账户

申请人开具支票、填写三联进账单,交发卡行经办人员。经办人员审查无误后,支票作借方凭证,第二联进账单作贷方凭证,另填制一联特种转账贷方凭证,作收取手续费贷方凭证。会计分录为:

借:吸收存款——申请人户
　　贷:吸收存款——保证金存款——申请人信用卡户
　　　　手续费及佣金收入
　　　　应交税费——应交增值税(销项税额)

银行经办人员将第一联进账单加盖转讫章作为回单交给申请单位。

2. 申请人未在发卡银行开立基本存款账户

单位卡申请人开具支票、填写进账单,交发卡银行经办人员。发卡银行经办人员审核无误后,在进账单上按票据交换场次加盖"收妥后入账"的戳记,将第一联加盖转讫章交给持票人。支票按照票据交换的规定及时提出交换。待退票时间过后,第二联进账单作贷方凭证,并另填制一联特种转账贷方凭证,作收取手续费贷方凭证。会计分录为:

借:跨行清算资金往来
　　贷:吸收存款——保证金存款——申请人信用卡户
　　　　手续费及佣金收入
　　　　应交税费——应交增值税(销项税额)

(二)信用卡直接消费的业务核算

直接消费是信用卡的主要功能。持卡人凭卡在特约商户购物或消费之后,无须支付现金。由于银行为特约商户介绍了客户,所以特约商户要向银行支付一定比例的结算手续费。

1. 特约商户接受信用卡的处理手续

特约商户受理客户信用卡,经审查无误后,在签购单上压卡,并填写实际结算金额、用途、持卡人身份证件号码、单位名称和编号。如超过支付限额的,应向发卡银行索权并填写授权号码,交持卡人签名确认,同时核对其签名与卡片背面签名是否一致。无误后,由持卡人在签购单上签名确认,并将信用卡、身份证件和第一联签购单交还给持卡人。

每日营业终了,特约商户应将当日受理的信用卡签购单汇总,并按规定比例计算出应交给银行的手续费,在交易总额中扣除后得出净额。然后,将总额、银行手续费、净额、签购单张数、结算日期等记入"汇计单"。汇计单(见表4—10)、签购单(见表4—11)、进账单一并送交收单银行办理进账。

表4—10　　　　　　　　　　　　　　　　　汇计单

```
××银行
××卡                                   日期
汇计单                                  签购单总份数_____份
特约商户名称、代号
                                        总计金额(¥)[          ]
                                        手 续 费(%)[          ]
编号 00000000                            净计金额(¥)[          ]
```

表4—11　　　　　　　　　　　　　　　　　签购单

```
持卡人姓名及账号                                    编号 000000
证件         持卡人签名                             ××银行
授权号码         日期                               ××卡签购单
    特约商户名称、代号                  人民币
        经办人签章          购物消费(小写)
        银行盖章            什项(小写)
                            总额(大写)
                            摘要
```

2. 款项清算的账务处理

信用卡资金的清算分为以下几种情况:

(1)特约商户与持卡人在同一系统银行开户。

对特约商户交来的进账单、三联汇计单,以及第二、第三联签购单,收单银行应认真审查。审查无误后,办理转账。会计分录为:

借:吸收存款——保证金存款——持卡人户
　　贷:吸收存款——特约单位户
　　　　手续费及佣金收入
　　　　应交税费——应交增值税(销项税额)

(2)发卡银行是跨系统银行。

在发卡行是跨系统银行的情况下,特约商户开户银行(收单银行)可通过同城票据交换或中国人民银行大额、小额支付系统办理款项的收账手续进行操作。会计分录为:

借:跨行清算资金往来——同城票据清算(或大额支付/小额支付)

贷：吸收存款——特约单位户
　　　　手续费及佣金收入
　　　　应交税费——应交增值税（销项税额）
发卡银行收到借记通知后，从持卡人账户划出资金。会计分录为：
　　借：吸收存款——保证金存款——持卡人户
　　　贷：跨行清算资金往来——同城票据清算（或大额支付/小额支付）

任务五　信用证的业务核算

一、信用证结算概述

　　信用证是广泛运用于商业活动的一种结算方式。按照中国人民银行2016年发布的《国内信用证结算办法》的定义，国内信用证（以下简称信用证），是指银行依照申请人的申请开立的、对相符交单予以付款的承诺。

　　【提示】我国国内信用证是以人民币计价、不可撤销的跟单信用证。

（一）信用证的分类

　　国际上通行的信用证分类，主要有以下几种：①跟单信用证和光票信用证，划分标准为是否跟附单据办理结算；②可转让信用证和不可转让信用证，划分标准为是否可将信用证金额部分或全部转让给第三人；③可撤销信用证和不可撤销信用证，划分标准为是否可单方取消或修改信用证；④保兑信用证和非保兑信用证，划分标准为是否需要提供保兑；⑤即期信用证和远期信用证，划分标准为信用证的付款期限；⑥议付信用证和非议付信用证，划分标准为是否可以议付。

　　这些分类只是从不同角度说明了信用证的某个特征。在实际应用中，一个信用证可能同时具备上述分类中的几个特征，如即期不可撤销、不可转让的跟单信用证。

　　【提示】《跟单信用证统一惯例》（2007年修订本，国际商会第600号出版物，简称UCP 600）第3条重申：信用证是不可撤销的，即使未如此表明。

（二）信用证的当事人

(1)开证申请人：交易合同中的购货方（买方）。
(2)开证行：购货方（买方）的开户银行。
(3)受益人：交易合同中的供货方（卖方）。
(4)通知行：受开证行委托向受益人通知信用证的银行。
(5)议付行：根据开证行在议付信用证中的授权，买进受益人提交的汇票和单据的银行。

　　即期付款信用证结算业务流程如图4—8所示。

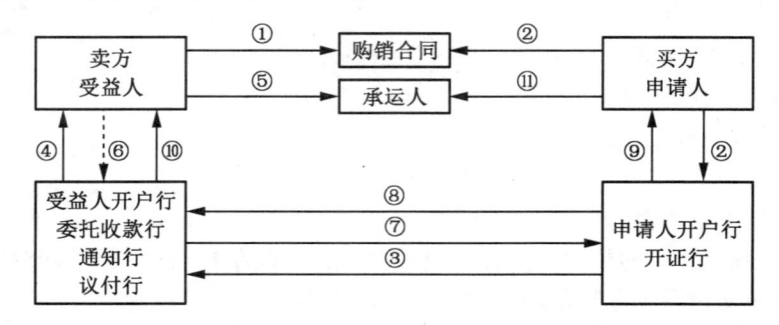

图4—8　即期付款信用证结算业务流程

(三)即期信用证流程说明

(1)购销双方签约,合同订明采用信用证结算方式。
(2)买方向开户行申请开证。
(3)开证行受理申请,收取保证金并开出信用证。
(4)通知行核对后,向受益人(卖方)通知信用证。
(5)卖方通过承运人向买方发货。
(6)受益人发货后向开户行交单,委托其向开证行收款(这一阶段,受益人可向银行申请议付)。
(7)委托收款行向开证行交付单据,索要货款。
(8)开证行收到单据,审核后付款。
(9)开证行向开证申请人交付单据,并发送付款通知。
(10)委托收款行收到开证行划来货款,向受益人发出收款通知。
(11)买方凭收到的单据向承运人提取货物。

二、国内信用证开证的业务核算

(一)申请开立信用证

申请人向其开户行申请开立信用证的,应填制一式三联开证申请书(见表 4—12),并在开证申请书背面开证申请人承诺书上签章,连同有关购销合同交其开户行。申请书第一联受理回单,申请人留存;第二联开证依据,会计部门留存;第三联开证存查,信贷部门留存。开证行收到后,在第一联开证申请书加盖业务公章交申请人,并审查以下内容:

(1)申请书记载的事项是否符合要求;
(2)申请人是否签章,签章是否与其预留银行的签章相符;
(3)各条款之间是否矛盾;
(4)申请书记载的有关条款是否与购销合同一致。

审核无误后,同意开证的,应根据申请人的资信情况,确定向其收取保证金的比例,或同时要求申请人提供其他担保。

申请人向银行交存保证金时,应提交支票和三联进账单,支票作借方凭证,第一联进账单作回单加盖转讫章转交申请人,第二联进账单作贷方凭证,第三联进账单作贷方凭证附件。其会计分录为:

  借:吸收存款——申请人户
    贷:保证金存款——信用证保证金(申请人户)

要求申请人提供抵押、质押或保函的,登记备忘科目登记簿:

  收:重要或有价单证

有关单证专夹保管。

表 4—12　　　　　　　　　　　　　开证申请书

开证申请书（受理回单）　1
编号：
申请日期：　年　月　日
××银行：
开证方式：信开□　电开□
有效期及有效地点：
申请人名称、账号、地址及邮政编码：
受益人名称、地址、邮政编码、账号及开户行：
运输方式：　　　　　　　　交单期：
分批装运：允许□不允许□　　金额：
转　　运：允许□不允许□　　付款方式：即期付款□　延期付款□
货物运输起止地：自_____至_____　　　议讨□
最迟装运日期：_____年_____月_____日　付款期限：即期□　运输单据日后_____天
合同号码：
货物描述：
受益人应提交的单据：
1.（　）发票注明信用证号码及合同号码。
2.（　）全套海运□河运□　提单,正本_____份,副本_____份,收货人_____,注明运费已付□/未付□。
3.（　）航空运单,收货人_____,注明运费已付□/未付□。
4.（　）铁路□公路□运单,收货人_____,注明运费已付□/未付□。
5.（　）邮政收据,收货人_____,注明运费已付。
6.（　）货物收据,收货人_____。
7.（　）保险单正本_____份,副本_____份,投保金额_____元,投保险别_____、_____。
8.（　）装箱单_____份,注明每一包装件内货物数量及每件的毛、净重。
9.（　）其他单据。
其他条款：
1.（　）单据必须自运输单据签发日起_____天内提交（不能晚于信用证有效期）。
2.（　）货物数量及信用证金额均可有_____%的浮动范围。
3.（　）其他。
联系人：　　　　开证申请人签章
电话：
注：开证申请书一式三联,第一联受理回单；第二联开证依据；第三联开证存查。用途和联次应分别印在"开证申请书"右端括弧内和括弧与编号之间。

（二）开证行开立信用证

开证行根据第二联开证申请书和《国内信用证结算办法》的规定开立信用证,如表 4—13 所示。

表 4-13   信用证
××银行
信用证(正本)2

编号：

开户行申请人	全　称		受益人	全　称	
	地址、邮编			地址、邮编	
	账　号			账　号	
	开户行			开户行	

开证金额	人民币(大写)￥
有效日期及有效地点	
通知行名称及行号	

运输方式：　　　　　　　　　交单期：
分批装运：允许□　不允许□　付款方式：即期付款□　延期付款□
转运：　允许□　不允许☑　　　议付□
货物运输起止地：自＿＿＿至＿＿＿　议付行名称及行号：
最迟装运日期＿＿＿年＿＿＿月＿＿＿日　付款期限：即期□
运输单据日后＿＿＿天
货物描述：
受益人应提交的单据：
其他条款：
本信用证依据中国人民银行《国内信用证结算办法》和申请人的开证申请书开立。本信用证为不可撤销、不可转让信用证，受益人开户行应将每次提交单据情况背书寄开证行。
地址及邮编：
电传：
电话：
传真：　　　编押：
开证行签章：

　　注：1. 信开信用证一式四联，第一联副本，第二联正本，第三联副本，第四联开证通知。用途和联次应分别印在"信用证"右端括弧内和括弧与编号之间。
　　2. 电开信用证一式两联，第一联副本，第二联开证通知。用途和联次应按第1点的要求印在各联上。
　　3. 货物描述、提交的单据等按开证申请书记载。

　　采用信开信用证的，填制一式四联信开信用证。第一联为信用证副本，通知行留存；第二联为信用证正本，交受益人；第三联为信用证副本，开证行留存；第四联为开证通知，申请人留存。开证行应在第一、第二、第三联信用证指定位置加编密押，并在第一、第二联信用证上加盖信用证专用章及经办人名章。经复核无误后，将信用证第一、第二联寄交通知行，第四联加盖业务公章交申请人。

　　采用电开信用证的，缮制一式两联电开信用证。第一联信用证副本，开证行留存；第二联开证通知，申请人留存。开证行加编密押并核对无误后，以电传方式向通知行发送电开信用证信息，第二联加盖业务公章交申请人。

　　开证行开立信开或电开信用证后，根据第三联信开信用证或第一联电开信用证作表外科目核算：
　　　　收：开出即期(或远期)信用证

并按规定向申请人收取开证手续费及邮电费。收取开证手续费及邮电费的会计分录为：
　　借：吸收存款——申请人户
　　　　贷：手续费及佣金收入
　　　　　　应交税费——应交增值税（销项税额）
　　　　　　业务及管理费——代收邮电费

三、修改信用证

（一）受理信用证修改申请及审核

申请人向其开证行申请修改信用证的，应填制一式三联信用证修改申请书，并在申请书背面"信用证修改申请人承诺书"上签章，连同受益人同意修改的书面证明提交开证行。第一联受理回单，申请人留存；第二联修改依据，会计部门留存；第三联修改存查，信贷部门留存。

开证行受理修改申请的，应进行认真审核。

（二）开立信用证修改书

开证行根据第二联信用证修改申请书开立信用证修改书。

采用信开信用证修改书的，填制一式四联信开信用证修改书。第一联信用证修改书副本，通知行留存；第二联信用证修改书正本，交受益人；第三联信用证修改书副本，开证行留存；第四联信用证修改通知，申请人留存。开证行应在第一、第二、第三联信用证修改书指定位置加编密押，并在第一、第二联信用证修改书上加盖信用证专用章及经办人名章。经审核无误后，将修改书第一、第二联寄交通知行，第四联加盖业务公章交申请人。

采用电开信用证修改书的，缮制一式两联电开信用证修改书，开证行加编密押并核对无误后，以电传方式向通知行发送电开信用证修改书信息。

开证行开立信开或电开信用证修改书后，属于增额或减额修改的，应根据第三联信开信用证修改书或第一联电开信用证修改书作表外科目核算：
　　收或付：开出即期（或远期）信用证

并按规定向申请人收取信用证修改手续费及邮电费。

四、通知行通知信用证

（一）信用证的通知

(1)核验签章和密押。通知行收到开证行发来的信用证，核对无误后，根据信开和电开信用证副本登记"信用证通知登记簿"。

(2)缮制信用证通知书。通知行在规定时间内核验信用证并确认其表面真实后，缮制一式两联信用证通知书（见表4—14）。第一联通知，加盖业务公章连同信用证正本交受益人，并由受益人在"信用证通知登记簿"上签收；第二联通知存查，连同信用证副本留存，专夹保管，并按规定向受益人收取通知手续费。

(3)经核验签章不符的，应及时将该信用证寄退开证行重开信用证；密押不符的，应及时查询开证行。

（二）信用证修改的通知

通知行收到开证行发来的信用证修改书，确认表面真实后，缮制一式两联信用证修改通知书。第一联通知，加盖业务公章连同信用证修改书正本交受益人，并由受益人在"信用证通知登记簿"上签收；第二联通知存查，连同信用证修改书副本留存，专夹保管，并按规定向受益人收取通知手续费（会计分录略）。

表 4—14　　　　　　　　　　　　　信用证通知书

```
                         ××银行
                    信用证通知书(通知)   1
                                              编号：

                    通知日期    年   月   日

××(受益人)：
开证行名称：
信用证编号：_____开证日期：_____信用证金额：_____
    我行收到上述银行□电开□信开信用证一份，经核验，印章相符，密押正确，现随附通知。你单位申请议付
交单时，请将本通知及信用证一并提交，否则，你单位应对议付后果承担责任。
    备注：
    本信用证连同通知书及附件共_____页。
    如对本信用证的条款有异议，请与开证申请人联系进行必要的修改，以排除交单时可能发生的问题。
    通知行地址：
    电传：
    电话：
    传真：
                                                          通知行签章
    注：本通知书一式两联，第一联通知，第二联通知存查。用途和联次应分别印在"信用证通知书"右端括弧内
和括弧与编号之间。
```

五、受益人开户行对来单的处理手续

(一)议付来单的处理

1. 受理来单及审核

受益人向开户行申请议付的，应填制一式两联信用证议付/委托收款申请书，第一联受益人留存，第二联开户行留存，并填制一式五联议付凭证(见表 4—15)，第一联借方凭证，第二联贷方凭证，第三联贷方凭证，第四联收账通知，第五联到期卡。受益人在第一联信用证议付/委托收款申请书和第一联议付凭证上加盖预留银行签章后连同信用证通知书、信用证修改通知书、信用证正本、信用证修改书及单据一并提交议付行。议付行应认真审查。

表 4—15　　　　　　　　　　　　议付凭证(借方凭证)
　　　　　　　　　　　　　　　　　日期　年　月　日　　　　　　　　　第　号

信用证	编号		受益人	名称	
	开证日期	年　月　日		账号	
	到期日	年　月　日		开户银行	
议付金额	人民币(大写)			千百十万千百十元角分	
议付率	‰	议付利息	千百十万千百十元角分	实付议付金额	千百十万千百十元角分
附送信用证及单据申请议付，请审核。 受益人签字		银行审批	负责人　信贷员	科目(借)_____ 对方科目(贷)_____ 复核 记账	
此联银行议付时作借方凭证					

2. 议付行对单证相符同意议付的核算

(1)议付行应按规定计算议付利息、实付议付金额,第一联议付凭证作借方凭证,第二联议付凭证作吸收存款科目贷方凭证,第三联议付凭证作利息收入科目贷方凭证。会计分录为:

借:议付信用证款项
　　贷:吸收存款——受益人户
　　　　应收利息

议付行办理转账后,第五联议付凭证和第一联信用证议付/委托收款申请书专夹保管,登记"信用证议付登记簿",并按规定向受益人收取议付手续费,在"手续费及佣金收入"科目核算。

(2)议付行在信用证正本背面记明议付日期、业务编号、增额、议付金额、信用证余额、议付行名称,并加盖业务公章;第二联信用证议付/委托收款申请书上加盖业务公章和第四联议付凭证上加盖转讫章连同信用证通知书、信用证修改通知书和信用证正本、信用证修改书退受益人。

(3)议付行办妥转账手续后,制作一式两联寄单通知书。第一联加盖业务公章随填制的委托收款凭证,连同单据一并寄开证行办理收款;第二联议付行留存,并按照发出委托收款的手续处理。

3. 议付行对单证不符的处理

(1)议付行审核单据发现不符,经受益人修改后相符,同意议付的,比照议付来单的正常处理。

(2)议付行审核单据发现不符,经受益人修改后仍不符,拒绝议付的,应制作一式两联拒绝议付/不符点通知书(格式由各行制定),注明拒绝议付理由,一联留存,另一联加盖业务公章连同有关单证退受益人。

(二)委托收款来单的处理

受益人委托开户行向开证行提交单证的,应填制委托收款凭证和信用证议付/委托收款申请书,连同信用证正本、信用证修改书正本、有关单据提交开户行。开户行审查填写符合要求,单证齐全,第一联信用证议付/委托收款申请书随托收凭证,连同有关单证一并寄开证行,并按照发出委托收款的手续处理。

六、开证行对来单的处理

(一)单据相符、足额付款的核算

开证行收到议付行寄来的委托收款凭证、单据及寄单通知书或受益人开户行寄来的委托收款凭证、信用证正本、信用证修改书正本、单据及信用证议付/委托收款申请书,应抽出信用证留底,在规定的时间内审查。经审查单证相符的,做以下处理:

1. 即期信用证付款

(1)信用证申请人与收款人均在本系统银行开户,会计分录为:

借:吸收存款——信用证保证金——申请人户
　　贷:吸收存款——受益人户

(2)收款人在其他商业银行开户,会计分录为:

借:吸收存款——信用证保证金——申请人户
　　贷:跨行清算资金往来

开证行办妥付款手续后,应填制一式两联信用证来单通知书。第一联加盖业务公章,连同有关单据交开证申请人,并由其签收;第二联开证行留存。

2. 远期信用证付款

开证行应在规定的时间内向受益人开户行(含议付行)发电,未议付的由其转告受益人,确认到期付款。到期日付款比照即期全额付款处理。

（二）单据相符、不足付款的处理

开证行在付款时，开证申请人交存的保证金和存款账户余额不足支付信用证款项的，可作为申请人的逾期贷款处理；申请人提供了抵押、质押担保的，应转为抵债资产处理；提供保函的，应向担保人收取款项。

七、受益人开户行（含议付行）收到开证行划来款项的处理

跨系统的受益人开户行（含议付行）收到开证行的来账信息，按照委托收款划回的手续处理，并办理转账。会计分录为：

借：跨行清算资金往来
　　贷：议付信用证款项
　　　　（或）吸收存款——受益人户

属于议付的，议付行应销记"信用证议付登记簿"和"发出委托收款凭证登记簿"；属于受益人通过其开户行委托收款的，开户行应在委托收款收账通知联加盖转讫章通知受益人。

八、信用证注销的处理

开证行在信用证有效期内未收到任何单据，在信用证有效期满1个月后，应注销信用证，解除开证申请人的信用证担保，并做如下处理：

（1）退还保证金，会计分录为：

借：吸收存款——保证金存款——信用证保证金（申请人户）
　　贷：吸收存款——申请人户

同时，退还抵押物、质押物或保函。销记备忘科目登记簿。

（2）开证行收到开证申请人提出对未逾有效期信用证的注销申请和信用证正本时，应审查开证申请人与受益人同意注销的证明，审查无误后，解除开证申请人的担保。

项目练习

一、单项选择题

1. 出票人签发票据并将其交给收款人的票据行为称为（　　）。
   A. 出票　　　　　B. 背书　　　　　C. 承兑　　　　　D. 保证

2. （　　）核算和反映银行发生跨行的电子汇划和往来资金等的资金清算款项。
   A. 手续费及佣金收入　　　　　　B. 吸收存款
   C. 汇出汇款　　　　　　　　　　D. 跨行清算资金往来

3. 银行汇票的提示付款期限为自出票日起（　　）。
   A. 1个月　　　　　B. 2个月　　　　　C. 3个月　　　　　D. 6个月

4. 汇票的付款期限最长不得超过（　　）。
   A. 1个月　　　　　B. 2个月　　　　　C. 3个月　　　　　D. 6个月

5. 银行本票的提示付款期自出票日起最长不得超过（　　）。
   A. 1个月　　　　　B. 2个月　　　　　C. 3个月　　　　　D. 6个月

二、多项选择题

1. 现金银行汇票付款仅限于解付行内签发的银行汇票，不能代理解付其他商业银行签发的银

行汇票。解付时,涉及的会计科目有(　　)。
　　A."汇出汇款"　　　　　　　　　　B."库存现金"
　　C."跨行清算资金往来"　　　　　　D."吸收存款"
　2. 出票银行签发银行本票的账务处理中,以账户扣款方式签发的,以第二联申请书作为借方凭证,以第三联作为贷方凭证,涉及的会计科目有(　　)。
　　A."吸收存款"　　　　　　　　　　B."开出本票"
　　C."手续费及佣金收入"　　　　　　D."应交税费"
　3. 出票人开户银行收到交换提入的支票,经审核为正确时,可能涉及的会计分录为(　　)。
　　A. 借:吸收存款——付款人户
　　　　　贷:跨行清算资金往来——同城票据清算
　　B. 借:其他应收款——同城票据清算——退票户
　　　　　贷:跨行清算资金往来——同城票据清算
　　C. 借:跨行清算资金往来——同城票据清算
　　　　　贷:其他应收款——同城票据清算——退票户
　　D. 借:其他应付款——同城票据清算——提出
　　　　　贷:吸收存款——持票人户
　4. 对下列情况,付款人在承付期内,可向银行提出全部或部分拒绝付款的情况有(　　)。
　　A. 未按合同规定的到货地址发货的款项
　　B. 代销、寄售、赊销商品的款项
　　C. 验货付款,经查验货物与合同规定或发货清单不符的款项
　　D. 货款已经支付或计算有错误的款项
　5. 信用证划分标准为是否需要提供保兑,分为(　　)。
　　A. 保兑信用证　　B. 非保兑信用证　　C. 即期信用证　　D. 远期信用证

三、判断题

　1. 手续费及佣金收入是核算金融企业确认的手续费及佣金收入,可按手续费及佣金收入类别进行明细核算。　　　　　　　　　　　　　　　　　　　　　　　　　　　　(　　)
　2. 票据的基本功能有三个:结算功能、信用功能和流通功能。　　　　　　　　(　　)
　3. 符合条件的商业汇票的持票人不可持未到期的商业汇票向银行申请贴现。　(　　)
　4. 银行本票可以用于转账,注明"现金"字样的银行本票可以用于现金支取。　(　　)
　5. 支票的提示付款期限为自出票日起5日,但中国人民银行另有规定的除外。　(　　)

四、会计业务题

　根据以下经济业务编制会计分录:
　1. 储户张宇于2022年6月29日到银行以现金方式存入整存整取定期储蓄存款500 000元,存期为一年,存入时该档期利率2%,完成开户的账务处理。
　2. 甲公司向本行提交"银行本票申请书"一式三联,申办银行本票1 200 000元,经审查银行为其出票。
　3. 乙公司将"转账支票"和一式三联"进账单"提交本行,用以支付在本系统不同行处开户的A企业的货款,金额为150 000元,银行经审查确认无误,办理转账。
　4. 2022年1月1日,本行向丙公司发放贷款80 000 000元,期限4年,贷款合同利率为10%,

实际利率为12%,贷款利息按年收取,到期一次还本。丙公司实际收到款项为75 140 000元。完成发放贷款的账务处理。

5. 经查看,当日有一笔申请人为A企业的银行承兑汇票100 000元现已到期,填制两借一贷"特种转账传票"办理转账。

五、案例分析题

好心帮忙却铸成错误

8日上午8:30,某银行职员小张一上班就在桌上发现一个信封,信封是开着的,打开一看,原来是本行开户单位机电公司托别人捎来的两张现金支票,提取款额分别为100 000元与80 000元,信封里还夹着一张纸条,大概意思是让小张帮忙把钱取出来,等到下午下班前会有该公司的人来取走。一想到机电公司是本行的老主顾,小张想都没想便办起该笔业务。

经审核发现,该公司账上目前只有存款余额130 000元,无论如何都有一张支票属于空头支票。"怎么办?如果按照规定去处理这件事,那岂不伤了和气?"小张思忖着,带着这个难题找到对面的老王,老王毕竟工作时间长、经验多,于是小张获得了"最佳做法"。这个做法就是由小张在某一张支票上模仿客户对金额进行涂改,这样按照规定,这张支票就成了"填写不符合要求"的支票,也就避免了伤和气……果然,事后,这家公司的老板对小张大为感激,并多次表现出要进行酬谢。这件事情不胫而走,竟传到行长那里。几天后,行长把小张叫到他的办公室,小张原以为会给几句夸奖,没想到遭到了严肃批评。

资料来源:李贺等主编:《金融企业会计》,上海财经大学出版社2020年版,第116页。

问题:

1. 小张为什么会遭到批评?
2. 案例中关于空头支票的处理,你认为妥不妥当?为什么?

项目实训

【实训项目】
支付结算业务核算。

【实训目的】
通过对支付结算业务核算知识的了解,加深对金融企业会计的认识。

【实训资料】

1. 假设2022年7月20日中国建设银行某市支行发生下列商业汇票业务,请按业务要求编制转账的会计分录:

(1) 开户单位东方建材公司提交当日到期的商业承兑汇票及同城委托收款凭证,金额为30 000元,委托银行向也在本行开户的广大建材城收取汇票款,经审核无误办理转账。

(2) 根据本年7月签署的承兑协议,向承兑申请人博雅公司收取本日到期的银行承兑汇票款45 000元,办理转账。

(3) 收到异地某建行寄来的委托收款结算凭证及银行承兑汇票,金额为134 000元,汇票已于2天前到期;经审核无误当日将汇票款划出,办理转账。

(4) 收到异地某建行寄来的联行报单及商业承兑汇票,金额为50 000元,收款人为在本行开户的立达商贸公司,经审核无误办理转账。

(5) 在本行开户的银行承兑汇票申请人兴业商场的银行承兑汇票款46 000元已经到期,由于该付款人账户资金不足,只能支付 35 000 元,其余转为逾期贷款,办理转账。

2. 假设 2022 年 6 月 20 日中国工商银行某行发生下列银行汇票业务,请按业务要求编制转账的会计分录:

(1)开户单位金达餐厅提交银行汇票申请书,金额 48 000 元,委托银行签发汇票持往异地办理采购,银行审核无误,开出汇票,办理转账。

(2)收到异地某工商银行寄来的汇款解讫通知和联行报单,原汇款单位是在本行开户的飘逸美发厅,汇票金额 30 000 元,实际结算金额 25 000 元,办理转账。

(3)开户单位宏兴百货公司提交银行汇票和进账单,金额 70 000 元,汇款人为在异地某工商银行开户的某单位,审核无误,办理转账。

3. 假设 2022 年 7 月 20 日中国工商银行某行发生下列汇兑业务,请按业务要求编制转账的会计分录:

(1)开户单位新新服装店提交信汇凭证一份,金额 4 000 元,系汇往在异地工商银行开户的惠民纺织厂的交易尾欠,审核无误,办理转账。

(2)收到异地工商银行寄来的邮划贷方报单及信汇凭证一份,汇给华都酒店 5112 房间的客人张林差旅费 3 000 元,银行审核无误办理转账,并便条通知张林所在酒店。

(3)当日,张林持银行便条及个人身份证来行领取其信汇款 3 000 元,银行审核无误付现。

4. 假设 2022 年 7 月 20 日中国工商银行某市支行发生下列支票和本票业务,请按业务要求编制转账的会计分录:

(1)收到某客户提交的银行本票申请书及现金 6 000 元,经审核无误,办理签发不定额银行本票的手续。

(2)开户单位新大五金公司签发转账支票,支付在同一银行开户的四达机械公司货款 10 000 元,经审核无误办理转账。

(3)开户单位农机公司持不定额本票及两联进账单来行办理兑付手续,金额为 40 000 元,经审查该本票为同城其他银行签发,银行办理转账。

(4)收到开户单位果品批发公司送交的支票和两联进账单,金额为 60 000 元,该支票的签发人在同城其他银行开户,当日退票时间过后,银行办理转账。

(5)开户单位隆发公司持定额本票及两联进账单来行办理兑付,金额为 50 000 元,经审查该本票为本行签发,办理转账。

5. 假设 2022 年 7 月 20 日中国工商银行某市支行发生下列委托收款和托收承付结算业务,请按业务要求编制转账的会计分录:

(1)3 天前,收到异地某工商银行寄来的有关托收承付结算凭证及附件,通知开户单位果品批发公司付款,金额为 82 000 元,当日承付期满,办理划款手续。

(2)日前收到异地某行处的委托收款凭证,向本行开户的信通公司收取货款 52 000 元,经审查无误,通知信通公司。信通公司经检验单证发现部分商品规格不符,部分拒付 2 000 元,余款于当日划出。

(3)收到异地某行处的邮划贷方报单,系划付的商业承兑汇票款,收款单位为在本行开户的农机公司,金额为 43 000 元,经审核无误办理转账。

【实训要求】

1. 针对上述资料编制会计分录。
2. 撰写《支付结算业务核算》实训报告。

《支付结算业务核算》实训报告		
项目实训班级：	项目小组：	项目组成员：
实训时间：　年　月　日	实训地点：	实训成绩：
实训目的：		
实训步骤：		
实训结果：		
实训感言：		

项目五

联行往来业务核算

○ **知识目标**

理解:联行往来的基本概念;联行往来的组织体系;联行往来核算的基本要求。

熟知:电子汇兑系统及电子联行往来的程序。

掌握:全国联行往来核算;电子汇兑系统及电子联行往来。

○ **技能目标**

能够结合所学的联行往来业务核算知识,具备对相关业务进行核算的能力。

○ **素质目标**

运用所学的联行往来业务核算知识研究相关事例,培养和提高学生在特定业务情境中分析问题与决策设计的能力;结合行业规范或标准,运用联行往来业务核算知识分析行为的善恶,强化学生的职业道德素质。

○ **思政目标**

能够正确地理解"不忘初心"的核心要义和精神实质;树立正确的世界观、人生观和价值观,做到学思用贯通、知信行统一;通过联行往来业务核算知识,按照业务流程和处理方法,结合财经法规和企业要求,培养认真、细致、严谨的工作态度,形成良好的工作习惯。

○ **项目引例**

面对新系统的试运行,小王尚需补课

中国工商银行大连某支行于5月6日接到上级行通知,内容是系统内资金汇划清算系统进入试运行阶段。小王是该行一名新上岗的会计,5月9日,他在以下两笔业务的经办过程中出了差错:

(1)本行开户单位机电公司当天汇往异地一笔1 000 000元的汇款,按照本行的业务规定应通过中央银行转汇(电子联行业务)。但是,小王在记账时却错用了"辖内往来"科目,信息尚未发至发报清算行。

(2)收到异地某行经清算银行发来的电子汇划收款信息,金额为55 000元,该款项为本行开户的棉纺公司委托银行为其收取的银行承兑汇票款项。小王在记账时借贷方向记反了,并且已经据以登记棉纺公司的活期存款分户账,于是棉纺公司分户账余额变成145 000元。

这些差错有的是经过复核员复核出的,有的是在日终结、对账环节发现的,小王在营业组长的指导下进行了相关调整。

资料来源:李贺等主编:《金融企业会计》,上海财经大学出版社2020年版,第119页。

试分析:

1. 第一笔业务的正确会计分录是什么?

2. 本行经办第二笔业务时处在银行承兑汇票业务的什么环节?更正后的分户账余额是多少,

与更正前相差多少？

○ **知识精讲**

任务一　联行往来业务概述

一、联行往来的基本概念

对于共同隶属于一个总行的相互往来的两个银行来说，双方互称为联行。结算业务是社会资金的往来运动，最终要体现在银行间的资金划拨上，当资金结算业务发生时，必然要通过两个或两个以上的银行才能完成。如其往来双方同属一个银行系统，即同属一个总行的各个分支机构间的资金账务往来，我们称之为联行往来。各联行系统内的分支机构应由总行批准，统一编制联行行号，纳入联行往来业务网络管理体系，才可具备联行资格。其他银行因尚未形成各自的分支机构网络而不能构成联行系统，其联行业务委托上述银行代理。因此，科学地组织联行凭证传递和账务处理，做好联行往来核算工作对加速单位资金周转，活跃商品经济，促进国民经济发展，正确实现银行业务，真实、完整地反映联行往来业务具有重要意义。

二、联行往来的组织体系

我国现行的联行管理模式是各家银行自成系统，各联行内核算方法均由各系统自行决策执行。各联行系统彼此独立、平行运作。联行实行统一领导，分级管理，采取总行、分行、支行3级管理体制。与此相应，就有全国联行往来、分行辖内往来、支行辖内往来三种组织和核算形式。

（一）全国联行往来

全国联行往来指的是不同省、自治区、直辖市各行处之间的资金账务往来。参加全国联行往来的行处由总行发给联行行号和专用章，按总行制定的联行往来制度办理联行账务，由总行制定全国联行往来制度并负责监督结清。

（二）分行辖内往来

分行辖内往来指的是同一省内各行处之间的资金账务往来。参加分行辖内往来的行处，由管辖分行发给分行辖内往来行号和专用章，按分行辖内往来制度办理联行账务，由分行制定分辖联行往来制度并负责监督结清。

（三）支行辖内往来

支行辖内往来指的是同一县（区）内各行处、所之间的资金账务往来。参加支行辖内往来的行处，由管辖支行发给支行辖内往来行号和专用章，按支行辖内往来制度办理联行账务，由支行负责监督结清。

上述三级联行往来是按不同地区、不同银行级别划分的，充分发挥了分行、支行对辖内联行往来就近管理的优势，同时又减轻了总行监督管理的负担。

三、联行往来核算的基本要求

联行往来的核算是相关业务的基础，必须加强联行内部管理，严密组织核算，以保证相关业务的顺利进行。同时，必须树立全局观念，认真负责，相互配合，保证凭证报单填写准确，传递及时，差错查询迅速回复，以达到整个联行系统账务的平衡。联行系统内各银行必须严格遵守核算制度，不能随便变通处理，以免造成账务上的混乱。按照联行往来制度的规定，各银行必须在总行存足备用金，及时进行清算，不准拖欠他行资金，以保证信贷资金顺畅地周转。同时保证资金的安全，对联行凭证的传递，要做到迅速准确、不积压；对空白报单要加强管理，并填制表外科目和登记簿等；寄发联行报单要加盖联行专用章，按规定编列密押，以保证资金的安全。要保证联行资金汇路畅通，以保障联行资金的安全。

任务二　全国联行往来核算

一、集中监督、集中对账方式的核算

全国联行往来是由总行统一管理的，凡核批有全国联行行号的机构，均可参加全国联行往来。境内联行往来主要采取集中制核算形式，其特点是联行各行处不以对方的名义开立账户，由总行集中开户、集中记账、集中对账销账，对联行资金实行集中统一管理，账务由总行（或分行）监督管理。其基本做法包括以下几个方面：

（一）直接往来，分别核算

当联行往来业务发生时，直接由发生资金划拨的行处填发联行往来报单，寄接收联行报单的行处，同时发报行和收报行通知总行对账中心。在具体处理联行账务时，又统一将其划分为往账和来账两个系统。发报行处理联行往账，收报行处理联行来账。对于每笔资金划拨，双方银行都要依据相同的金额、相反的方向分别在往账、来账中进行记载，因而就构成了联行账务的对应关系。对具体某一行处来说，既是发报行又是收报行，因而需将往账和来账划分清楚，并分别进行核算。

（二）往来报告，分行录磁

各发报行和收报行在营业终了，应分别编制联行往账报告表和联行来账报告表，并附报告卡向自己的管辖分行报告。管辖分行通过计算机录磁并传送到总行对账中心。

（三）集中对账，分年查清

总行对账中心按月设户，将往账与来账报告卡进行逐笔配对核销，并通知各管辖分行该月度联行未达查清。联行往来账务以年度为界，分年度查清未达和结平往来账务。

二、会计科目设置和会计凭证

（一）会计科目

按照我国金融企业相关会计制度规定，联行往来业务的核算，应设置"存放联行款项"和"联行存放款项"两个会计科目。"存放联行款项"属于资产类科目，只能记在借方；"联行存放款项"属于负债类科目，只能记在贷方。这两个科目下均设来账与往账两个分账户。但由于联行业务量较大、涉及范围较广，只使用以上两个科目不能满足日常核算和监督的需要。

1. 联行往账

本科目由发报行使用。填发借方报单，记入本科目借方；填发贷方报单，记入本科目贷方。

【提示】本科目属资产、负债共同类性质科目，余额应通过借贷双方轧差反映。

2. 联行来账

本科目是收报行处理全国联行往来业务时专用的科目。当发有全国联行行号的行、处，接到异省、自治区、直辖市全国联行单位寄来的报单时，其联行款项的收付用本科目核算。

【注意】收到借方报单，贷记本科目；收到贷方报单，借记本科目；余额通常由借贷双方轧差反映。

3. 上年联行往账、上年联行来账

这两个科目是上年全国联行在未达查清前使用的科目。新年度开始，将上年度"联行往账""联

行来账"科目余额,不通过会计分录,分别转入"上年联行往账""上年联行来账"科目。收报行收到发报行寄来上一年度填发的报单,应通过"上年联行来账"科目办理转账。待联行未达查清后,办理余额上划时,通过本年度的"联行往账"科目分别转销上述两个科目的余额。

(二)会计凭证

联行报单是全国联行往来的专用和重要凭证。联行报单包括邮划借方报单(见表5—1)、邮划贷方报单(见表5—2)、电划借方报单(见表5—3)、电划贷方报单(见表5—4)、电划借方补充报单(见表5—5)和电划贷方补充报单(见表5—6)6种。其中,除电划借方补充报单、电划贷方补充报单是由收报行根据发报行的电报译制外,其余均由发报行填制。

表5—1　　　　　　　　　中国工商银行邮划借方报单(来账卡片)

表5—2　　　　　　　　　中国工商银行邮划贷方报单(来账卡片)

表 5-3　　　　　　　　　中国工商银行电划借方报单（往账报告卡）

发报行	行号		编制　年　月　日	收报行	行号		号码										
	行名				行名			亿	千	百	十	万	千	百	十	元	角	分

账号或地址_____
付款单位名称_____
收款单位名称_____
事　　　由_____

备注：

管辖分行

输入　　复核

传送日期　　年　月　日

表 5-4　　　　　　　　　中国工商银行电划贷方报单（往账报告卡）

发报行	行号		编制　年　月　日	收报行	行号		号码										
	行名				行名			亿	千	百	十	万	千	百	十	元	角	分

账号或地址_____
付款单位名称_____
收款单位名称_____
事　　　由_____

备注：

管辖分行

输入　　复核

传送日期　　年　月　日

表 5-5　　　　　　　　　中国工商银行电划借方补充报单（来账卡片）

发报行	行号		编制　年　月　日	收报行	行号		号码										
	行名				行名			亿	千	百	十	万	千	百	十	元	角	分

账号或地址_____
付款单位名称_____
收款单位名称_____
事　　　由_____

密押

备注：

收报行

译电　　核押
记账　　复核

转账日期　　年　月　日

表 5—6　　　　　　　　　中国工商银行电划贷方补充报单（来账卡片）

发报行	行号		编制　年　月　日	收报行	行号		号码	
	行名				行名			

账号或地址＿＿＿＿＿＿＿＿＿＿＿＿＿＿＿＿	亿	千	百	十	万	千	百	十	元	角	分
付款单位名称＿＿＿＿＿＿＿＿＿＿＿＿＿＿										
收款单位名称＿＿＿＿＿＿＿＿＿＿＿＿＿＿										
事　　　由＿＿＿＿＿＿＿＿＿＿＿＿＿＿										

密押

备注：	收报行	译电　　　核押
		记账　　　复核
		转账日期　年　月　日

3. 报告表

报告表包括全国联行往账报告表和全国联行来账报告表两种。全国联行往账报告表由发报行编制，全国联行来账报告表由收报行编制。两种报告表均一式两份，一份上报管辖分行，一份留存。

三、全国联行往来的日常核算

（一）发报行的处理

发报行是联行往来业务的发生行，负责联行往账的处理。它的任务是正确、及时地向收报行填发报单或拍发电报，并向管辖分行编报联行往账报告表。

1. 报单的编制

联行往来业务发生后，发报行应根据往账科目的记账方向正确填写借方或贷方报单。同时，根据不同情况选定邮划或电划报单。

【做中学 5—1】　某行北川支行于 7 月 6 日收到本行开户单位机电公司提交的两联进账单及省外某地同系统的南海支行签发的银行汇票第二、三联，汇票出票金额为 20 000 元，实际结算金额为 18 000 元，经审核无误，办理转账。

　　借：联行往账　　　　　　　　　　　　　　　　　　　　　　18 000
　　　　贷：吸收存款——活期存款——机电公司　　　　　　　　　　　　18 000

根据这笔业务，北川支行应编制邮划借方报单一份。

【做中学 5—2】　某行木岭支行于 6 月 9 日接到客户装饰公司的委托汇出汇款 30 000 元，收款人为省外某地系统内的阳光支行某开户单位，办理转账。

　　借：吸收存款——活期存款——装饰公司　　　　　　　　　　　30 000
　　　　贷：联行往账　　　　　　　　　　　　　　　　　　　　　　　　30 000

根据这笔业务，木岭支行应编制邮划贷方报单一份。

2. 报单的审查与寄发

报单审查的内容是：日期填制是否正确；发、收报行的行号与行名是否正确；收（付）款单位的账号或名称以及金额与附件是否一致；逐笔填制的报单各笔金额相加是否与合计金额一致；应编密押的是否齐全正确；第一联报单是否已加盖联行专用章等。

对于邮划报单，复核无误后，将第一、二联报单及有关结算凭证一并装入联行专用信封，信封上要填明内装借方、贷方报单笔数。对于电划报单,应根据第四联填写电稿,经复核无误后,据以拍发电报。

3. 编制联行往账报告表

联行往账报告表是反映当日联行往账科目发生额和余额的综合记录。它是管辖分行和总行监督联行往账的工具。每日营业终了,发报行应根据第三联联行报单编制联行往账报告表。联行往账报告表一式两联,复核后,经会计主管审核签章,在第二联上加盖联行专用章,并附第三联报单寄管辖分行。第一联附第四联报单一并留存保管。联行往账报告表如表5—7所示。

表5—7　　　　　　　　　　　××银行联行往账报告表
年　月　日

摘要	借方 笔数 电划	借方 笔数 邮划	借方 金额	贷方 笔数 电划	贷方 笔数 邮划	贷方 金额
上期余额						
本日发生额						
本日余额						

(二)**收报行的处理**

收报行是联行往来的受理行,负责根据来报进行联行来账的处理。它的任务是认真审查报单,及时办理转账,按规定要求向管辖分行编报联行来账报告表。

收报行收到发报行寄来的联行专用信封,经签收后,应仔细拆封检查,核对信封上所填笔数与封内实装份数是否一致。对收到的邮划报单,应重点审查收报行的行号、行名是否是本行,收(付)款单位是否在本行开户,报单与附件上所列的收、付款单位名称、账户及金额是否一致,联行专用章有无遗漏,密押是否正确等。

1. 完整报单的处理

收报行对于完整无误的报单,应根据第一联报单及附件办理转账。

如收到贷方报单,会计分录为:

借:联行来账
　　贷:吸收存款——活期存款——××户

如收到借方报单,会计分录为:

借:吸收存款——活期存款——××户
　　贷:联行来账

如果收到的是发报行拍发的电报,应据以填制电划借(贷)方补充报单进行相应处理,会计分录同上。

审核报单无误后,应根据邮划报单附件和电划补充报单及时办理转账手续,并在报单转账日期栏注明转账日期。

【做中学5—3】　接做中学5—1,南海支行收到北川支行邮划借方报单及解讫通知,经审核,该汇票系开户单位高桥公司日前来行申请签发,现需结清。其会计分录如下:

　　借:汇出汇款　　　　　　　　　　　　　　　　　　20 000
　　　　贷:联行来账　　　　　　　　　　　　　　　　18 000
　　　　　　吸收存款——活期存款——高桥公司　　　　2 000

【做中学5—4】 接做中学5—2,阳光支行收到木岭支行邮划贷方报单及信汇凭证,经审核,收款人为开户单位炉具公司,办理兑付手续。其会计分录如下:

借:联行来账　　　　　　　　　　　　　　　　　　　　　　　30 000
　　贷:吸收存款——活期存款——炉具公司　　　　　　　　　　　　30 000

2. 不完整报单的处理

不完整报单,分为可以转账的报单和不可以转账的报单。可以转账报单的处理,应贯彻以行号为准的原则。如果报单上的行名、行号是本行的,但附件是他行的,或行号是本行的,行名和附件是他行的。在这种情况下,只要行号是本行的,就以行号为准,按本行报单处理。然后另外填制联行报单,将款项划至正确的收报行,同时通知原发报行。

具体可分以下几种情况处理:

第一种情况:如果报单上的行名行号是本行的,附件是他行的;或者行号是本行的,行名与附件是他行的,根据附件内容能确定正确的收报行,则应按正常报单转账,然后另编报单,将款项转划正确的收报行。

【做中学5—5】 广东农行接到湖北农行寄来的一份贷方报单,金额为200 000元,经审查报单的行号、行名是本行的,内容和附件是属于广西农行的。广东农行的处理方法如下:

将收到的报单按正常报单转账,然后另编贷方报单连同附件及往来查询书寄给广西农行。

其会计分录为:

借:联行来账——湖北农行　　　　　　　　　　　　　　　　　200 000
　　贷:联行往账——广西农行　　　　　　　　　　　　　　　　　　200 000

第二种情况:若报单行名、附件是本行的,但行号是他行的或附件是本行的但行名、行号均是他行的,则应办理转账,同时向报单所列行号的收报行填发反方向报单,并在备注栏注明原因,连同原报单一并寄给原报单所列行号收报行。

【做中学5—6】 广东农行若经审查湖北农行寄来的贷方报单200 000元,收报行行名和附件是本行的,而行号是广西农行的,其账务处理及各银行会计分录如下:

广东农行可办理转账,同时向广西农行填发借方报单,连同原报单一并寄给广西农行。

广东农行会计分录为:

借:联行往账　　　　　　　　　　　　　　　　　　　　　　　200 000
　　贷:吸收存款——活期存款——收款单位户　　　　　　　　　　　200 000

广西农行在接到广东农行的借方报单和湖北农行的贷方报单后,通过存放联行款项和联行存放款项的来账借、贷方处理。其会计分录为:

借:联行来账(凭湖北农行贷方报单)　　　　　　　　　　　　　　200 000
　　贷:联行来账(凭广东农行借方报单)　　　　　　　　　　　　　200 000

第三种情况:收报行收到的报单,行号、附件是本行的,但行名是他行的,收报行可更改报单上的行名办理转账手续。

第四种情况:收报行收到的报单,缺少附件时,如报单内容清楚明白,可补制附件,办理转账。

3. 编制联行来账报告表

联行来账报告表是反映当日联行来账科目发生额和余额的报告表,是管辖分行和总行监督联行来账的工具。每日营业终了,收报行应根据第二联联行报单编制联行来账报告表。

联行来账报告表一式两份,经复核后,一份附第二联报单寄管辖分行,另一份附第一联报单一并留存保管。

(三)管辖分行录磁处理

管辖分行建立联行往账、联行来账报告表登记簿,认真审核,准确输入,并换人复核,及时传送。

(四)总行对账中心处理

总行对账中心负责全辖范围内的账务监督与账务核对工作,根据各管辖分行传输的往账、来账报告表及所附报告卡信息,进行逐笔配对核销,以监督全国联行往账和全国联行来账。运用电子计算机核算,有严密的账务组织、账务处理和账务核对系统。

四、联行往来对账

联行往来对账有总行集中对账与分散对账两种方式。

(一)总行集中对账

在总行集中对账方式下,管辖分行负责整理登记"联行往账、来账报告表登记簿",并送交机房输入据以形成数据文件,数据文件按照规定的时间向总行传送。总行对账的过程就是将往账、来账"未配对""待查对"两个账户和报告卡逐笔双向配对并进行相关账户余额的调整,如果某月最终对账的结果显示当月"未配对""待查对"账户发生额、余额全部转入"已配对"账户时,则表明所辖各管辖分行间的联行往来账项已经查清。

(二)总行分散对账

在总行分散对账方式下,由总行对账中心根据发报行寄来的联行往账报告表及所附的第三联往账报告卡,监督发报行的联行往账;然后按往账报告卡的内容,以收报行为对象编制对账表,寄交收报行对账,监督收报行的联行来账。

五、联行汇差资金清算

(一)联行汇差的计算

经办行每日营业终了前,根据当天联行往账账户、联行来账账户借、贷方发生额轧算联行汇差。当联行往账、来账账户借方发生额合计大于这两个账户贷方发生额合计时,其差额为应收汇差;反之,即为应付汇差。

【做中学5—7】 某行北安支行某日联行往账账户借方发生额为120 000元,贷方发生额为210 000元;联行来账账户借方发生额为200 000元,贷方发生额为100 000元,计算该行当日联行汇差如下:

联行往账借方发生额+联行来账借方发生额-(联行往账贷方发生额+联行来账贷方发生额)
=120 000+200 000-(210 000+100 000)
=10 000(元)

联行往账、来账借方发生额合计大于贷方发生额合计,差额为10 000元,因此该行当日为应收汇差10 000元。

(二)日终上划核算

日终上划核算以各基层行为起点,经过基层行、管辖分行及总行等行处的会计处理,主要使用"全国联行汇差""汇差资金划拨"两个科目进行核算,两个科目均属资产负债共同类性质的科目。联行汇差日终上划核算程序如图5-1所示。

1. 基层行的处理

各基层行应于每日营业终了上划汇差,若当日联行汇差为应收汇差,则会计分录为:

借:汇差资金划拨——××行全国联行汇差资金
　　贷:全国联行汇差——总行户

```
            总行
             ↑
             |
           管辖分行      逐级上划
             ↑            ↑
             |            |
           基层行
```

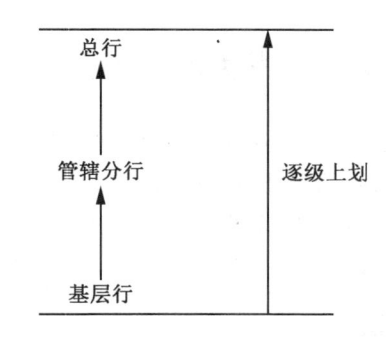

图 5—1 联行汇差日终上划核算程序

【提示】若为应付汇差,则会计分录方向相反。

2. 管辖分行的处理

管辖分行对辖属各基层行的应收汇差和应付汇差加计合计数并轧抵差额,汇总后的差额若是应收汇差,则会计分录为:

　　借:汇差资金划拨——总行户
　　　　贷:汇差资金划拨——××行全国联行汇差资金

【提示】若为应付汇差,则会计分录方向相反。

3. 总行的处理

当总行收到分行上划应收汇差时,会计分录为:

　　借:全国联行汇差——××分行户
　　　　贷:汇差资金划拨——××分行户

【提示】当收到分行上划应付汇差时,会计分录方向相反。

(三)联行汇差资金的清算

汇差资金清算的时间可结合实际需要确定,清算的过程采用逐级清算的方式,即总行负责与各管辖分行之间的清算,各管辖分行负责其辖内各基层行处之间的清算,汇差资金清算通过各行处在中国人民银行的账户进行,即核算上涉及"存放中央银行款项"科目。

六、年度查清结平

年度查清结平包括新旧年度账务结转、对上年联行账务的查对、联行往来各科目余额的上划等环节。

新年度开始,联行账务必须按本年度、上年度严格划分,各行应将联行往、来账户及联行汇差科目的余额,不通过会计分录,直接转入"上年联行往账""上年联行来账""上年联行汇差"账户。对上年联行账务查对的组织过程从总行发起,由总行按行号编制"联行往、来余额核对通知单"并发送管辖行。管辖行负责组织所辖经办行进行核对,待核对无误后汇总编制"××联行往、来余额核对报告单"上报总行,总行确认无误即可通知各行上划上年度联行各科目余额。经办行、管辖行与总行根据"上年联行往账""上年联行来账""上年联行汇差"账户余额,先后进行上划。待全国各省(自治区、直辖市)分行余额全部划齐后,且"上年联行往账"与"上年联行来账"科目余额相等时,表示全国上年度的联行往来账务结平。

任务三　电子汇兑系统核算

电子汇兑系统是指商业银行接受客户委托办理汇划款项以及商业银行内部资金往来利用电子计算机网络，采用逐级传输方式完成资金划拨和清算过程的系统，具有电子联行往来的属性。由总行总中心、省(市、区)分中心、地(市)支行中心和经办行组成。

【提示】电子汇兑系统承担汇兑、托收承付、委托收款、信用卡、银行汇票、资金划拨等业务。

一、电子汇兑系统基本做法

该系统由汇划业务经办行、清算行、省(自治区)分行和总行清算中心通过计算机网络组成。汇划业务的发生行是发报经办行，汇划业务的接收行是收报经办行，清算行在总行清算中心开立备付金存款账户，办理其辖属行处汇划款项清算，总行清算中心是办理系统内各经办行之间的资金汇划、各清算行之间的资金清算等账务的核算和管理部门。

电子汇兑系统下的汇划信息传递流程如图5—2所示。

```
发报清算行 ──────→ 总行清算中心 ──────→ 收报清算行
    ↑                                         ↓
发报经办行                                  收报经办行
```

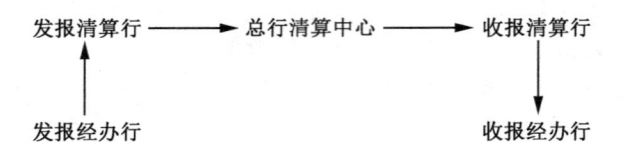

图5—2　电子汇兑系统下的汇划信息传递流程

银行采用"实存资金、同步清算、头寸控制、集中监督"的体制，即银行在办理汇划业务时，同时进行资金清算。总行清算中心每天根据各行汇出、汇入资金情况，从各清算行备付金账户付出或存入资金，从而实现各清算行之间的资金清算。

(1)实存资金，是指以清算行为单位在总行清算中心开立备付金存款账户，用于汇划款项时的资金清算。

(2)同步清算，是指发报经办行通过其清算行，经总行清算机构将款项划至收报经办行；同时，总行清算机构办理清算行之间的资金清算。

(3)头寸控制，是指各清算行在总行清算中心开立的备付金存款账户，保证足额存款，总行清算机构对各行汇划资金实行集中清算。清算行备付金不足，二级分行可向管理省区分行借款，省区分行和直辖市分行、直属分行头寸不足可向总行借款。

(4)集中监督，是指总行清算机构对汇划往来数据发送、资金清算、备付金存款户资信情况和行际间查询查复情况进行管理和监督。

二、电子汇兑系统的业务核算

(一)发报经办行的业务核算

发报经办行为了核算与发报清算行之间的往来，设置"××辖内往来"科目进行核算，当发报经办行办理汇兑等贷报业务时，其发出的是划收信息，会计分录为：

借：××科目
　　贷：××辖内往来

【提示】发报经办行办理银行汇票等借报业务，则会计分录方向相反。

对发报经办行而言,需要将款项划付至收报行的业务称为贷报。如汇兑业务,就是经办行接受汇款申请人的委托,将款项通过电子汇兑系统划付至收报行收款人的一种贷报业务。

贷报业务的会计分录为:

借:××存款或相关账户
　　贷:待清算辖内往来
借:待清算辖内往来
　　贷:上存辖内款项(在清算行的备付金减少,资产减少)

对发报经办行而言,需要向收报行划收资金的业务称为借报。如银行汇票的资金清算,就是发报经办行向收报行收回其代理付款的银行汇票资金的一种借报业务。

【提示】借报业务的会计分录与上述贷报业务相反。

(二)发报清算行的业务核算

发报清算行收到辖属各经办行传输来的汇划业务后,电子汇兑系统自动加编密押。同时,逐笔进行备付金控制数的更新,然后传输汇划业务信息并进行账务处理。

贷报业务的会计分录为:

借:待清算辖内往来
　　贷:上存系统内款项(在总行清算中心的备付金减少)
借:辖内款项存放[发报经办行账户(经办行的备付金减少)]
　　贷:待清算辖内往来

【提示】借报业务的会计分录方向相反。

(三)总行清算中心的业务核算

总行清算中心设置"系统内存放款项——××清算行备付金存款户"科目来核算各清算行在总行备付金存款余额的变化。当收到发报清算行传输来的跨清算行贷方汇划业务信息时(或划收信息),其会计分录为:

借:系统内存放款项——发报清算行备付金存款户
　　贷:系统内存放款项——收报清算行备付金存款户

【提示】当收到发报清算行传输来的跨清算行借方汇划业务信息时(或划付信息),其会计分录方向相反。

(四)收报清算行的业务核算

收报清算行接收到系统转来的实时、批量报文后,首先,系统自动启动密押子系统逐笔对报文进行核押处理;其次,按接收的顺序进行备付金余额控制数更新处理;最后,对收到的报文进行分检。

对于实时报文,系统自动或人工代收报行记账;对于批量报文,由系统进行挂账处理,待次日营业开始时,自动转出后代收报行进行账务处理。

贷报业务的会计分录为:

借:上存系统内款项(收报行的备付金增加,清算行的负债增加)
　　贷:待清算辖内往来
借:待清算辖内往来
　　贷:辖内款项存放(收报经办行账户)

【提示】借报业务的会计分录方向相反。

(五)收报经办行的业务核算

收报经办行每日打印资金汇划补充报单和业务清单进行账务核对,并对收报清算行无法处理的挂账报文进行后续处理。

贷报业务的会计分录为：

借：待清算辖内往来
　　贷：××存款（收款单位账户或相关科目）
借：上存辖内款项（在清算行的备付金增加）
　　贷：待清算辖内往来

【提示】借报业务的会计分录方向相反。

任务四　电子联行往来核算

电子联行往来指的是经中国人民银行总行核准颁布的有电子联行行号的行与行之间，通过电子计算机网络系统和卫星通信技术进行异地资金划拨的账务往来。电子联行往来是在中国人民银行的主持下进行的。利用电子联行往来，加快了异地结算处理的速度，从而加速了资金周转。

一、电子联行往来基本做法

电子联行划分来账和往账两个系统，采用"星形结构、纵向往来、随发随收、当日核对、每日结平、存欠反映"的做法。

中国人民银行总行设立清算总中心，负责信息的转收转发，被称为电子联行的转发行；中国人民银行各地分行设立清算分中心，具体办理发报、收报业务，分别被称为电子发报行、电子收报行，各分中心之间不发生直接横向关系，由总中心负责各分中心之间的汇划业务的转收转付。各商业银行机构具体办理客户委托办理的异地汇划业务，发出汇划业务信息的一方称为汇出行，收到汇划业务信息的一方称为汇入行。

电子联行下往来汇划信息传递流程如图5—3所示。

```
汇出行 → 电子发报行 → 转发行 → 电子收报行 → 汇入行
```

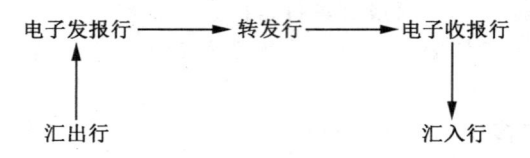

图5—3　电子联行下往来汇划信息传递流程

二、电子联行往来会计科目与会计凭证

（一）会计科目

(1)"电子联行往账"。发报行使用，余额双方反映，不得轧差，每日与转发行核对后，当日结平。

(2)"电子联行来账"。收报行使用，余额双方反映，不得轧差，每日与转发行核对后，当日结平。

(3)"电子清算资金往来"。各清算中心使用。每日电子联行往账、来账科目余额分别对清后，全额转入本科目。余额轧差反映，中央银行会计报表全国汇总后，本科目借贷方余额应相等。

（二）会计凭证

(1)"电子联行往账清单"。一式两联。第一联发报行作记账凭证的附件；第二联留发报行作往账卡片。

(2)"电子联行来账清单"。一式三联。第一联为来账卡片；第二联由收报行作记账凭证的附件;第三联由收报行盖章后交汇入行,作汇入通知。

(3)"电子联行转汇清单"。一式三联。第一联为录磁依据;第二联为记账联;第三联为回单,由发报行加盖转讫章后退回汇出行。

三、电子联行往来的业务核算

(一)汇出行的业务核算

汇出行根据开户单位提交的应转汇凭证,经审查无误后,分别代收、代付业务,逐笔填制电子联行转汇清单一式三联,并汇总填制两联划款凭证,办理转账。如是贷方业务,则会计分录为:

借:吸收存款——活期存款——××单位
　　贷:存放中央银行款项

如是借方业务,则会计分录方向相反。转账后,将第一联划款凭证连同三联转汇清单及有关汇划凭证一并送交开户的电子发报行。

(二)电子发报行的核算

发报行设置"电子联行往账""电子清算资金往来"科目。发报行收到汇出行送交的汇划凭证,三联转汇清单及有关汇划凭证,经审核无误,确认汇出行存款户有足够的资金支付,即可办理转账。

如是贷方业务,则会计分录为:

借:××存放同业
　　贷:电子联行往账

如是借方业务,则会计分录方向相反。

每日营业终了,发报行与转发行核对当日往账无误后,即可填制传票办理转账,将"电子联行往账"账户余额转入"电子清算资金往来"账户。

如当日"电子联行往账"账户余额是贷方余额,则日终要编制的会计分录为:

借:电子联行往账
　　贷:电子清算资金往来

【提示】如是借方余额,则会计分录方向相反。

(三)转发行的业务核算

转发行收到发报行送来的往账信息,经确认无误后,向发报行发送收电回执,然后将收报行行号清单,分批将借(贷)方报单笔数、金额及与收、发报行对账无误后,打印电子联行往来平衡表。每月转发行与各发、收报行用电传或邮寄对账表方式核对"电子清算资金往来"账户余额,发现不符,立即查明更正。

(四)电子收报行的业务核算

收报行设置"电子联行来账""电子清算资金往来"科目。收报行收到转发行发来的电子联行来账信息,经审核无误后,向转发行发送收电回执,并按汇入行打印电子联行来账清单一式三联,经逐笔核押无误后,按总额编制两联划款凭证,办理转账。

如是贷方业务,其会计分录为:

借:电子联行来账
　　贷:××存放同业

【提示】如是借方业务,则会计分录方向相反。转账后,在第三联来账清单上加盖转讫章和有关人员名章,连同第一联划款凭证交汇入行。

每日营业终了,收报行与转发行核对当日账户无误后,即填制转账凭证,将"电子联行来账"账户余额转入"电子清算资金往来"账户。

如当日"电子联行来账"账户余额是借方余额,则会计分录为:

借:电子清算资金往来
　　贷:电子联行来账

【提示】如是贷方余额,则会计分录方向相反。

(五)汇入行的业务核算

汇入行接到收报行转来的电子联行来账清单和划款凭证,经审核无误后,编制有关凭证办理转账。

如是贷方业务,则会计分录为:

借:存放中央银行款项
　　贷:吸收存款——活期存款——××单位

【提示】如是借方业务,则会计分录方向相反。

商业银行的业务,除了存贷款业务以外,还有结算业务,为了顺利地完成结算目的,联行往来是其重要手段。联行往来的实质就是银行系统内各行处之间的应收应付关系。

项目练习

一、单项选择题

1. 我们将同属一个总行的各个分支机构间的资金账务往来称为(　　)。
   A. 联行往来　　B. 全国联行往来　　C. 分行辖内往来　　D. 支行辖内往来
2. 境内联行往来主要采取(　　)核算形式。
   A. 集中制　　B. 分散制　　C. 半集中半分散制　　D. 集中与分散结合制
3. "存放联行款项"属于(　　)科目。
   A. 资产类　　B. 负债类　　C. 收入类　　D. 费用类
4. (　　)科目是收报行处理全国联行往来业务时专用的科目。
   A."联行往账"　　B."联行来账"　　C."上年联行往账"　　D."上年联行来账"
5. 发报经办行为了核算与发报清算行之间的往来,设置(　　)科目进行核算。
   A."××存款或相关账户"　　B."汇差资金划拨"
   C."全国联行汇差"　　D."××辖内往来"

二、多项选择题

1. 集中监督、集中对账方式的核算,其基本做法包括(　　)。
   A. 直接往来,分别核算　　B. 往来报告,分行录磁
   C. 集中对账,分年查清　　D. 分散对账,分别核算
2. 下列关于全国联行往来核算的会计科目设置和会计凭证说法中正确的有(　　)。
   A."存放联行款项"属于资产类科目,只能记在贷方
   B."联行存放款项"属于负债类科目,只能记在借方
   C. 联行报单是全国联行往来的专用和重要凭证
   D. 全国联行往账报告表由发报行编制,全国联行来账报告表由收报行编制
3. 报单审查的内容包括(　　)。
   A. 日期填制是否正确
   B. 发、收报行的行号与行名是否正确

C. 收(付)款单位的账号或名称以及金额与附件是否一致
D. 逐笔填制的报单各笔金额相加是否与合计金额一致
4. 电子汇兑系统下的汇划信息传递流程,银行采用(　　)的体制。
A. 实存资金　　　B. 同步清算　　　C. 头寸控制　　　D. 集中监督
5. 联行往来业务的核算表述正确的是(　　)。
A. 应设置"存放联行款项"和"联行存放款项"两个会计科目
B. "存放联行款项"属于资产类科目,只能记在借方
C. "联行存放款项"属于负债类科目,只能记在贷方
D. 联行业务量较大、涉及范围较广,能满足日常核算和监督的需要

三、判断题

1. 联行往来业务的核算,应设置"存放联行款项"和"联行存放款项"两个会计科目,这两个科目下均设来账与往账两个分账户。　　　　　　　　　　　　　　　　　　　(　　)
2. 收报行是联行往来业务的发生行,负责联行往账的处理。　　　　　(　　)
3. 联行往账报告表是管辖分行和总行监督联行往账的工具。　　　　　(　　)
4. 发报行是联行往来的受理行,负责根据来报进行联行来账的处理。　(　　)
5. 联行往来的实质就是银行系统内各行处之间的应收应付关系。　　　(　　)

四、会计业务题

根据以下经济业务编制会计分录:

1.(1)中国农业银行内蒙古某分行营业部代在本行开户的××付款单位邮划委托支付货款5 000元,汇往中国农业银行沈阳东风路办事处××收款单位。

(2)农业银行沈阳东风路办事处接到农业银行内蒙古某分行营业部的邮划贷方报单和委托收款凭证,将款项转入收款单位账户。

2.(1)中国农业银行呼和浩特市爱民路分理处收到本行开户单位××啤酒公司的进账单和银行汇票一份,金额为90 000元,划付农业银行北京王府井分理处××付款单位。经审核无误后,办理转账。

(2)中国农业银行北京王府井分理处接到农业银行呼和浩特市爱民路分理处的邮划借方报单和银行汇票解讫通知联,将款项从付款单位保证金账户付出。

3.(1)中国农业银行新华支行受理其开户单位小百花超市提交的汇款凭证,要求将资金汇往异地农行开户的啤酒公司,金额为43 500元。

(2)同城中国人民银行受理农业银行的转汇清单,经审核无误后,办理转账。

(3)假设该发报行只受理这一笔业务。

(4)收到转发行发来的汇款信息,收款人是在中国农业银行开户的啤酒公司,金额43 500元,经审核无误后,办理转账。

(5)当日营业终了时,假设该收报行只发生了一笔业务。

五、案例分析题

粗心大意使客户蒙受巨大损失

9月6日,中国工商银行南昌德来支行受理开户单位河海公司汇出的一笔信汇款,汇款金额100 000元,收款人是徐州工行海港支行开户的阳广公司。可是,业务操作员在具体办理该笔业务

时,将阳广公司误写成"阳光公司",同时,复核员也没有复查出来。于是,信汇凭证连同邮划贷方报单邮寄至本系统内徐州的汇入行。巧合的是,在汇入地徐州的确有一家当地知名企业叫"阳光公司",只是该公司是当地建行的开户单位,于是,海港支行在审查报单后,在没有认真核对账号的情况下,想当然地认定报单附件应当转给徐州建行,于是按照联行制度规定,留下报单,将信汇凭证送交交换中心由徐州某建行提回。徐州该建行在办理入账过程中,发现账号不符,并经查实近期阳光公司与汇款人之间并没有货款需要结算,于是将信汇凭证又通过交换中心退回徐州工行海港支行。海港支行提回该信汇凭证之后,通过核对账号发现本行开户单位"阳广公司"的账号与信汇凭证上及报单上的收款人账号一致,为了确认收款人是否确系"阳广公司",徐州海港支行向南昌德来支行办理查询业务,最终得以确认该笔业务属实。等到代为补制附件,并将款项划入阳广公司账户内的时候,时间已经是11月20日。该款项本来系河海公司向阳广公司汇出的一笔定金,由于阳广公司没有按期收到该笔定金,便认定河海公司没有诚意合作,于是将合作对象选为另一家公司。由于银行的工作失误,河海公司损失了一笔标的额达5 500万元的生意……

资料来源:李贺等主编:《金融企业会计》,上海财经大学出版社2020年版,第135—136页。

问题:

1. 银行在办理该笔业务的过程中有哪些失误?

2. 试说出在整个事件过程中,信汇凭证经历哪些传递过程,其中谁的过失导致哪个部分的传递是不应有的。

3. 如果在正确无误的情况下,汇出、汇入银行的会计分录应如何编制?

项目实训

【实训项目】

联行往来业务核算。

【实训目的】

通过对联行往来业务核算知识的了解,加深对金融企业会计的认识。

【实训资料】

中国工商银行重庆市分行营业部发生以下经济业务,编制会计分录。

1. 收到全国联行往来贷方报单及所附信汇凭证,汇款金额为12 000元,收款人为开户单位华生公司,经审核无误,办理转账。请编制会计分录。

2. 开户单位巴山食品公司持一张面额为10 000元、实际结算金额为8 800元的汇票及两联进账单来行办理进账,银行汇票签发行为山东济南支行,经审核无误,办理进账手续并划转款项。请编制会计分录。

3. 前办理贴现业务收入的面额为40 000元的银行承兑汇票今到期,向承兑行北京市分行办理款项托收手续。请编制会计分录。

4. 收到南京分行寄来委托收款凭证及商业承兑汇票各一份,金额为13 200元,经审核无误,为开户单位渝西公司办理转账支付手续。请编制会计分录。

5. 收到异地联行发来的全国联行借方报单及所附本行签发的银行汇票。票面金额为10 000元,实际结算金额为7 920元,申请签发单位为本行开户单位华西公司,经审核无误,办理结账。请编制会计分录。

【实训要求】

1. 针对上述业务编制会计分录。

2. 撰写《联行往来业务核算》实训报告。

《联行往来业务核算》实训报告		
项目实训班级：	项目小组：	项目组成员：
实训时间：　年　月　日	实训地点：	实训成绩：
实训目的：		
实训步骤：		
实训结果：		
实训感言：		

项目六

金融机构往来业务核算

○ **知识目标**

理解：金融机构往来的概念及主要内容；金融机构往来核算要求。

熟知：中国人民银行大额、小额支付。

掌握：商业银行与中央银行往来核算；商业银行往来核算；网上支付跨行清算业务核算。

○ **技能目标**

能够结合所学的金融机构往来业务核算知识，具备对相关业务进行核算的能力。

○ **素质目标**

运用所学的金融机构往来业务核算知识研究相关事例，培养和提高学生在特定业务情境中分析问题与决策设计的能力；结合行业规范或标准，运用金融机构往来业务核算知识分析行为的善恶，强化学生的职业道德素质。

○ **思政目标**

能够正确地理解"不忘初心"的核心要义和精神实质；树立正确的世界观、人生观和价值观，做到学思用贯通、知信行统一；通过金融机构往来业务核算知识，树立金融机构往来风险管理意识，加强风险控制，采取有力措施，切实降低风险，为安全保驾护航。

○ **项目引例**

降低金融机构耦合重点在于降低资金空转

2017年8月19日，由中国财富管理50人论坛主办、清华大学五道口金融学院联合主办、星石投资作为合作伙伴的"中国财富管理50人论坛2017北京年会"召开。会上，中国人民银行副行长、50人论坛成员殷勇提到，金融机构之间关联复杂，在股权结构、债务结构、资产结构、交易平台四个方面存在业务交叉乱象，因此未来的监管将通过明确规则和制度、完善信息披露和降低耦合来处理金融体系关联复杂的情况。对此，中国财富管理50人论坛理事、星石投资总经理杨玲认为，金融机构之间的相互关联不可避免，关键是要区分关联的不同特点。一些关联是正常的金融机构间的业务往来，而又有另外一些关联则导致金融机构间的资金空转。要降低金融体系的耦合度，重点在于降低金融体系间的第二种关联，降低金融机构间的资金空转，即打击违规代持、违规担保、多层嵌套、利用通道违规投资、利用实体规避金融监管等现象。未来资金有望脱虚向实，金融秩序将逐步完善，金融市场将逐步成熟，金融将真正发挥为实体经济服务的作用。

资料来源：李贺等主编：《金融企业会计》，上海财经大学出版社2020年版，第136页。

试分析：金融机构间的往来业务包含哪些？具体应该如何核算？

○ 知识精讲

任务一　金融机构往来业务概述

一、金融机构往来的概念及主要内容

我国的金融机构是以中央银行为核心、商业银行为主体、其他金融机构并存的金融机构体系。在多元化金融机构体制下，金融机构之间的资金账务往来是必然的，也是必要的。这既是实现银行间资金划拨与清算的手段，也是中央银行行使职能所必需的。

金融机构往来是指银行与银行之间或银行与非银行金融机构之间由于资金融通、调拨、汇划款项而引起的资金账务往来。联行往来是同一系统银行各分支机构间的账务往来，是资金的纵向联系，而金融机构往来是跨系统的，是各个银行之间资金的横向往来。联行往来与金融机构往来就如同经线和纬线，它们形成交织的网状资金传输系统，保证企业和个人的资金正常有效地结算。

金融机构往来的主要内容：①金融业各商业银行、非银行金融机构之间由于资金划拨、融通或相互代理货币结算而引起的各类往来业务，主要业务有同城票据交换及清算、异地跨系统汇划款项相互转汇、同业拆借等；②金融机构与中央银行（人民银行）之间发生的各种资金划拨、清算业务，包括商业银行向中央银行送存或提取现金、缴存存款准备金、向中央银行借款、办理再贴现及通过中央银行汇划款项。

二、金融机构往来核算要求

新会计准则对金融机构往来的核算要求主要体现：①要有利于资金分开；②各商业银行之间的资金占用要及时清算；③各商业银行在中央银行开立的往来账户应严格掌握；④要有利于畅通汇路。

任务二　商业银行与中央银行往来核算

商业银行与中央银行往来是指各商业银行与中央银行之间因资金融通、调拨、汇划款项等引起的资金账务往来。

一、向中央银行存取款项的业务核算

商业银行向中央银行支取和缴存现金必然会引起中央银行的货币发行或货币回笼。在我国，中国人民银行是全国唯一管理货币发行的机关，按照国家批准的发行计划组织货币发行与回笼，因此发行库设在中国人民银行的各级机构。商业银行只设立业务库，业务库库存现金核定有库存限额，库存现金不足限额时，向人民银行提取，人民银行从发行库出库，作为现金发行；商业银行业务库库存现金超过限额应交存人民银行，人民银行交入发行库，作为现金回笼。同时，商业银行的业务库是与整个社会的现金流量息息相关的。全社会的现金通过存户的存取向业务库存入和支取，增加或减少社会现金流通量。现金发行和现金回笼过程如图6—1所示。

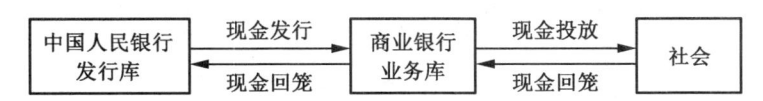

图6—1　现金发行和现金回笼过程

（一）商业银行向中央银行支取现金的业务核算

商业银行设置"存放中央银行款项"账户进行核算。"存放中央银行款项"是资产类账户，用以核算商业银行存入人民银行的各种款项。解缴现金、转账存入款项时，记入借方；提取现金、转账支付款项时，记入贷方；余额在借方，表示本行在人民银行存放同业的实有数。

中国人民银行设置"××银行准备金存款"账户进行核算。"××银行准备金存款"是负债类账户，用以核算人民银行为客户单位开立存款账户存放的准备金，商业银行存入存款，记入贷方；支取存款，记入借方；余额在贷方，表示商业银行在人民银行存放同业的结余数。

【注意】商业银行向当地人民银行发行库支取现金时，应签发人民银行"现金支票"，先到人民银行的会计部门审核，然后到发行库提取现金。

人民银行会计审核现金支票无误后，填制银行准备金存款科目现金收入传票，其会计分录为：

借：××银行准备金存款
　　贷：发行基金往来

商业银行取回现金后，填制现金收入传票进行账务处理，其会计分录为：

借：库存现金——业务库现金
　　贷：存放中央银行款项

（二）商业银行向中央银行缴存现金的业务核算

商业银行向人民银行缴存现金时，应填制人民银行"现金缴款单"和"现金出库票"，先到发行库，然后由人民银行会计部门登记商业银行在人民银行会计部门的存款准备金账户。

人民银行发行库审核"现金缴款单"及将款项收妥无误后，在"现金缴款单"上加盖"现金收讫"章及经手人名章后，将回单退缴款银行并填制"发行基金入库凭证"。

人民银行会计部门收到发行库转来的"现金缴款单"和"发行基金入库凭证"，经审核无误后，其会计分录为：

借：库存现金
　　贷：××银行准备金存款

【提示】每日营业终了，发行库要将当天货币回笼数额电报上级库。

商业银行在现金缴存后，会计部门将"现金缴款单"回单联作借方凭证，"现金付出日记簿"和第一联出库票作贷方记账凭证的附件，其会计分录为：

借：存放中央银行款项
　　贷：库存现金

二、缴存存款的业务核算

缴存存款是指商业银行将吸收的存款按规定的比例缴存中央银行，作为存款准备金。缴存存款是中央银行对商业银行贷款进行宏观控制的手段；也是集中一部分信贷资金，以增强中央银行实力的重要措施。

商业银行缴存的存款包括财政性存款和一般性存款（法定存款准备金）。①财政性存款是指国家金库款、地方财政存款、中央经费限额支出、部队与机关团体存款、财政部发行的各项国库券款及各项债券款项等。②一般性存款是指除财政性存款以外的各项存款，包括企业存款、储蓄存款、信托存款等。

【注意】根据国务院规定，财政性存款应100%上缴当地人民银行；一般性存款则按一定的比例缴存。

商业银行在"存放中央银行款项"科目下设置"缴存中央银行财政性存款"和"缴存中央银行一

般性存款"两个明细科目进行核算。在实际工作中,常将二级账户提升为一级账户使用。①"缴存中央银行财政性存款"是资产类账户,用以核算商业银行向人民银行缴存的财政性存款。向人民银行缴存时,记入借方;从人民银行退回时,记入贷方;余额在借方,表示向人民银行缴存财政性存款的结余数。②"缴存中央银行一般性存款"是资产类账户,用以核算商业银行向人民银行缴存的一般性存款。向人民银行缴存时,记入借方;从人民银行退回时,记入贷方;余额在借方,表示向人民银行缴存一般性存款的结余数。

中国人民银行设置"××银行划来财政性存款"和"××银行划来一般性存款"账户进行核算。①"××银行划来财政性存款"是负债类账户,用以核算各商业银行按规定缴来的财政性存款。收到商业银行缴来或增缴的财政性存款时,记入贷方;发生商业银行减缴的财政性存款时,记入借方;余额在贷方,表示实际收到某商业银行缴存财政性存款的数额。②"××银行划来一般性存款"是负债类账户,用以核算各商业银行按规定缴来的一般性存款。收到商业银行缴来或增缴的一般性存款时,记入贷方;发生商业银行减缴的一般性存款时,记入借方;余额在贷方,表示实际收到某商业银行缴存一般性存款的数额。

(一)缴存财政性存款的业务核算

各商业银行向中央银行缴存存款,除第一次按规定时间缴存外,市级分行每旬调整一次,于旬后5日内办理;县级支行每月调整一次,于月后8日内办理。假日顺延。

各商业银行所在地设有中央银行机构的,各商业银行县支行可直接向中央银行县支行办理缴存,或由商业银行市级行对同城所属行采取集中汇缴,向同级中央银行办理;各商业银行所在地未设有央行机构的,缴存存款可由商业银行经办行划转上级行,并由上级行转交同级中央银行。

【提示】商业银行在初次缴存财政性存款后,即应按规定时间,根据财政存款的增减变化,定期办理调整手续。存款增加即调增补缴,存款减少则调减退回。

1. 调整缴存财政性存款的业务核算

(1)商业银行的业务核算

调整缴存财政性存款时,商业银行应填制"缴存财政性存款各科目余额表"一式两份,然后填制"缴存(或调整)财政性存款划拨凭证"一式四联,第一联贷方传票和第二联借方传票由缴存银行代记账传票,第三联贷方传票和第四联借方传票由中央银行代记账传票。据以计算调整数额,办理调整手续。

商业银行以划拨凭证第一、二联分别代转账贷方传票和转账借方传票,办理转账。如为调增补缴,其会计分录为:

借:缴存中央银行财政性存款
    贷:存放中央银行款项

【注意】如为调减退回,则会计分录方向相反。

转账后,将各科目余额表一份留存,另一份随第三、四联划拨凭证送交人民银行审核转账。

(2)中央银行的业务核算

当地人民银行收到商业银行提交的"划拨凭证"和"缴存财政性存款各科目余额表",应与已缴存财政性存款核对无误后,以第三、四联划拨凭证分别代转账贷方、借方传票办理转账。如本次为调增补缴,其会计分录为:

借:××银行准备金存款——××银行户
    贷:××银行划来财政性存款——××银行户

【做中学6—1】 中国工商银行广州某营业处6月20日财政性存款科目余额为83 525 000元。经查,6月10日财政性存款科目余额为70 283 800元。

应补缴财政性存款＝83 525 000－70 283 800＝13 241 200（元）

借：缴存中央银行财政性存款　　　　　　　　　　　　13 241 200
　　　贷：存放中央银行款项　　　　　　　　　　　　　　　　13 241 200

2. 欠缴财政性存款的业务核算

(1) 发生欠缴业务的业务核算

欠缴是指商业银行各分支行在调整缴存财政性存款的实缴日，在当地中央银行的准备金存款余额不足以支付应划缴的款项。发生欠缴是这家商业银行占用了中央银行的财政性存款。商业银行如果在人民银行存放同业账户中余额不足，应先缴存财政性存款，有剩余再缴存一般性存款。

①商业银行的核算。商业银行发生欠缴时，也应填制各科目余额表，对欠缴部分填制欠缴凭证一式四联，第一、二联留存，第三、四联送交人民银行。另填制表外科目收入传票：

收入：待清算凭证——人民银行户

②中央银行的核算。人民银行收到财政性存款欠缴凭证第三、四联时，应暂时专夹保管，待商业银行在当地人民银行的准备金存款账户有足够缴交全部欠缴金额时，再办理转账（欠缴业务不办理分次扣收）。由会计部门填制表外科目收入传票，登记表外科目登记簿：

收入：待结算凭证——××银行户

(2) 扣收欠缴款项业务的业务核算

①中央银行的业务核算。对于欠缴的款项，中国人民银行采取一次性主动扣收的办法办理。当欠缴存款的商业银行在人民银行的准备金存款账上有款时，人民银行应全额收回欠缴存款。转账时，以欠缴凭证的第三、四联办理转账。其会计分录为：

借：××银行准备金存款——××银行户
　　　贷：××银行划来财政性存款

人民银行在表内科目转账后，应填制表外科目付出传票，销记"待清算凭证"表外科目登记簿：

付出：待清算凭证——××银行户

人民银行对商业银行超过缴存的时间，计算欠缴的天数，填制特种转账借、贷方传票收取罚金。其会计分录为：

借：××银行准备金存款——××银行户
　　　贷：金融机构往来收入——罚款收入

②商业银行的业务核算。

商业银行收到人民银行扣收欠缴存款的特种转账传票后，应以原来保存的欠缴凭证第一、二联作转账贷、借方传票办理转账。其会计分录为：

借：缴存中央银行财政性存款
　　　贷：存放中央银行款项
借：利润分配——罚没支出户
　　　贷：存放中央银行款项

填制表外科目付出传票：

付出：待清算凭证——人民银行户

【做中学 6—2】　中国工商银行本期应向中国人民银行补增财政性存款 500 万元，按期填制划拨凭证，办理转账，请编制工商银行和人民银行的会计分录。

(1) 工商银行的会计处理：

借：缴存中央银行财政性存款　　　　　　　　　　　　5 000 000

　　　　贷：存放中央银行款项　　　　　　　　　　　　　　　　　　5 000 000
　（2）人民银行的会计处理：
　　　借：工商银行准备金存款　　　　　　　　　　　　　　　　　5 000 000
　　　　贷：工商银行划来财政性存款　　　　　　　　　　　　　　5 000 000

【做中学6—3】　中国工商银行本期欠缴中国人民银行财政性存款500万元，10日后，在人民银行的存款账户存入足够的资金，由人民银行扣收欠缴款项，并交罚款25 000元。请编写发生欠缴以及由人民银行扣收款项时工商银行、人民银行的会计分录。

（1）工商银行的会计处理：
发生欠缴时：
表外科目记账分录为：
收入：待清算凭证——人民银行户　　　　　　　　　　　　　　5 000 000
被扣收款项时：
　　借：缴存中央银行财政性存款　　　　　　　　　　　　　　　5 000 000
　　　贷：存放中央银行款项　　　　　　　　　　　　　　　　　　5 000 000
　　借：利润分配——罚没支出户　　　　　　　　　　　　　　　　25 000
　　　贷：存放中央银行款项　　　　　　　　　　　　　　　　　　　25 000
同时，销记表外科目登记簿：
付出：待清算凭证——人民银行户　　　　　　　　　　　　　　5 000 000
（2）人民银行的会计处理：
发生欠缴时：
表外科目记账分录为：
收入：待结算凭证——工商银行户　　　　　　　　　　　　　　5 000 000
扣收款项时：
　　借：工商银行准备金存款　　　　　　　　　　　　　　　　　5 000 000
　　　贷：工商银行划来财政性存款　　　　　　　　　　　　　　5 000 000
　　借：工商存放同业　　　　　　　　　　　　　　　　　　　　　25 000
　　　贷：金融机构往来收入——罚款收入　　　　　　　　　　　　25 000
同时，销记表外科目登记簿：
付出：待清算凭证——工商银行户　　　　　　　　　　　　　　5 000 000

（二）缴存（调整）法定存款准备金的业务核算

1. 缴存法定存款准备金的有关规定

法定存款准备金由各商业银行在其所在地人民银行开立一个账户，统一缴存与考核。各商业银行在每日营业终了，自下而上逐级编制全行一般存款余额表，统一汇总后报送法定存款准备金账户的开户人民银行，人民银行于每日营业终了按一般存款余额的比例考核法定存款准备金。法定存款准备金的缴存采取自下而上的方法，可用图6—2表示。

人行总行 ← 商业银行总行（法人） ← 商业银行分行 ← 商业银行支行 ← 经办行

图6—2　法定存款准备金的缴存顺序

【注意】各商业银行统一存入人民银行的准备金存款若低于一般存款余额规定的比例，各商业银行的分支机构在人民银行的准备金存款账户发生透支,商业银行不按时报送一般存款余额表的,均应按有关规定进行处罚。

2. 缴存法定存款准备金的业务核算

(1)商业银行的核算

各商业银行基层行于每旬旬末,填制"应缴存存款科目余额表"一式两份,并按规定的比例计算出应缴存金额,分别填制"缴存(或调整)一般性存款划拨凭证"一式四联,其中第一、二联由商业银行使用,代记账凭证;第三、四联由中央银行使用,代记账凭证。

商业银行根据一般存款余额对法定存款准备金进行调整,本期余额大于上期余额的差额乘以规定比例为本期调增额;本期余额小于上期余额的差额乘以规定比例为本期调减额。将"应缴存存款科目余额表"一份留在本行作记账凭证的附件,另一份应寄给总行,及时报告各商业银行的总行。

当商业银行本期为调增时,应增加法定存款准备金缴存额。其会计分录为:

借:缴存中央银行一般性存款
　　贷:存放中央银行款项

【提示】调减时会计分录方向相反。

(2)中央银行的业务核算

中央银行收到商业银行送来的缴存存款划拨凭证和账户余额表,经审核无误后,以第三、四联划拨凭证分别代转账贷方、借方传票办理转账。其会计分录为:

借:××银行准备金存款
　　贷:××银行划来一般性存款

【做中学6—4】 中国工商银行某支行于2022年9月成立,至9月末该银行财政性存款余额为500 000元,一般性存款余额为6 000 000元。9月末,该银行第一次办理缴存手续。假设一般性存款缴存比例为7.5%,则该银行:

应缴存财政性存款=500 000×100%=500 000(元)

应缴存一般性存款=6 000 000×7.5%=450 000(元)

(1)工商银行的会计处理:

借:缴存中央银行财政性存款	500 000
缴存中央银行一般性存款	450 000
贷:存放中央银行款项	950 000

(2)人民银行的会计处理:

借:工商银行准备金存款	950 000
贷:工商银行划来财政性存款	500 000
工商银行划来一般性存款	450 000

【做中学6—5】 承做中学6—4,本期期末,该工商银行分支机构财政性存款余额为400 000元,上期期末为500 000元;一般性存款余额为9 000 000元,上期期末为6 000 000元。假设一般性存款缴存比例为7.5%,需要调整缴存存款额计算如下:

应缴存财政性存款=400 000×100%−500 000=400 000−500 000=−100 000(元)

借:存放中央银行款项	100 000
贷:缴存中央银行财政性存款	100 000

应缴存一般性存款=9 000 000×7.5%−450 000=675 000−450 000=225 000(元)

借:缴存中央银行一般性存款	225 000

　　　　贷:存放中央银行款项　　　　　　　　　　　　　　　225 000

三、再贷款的业务核算

(一)再贷款的概念和种类

　　再贷款是指由中央银行按规定向资金不足的商业银行发放的贷款。因此,再贷款是对中央银行而言的,向中央银行借款是对商业银行而言的。二者是同一业务的两种表现形式。再贷款的种类有以下几种:

　　(1)年度性贷款户,是商业银行因经济合理增长而引起的年度信贷资金不足向人民银行的借款。期限一般为1年,最长不超过2年。

　　(2)季节性贷款户,是商业银行因信贷资金先支后收或存款季节性下降、贷款季节性上升等原因引起的资金暂时不足而向人民银行的借款。期限一般为2个月,最长不超过4个月。

　　(3)日拆性贷款户,是商业银行由于汇划款项未达等原因发生临时性资金短缺而向人民银行的借款。期限一般为10天,最长不超过20天。

　　【提示】商业银行应设置"向中央银行借款"账户进行核算。"向中央银行借款"是负债类账户,用以核算各商业银行向中央银行借入的各种款项。发生借款时,记入贷方;归还借款时,记入借方。该账户按借款性质设置明细分类账户。

(二)再贷款的业务核算

1. 向中央银行借款的业务核算

　　商业银行向人民银行申请借款时,首先要提交借款申请书,经人民银行计划部门审核批准后办理借款手续。借款时,填写一式五联的借款凭证,加盖印鉴后,提交人民银行。

　　人民银行收到商业银行提交的一式五联借款凭证,经审查无误后,以第一联代转账借方传票,第二联代转账贷方传票,以办理转账。其会计分录为:

　　　　借:××银行贷款——××贷款户
　　　　　　贷:××银行准备金存款——××银行户

　　【提示】转账后,将借款凭证第五联留存,作再贷款卡片账;第四联作贷款通知送人民银行货币信贷部门;第三联作收账通知交给借款的商业银行。

　　商业银行取得贷款后,以人民银行退回的第三联借款凭证代转账借方传票,并另编制转账贷方传票进行转账。其会计分录为:

　　　　借:存放中央银行款项
　　　　　　贷:向中央银行借款——××借款

2. 归还中央银行借款的业务核算

　　商业银行在贷款到期时,应主动填制一式四联的还款凭证,加盖预留印鉴后提交人民银行办理贷款归还手续。

　　人民银行收到借款的商业银行提交的还款凭证,经审查无误后,以还款凭证第一、二联办理转账。其会计分录为:

　　　　借:××银行准备金存款——××银行户
　　　　　　贷:××银行贷款——××贷款户
　　　　　　　　金融企业往来收入

　　【提示】转账后,在还款凭证第四联上盖章,退还借款银行,第三联还款凭证送交计划部门。

　　借款的商业银行收到人民银行退回的还款凭证第四联,代转账贷方传票,另编转账借方传票办理转账。其会计分录为:

借:向中央银行借款——××银行户
　　　　金融企业往来支出——中央银行往来支出户
　　　　贷:存放中央银行款项

3. 逾期贷款的业务核算

当商业银行贷款到期而无法偿还贷款时,人民银行于贷款到期日填制特种转账借、贷方传票,将贷款转入逾期贷款户。其会计分录为:

　　　借:××银行贷款——××行逾期贷款户
　　　　贷:××银行贷款——××行贷款户

逾期贷款的归还,分两种情况:①由商业银行主动归还,则填写还款凭证交人民银行;②由人民银行主动扣收,则由人民银行填写特种转账借、贷方传票办理转账。

商业银行的会计分录为:

　　　借:向中央银行借款——××银行户
　　　　金融企业往来支出
　　　　贷:存放中央银行款项

中央银行的会计分录为:

　　　借:××银行准备金存款——××银行户
　　　　贷:××银行贷款——××行逾期贷款户

【做中学6-6】 某市农业银行向人民银行申请再贷款,金额800万元,期限3个月,利率0.3%(月),人民银行经审核同意发放。

要求:请编制发放和按期归还时农业银行与人民银行的会计分录。

(1)发放时人民银行会计的分录为:

　　　借:农业银行贷款——农业银行贷款户　　　　　　　　8 000 000
　　　　贷:农业银行准备金存款——农业银行户　　　　　　　　8 000 000

(2)农业银行的会计分录为:

　　　借:存放中央银行款项　　　　　　　　　　　　　　　8 000 000
　　　　贷:向中央银行借款——人民银行借款　　　　　　　　　8 000 000

(3)贷款归还时,农业银行的会计分录为:

　　　借:向中央银行借款——人民银行户　　　　　　　　　8 000 000
　　　　金融企业往来支出——中央银行往来支出户　　　　　　72 000
　　　　贷:存放中央银行款项　　　　　　　　　　　　　　　8 072 000

(4)人民银行的会计分录为:

　　　借:农业银行准备金存款——农业银行户　　　　　　　8 072 000
　　　　贷:农业银行贷款——农业银行贷款户　　　　　　　　　8 000 000
　　　　　金融企业往来收入　　　　　　　　　　　　　　　　72 000

四、再贴现的业务核算

(一)再贴现的概念

再贴现是商业银行将已贴现尚未到期的商业汇票转让给人民银行,人民银行扣除从再贴现之日起到票据到期日止的利息后,以其差额向商业银行融通资金的业务。此时,票据的债权由商业银行转给(卖给)中央银行,商业银行取得资金融通。

【提示】整个再贴现过程,实质上就是商业银行与中央银行之间的票据买卖和资金让渡的过程。

再贴现是中央银行的业务,也是中央银行的三大货币政策工具之一。人民银行办理再贴现的对象是在人民银行开立账户的商业银行。

(二)再贴现的业务核算

1. 办理再贴现的业务核算

再贴现的金额为再贴现票据面额扣除再贴现利息后的差额。再贴现的期限从再贴现之日起至汇票到期之日止,按实际天数计算。

$$再贴现利息=再贴现票据面额×再贴现天数×再贴现率$$
$$再贴现净额=再贴现票据面额-再贴现利息$$

商业银行持未到期的商业汇票向中央银行申请再贴现时,应填制再贴现凭证一式五联,连同汇票一并交中央银行。经中央银行审核无误后,退回第四联再贴现凭证,商业银行据此办理转账,其会计分录为:

(1)再贴现时:
　借:存放中央银行款项
　　　贴现负债——中央银行(利息调整)
　　贷:贴现负债——中央银行(面值)

(2)资产负债表日:
　借:利息支出
　　贷:贴现负债——中央银行(利息调整)

中央银行受理再贴现票据时,以第一、二、三联的再贴现凭证办理转账。其会计分录为:
　借:再贴现——××银行再贴现户
　　贷:××银行准备金存款
　　　　利息收入——再贴现利息收入

转账后,在再贴现凭证第四联上加盖转讫章,交给商业银行作收账通知。第五联到期卡按到期日顺序排列,专夹保管。由中央银行会计部门定期核对余额合计数,并与再贴现科目的余额核对相符。

【做中学 6—7】 4月10日,某工商银行持一张金额为60 000元的商业承兑汇票向人民银行申请再贴现,汇票到期日为6月6日,月利率为6.5‰。编制办理再贴现时,人民银行、工商银行的会计分录。

再贴现天数为57天,再贴现利息为:
60 000×57×6.5‰÷30=741(元)

发放时,人民银行的会计分录为:

借:再贴现——工商银行再贴现户	60 000
贷:工商银行准备金存款	59 259
利息收入——再贴现利息收入	741

工商银行的会计分录为:

借:存放中央银行款项	59 259
贴现负债——中央银行(利息调整)	741
贷:贴现负债——中央银行(面值)	60 000

2. 再贴现到期的业务核算

(1)到期收回的业务核算

再贴现汇票到期时,人民银行作为持票人直接向付款人收取票款。人民银行会计部门应将到期卡从专夹中抽出,填制特种转账借、贷方传票连同第五联再贴现凭证(到期卡)办理转账。其会计分录为:

借:××银行准备金存款
　　贷:再贴现——××银行再贴现户

商业银行在汇票到期时的会计分录为:

借:贴现负债——中央银行(面值)
　　利息支出
　　贷:存放中央银行款项
　　　　贴现负债——中央银行(利息调整)

【做中学6—8】　承做中学6—7,到期收回票款时,人民银行的会计分录为:

借:工商银行准备金存款　　　　　　　　　　　　　　　　　　　　60 000
　　贷:再贴现——工商银行再贴现户　　　　　　　　　　　　　　　60 000

工商银行的会计分录为:

借:贴现负债——中央银行(面值)　　　　　　　　　　　　　　　　60 000
　　利息支出　　　　　　　　　　　　　　　　　　　　　　　　　　　741
　　贷:存放中央银行款项　　　　　　　　　　　　　　　　　　　　60 000
　　　　贴现负债——中央银行(利息调整)　　　　　　　　　　　　　741

(2)到期未收回的业务核算

中国人民银行向商业银行付款人办理委托收款,当收到付款人开户银行或承兑银行退回的委托收款凭证、商业汇票和拒付理由书或付款人未付票款通知书时,可向再贴现银行申请追索票款。人民银行会计部门编制特种转账借方传票两联,以其中一联借方传票和再贴现凭证第五联办理转账。其会计分录为:

借:××银行准备金存款
　　贷:再贴现——××银行再贴现户

【注意】转账后,将另一联特种转账借方传票、商业汇票、拒付理由书或付款人未付票款通知书交给商业银行。

商业银行会计部门收到并审核无误后,进行账务处理。其会计分录如下:

借:贴现负债——××票据户(面值)
　　贷:存放中央银行款项

任务三　商业银行同业往来业务的核算

商业银行同业往来,是指各个不同系统的商业银行之间的往来。同业往来业务主要包括异地结算转汇、同业拆借、同城票据交换等。

一、异地结算转汇的业务核算

自成联行系统或资金汇划清算系统的商业银行,其系统内的异地结算,可以通过系统内联行往来或资金汇划清算系统划拨款项。

未建立联行系统或资金汇划清算系统的商业银行,其系统内的异地结算,以及商业银行跨系统的异地结算,均需要通过中央银行转汇或通过建立联行系统的商业银行转汇。汇划款项在限额以上的,通过中央银行清算资金和转汇;在限额以下的,通过跨系统商业银行转汇核算。

(一)通过中央银行转汇的业务核算

跨系统汇划款项(10万元以上,含10万元)和系统内汇划款项(50万元以上,含50万元)的大额汇划款项通过人民银行清算资金和转汇。其中,汇出行是通过中央银行办理转汇的商业银行,发报行是汇出行开户的中央银行经办机构。

发报行受理商业银行转汇业务,通过联行往来划拨款项。其会计分录为:

借:××银行准备金存款——××户
　　贷:联行类科目

收报行收到发报行的报单,为汇入行收账并将汇划凭证交汇入行。其会计分录为:

借:联行类科目
　　贷:××银行准备金存款——××户

汇入行收到划来款项,为收款人收账。其会计分录为:

借:存放中央银行款项
　　贷:××科目——××户

(二)通过跨系统商业银行转汇的业务核算

在我国,异地跨系统银行之间还未建立直接的往来关系,在异地结算业务中,如果收付款双方不在同一系统的商业银行开户,其资金划转只能通过异地跨系统银行转汇。转汇的目的是把异地跨系统银行间的往来转化为同城跨系统银行的往来及异地同系统银行的往来(联行往来)。同城不同银行系统之间的汇划往来与清算为横向往来,简称为"横";异地同系统银行的汇划往来与清算为纵向往来,简称为"直"。往来转化后,对同城跨系统银行的往来通过同城票据交换或直接处理;对异地同系统银行的往来则按联行往来处理。

异地跨系统转汇,根据各地商业银行机构的设置情况可以有以下几种处理方法:

1. 汇出行所在地为双设机构地区

采取"先横后直"的转汇方法。这种方式适用于汇出行所在地为双设机构地区,即该地区既有汇出行,又有与汇入行相同系统的银行营业机构。

【提示】当跨系统汇划款项业务发生时,汇出行将汇划款项凭证提交跨系统转汇行办理转汇,由转汇行通过本系统联行将款项划往汇入行。

"先横后直"的基本处理程序如图6—3所示。

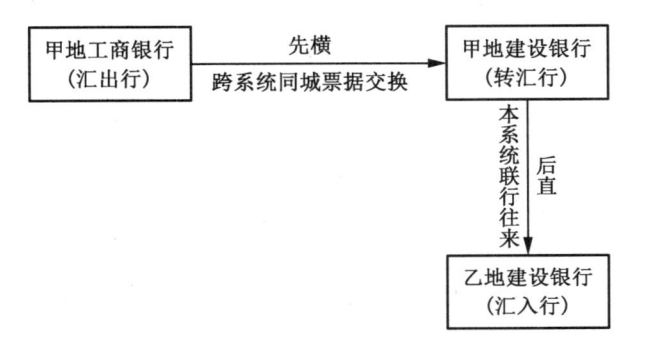

图6—3 "先横后直"的基本处理程序

(1)汇出行将客户提交的汇款凭证,通过同城票据交换提交同城跨系统转汇行办理汇款。其会计分录为：
  借：××存款——汇款人户
    贷：同业存放款项——转汇行户
 (2)转汇行通过本系统联行将款项划往异地汇入行。其会计分录为：
  借：存放同业款项——转汇行户
    贷：联行往账（或有关科目）
 (3)汇入行收到本系统划来的联行报单及有关结算凭证，为收款人进账。其会计分录为：
  借：联行来账（或有关科目）
    贷：××存款——收款人户

2. 汇出行所在地为单设机构地区，汇入行所在地为双设机构地区

采取"先直后横"的转汇方法。这种方式适用于汇出行所在地为单设机构地区，即在同一地区没有汇入行系统的银行机构，而汇入行所在地为双设机构地区。

【提示】当业务发生时，汇出行先将汇划款项通过本系统联行划转汇入行所在地的系统内转汇行，由转汇行转划给汇入行。

"先直后横"的基本处理程序如图6－4所示。

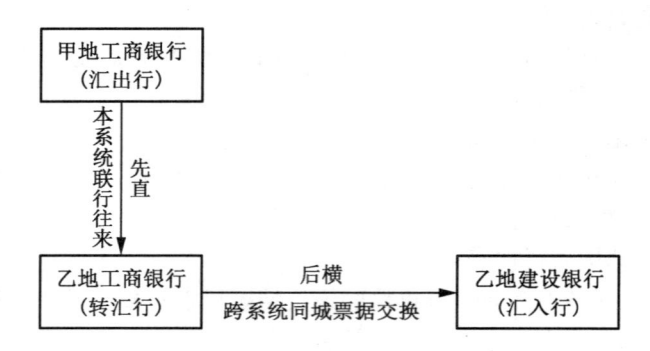

图6－4　"先直后横"的基本处理程序

(1)汇出行根据客户提交的汇款凭证填制联行报单，将款项划转异地本系统的转汇行。其会计分录为：
  借：××存款——汇款人户
    贷：联行往账（或有关科目）
(2)转汇行收到本系统汇出行划来的联行报单及结算凭证，经审核无误后，通过同城票据交换送交汇入行。其会计分录为：
  借：联行来账（或有关科目）
    贷：同业存放款项——汇入行户
(3)汇入行收到转汇行划转的款项，为收款人入账。其会计分录为：
  借：存放同业款项——汇入行户
    贷：××存款——收款人户

3. 汇出行、汇入行所在地均为单设机构地区

采取"先直后横再直"的办法。这种方式适用于汇出行和汇入行所在地均为单设机构地区，即只有汇出行和汇入行一家银行系统，未设有其他系统的银行机构。

【提示】当业务发生时，汇出行先通过本系统联行将款项划转双设机构地区的系统内银行（代

转汇行),由其通过同城票据交换转跨系统银行(转汇行),再由跨系统银行通过本系统联行划转汇入行。

"先直后横再直"的基本处理程序如图6—5所示。

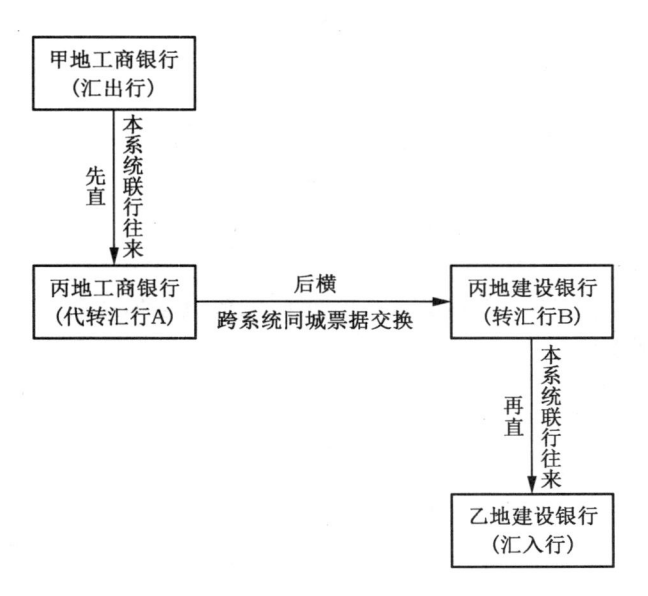

图6—5 "先直后横再直"的基本处理程序

(1)甲地汇出行的会计分录为:
　　借:××存款——汇款人户
　　　　贷:联行往账
(2)丙地代转汇行A的会计分录为:
　　借:联行来账
　　　　贷:同业存放款项——转汇行户
(3)丙地转汇行B的会计分录为:
　　借:同业存放款项——转汇行户
　　　　贷:联行往账
(4)乙地汇入行的会计分录为:
　　借:联行来账
　　　　贷:××存款——收款人户

二、同业拆借的业务核算

(一)同业拆借的概念

同业拆借是商业银行解决临时性资金不足的一种融资方式,是指在同一城市或异地的商业银行,因跨系统汇划款项导致存放中央银行款项账户资金余额不足所引起的相互资金融通。同业拆借是一种短期资金融通行为,禁止利用拆入资金发放固定资产贷款或用于投资。

【注意】同业拆借的主管机关是中央银行。拆借的资金都要通过各自在中央银行开立的存款账户进行核算,按照中央银行的有关规定办理,不能直接互相拆借。

(二)同城同业拆借的业务核算

1. 拆借的业务核算

(1)拆出行的业务核算。拆出行以拆入行借据为依据,向中国人民银行填交进账单及转账支票,并编制特种转账借、贷方传票予以转账。其会计分录为:

借:拆放同业——××银行户
　　贷:存放中央银行准备金

(2)中国人民银行的业务核算。人民银行收到进账单及转账支票后,将款项从拆出行准备金账户转入拆入行准备金账户,转账后将进账单回单联转交拆入行。其会计分录为:

借:××银行准备金存款——拆出行户
　　贷:××银行准备金存款——拆入行户

(3)拆入行的业务核算。拆入行根据进账单回单联,编制特种转账借、贷方传票各一联,进行账务处理。其会计分录为:

借:存放中央银行准备金
　　贷:同业拆入——××银行户

资产负债表日,拆入行应按计算确定的拆入资金的利息费用。其会计分录为:

借:金融企业往来支出——拆入资金户
　　贷:应付利息——××银行户

2. 拆借资金归还的业务核算

拆入行归还借款时,应按事先规定的利率,计算应付利息,将本息一并通过人民银行划转拆出行。

(1)拆入行的业务核算。拆入行应根据借款本息填制进账单和转账支票送往人民银行,并办理转账。其会计分录分别如下:

借:同业拆入——××银行户
　　金融企业往来支出——同业往来支出户
　　贷:存放中央银行准备金

(2)中国人民银行的业务核算。人民银行收到借款行归还借款的进账单和转账支票,将款项从拆入行准备金账户转入拆出行准备金账户,转账后将进账单收账通知转交拆出行。其会计分录为:

借:××银行准备金存款——拆入行户
　　贷:××银行准备金存款——拆出行户

(3)拆出行的业务核算。拆出行根据进账单回单联,办理转账。其会计分录为:

借:存放中央银行准备金
　　贷:拆放同业——××银行户
　　　　金融企业往来收入——同业往来收入户

3. 异地同业拆借的业务核算

异地商业银行间进行拆借时,拆出行通过开户的中央银行将款项汇往异地拆入行开户的中央银行转入拆入行账户;归还拆借款时,由拆入行将款项汇给拆出行。

【提示】拆出行与拆入行账务处理的会计分录与前述同城拆借相同,而双方开户的中央银行则需要通过联行往来划拨款项。

三、同城票据交换的业务核算

(一)同城票据交换的概念

同城票据交换,是指同城或同一个票据交换中心的各商业银行定时、定点集中交换相互代收、代付的票据,及时处理账务并清算存欠的方式。同城票据交换一般由当地人民银行主持实施和管理。同城票据交换有利于简化核算手续,缩短资金清算时间,加速资金周转。

【提示】凡向他行提出票据交换的行处,称为提出行;凡接受他行票据的行处,称为提入行。在实际工作中,每个行处既是提出行,又是提入行,在不同的业务中扮演不同的角色。

各行提出交换的票据可以分为两类:一类是在本行开户的收款单位提交的应由他行开户单位付款的票据,称为借方票据或代付票据;另一类是在本行开户的付款单位委托本行向他行开户单位付款的票据,称为贷方票据或代收票据。在票据交换中,借方票据对提出行来说应该收款,对提入行则应该付款;贷方票据对提出行来说应该付款,对提入行则应该收款。

参加票据交换的行处按规定的交换场次和时间参加票据交换时,应将提出的代收、代付票据,按提入行分别填制"票据交换借方汇总表"和"票据交换贷方汇总表"一式两联,一联与所提出的票据一并提出交换,另一联留存作传票或传票附件。

银行应设置"同城票据清算"账户进行核算。"同城票据清算"是资产负债共同类账户,用以核算同城交换清算的款项。提出借方凭证和提回贷方凭证时,记入借方;提出贷方凭证和提回借方凭证时,记入贷方;其借贷方差额为应收差额或应付差额,当天资金清算后,该账户没有余额。

(二)同城票据交换的业务核算

1. 交换提出

(1)对提出的代收票据(贷方凭证),提出行的会计分录为:

借:××存款(各付款人户)
　　贷:清算资金往来——同城票据清算

(2)对提出的代付票据(借方凭证),根据"收妥入账"的原则,分不同情况进行处理。其会计分录分别如下:

①对于即时抵用的票据,如本票等,应及时将资金划入客户账内。其会计分录为:

借:清算资金往来——同城票据清算
　　贷:××存款(各收款人户)

②对于收妥抵用的票据,如支票等,先将应收票款记入"其他应付款"账户。其会计分录为:

借:清算资金往来——同城票据清算
　　贷:其他应付款

退票时间过后,对他行未退回的代付票据为收款人进账。其会计分录为:

借:其他应付款
　　贷:××存款(各收款人户)

对他行退回的代付票据,应将已退回的票据及其他有关凭证等退收款人。其会计分录为:

借:其他应付款——提出交换专户
　　贷:清算资金往来——同城票据清算

2. 交换提入

提入行根据提回的借、贷方票据办理转账。

(1)对提回的代收票据(贷方票据),可以直接办理转账。其会计分录为:

借:清算资金往来——同城票据清算
　　贷:××存款(各收款人户)

如果因其他原因不能进账,应办理退票。其会计分录为:

借:清算资金往来——同城票据清算
　　贷:其他应付款——退票专户

(2)对提回的代付票据(借方票据),若付款单位有足够的资金支付,则会计分录为:

借:××存款——付款人户
　　贷:清算资金往来——同城票据清算

若付款单位账户资金不足以支付或因票据要素错误无法办理支付,则应办理退票。其会计分录为:

借:其他应收款——退票专户
　　贷:清算资金往来——同城票据清算

并将待退的票据专夹保管,以便下场交换时退交原提出行。

3. 清算差额

各参加票据交换的银行在票据交换结束后,根据应收差额或应付差额进行资金的清算。对每一个参加票据交换的行处来说:

应收金额＝提出借方票据金额＋提入贷方票据金额

应付金额＝提出贷方票据金额＋提入借方票据金额

如果应收金额大于应付金额,即为应收差额;反之,则为应付差额。

各行交换员将已汇总的应收金额、应付金额及应收或应付差额与交换所打印的相应数据核对一致后,填写"同城票据清算划收(划付)专用转账凭证"一式四联。其中两联交票据交换所,另两联带回本行进行账务处理。

各行将提出、提入票据全部记入"同城票据清算"科目后,其余额应与本次通过人民银行划转存款的金额一致,应收、应付的方向也一致。然后,根据带回的"同城票据清算划收(划付)专用转账凭证"办理转账,结清"同城票据清算"科目余额。

(1)若本次交换为应付差额。其会计分录为:

借:清算资金往来——同城票据清算
　　贷:存放中央银行款项

(2)若本次交换为应收差额,则会计分录方向相反。

【做中学6—9】 工行某支行提出借方凭证金额合计为400 000元,提出贷方凭证金额合计为100 000元;提回借方凭证金额合计为600 000元,提回贷方凭证金额合计为200 000元,编制该行清算资金的会计分录。

该行应收金额合计＝400 000＋200 000＝600 000(元)

该行应付金额合计＝100 000＋600 000＝700 000(元)

应付差额＝700 000－600 000＝100 000(元)

借:清算资金往来——同城票据清算　　　　　　　　　　100 000
　　贷:存放中央银行款项　　　　　　　　　　　　　　　　　100 000

(三)同城票据交换退票的业务核算

提入的票据由于各种原因不能办理转账时,均要办理退票。

1. 退票行的核算

退票行即原提入行。退票时,应在规定的退票时间内打电话通知原提出行,并将待退票据视同提出票据列入下次清算。同时,填制退票理由书,对待退票款项应列入应收或应付科目核算。

(1)对提入的贷方票据(如进账单)需要退票时,其会计分录为(当天不能退回时):

借:清算资金往来——同城票据清算
　　贷:其他应付款——托收票据退票户

下次交换提出退票时,其会计分录为:

借：其他应付款——托收票据退票户
　　　　贷：清算资金往来——同城票据清算
（2）对提入的借方票据（如空头支票）需要退票时，其会计分录为：
　　借：其他应收款——托收票据退票户
　　　　贷：清算资金往来——同城票据清算
下次交换提出退票时，其会计分录为：
　　借：清算资金往来——同城票据清算
　　　　贷：其他应收款——托收票据退票户
2. 原提出行的业务核算
原提出行接到退票通知后，若查明确属本行提出的票据，则在票据交换登记簿中注明退票的理由和时间，并进行账务处理。
（1）对提出的贷方票据发生退票时，其会计分录为：
　　借：清算资金往来——同城票据清算
　　　　贷：××存款（各付款人户）
（2）对提出的借方票据发生退票时，其会计分录为：
　　借：其他应付款
　　　　贷：清算资金往来——同城票据清算
【注意】退回的票据视同提入票据处理，在下次票据交换前通过"其他应收款"或"其他应付款"科目核算。

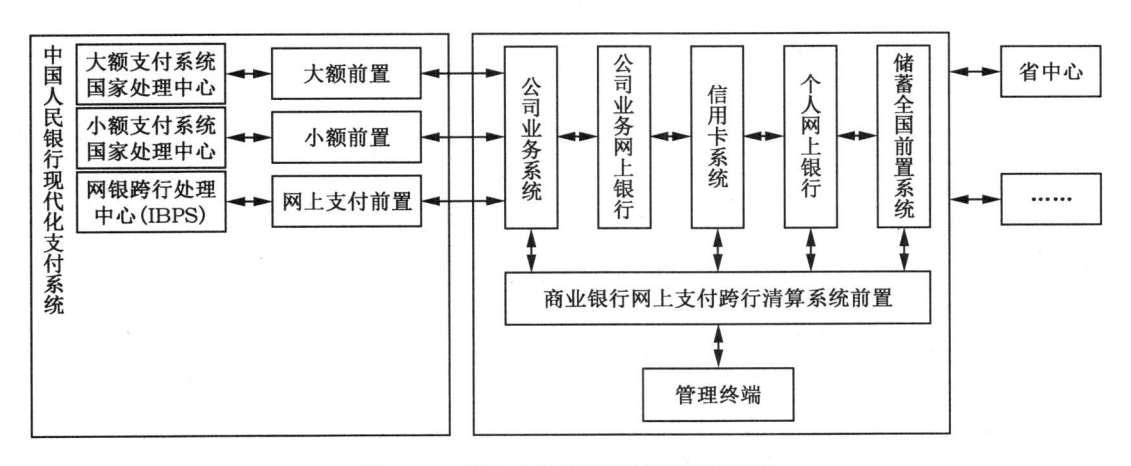

任务四　网上支付跨行清算系统的核算

　　中国人民银行网上支付跨行清算系统是中国现代化支付系统的重要应用系统，主要支持网上跨行零售支付业务的处理，采取业务指令逐笔发出、实时轧差、定时清算的基本做法。
　　商业银行使用中国人民银行网上支付跨行清算系统，可采用"一点接入、一点清算"方式与人民银行网上支付跨行清算系统连接，实现企业客户、个人客户及信用卡客户的实时跨行交易。网上支付跨行清算系统的结构如图6—6所示。

图6—6　网上支付跨行清算系统的结构

商业银行使用中国人民银行网上支付跨行清算系统,参与者包括全国中心、省中心和市县中心,分别由总行、分行和相应的支行履行职责。

一、业务内容及概念

网上支付跨行清算系统处理的业务内容主要包括支付类业务、信息类业务、对账、差错处理和查询打印。其中,支付类业务包括银行业金融机构(商业银行)处理的贷记往账、贷记来账、借记往账、借记来账和第三方贷记来账等业务。

从某一商业银行角度出发:①贷记往账业务是指客户通过本行发起,经网上支付跨行清算系统向他行开户的收款人主动汇出款项的支付类业务;②贷记来账业务是指客户通过他行发起,经网上支付跨行清算系统向在本行开户的收款人主动汇款的支付类业务;借记往账业务是指收款人经本行发起的、根据授权支付协议经网上支付跨行清算系统借记在他行开户的付款人账户的支付类业务;借记来账业务是指收款人经他行发起的、根据授权支付协议经网上支付跨行清算系统借记在本行开户的付款人账户的支付类业务;③第三方贷记来账业务的第三方,是指提供第三方支付服务的商业银行或非金融支付组织,它们接受付款人委托,通过网上支付跨行清算系统向收款人主动汇款,本行可能是收款人开户行,也可能是付款人开户行。

二、公司业务网上支付的跨行清算

(一)贷记业务的核算

1. 发出贷记往账业务

(1)发出交易时,县市中心的会计分录为:
　借:吸收存款——付款人户
　　　贷:辖内上存款项(或其他有关科目)

(2)省中心接收往账信息,会计分录为:
　借:辖内款项存放(或其他有关科目)
　　　贷:系统内上存款项(或其他有关科目)

(3)全国中心接收往账信息,会计分录为:
　借:系统内款项存放(或其他有关科目)
　　　贷:跨行清算资金往来——人民银行网上跨行支付

收到人民银行清算报文,向人民银行付款时,会计分录为:
　借:跨行清算资金往来——人民银行网上跨行支付
　　　贷:存放中央银行款项

2. 接收贷记来账业务

与发出贷记往账业务相衔接,接收贷记来账业务的起点在全国中心。

(1)全国中心收到人民银行轧差报文,会计分录为:
　借:跨行清算资金往来——人民银行网上跨行支付
　　　贷:系统内款项存放(或其他有关科目)

(2)省中心接收贷记来账,会计分录为:
　借:系统内上存款项(或其他有关科目)
　　　贷:辖内款项存放(或其他有关科目)

(3)市县中心接收贷记来账,为客户收账,会计分录为:
　借:辖内上存款项(或其他有关科目)

贷：吸收存款——收款人户
（4）全国中心收到人民银行网上跨行清算通知后，会计分录为：
　　借：存放中央银行款项
　　贷：跨行清算资金往来——人民银行网上跨行支付

（二）借记业务的核算

发出借记往账和接收借记来账业务的核算步骤与贷记业务的相应步骤相同，会计分录方向相反。

储蓄类业务及信用卡业务的借记与贷记业务处理手续可参照公司业务的核算流程，但需要核算个人跨行汇款的手续费收入。

中国人民银行对储蓄业务与公司业务的跨行清算均收取手续费，由商业银行总行通过"存放中央银行款项——准备金"科目支付，并向各级分行分摊，最终列入"手续费及佣金支出"科目。中国人民银行获得的手续费收入也要向各商业银行分润，最终计入结算业务收入或信用卡业务收入。

任务五　中国人民银行大额、小额支付[①]

一、中国人民银行大额实时支付系统的核算

（一）大额实时支付系统的参与者

中国人民银行大额实时支付系统的参与者根据其参与支付系统的身份不同，分为直接参与者、间接参与者和特许参与者。

（1）直接参与者是指直接与支付系统城市处理中心连接并在中国人民银行开设清算账户的银行机构以及中国人民银行地市级（含）以上中心支行（库）。

（2）间接参与者是指未在中国人民银行开设清算账户而委托直接参与者办理资金清算的银行和非银行金融机构以及中国人民银行县（市）支行（库）。

（3）特许参与者是指经中国人民银行批准通过大额支付系统办理特定业务的机构。

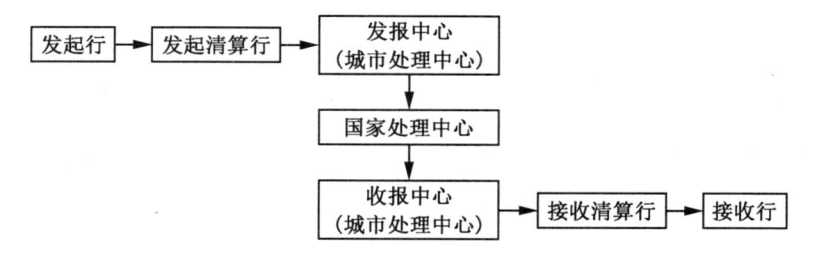

（二）大额实时支付系统的业务流程

大额实时支付系统由发起行、发起清算行、发报中心、国家处理中心、收报中心、接收清算行、接收行构成（见图6-7）。其信息传递从发起行发起，经发起清算行、发报中心、国家处理中心、收报中心、接收清算行，传至接收行。

图6-7　大额实时支付系统的业务流程

（1）发起行（发报行）是向发起清算行提交支付业务的参与者。

---

① 任课教师根据实际选讲本任务内容。学生可自行选读本任务内容。

(2)发起清算行(清算账户行)是向支付系统提交支付信息并在人民银行开设清算账户的直接参与者或特许参与者。发起清算行也可作为发起行向支付系统发起支付业务。

(3)发报中心(城市处理中心,人民银行机构)是向国家处理中心转发发起清算行支付信息的城市处理中心。

(4)国家处理中心(人民银行机构)是接收、转发支付信息,并进行资金清算处理的机构。

(5)收报中心(城市处理中心,人民银行机构)是向接收清算行转发国家处理中心支付信息的城市处理中心。

(6)接收清算行(清算账户行)是向接收行转发支付信息并在人民银行开设清算账户的直接参与者。

(7)接收行(收报行)是从接收清算行接收支付信息的参与者。接收清算行也可作为接收行接收支付信息。

(三)大额实时支付系统的业务范围

贷记支付业务是指付款人委托其开户银行主动将款项划给收款人的业务。目前,大额实时支付系统贷记支付业务的金额起点为2万元,业务范围包括一般大额支付业务、即时转账业务和城市商业银行的银行汇票业务。

1. 一般大额支付业务

一般大额支付业务是由发起行发起,逐笔实时发往国家处理中心,国家处理中心清算资金后,实时转发接收行的业务。它包括汇兑、委托收款划回、托收承付划回、中央银行和国库部门办理的资金汇划等。

2. 即时转账业务

即时转账业务是由与支付系统国家处理中心直接连接的特许参与者(第三方)发起,通过国家处理中心实时清算资金后,通知被借记行和被贷记行的业务。

【提示】目前,即时转账业务主要由中央债券综合业务系统发起。

3. 城市商业银行的银行汇票业务

城市商业银行的银行汇票业务是支付系统为支持中小金融机构结算和通汇而专门设计的,支持城市商业银行的银行汇票资金移存和兑付的资金清算业务。

由于同一城市的同一商业银行分支机构只能在人民银行开设一个清算账户,所以同一清算账户行辖属机构之间的支付业务不能使用本支付系统。

【注意】大额支付系统需要收费,一般商业银行对非资金调拨的系统内往来业务往往不通过大额支付系统处理。

(四)会计科目设置

由于所介绍的会计科目为行间支付清算业务专用科目,在新会计准则的科目表中未予列示,且不同会计主体使用不同科目体系,所以此处不再列表说明。本书在科目使用上进行了简化,经办行在办理跨行款项汇划时,一律以"跨行清算资金往来——大额支付"科目替代。

1. 清算账户行(商业银行机构)的会计科目

(1)"大额支付系统往账待清算"科目

本科目核算清算账户行发出的支付业务以及代理下属机构发出的支付业务。清算账户行受贷记支付业务时,贷记本科目。日终,收到人民银行清算资金对账报文,其中所列往账总金额在借方时,借记本科目,贷记"存放中央银行款项"科目;往账总金额在贷方时,贷记本科目,借记"存放中央银行款项"科目。本科目余额通常在贷方,表示未发出款项。

(2)"大额支付系统来账待清算"科目

本科目核算清算开户行接收的支付业务以及代理下属机构接收的支付业务。清算账户行受理汇入贷记业务时,借记本科目。日终收到人民银行清算资金对账报文,其中所列来账总金额在贷方时,贷记本科目,借记"存放中央银行款项"科目;来账总金额在借方时,借记本科目,贷记"存放中央银行款项"科目。本科目余额通常在借方,表示未转账或未转发款项。

(3)"支付系统应付结算款项"科目

本科目核算各网点接收的来账中收款人账号户名与本网点实际账号户名不符的来账,由系统中等待手工解付的款项自动转入本科目,再由经办人员检查确认后手工处理。

(4)"支付系统手续费暂收款项"科目

本科目核算各网点办理支付业务的结算收费及划缴。当收取手续费时,借记"库存现金"或有关存款科目,贷记本科目;当划缴手续费时,借记本科目,贷记"库存现金"或"存放中央银行款项"等科目。

2. 城市处理中心和国家处理中心(人民银行机构)的会计科目

(1)存款类科目

城市处理中心和国家处理中心按参与大额实时支付系统的金融机构类别,分别设置"工商银行准备金存款""农业银行准备金存款""中国银行准备金存款""建设银行准备金存款""交通银行准备金存款""政策性银行准备金存款""其他商业银行准备金存款""城市信用社准备金存款""农村信用社准备金存款""其他金融机构准备金存款""外资银行准备金存款""外资其他金融机构准备金存款""其他存款"等存款科目。各准备金存款科目核算各金融机构存放在中国人民银行的法定准备金和超额准备金。"其他存款"科目核算特许参与者用于清算的资金和支付业务收费的归集、划拨等。

此类科目贷方核算各银行业金融机构在人民银行准备金存款的增加金额,借方核算各银行业金融机构在人民银行准备金存款的减少金额,余额通常在贷方。此类科目需按直接参与者(不包括人民银行机构)、特许参与者分设清算账户。

(2)清算类科目

①"大额支付往来"科目。本科目核算支付系统发起清算行和接收清算行通过大额支付系统办理的支付结算往来款项,余额轧差反映。年终,本科目余额全额转入"支付清算资金往来"科目,余额为零。

②"支付清算资金往来"科目。本科目核算支付系统发起清算行和接收清算行通过大额支付系统办理的支付结算汇差款项。年终,"大额支付往来"科目余额对清后,结转至本科目,余额轧差反映。

③"汇总平衡"科目(国家处理中心专用)。本科目是为平衡国家处理中心代理人民银行各行(库)账务处理而设置的。该科目用于核算三类业务:发起行或接收行为人民银行的不通过清算账户核算的支付清算业务,如国库资金汇划业务、人民银行会计营业部门自身汇划业务等;为人民银行会计营业部门发起的只涉及一个清算账户的单边业务,如现金存取、缴存款、再贷款业务等;为同城票据交换轧差净额的清算等业务。

(五)大额实时支付业务的业务核算

大额实时支付系统的运行时序如图6—8所示。

1. 发起行和发起清算行的核算

发起行按规定受理并审核有关支付业务凭证后,即可办理发送往账业务。发送往账业务涉及的业务类型通常包括汇兑、委托收款、托收承付、同业拆借、退汇、电子联行、国库资金汇划等。

【提示】发送往账业务的商业银行可能是清算账户行,也可能是非清算账户行。

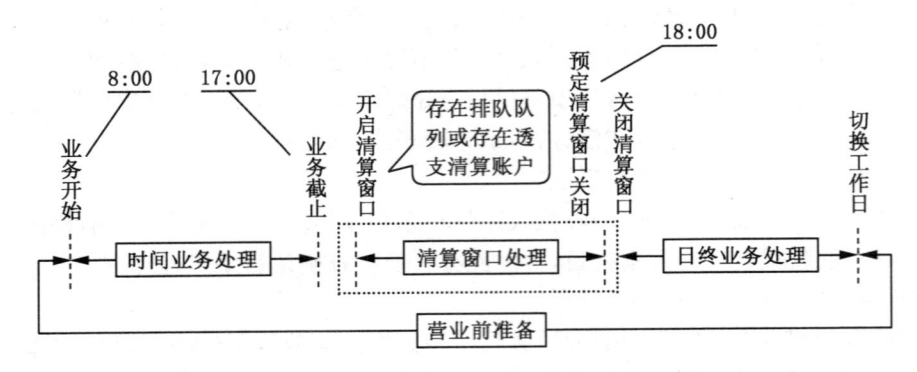

图 6—8 大额实时支付系统运行时序

(1) 发起行为清算账户行(直接参与者)的发出贷记业务

贷记业务在支付结算业务中,通常为本行客户付出款项给在他行开户的收款单位。此类业务发起行的会计分录为:

借:吸收存款——付款人户
　　贷:大额支付系统往账待清算

复核经办人员根据原始发报依据对报文复核无误后,加编密押。若金额超出授权金额则等待授权,不需授权则联动发报交易,系统自动记账,打印"电子汇划贷方报单"。对于清算账户行本身的支付业务,在作复核发报或授权时,报文即已向大额支付系统发出。

(2) 发起行为非清算账户行(间接参与者)的发出贷记业务

此时,发起行需首先通过商业银行的行内支付系统将款项转到发起清算行(清算账户行),再由清算账户行通过大额支付系统转账。向发起清算行发出贷记业务时,会计分录为:

借:吸收存款——付款人户
　　贷:辖内上存款项(或其他有关科目)

复核经办人员根据原始发报依据对报文复核无误后,加编密押。若金额超出授权金额则等待授权,不需授权则联动发报交易,系统自动记账,打印贷方报单。

发起清算行对来自发起行的支付报文,系统自动核押、接收。对发起行发来的贷记业务,将其转发大额支付系统,由系统自动记账。会计分录为:

借:辖内款项存放(或其他有关科目)
　　贷:大额支付系统往账待清算

(3) 凭证及日终处理

发起行办理支付业务时,客户所提交的"电汇凭证""托收凭证"等均为发报依据,应作为电子汇划贷方报单的附件。清算账户行的电子汇划往账报单,则作为已发报凭证。

发起清算行对于所有已发出的支付业务,只有收到国家处理中心返回的"已清算"结果,才表示该笔业务发送成功。发起清算行业务系统接收人民银行前置机传送来的"大额支付业务核对报文",自动核对并销记"支付系统往来报单登记簿",自动进行资金清算的账务处理。会计分录为:

借:大额支付系统往账待清算(往账总金额)
　　贷:存放中央银行款项(往账总金额)

根据大额支付系统"委托日期必须为当日"的要求,所有往账支付业务,应当全部在当日营业终了之前发出。系统在营业时间结束后,将不再允许进行录入、发报的处理。因此,在营业终了前 15 分钟,应停止向系统内录入往账支付的业务。对此后客户申请办理的汇兑等支付业务,应向客户说明该笔汇款将于下一个工作日发出,并在原始凭证上加盖"轧次日"戳记。

2. 发报中心(城市处理中心)的核算

发报中心收到发起清算行发来的支付信息,确认无误后,逐笔加编全国密押,实时发送国家处理中心。

3. 国家处理中心的核算

国家处理中心收到发报中心发来的支付报文,逐笔确认无误后,对发起清算行、接收清算行均为商业银行的,做会计分录:

借:××银行准备金存款——××发起清算行户
　　贷:大额支付往来——人民银行××行(发报中心)户
借:大额支付往来——人民银行××行(收报中心)户
　　贷:××银行准备金存款——××接收清算行户

对发起清算行和接收清算行中有一方为人民银行或双方均为人民银行机构的账务处理,这里不做介绍。

4. 收报中心(城市处理中心)的核算

收报中心接收国家处理中心发来的支付信息,确认无误后,逐笔加编地方密押,实时发送接收清算行。

5. 接收清算行和接收行的核算

接收清算行的电子汇划系统接收大额支付系统前置机传送来的支付报文,系统进行自动清分,若收款人账号含有网点号,则直接将报文清分至收款人开户行;若账号为非标准账号,则以报文接收行行号为清分条件,将报文清分至接收行。支付报文通过电子汇划系统进行转发并记账,接收行收到"账号""户名"相符的支付报文,系统将自动登记客户分户账。

(1)接收行为清算账户行

接收到贷记业务信息后,转至银行行内业务处理系统,会计分录为:

借:大额支付系统来账待清算
　　贷:吸收存款——收款人户

(2)接收行为非清算账户行

这种情况下,需经接收清算行通过行内支付系统电子汇划将款项划至接收行。

接收清算行受理贷记业务,通过电子汇划将款项转至接收行时,会计分录为:

借:大额支付系统来账待清算
　　贷:辖内款项存放(或其他有关科目)

接收行根据支付报文,将贷记支付款项转至客户账户时,会计分录为:

借:辖内上存款项(或其他有关科目)
　　贷:吸收存款——收款人户

(3)人工处理

对"账号""户名"不相符的支付报文,或收款账户为内部账户的情况,汇入款项应先转入"支付系统应付结算款项",然后经人工处理入账。会计分录为:

借:大额支付系统来账待清算(或电子汇划待转账)
　　贷:支付系统应付结算款项

经检查核实后,办理人工转账。会计分录为:

借:支付系统应付结算款项
　　贷:吸收存款——收款人户

(4) 接收清算行的资金清算

接收清算行业务系统接收人民银行前置机传送来的"大额支付业务核对报文",自动核对并销记"支付系统往来报单登记簿",自动进行资金清算的账务处理。会计分录为：

　　借：存放中央银行款项(来账总金额)
　　　　贷：大额支付系统来账待清算(来账总金额)

6. 大额支付系统结算收费的核算

凡通过大额支付系统办理转账支付业务的发起行,均需按规定的标准和实际发生的业务笔数,向人民银行缴付汇划费用。人民银行根据规定设置了不同业务类型和分时段按金额收费的标准,于每月月末前一天对上月末至当日的业务进行计费,并在月末扣收。

(1) 发起行收取手续费。发起行在经办大额款项汇划业务时,即向客户扣收手续费,会计分录为：

　　借：吸收存款——付款人户(或库存现金)
　　　　贷：手续费及佣金收入——大额支付收入
　　　　　　应交税费——应交增值税(销项税额)

(2) 商业银行向人民银行支付的大额支付手续费,由商业银行总行一并支付,总行的会计分录为：

　　借：其他应收款——待分摊手续费
　　　　贷：存放中央银行款项

(3) 总行向下级行分摊大额支付手续费时,会计分录为：

　　借：手续费及佣金支出——大额支付结算手续费支出
　　　　贷：其他应收款——待分摊手续费

商业银行使用人民银行大额支付系统资源,多支付的手续费将由人民银行返还。返还的手续费由商业银行总行统一收回,并根据业务量在下属各级银行之间进行分配,会计分录与上交时的分录相反。

7. 国家处理中心年终账务结转

(1) "大额支付往来"科目的结转

年度最后一个工作日,国家处理中心完成日终试算平衡,并将日终账务信息下载后,立即将"大额支付往来"科目余额以"人民银行××行(库)"为单位,结转到"支付清算资金往来"科目。如"大额支付往来"科目为借方余额的,会计分录为：

　　借：支付清算资金往来——人民银行××行(库)户
　　　　贷：大额支付往来——人民银行××行(库)户

如"大额支付往来"科目为贷方余额,会计分录相反。

国家处理中心将各行(库)"支付清算资金往来"账户的余额保留,纳入下一年度每一营业日的账务平衡。

人民银行会计营业部门和国库部门接收国家处理中心日终下载的账务信息,进行自身试算平衡后,办理年度账务结转,将"大额支付往来"科目余额结转"支付清算资金往来"科目。

(2) 汇总平衡科目的结转

年终总的试算平衡结束后,国家处理中心以"人民银行××行(库)"为单位,将汇总平衡科目借方或贷方余额结转为下年度的期初余额。

(3) 清算账户的结转

年终总的试算平衡结束后,国家处理中心分别将每一个清算账户的借方或贷方余额结转为下年度的期初余额。

(4)"支付清算资金往来"科目余额的核对

国家处理中心账务结转后,将"支付清算资金往来"科目余额下载至人民银行会计营业部门和国库部门。各人民银行(库)收到下载的"支付清算资金往来"科目余额,与自身结转存档的"支付清算资金往来"科目余额进行核对。核对不符的,以国家处理中心下载的余额进行账务调整,纳入暂收(付)款项科目核算,查明原因后,进行相应的处理。

二、中国人民银行小额批量支付系统的核算

(一)小额批量支付系统与大额实时支付系统的关系

小额批量支付系统与大额实时支付系统均属于中国人民银行现代化支付系统的应用系统,运作原理相同、参与者相同、运用的清算账户管理系统相同,并共享在中国人民银行清算账户的清算资金。

二者的区别体现在以下三个方面:

第一,清算的金额起点不同。目前,大额支付系统规定的金额起点为2万元以上;小额支付系统为2万元以下。

第二,业务范围不同。大额支付系统处理的是大额贷记支付业务和紧急的小额贷记支付业务;小额支付系统则处理银行业金融机构行内直接参与者之间的支付业务以及跨行普通、定期和实时的贷记和借记业务。

第三,处理模式不同。大额支付系统实时处理支付指令,全额清算资金;小额支付系统一般批量发送支付指令,轧差净额清算资金。

(二)小额批量支付系统的参与者和业务流程

小额批量支付系统的参与者分为直接参与者、间接参与者和特许参与者。其定义与大额实时支付系统参与者的定义相同。小额批量支付系统处理的业务类型分为贷记业务和借记业务两类,各类业务的流程如下:

1. 贷记业务

(1)同城贷记业务

小额支付系统处理的同城贷记支付业务,其信息从付款发起行,经付款清算行、城市处理中心、收款清算行,至收款行止(见图6—9)。

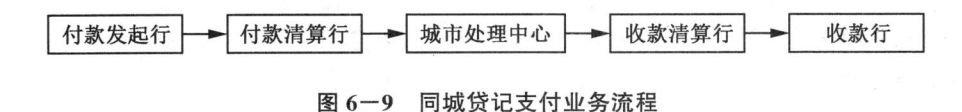

付款发起行 → 付款清算行 → 城市处理中心 → 收款清算行 → 收款行

图6—9 同城贷记支付业务流程

(2)异地贷记业务

小额支付系统处理的异地贷记支付业务,其信息从付款发起行,经付款清算行、付款行城市处理中心、国家处理中心、收款行城市处理中心、收款清算行,至收款行止(见图6—10)。

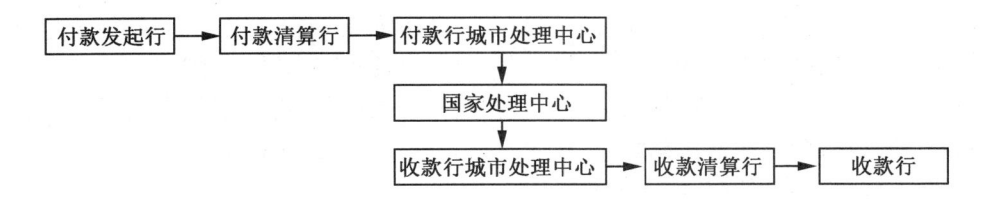

付款发起行 → 付款清算行 → 付款行城市处理中心 → 国家处理中心 → 收款行城市处理中心 → 收款清算行 → 收款行

图6—10 异地贷记支付业务流程

2. 借记业务

(1) 同城借记业务

小额支付系统处理的同城借记支付业务,其信息从收款发起行,经收款清算行、城市处理中心、付款清算行、付款行后,付款行按规定时限发出回执信息,经原路径返回至收款发起行止(见图6—11)。

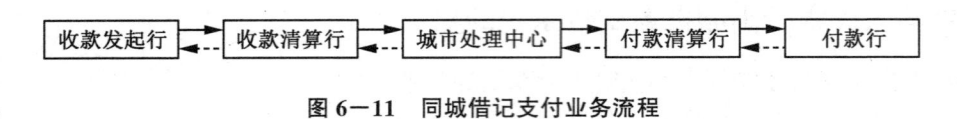

图6—11 同城借记支付业务流程

(2) 异地借记业务

小额支付系统处理的异地借记支付业务,其信息从收款发起行,经收款清算行、收款行城市处理中心、国家处理中心、付款行城市处理中心、付款清算行、付款行后,付款行按规定时限发出回执信息,经原路径返回至收款发起行止(见图6—12)。

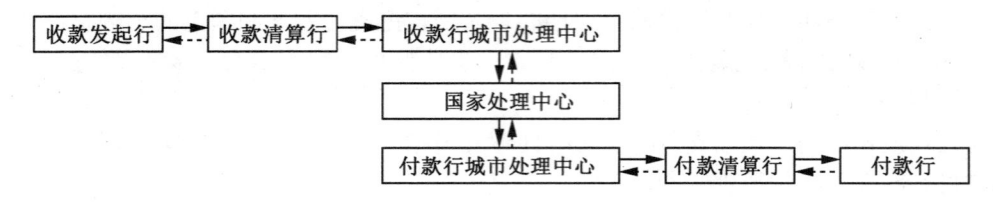

图6—12 异地借记支付业务流程

付款清算行是指向小额支付系统提交贷记支付业务信息或发起借记支付业务回执信息的直接参与者;收款清算行是指向小额支付系统提交借记支付业务信息,并接收借记支付业务回执信息或贷记支付业务信息的直接参与者。

(三)小额批量支付系统的业务范围

银行业金融机构行内直接参与者之间的支付业务可以通过小额支付系统办理。小额支付系统处理下列跨行支付业务:

(1) 普通贷记支付业务,是指付款行向收款行主动发起的付款业务。它包括汇兑、委托收款(划回)、托收承付(划回)、国库贷记汇划业务、网银贷记支付业务等。

(2) 定期贷记支付业务,是指付款行依据当事各方事先签订的协议,定期向指定收款行发起的批量付款业务。它包括代付工资、代付保险金、养老金业务等。

(3) 实时贷记支付业务,是指付款行接受付款人委托发起的、将确定款项实时贷记指定收款人账户的业务。它主要包括个人储蓄通存业务。

(4) 普通借记支付业务,是指收款行向付款行主动发起的收款业务。它包括中国人民银行机构间的借记业务和国库借记汇划业务等。

(5) 定期借记支付业务,是指收款行依据当事各方事先签订的协议,定期向指定付款行发起的批量收款业务。它包括代收水、电、煤气等公用事业费业务及国库批量扣税业务等。

(6) 实时借记支付业务,是指收款行接受收款人委托发起的、将确定款项实时借记指定付款人账户的业务。它包括个人储蓄通兑业务、对公通兑业务及国库实时扣税业务等。

(7) 中国人民银行规定的其他支付业务。

(四)会计科目设置

1. 清算账户行的会计科目

在中国人民银行发布的《小额支付系统业务处理手续》中,清算账户行使用的科目为"待清算支付款项"科目,未区分往账和来账。与人民银行清算时,直接将该科目余额与"存放中央银行款项"科目对转。各商业银行可按需要设置相应的账户。本书在科目使用上进行了简化,经办行在办理跨行款项汇划时,一律以"跨行清算资金往来——小额支付"科目替代。

(1)"小额支付系统往账待清算"科目

清算账户行向支付系统发出或代理下属机构发出贷记支付业务或借记支付业务回执,记入本科目贷方;日终,收到人民银行资金清算对账报文时,将贷方发生额从借方转出,清算后本科目无余额。

(2)"小额支付系统来账待清算"科目

清算账户行接收或代理下属机构接收支付系统发来的贷记支付业务或借记支付业务回执,记入本科目借方;日终,收到人民银行资金清算对账报文时,将借方发生额从贷方转出,清算后本科目无余额。

(3)"小额支付系统待发报"科目

清算账户行辖属机构已复核或授权的小额贷记支付业务或借记业务回执在等待组包发出时,记入本科目贷方;等待发出的支付业务组包发出时,记入本科目借方。发出后本科目无余额。

2. 国家处理中心和城市处理中心的会计科目

中国人民银行所设国家处理中心和城市处理中心核算小额批量支付业务的会计科目,存款类科目与大额实时支付系统所使用的科目相同;联行类科目中,"支付清算资金往来"和"汇总平衡"科目与大额实时支付系统相同,另设置"小额支付往来"科目,核算支付系统清算账户行通过小额支付系统办理的支付结算往来款项,余额轧差反映。年终,该科目余额全额转入"支付清算资金往来"科目,结转后余额为零。

(五)小额批量支付业务的业务核算

1. 贷记业务的核算

(1)发出贷记业务

①付款发起行为非清算账户行,经办柜员审核客户提交的有关贷记凭证后,需要通过商业银行行内电子汇划系统发往付款清算行。其会计分录为:

借:吸收存款——付款人户
　　贷:辖内上存款项(或其他有关科目)

复核柜员根据客户提交的贷记凭证对报文进行复核,若交易金额未超过授权金额,则系统自动记账,打印贷方报单。付款清算行收到后,转账的会计分录为:

借:辖内款项存放(或其他有关科目)
　　贷:小额支付系统待发报

②付款发起行本身即为清算账户行时,会计分录为:

借:吸收存款——付款人户
　　贷:小额支付系统待发报

③清算账户行组包发报时,应在规定的时间内自动进行组包,并将其发至人民银行小额支付系统前置机。对于加急的小额支付业务报文,可由清算账户行人工进行组包发出。发出贷记业务时,会计分录为:

借:小额支付系统待发报
　　贷:小额支付系统往账待清算

对所有已发出的非实时贷记业务报文,收到轧差节点返回的"已轧差"通知,表示该笔业务处理完成。

(2)接收贷记业务

①收款清算行接收辖属收款行的贷记业务,会计分录为:

　　借:小额支付系统来账待清算
　　　　贷:辖内款项存放(或其他有关科目)

通过商业银行行内电子汇划系统发至收款行,收款行的会计分录为:

　　借:辖内上存款项(或其他有关科目)
　　　　贷:吸收存款——收款人户

②收款清算行受理自身为收款行的贷记业务时,会计分录为:

　　借:小额支付系统来账待清算
　　　　贷:吸收存款——收款人户

2. 借记业务的核算

(1)收款行发出借记业务

收款行柜员受理客户提交的有关借记凭证,审核无误后,打印借记业务凭证,交复核柜员对报文进行复核,并将借记业务凭证专夹保管,待接收到回执后处理。无论收款行是否清算账户行,发出借记阶段均无须进行账务处理。收款清算行发出借记业务包时,也不产生账务,对所有已发出的借记业务报文,收到接收行(付款行)的"成功"或"拒付"回执,并进行账务处理后,该笔业务才处理完成。

(2)付款行接收借记业务

付款行在接收来账报文时,使用来账业务借方专用凭证进行批量打印。对接收到的符合自动处理条件的借记业务报文,系统自动进行处理;对接收到的不符合自动入账条件的借记业务报文,由柜员进行人工处理。

付款行对符合扣账条件的借记业务报文,在记账同时产生"成功"回执报文。付款行为非清算账户行时,会计分录为:

　　借:吸收存款——付款人户
　　　　贷:辖内上存款项(或其他有关科目)

付款行为清算账户行时,会计分录为:

　　借:吸收存款——付款人户
　　　　贷:小额支付系统往账待清算

付款清算行受理辖属付款行的借记业务,在借记商业银行行内电子汇划科目的同时,贷记"小额支付系统往账待清算"科目。

对不符合扣账条件的借记业务报文,产生"拒付"回执报文,无须进行账务处理。

(3)收款行接收借记业务回执

收款行接收借记业务回执并进行下列账务处理后,其所发出的借记业务才能完成。相应的账务处理应区别两种情况进行:

①收款行为非清算账户行,其收款清算行的会计分录为:

　　借:小额支付系统来账待清算
　　　　贷:辖内款项存放(或其他有关科目)

通过行内电子汇划系统发至收款行,收款行的会计分录为:

　　借:辖内上存款项(或其他有关科目)

贷：吸收存款——收款人户
②收款行本身即为清算账户行时，会计分录为：
　　借：小额支付系统来账待清算
　　　　贷：吸收存款——收款人户

3. 日终轧差和清算资金
(1)清算账户行的处理
清算账户行业务系统接收人民银行前置机传送来的"小额业务包汇总核对报文"，按照该报文，系统自动对轧差日期、场次、节点相同的往来业务进行轧差。
当往账金额大于来账金额时，会计分录为：
　　借：小额支付系统往账待清算
　　　　贷：小额支付系统来账待清算
　　　　　　存放中央银行款项
当来账金额大于往账金额时，会计分录为：
　　借：小额支付系统往账待清算
　　　　存放中央银行款项
　　　　贷：小额支付系统来账待清算
小额支付系统的资金清算既包括清算账户行与人民银行(城市处理中心)的清算，也包括清算账户行与非清算账户行(收款行和付款行)的清算。法定工作日，清算账户行与人民银行按清算场次对当日的往账来账分别进行清算；清算账户行与非清算账户行之间则通过行内电子汇划系统进行清算。

(2)城市处理中心轧差
①同城业务。城市处理中心在日常受理小额支付业务时，对同城业务检查、核押无误，轧差后将业务包转发相应的清算账户行。轧差公式为：
某清算行提交清算的贷方净额(＋)(或借方净额(－))＝同城贷记来账金额＋他行返回同城借记回执成功交易金额－同城贷记往账金额－发出同城借记回执成功交易金额
②异地业务。对异地往账业务检查、核押无误，加编全国押后转发国家处理中心；对异地来账业务核验全国押无误后，加编地方押转相应的接收清算行。
城市处理中心在规定提交时点对每场轧差净额进行试算平衡检验，检验无误后自动提交清算。

(3)国家处理中心轧差
国家处理中心对付款清算行和收款清算行双边实时轧差，轧差公式为：
某清算行提交清算的贷方净额(＋)[或借方净额(－)]＝异地贷记来账金额＋他行返回异地借记回执成功交易金额－异地贷记往账金额－发出异地借记回执成功交易金额
国家处理中心在规定提交时点对每场轧差净额进行试算平衡检验，检验无误后自动提交清算。
国家处理中心收到同城和异地轧差净额清算报文，试算平衡检查无误后，自动完成相关账务处理。对各清算行的轧差净额，分两种情况进行核算：
①属于清算行贷方差额的，会计分录为：
　　借：小额支付往来——人民银行××行(库)户
　　　　贷：××银行准备金存款——××行户
②属于清算行借方差额的，会计分录为：
　　借：××银行准备金存款——××行户
　　　　贷：小额支付往来——人民银行××行(库)户

(4)国家处理中心年终账务结转

①小额支付往来科目的结转。年度最后一个工作日,国家处理中心完成日终试算平衡,将"小额支付往来"科目余额以"人民银行××行(库)"为单位,一并转入"支付清算资金往来"科目。若"小额支付往来"科目为借方余额,会计分录为:

借:支付清算资金往来
　　贷:小额支付往来——人民银行××行(库)户

若为贷方余额,则会计分录相反。

②汇总平衡科目的结转、清算账户的结转以及支付清算资金往来科目余额的核对与大额支付系统的处理方式相同。

小额支付系统结算收费的核算也与大额支付系统相同,在此不再赘述。

项目练习

一、单项选择题

1.(　　)用以核算商业银行存入中国人民银行的各种款项。
　A.××银行准备金存款　　　　　B.××银行划来财政性存款
　C.××银行划来一般性存款　　　D.存放中央银行款项

2."向中央银行借款"是(　　)账户。
　A.资产类　　　B.负债类　　　C.收入类　　　D.费用类

3.由中央银行按规定向资金不足的商业银行发放的贷款,称为(　　)。
　A.贷款　　　　B.再贷款　　　C.再贴现　　　D.贴现

4.(　　)这种方式适用于汇出行所在地为双设机构地区,即该地区既有汇出行,又有与汇入行相同系统的银行营业机构。
　A.先横后直　　B.先直后横　　C.先直后横再直　　D.先横后直再直

5.目前,大额实时支付系统贷记支付业务的金额起点为(　　)万元。
　A.1　　　　　B.2　　　　　C.3　　　　　D.4

二、多项选择题

1.下列关于"缴存中央银行财政性存款"的表述中正确的有(　　)。
　A.是资产类账户
　B.用以核算商业银行向人民银行缴存的财政性存款
　C.向人民银行缴存时,记入借方;从人民银行退回时,记入贷方
　D.余额在借方,表示向人民银行缴存财政性存款的结余数

2.下列关于再贷款的内容表述中正确的有(　　)。
　A.再贷款是对商业银行银行而言的,向商业银行借款是对中央银行而言的
　B.年度性贷款户,期限一般为1年,最长不超过2年
　C.季节性贷款户,期限一般为2个月,最长不超过4个月。
　D.日拆性贷款户,期限一般为10天,最长不超过20天

3.下列关于"同城票据清算"的表述中正确的有(　　)。
　A.是资产负债共同类账户
　B.用以核算同城交换清算的款项

C. 提出借方凭证和提回贷方凭证时,记入借方;提出贷方凭证和提回借方凭证时,记入贷方
D. 借贷方差额为应收差额或应付差额,当天资金清算后,该账户没有余额
4. 在网上支付跨行清算系统处理的业务中,支付类业务包括(　　)。
A. 贷记往账　　　B. 贷记来账　　　C. 借记往账　　　D. 借记来账
5. 大额实时支付系统的业务范围包括(　　)。
A. 一般大额支付业务　　　　　　　B. 即时转账业务
C. 城市商业银行的银行汇票业务　　　D. 定期贷记支付业务

三、判断题

1. 当商业银行本期为调增时,应增加法定存款准备金缴存额。(　　)
2. 人民银行办理贴现的对象是在人民银行开立账户的商业银行。(　　)
3. 退回的票据视同提入票据处理,在下次票据交换前通过"其他应收款"或"其他应付款"科目核算。(　　)
4. 普通借记支付业务包括代收水、电、煤气等公用事业费业务及国库批量扣税业务等。(　　)
5. 一般大额支付业务主要由中央债券综合业务系统发起。(　　)

四、会计业务题

1.(1)开户单位机床公司提报异地同系统某行签发的银行汇票及进账单,金额为4 000元,要求办理进账手续。请做会计分录。
(2)收到发报经办行发来的借方汇划业务,金额40 000元。请做会计分录。

2.(1)某市分行因资金周转困难,向该省分行申请借入清算备付资金35 000 000元,经审核同意其申请。请做会计分录。该市分行收到借款信息后,自动进行账户处理。请做会计分录。
(2)沈阳市分行主动归还向管辖行辽宁省分行借入的资金35 000 000元。请做沈阳分行的会计分录和辽宁省分行的会计分录。

3.(1)中国建设银行某支行于2022年1月成立,至1月末该银行财政性存款余额为800 000元,一般性存款余额为20 000 000元。1月末该银行第一次办理缴存手续。假设一般性存款缴存比例为12.5%。请做该银行的会计分录。
(2)本期末,该建设银行支行财政性存款余额为900 000元,上期期末余额为800 000元。一般性存款余额为15 000 000元,上期期末余额为20 000 000元。假设一般性存款缴存比例仍为12.5%,则需要调整的缴存存款额是多少并做会计分录。

4. 中国招商银行某支行因资金周转发生困难于7月10日将未到期的商业汇票向中国人民银行申请再贴现,汇票金额3 000 000元,到期日为10月6日,月贴现率为6‰,办理再贴现手续。请做会计分录。

5.(1)农业银行开户单位丽华超市提交电汇凭证,金额为60 000元,汇往异地工商银行开户单位食品公司。经审核无误后,提出票据交换给同城工商银行转汇。请做会计分录。
(2)同城工商银行提入票据,金额为60 000元,填制贷方报单办理转账。请做会计分录。
(3)收到贷方报单,金额为60 000元,收款单位为本行开户单位食品公司。请做会计分录。

五、案例分析题

中国工商银行鄂州市分行与中国银行鄂州市分行资金拆借合同纠纷案

原告：中国银行鄂州市分行（以下简称"鄂州中行"）

被告：中国工商银行鄂州市分行（以下简称"鄂州工行"）

2019年2月，鄂州工行房地产信贷部主任熊某（兼任金鹏房地产公司经理）与鄂州中行联系资金拆借事宜，商定先由鄂州中行出面向中国银行蚌埠分行（以下简称"蚌埠中行"）拆入资金2 000万元，然后借给鄂州工行房地产信贷部和金鹏房地产公司，事成后，将付给鄂州中行10万元好处费。

于是，鄂州中行和蚌埠中行达成协议：鄂州中行从蚌埠中行拆入资金2 000万元，拆借期限自2019年3月12日至2020年3月12日；拆借月利率为13.8‰，利息分3次结算；到偿还期不偿还本息，按日0.5‰计算罚息。

2019年3月12日，鄂州中行将蚌埠中行汇到的2 000万元转入鄂州工行房地产信贷部账户，而后转入金鹏房地产公司账户。熊某出具了盖有鄂州工行房地产信贷部印章、面额为2 000万元、未注明期限及利率的大额存单和一份承诺函。该承诺函载明：鄂州中行兑付本息。同年4月5日，鄂州中行与鄂州工行补签一份资金拆借合同，约定：鄂州中行拆借给鄂州工行资金2 000万元，此笔资金由鄂州工行房地产信贷部具体办理、运用，拆借期限为2019年3月12日，拆借月利率为13.8‰，到期未还按日0.5‰计收罚息。双方在该合同上均盖了公章，鄂州工行行长在合同上签了名。鄂州工行在合同签订后向鄂州中行支付了好处费10万元。

2019年9月19日，鄂州中行曾致函鄂州工行催付到期利息未果，遂向湖北省高级人民法院提起诉讼，请求鄂州工行归还本息，并承担违约金及诉讼费用。法院判决：鄂州工行偿还鄂州中行拆借款本金1 990万元；鄂州工行支付占用该1 990万元的利息给鄂州中行。

资料来源：李贺等主编《金融企业会计》，上海财经大学出版社2020年版，第171—172页。

问题：

1. 鄂州中行与鄂州工行的资金拆借合同约定的利率、期限等内容违反了哪些规定？
2. 到2019年9月19日，鄂州工行应支付多少利息？

项目实训

【实训项目】

金融机构往来核算。

【实训目的】

通过对金融机构往来核算知识的了解，加深对其金融业务的核算。

【实训资料】

中国工商银行北京某支行发生下列电子汇划清算业务，请分别编制联行业务的发报经办行、发报清算行、总行清算中心、收报清算行和收报经办行的会计分录。

1. 开户单位蓝天贸易公司提交信汇凭证，向在中国工商银行上海某支行开户的服装公司汇出汇款60 000元，经审核无误，办理转账（实时汇划，收报清算行集中处理）。

2. 开户单位新兴百货公司提交中国工商银行长春某支行签发的银行汇票，金额为30 000元，要求全额兑付，经审核无误，办理转账（批量汇划，收报清算行集中处理）。

3. 收到中国工商银行大连某支行寄来的委托收款凭证，金额为15 000元，为在本行开户的市百货公司向大连东胜商贸公司支付的货款，承付期已到，办理转账（实时汇划，收报经办行分散处理）。

4. 收到中国工商银行沈阳分行发来的信汇凭证,为本行的开户单位塑料厂收受的货款 20 000 元(批量汇划,收报经办行分散处理)。

【实训要求】

1. 针对上述实训资料作出会计分录。
2. 撰写《金融机构往来业务核算》实训报告。

《金融机构往来业务核算》实训报告		
项目实训班级:	项目小组:	项目组成员:
实训时间:　年　月　日	实训地点:	实训成绩:
实训目的:		
实训步骤:		
实训结果:		
实训感言:		

项目七

现金出纳业务核算

○ **知识目标**

理解：现金出纳工作的概念和特点；现金出纳工作的任务。

熟知：现金整点、兑换与识别；现金出纳工作的原则。

掌握：现金出纳业务核算；库房管理和现金运送核算。

○ **技能目标**

能够结合所学的现金出纳业务核算知识，具备对相关业务进行核算的能力。

○ **素质目标**

运用所学的现金出纳业务核算知识研究相关事例，培养和提高学生在特定业务情境中分析问题与决策设计的能力；结合行业规范或标准，运用现金出纳业务核算知识分析行为的善恶，强化学生的职业道德素质。

○ **思政目标**

能够正确地理解"不忘初心"的核心要义和精神实质；树立正确的世界观、人生观和价值观，做到学思用贯通、知信行统一；通过现金出纳业务核算知识，结合财经法规，明确现金出纳业务核算的重要性，规范业务核算要领，确保现金安全完整。

○ **项目引例**

库管人员盗窃库款案

李某，男，1979年7月出生。2007年8月，被A分行录用为合同柜员，在分行营业部任库管员。2019年6月至案发日，担任B支行库管员。

2021年6月24日上午，李某请事假半天。当日上午因客户大额取现而柜员尾箱现金不足，当班会计主管和另一名库管人员进入支行库房出库。核算系统的"现金库表"上显示100元券应有274万元，但库房内100元券只有2万元残钞。与库管员李某电话联系，李某称其余现金在尾箱里，他马上回单位出库，但随后就关闭了手机，无法联系。李某的反常行为引起B支行的警觉，随即查库发现了大额短款。A分行接到支行的报告后，立即成立了专案小组对B支行的账务进行了全面清查。清查发现：从2020年3月至2021年6月任库管员期间，李某利用工作之便，通过把现金藏匿于衣服内或者装入纸袋等方式将盗取的库款带出银行，先后13次盗窃支行金库现金共计272万元。为了应付分行和支行的查库，李某每次查库前把库房短款数通过"出库交易"出给前台柜员，然后打印"现金库表"用于查库，查库结束后，再反向做"入库交易"实现平账，从而造成查库时库款表面账实相符。

李某将盗取的库款用于个人炒股，购买彩票、个人住宅、轿车、金银首饰、家电、家具等。案发后，李某退出赃款现金22万元，没收住宅两套并拍卖收回现金71万元，家电折价5.4万元，保险公司理赔15万元（员工忠诚险）。

本案给银行造成损失人民币158.6万元。2022年3月,法院以贪污罪判处李某有期徒刑14年。

资料来源:李贺等主编:《金融企业会计》,上海财经大学出版社2020年版,第174页,有改动。

试分析:库管人员盗窃库款的原因、教训及对策。

○ 知识精讲

任务一　现金出纳工作概述

一、现金出纳工作的概念

金融企业会计中的现金通常指的是现钞,包括人民币和外币。银行的现金出纳业务中所经营的不只是现钞,还包括金银以及其他有价单证。出纳,是支出和纳入的意思。用在货币流通中,"出"是指投放货币,"纳"是指回笼货币。现金出纳是指银行的现钞、有价单证、贵重物品等的收付及保管工作。

现金出纳工作在调节货币流通、组织现金结算、实现银行的职能中发挥着重大作用。

二、现金出纳工作的特点

银行现金出纳工作是现金货币流通的基础。它既要服务于国家的货币政策和金融宏观调控的方针,又要服务于国民经济各部门、各单位和个人,还要满足银行自身业务的需求。银行的现金出纳业务具有以下特点:

(一)政策性强,涉及面广

银行现金出纳是全社会现金出纳中心,既是国家货币政策和现金管理的具体执行部门,又是银行对外服务的窗口,处于临柜一线,面对众多客户,因此对现金出纳工作有很高的政策性要求。

(二)专业性强,技术要求高

银行现金出纳业务技术性强,要负责现金、外币、有价单证等的收付、保管、调运等工作,每笔业务的处理要准确、及时、安全。在现金整点过程中,还要识别真假票币等,因此对现金出纳工作有很高的技术性要求。

(三)管理性强

由于银行现金出纳业务涉及面广、业务量大且营业机构和人员众多,客观上要求银行要专门设置出纳业务管理机构执行现金出纳职能,专门管理和处理日常业务,组织系统管理。

(四)风险直接,责任重大

出纳人员每天经手款项金额大、实物数量多,所承担的风险不仅大,而且直接。同时,银行现金出纳业务承担着执行国家货币政策、维护人民币信誉和保护国家财产安全的重大责任。

三、现金出纳工作的原则

(一)钱账分管

钱账必须分开。实行管钱的不管账,管账的不管钱,钱和账绝不能由一个人管理。

(二)双人经办

双人经办是指在现金出纳工作中,必须坚持双人临柜、双人守库、双人碰库、双人押送的原则。这样,可以互相帮助和互相监督,防止差错事故的发生。如果发生意外情况,也便于互相协商和及时处理,以保护经办人员和国家财产的安全。

【注意】原封新券开箱、拆捆和拆把清点时,必须2人以上同时在场。

碰库,是营业时间内记账员和出纳员核对"库存"现金的手段。一般由出纳员先报出"库存"现金数额(大多数时候是指外库现金),记账员当即与账核对是否相符。

(三)现金收付分开

收付必须分开。经办收款的与经办付款的要分开,不能由一个人既收款又付款,责任必须分明。

【注意】收入现金必须坚持"先收款后记账"、付出现金必须坚持"先记账后付款"的原则。

避免现金没有收妥而给单位虚入了账或者单位账上存款不足而取了款。

(四)换人复核

现金收付必须坚持收款复点、付款复核的原则。这样,可以避免发生差错,不至于给银行信誉和财产造成损失。因此,对外办理业务的行处要配备足够的专职或兼职的复点、复核人员,做到收款换人复点、付款换人复核。

【提示】业务量较少的基层处所,也必须配备专职出纳人员,实行会计、出纳交叉复核。

(五)坚持交接手续和查库的原则

确保库款安全是出纳部门的重要职责。款项交接或出纳人员调换时,必须办理交接手续,分清责任。库房管理除必须坚持双人管库、双人守库外,还必须实行定期或不定期的查库制度,加强对库房的监督和检查,防止发生意外事故。

(六)对现金出纳人员的管理严格

现金出纳业务的上岗人员必须经过业务培训并考核合格,在1年内取得会计上岗证及反假币上岗资格证书;临柜出纳人员必须遵守柜台纪律,履行岗位职责;严格执行大额现金授权、审批、报备制度。

(七)维护国家利益和银行信誉,坚持服务和监督并重

作为银行出纳,必须维护国家利益和银行信誉。既要做好现金收付的服务工作,又要在具体的收付工作中体现国家的有关政策、法令和制度规定,做好监督工作。服务和监督是做好现金出纳工作的两个重要方面。

任务二 现金出纳业务核算

银行的现金业务主要是指出纳柜台的现金收入、现金支出以及出纳错款的处理。"库存现金"科目是反映银行现金增减状况的科目。现金增加时借记本科目,贷记"活期存款"等科目;现金减少时则作相反的会计分录。

一、现金收入的业务核算

商业银行的客户在向银行缴存现金时,应填制一式两联的现金缴款单,连同现金交银行出纳部门,收款员收到缴款单和现金后,经审核无误,即当面点收款项。现金收妥后,收款员在两联缴款单上分别加盖名章,然后交复核员进行复点。经复核无误后,在凭证上加盖"现金收讫"章和复核员名章。然后,将第一联(回单联)退还客户,第二联由收款员登记现金收入日记簿后按有关规定程序送相关会计专柜代现金收入传票。会计部门收到第二联缴款单后,凭以记入缴款单位分户账。其会计分录为:

  借:库存现金
    贷:××存款——××单位存款户

【做中学7—1】 新阳公司到银行存入现金50 000元。编制会计分录如下:

借：库存现金 50 000
　　贷：活期存款——新阳公司 50 000

【注意】柜员受理客户缴存的现金和现金收款凭证后，应重点审查：现金收款凭证要素是否齐全；日期、收款人户名、收款人账号等是否清楚；凭证联次是否齐全、有无涂改；大小写金额是否一致。

二、现金付出的业务核算

客户在提取现金时，应填写本行的现金支票，或其他现金付款凭证到银行会计专柜办理取款手续。会计人员收到支款凭证后，经审核无误，将现金支票右下角的"出纳对号单"撕下或将铜牌交取款人，凭以向出纳部门领取款项。然后，会计部门将留下支票（或其他支款凭证）代替现金付出传票进行账务处理。其会计分录为：

借：××存款——××单位存款户
　　贷：库存现金

【做中学7—2】 甲公司开出现金支票支取现金20 000元。编制会计分录如下：
借：吸收存款——活期存款——甲公司 20 000
　　贷：库存现金 20 000

记账经复核无误，将现金支票按有关规定程序传送到出纳部门。出纳部门付款员接到会计部门传来的现金支票，按规定审核无误后，凭以登记现金付出日记簿，并予以配款，在支款凭证上填明券别明细、加盖现金付讫章和名章，将凭证、现金付出日记簿连同现金一并交复核员复核。复核员复核无误后，叫号，问清取款额，收回对号单或铜牌，将款项当面交给取款人清点。最后，支款凭证分别送回会计部门。

三、营业终了后现金收付汇总的操作程序

（一）收款结账操作程序

每日营业终了时，收款员应将当日所收的现金，按票币种类进行汇总，计算出现金总数，并同现金收入日记簿的总数和会计部门的现金科目的借方发生额核对相符，然后填写入库单，登记款项交接登记簿，将现金交管库员审核入库。

（二）付款结账操作程序

付款员应当根据当日领取的备付现金总数，减去未付的剩余现金，轧出当日实付现金总数，并同现金付出日记簿总数和会计部门的现金科目的贷方发生额核对相符，然后填写出库单，登记款项交接登记簿，交管库员审核入库。

（三）管库结账操作程序

管库员收到收款员和付款员交来的现金，经同现金收付登记簿及入库单核对相符后，将现金入库保管，同时登记现金库存簿。将昨日库存，加减今日收付的现金总数，结出今日库存，并同库房的实存现金核对相符，同时还应与会计部门当日"库存现金"账户的余额核对相符。

四、出纳错款的处理原则和业务核算

（一）出纳错款的处理原则

出纳错款是指出纳柜台在办理现金收付业务过程中发生的现金过多或短缺，导致账款不符的现象。在会计核算中，款多于账称为长款，款少于账称为短款。出纳错款处理时应遵循"长款不得寄库，短款不得空库，长、短款不能相互抵补"的原则。长款应查明原因及时退还，如确实无法查明

原因,应按规定入账归公,不得侵占,否则以贪污论处;对于短款不能自行补贴,隐瞒不报,应及时查找收回,确实无法收回的,按规定的会计程序处理。

(二)出纳错款的业务核算

1. 出纳长款的业务核算

出纳长款是指实有现金库存数大于账面余额的差额。发生出纳长款应及时查明,退还原主。如当日未能查明原因,无法退还,营业终了前,错款人应填列"出纳错款列账报告单",经出纳负责人审核签章、主管人员审批签字后,按暂收款项列账处理,其会计分录为:

借:库存现金
　　贷:其他应付款——待处理出纳长款户

同时,登记"现金收入日记簿"。

【提示】"其他应付款"是负债类账户,用以核算银行应付、暂收企业或个人的款项。银行发生应付、暂收款项时,贷记本科目;偿还、转销各种应付、暂收款项时,借记本科目;余额在贷方,表示尚未偿还、转销款项的数额。该账户应按单位或个人设置明细分类核算。

查明原因后,分别按不同情况处理:

(1)若日后查明长款的原因为客户多交或银行少付,则应及时退还客户,同时作相反的会计分录以抵销原会计分录:

借:其他应付款——待处理出纳长款户
　　贷:库存现金

同时,登记"现金付出日记簿"。

【做中学7—3】 某银行营业终了发生出纳长款400元,原因未明,经会计主管批准后列账。

借:库存现金　　　　　　　　　　　　　　　　　　　　　　　400
　　贷:其他应付款——待处理出纳长款户　　　　　　　　　　　　400

(2)若经过认真查找仍不能查明长款原因,则应按规定的审批权限报批后列作银行收益。其会计分录为:

借:其他应付款——待处理出纳长款户
　　贷:营业外收入——出纳长款收入户

【做中学7—4】 上述做中学7—3出纳长款,经查找为银行少付开户单位350元,通知企业领取,另50元确实无法归还,经批准列作银行收益。

借:其他应付款——待处理出纳长款户　　　　　　　　　　　　400
　　贷:营业外收入——出纳长款收入户　　　　　　　　　　　　　50
　　　　库存现金　　　　　　　　　　　　　　　　　　　　　　350

2. 出纳短款的业务核算

出现出纳短款而当天未能查出原因的,应由出纳部门出具证明,经会计主管审核批准后,由会计部门填制现金付出传票,暂列"其他应收款"科目入账。其会计分录为:

借:其他应收款——待处理出纳短款户
　　贷:库存现金

同时,登记"现金付出日记簿"。

【提示】"其他应收款"是资产类账户,用以核算银行应收、暂付企业或个人的款项。银行发生应收、暂付款项时,借记本科目;收回各种款项时,贷记本科目;余额在借方,表示尚未收回款项的数额。

查明原因后,分别按不同情况处理:

(1)若日后查明短款的原因为客户少交或银行多付,则应及时向客户追回短款。同时作相反的会计分录以抵销原会计分录:

借:库存现金
　　贷:其他应收款——待处理出纳短款户

同时,登记"现金收入日记簿"。

(2)若经过认真查找仍不能查明短款原因,属于技术性短款或一般责任事故的,则应按规定的审批手续予以报损。其会计分录为:

借:营业外支出——出纳短款支出户
　　贷:其他应收款——待处理出纳短款户

【注意】若属于有章不循、玩忽职守的,应追究其责任,给予适当的纪律处分;如属于监守自盗、侵吞长款的,应按贪污论处,并追回全部赃款。

任务三　库房管理和现金运送核算

一、库房管理

(一)设置专用库房

对外营业的行处,均应设置专用库房。库房设置力求隐蔽,并要求结构坚固,具有通风、防火、防潮、防鼠、报警等安全措施,库房的钥匙、密码必须分人掌管。

(二)实行双人管库共同负责制

库房应由双人管理,管理员要明确分工和责任,出入库必须同时进出,出入库的款项要互相复核,以防差错。

(三)严格出入库制度

营业终了,所有的现金、金银及有价证券等贵重物品都必须入库保管,并有账记载。出入库都必须按规定的手续和凭证办理,做到账款、账实相符,严禁白条、借条抵作库存。

(四)严格查库制度

为了保证库房的安全,行长和出纳主管必须要经常定期或不定期地进行查库。管辖行对下级行也要定期或不定期地进行查库,查库时必须携带介绍信。每次查库完毕后,应将检查情况记入"查库记录簿",由主查人员和库房管理员共同签章,以备查考。

二、现金运送的业务核算

(一)现金运送的有关规定

(1)坚持双人押运、武装运送

运送现金必须由两名责任心强的出纳人员负责现金从启运至目的地的款项交接及办理运送的具体手续,并由两名经济民警或保卫人员携带武器进行押送,负责安全。

(2)严守秘密、专车运送

对运送时间、地点、数量、路线等情况要保密,除押运人员知道外,不得向其他任何人泄密。运送现金车辆严禁搭乘无关人员,也不得搭载除运送物品以外的非押运物品。

(3)严密交换手续

现金启运前和运达后,都应当面点交。运送中现金超过1个工作日未核销,应及时查清原因。

(二)运出行的业务核算

运出行接到现金调拨通知,确定运送现金的数额后,由出纳部门根据调拨通知填制一式三联的"发款单",经押运员签章后,登记"现金付出日记簿"。会计部门根据"发款单"填制"联行报单",并以第一联发款单代替现金付出传票入账,然后将联行报单和发款单第二、三联一并交押运员办理现金出库,送交收款银行。其会计分录为:

借:辖内往来
　　贷:库存现金

(三)运入行的业务核算

运入行出纳部门接到运出行送来的联行报单、发款单和现金,经审查单据和点收现金无误后,据以登记"现金收入日记簿",并在"发款单"第三联回单上加盖"现金收讫"业务公章及管理员人名章后,交送款员带回。留下的单据转交会计部门,会计人员以此代替现金收入传票入账。其会计分录为:

借:库存现金
　　贷:辖内往来

任务四　现金整点、兑换与识别

一、现金整点的业务规则和流程

(一)现金整点的业务规则

(1)对票币进行清理和整理时,必须在录像监控下进行。
(2)整点票币必须经过初点和复点两道程序。
(3)票币在为整点准确前,不得将原封签、腰条丢失,以便在发现差错时证实和区分责任,并坚持"一笔一清,一捆一清,一把一清"的"三清"原则。
(4)经复点整理的票币,应达到"五好钱捆"标准,即"点数准确、残币挑净、平铺整齐、把捆扎紧、印章清楚"。

(二)现金整点的操作流程

(1)整点票币应贯彻"三先三后"的操作程序,即"先点大数,后点细数;先点主币,后点辅币;先点大额,后点小额"。
(2)整点纸币要按券别、版别分类,平铺捆扎,100张为把,再把腰条扎在中央;10把为捆,正面向上,并加以垫纸,用线绳双十字拥扎,结头结于垫纸之上、封签之下的中位。
(3)整点硬币按面额分类,100枚(或者50枚)为卷,10卷(或者20卷)为捆,依不同方法捆扎。
(4)损券应按券别分开扎把,分开成捆。
(5)整点两截、火烧等损伤票币,必须用纸贴好严禁用金属物连接。
(6)经复点整理的票币,应逐把(卷)加盖行号的经手人名章,不得打捆后再补章;成捆票币应在绳头结扣处贴封签,注明行号、卷别、金额、封捆日期,并加盖封包员、复核员名章,残损券还应在封签左上角加盖"残钞或损伤"字样戳记。
(7)外币钞票按不同币别、面额分别整点,同方向叠放。
(8)港元钞票要分中银、汇丰和渣打版分别整理捆扎。

二、票币兑换的业务要求及挑选标准

(一)票币兑换的业务要求

(1)票币兑换业务包括残损人民币兑换、人民币辅币兑换。

(2)办理出纳业务的行处,必须办理票币兑换业务,并挂牌营业;各营业机构应根据自身实际情况指定专柜办理票币兑换业务。

(3)坚持"先兑入、后兑出"的原则。

(4)兑入现金,在兑换人离柜前不得与其他款项混淆。

(5)收回损伤币不得流通使用,应及时整点入库。

(6)兑换残币应严格按照中国人民银行《残缺人民币兑换办法》的规定进行办理,残损人民币兑换时应当面在残损币上加盖"全额"或者"半额"戳记。

(7)残损外币不予兑换,可为客户办理托收。假币收缴必须严格执行操作程序,假币鉴别需经2名柜员共同认定。

(二)损伤票币的挑选标准

(1)票面缺少一块,损及行名、花边、字头、号码、国徽者。

(2)票面裂口超过纸幅1/3或者损及花边图案者。

(3)纸质较旧,四周或或者中间有裂缝或者票面断开又贴补者。

(4)票面由于油浸、墨渍造成脏污面积较大或涂写字迹较多,妨碍票面整洁者。

(5)票面变色严重影响图案清晰者。

(6)硬币破残、穿孔、变形或者磨损、氧化、腐蚀部分花纹者。

三、币钞识别的方法和技术

(一)币钞识别的基本方法

1. 眼看、手摸、耳听辨别真伪法

(1)眼看识别主要是看钞币的水印、安全线、光变油墨、票面图案等。

(2)手摸识别主要是触摸钞币的人像、盲文点、银行名等处的凸凹感,触摸纸币的质感等。

(3)耳听识别主要是通过抖动钞票使其发出声响,来分辨真伪。人民币的纸张具有挺括、耐折、不易撕裂的特点,用力抖动或者轻弹,能够听到清脆响声。

2. 用笔拓和尺量辨别真伪方法

(1)笔拓就是用薄纸和软铅笔拓水印轮廓。

(2)尺量就是用尺衡量钞票规格尺寸。例如,第四套人民币100元券规格为165×77毫米;第五套人民币100元券规格为155×77毫米。

3. 借助检测仪器鉴别真伪方法

如果用以上方法很难鉴别真伪时,就需要借助于检测仪器来鉴别。简单的是用放大镜观察,看其线条、图案是否与真币相同;还可利用磁性检测仪和紫光灯检测,看在磁性印记部位有无磁性反应,在紫光灯下检测无色荧光图纹,以及是否出现异常荧光反应。例如,第五套人民币100元券安全线防伪措施是缩微文字和磁性,横号码有磁性,两种彩色纤维是红色、蓝色。

(二)第五套人民币特征和主要防伪技术

2019年版第五套人民币50元、20元、10元、1元纸币分别保持2005年版第五套人民币50元、20元、10元纸币和1999年版第五套人民币1元纸币规格、主图案、主色调、"中国人民银行"行名、国徽、盲文面额标记、汉语拼音行名、民族文字等要素不变,提高了票面色彩鲜亮度,优化了票面结构层次与效果,提升了整体防伪性能。2019年版第五套人民币50元、20元、10元、1元纸币调整正面毛泽东头像、装饰团花、横号码、背面主景和正背面面额数字的样式,增加正面左侧装饰纹样,取消正面右侧凹印手感线和背面右下角局部图案,票面年号改为"2019年"。

1. 纸币和硬币的特征

(1)纸币特征(见图7—1)。

①50元纸币。正面中部面额数字调整为光彩光变面额数字"50",左下角光变油墨面额数字调整为胶印对印图案,右侧增加动感光变镂空开窗安全线和竖号码。背面取消全息磁性开窗安全线。

②20元、10元纸币。正面中部面额数字分别调整为光彩光变面额数字"20""10",取消全息磁性开窗安全线,调整左侧胶印对印图案,右侧增加光变镂空开窗安全线和竖号码。

③1元纸币。正面左侧增加面额数字白水印,取消左下角装饰纹样。

50元		
20元		
10元		
1元		

图7—1 纸币特征

(2)硬币特征(见图7—2)。

2019年版第五套人民币1元、5角、1角硬币分别保持1999年版第五套人民币1元、5角硬币和2005年版第五套人民币1角硬币外形、外缘特征、"中国人民银行"行名、汉语拼音面额、人民币单位、花卉图案、汉语拼音行名等要素不变,调整了正面面额数字的造型,背面花卉图案适当收缩。

①1元硬币。直径由25毫米调整为22.25毫米。正面面额数字"1"轮廓线内增加隐形图文"¥"和"1",边部增加圆点。材质保持不变。

②5角硬币。材质由钢芯镀铜合金改为钢芯镀镍,色泽由金黄色改为镍白色。正背面内周缘由圆形调整为多边形。直径保持不变。

③1角硬币。正面边部增加圆点。直径和材质保持不变。

1元硬币	5角硬币	1角硬币

图 7—2 硬币特征

2. 2019年版第五套人民币的防伪技术和印制质量

(1)纸币方面。

2019年版第五套人民币50元、20元、10元、1元纸币与2015年版第五套人民币100元纸币的防伪技术及其布局形成系列化。在现行第五套人民币纸币(2005年版50元、20元、10元纸币,1999年版1元纸币)防伪技术基础上,50元、20元、10元纸币增加光彩光变面额数字、光变镂空开窗安全线、磁性全埋安全线、竖号码等防伪特征,取消全息磁性开窗安全线和凹印手感线,50元纸币取消光变油墨面额数字,1元纸币增加磁性全埋安全线和白水印。总体看来,应用的防伪技术更加先进,布局更加合理,整体防伪能力较现行纸币有明显提升。

①光彩光变面额数字。光彩光变技术是国际印钞领域公认的先进防伪技术,易于公众识别。2019年版第五套人民币50元、20元、10元纸币票面中部印有光彩光变面额数字,改变钞票观察角度,面额数字颜色出现变化,并可见一条亮光带上下滚动。

②光变镂空开窗安全线。光变镂空开窗安全线具有颜色变化和镂空文字特征,易于公众识别,是一项常用的公众防伪特征。2019年版50元纸币采用动感光变镂空开窗安全线,改变钞票观察角度,安全线颜色在红色和绿色之间变化,亮光带上下滚动;透光观察可见"¥50"。2019年版20元、10元纸币采用光变镂空开窗安全线,与2015年版100元纸币类似,改变钞票观察角度,安全线颜色在红色和绿色之间变化;透光观察,20元纸币可见"¥20",10元纸币可见"¥10"。

③其他措施。2019年版第五套人民币纸币还采取了其他多种措施提升防伪技术和印制质量。例如,水印清晰度和层次效果明显提升;钞票纸强度显著提高,流通寿命更长;纸币两面采用抗脏污保护涂层,整洁度明显改善;延续2015年版第五套人民币100元纸币冠字号码字形设计,有利于现金机具识别。

(2)硬币方面。

2019年版第五套人民币1元硬币保持1999年版第五套人民币1元硬币外缘滚字不变,增加隐形图文特征,防伪性能明显提升,公众更易于识别真伪。

①隐形图文。隐形图文雕刻技术是国际造币领域公认的先进公众防伪技术,公众容易识别。在2019年版第五套人民币1元硬币正面面额数字轮廓内有一组隐形图文"￥"和"1"。转动硬币,从特定角度可以观察到"￥",从另一角度可以观察到"1"。

②其他措施。2019年版第五套人民币硬币还采取了其他措施提升印制质量。例如,5角硬币材质由钢芯镀铜合金改为钢芯镀镍,抗变色性能明显提升,正背面内周缘由圆形调整为多边形,方便特殊群体(弱视)识别。

项目练习

一、单项选择题

1.（　　）科目是反映银行现金增减状况的科目。
A."库存现金"　　B."银行存款"　　C."其他应收款"　　D."其他应付款"

2. 在会计核算中,款多于账称为长款,款少于账称为（　　）。
A. 长款　　B. 短款　　C. 应付账款　　D. 应收账款

3. 原封新券开箱、拆捆和拆把清点时,必须（　　）人以上同时在场。
A. 1　　B. 2　　C. 3　　D. 4

4. 假币收缴必须严格执行操作程序,假币鉴别需经（　　）名柜员共同认定。
A. 1　　B. 3　　C. 4　　D. 2

5. 运送中现金超过（　　）个工作日未核销,应及时查清原因。
A. 1　　B. 2　　C. 3　　D. 4

二、多项选择题

1. 现金出纳是指银行的（　　）等的收付及保管工作。
A. 现钞　　B. 有价单证　　C. 贵重物品　　D. 外币

2. 现金出纳工作的原则有（　　）。
A. 钱账分管　　B. 一人经办　　C. 现金收付分开　　D. 换人复核

3. 柜员受理客户缴存的现金和现金收款凭证后,应重点审查（　　）。
A. 现金收款凭证要素是否齐全
B. 日期、收款人户名、收款人账号等是否清楚
C. 凭证联次是否齐全、有无涂改
D. 大小写金额是否一致

4."五好钱捆"标准即（　　）。
A. 点数准确　　B. 残币挑净　　C. 平铺整齐　　D 把捆扎紧、印章清楚

5. 票币在为整点准确前,坚持（　　）"三清"原则。
A. 一笔一清　　B. 一捆一清　　C. 一把一清　　D. 十捆一清

三、判断题

1. 现金收付必须坚持"收入现金先记账后收款,付出现金先记账后付款"的原则。（　　）

2. 办理柜面现金业务必须在有效监控和客户视线以内,做到当面点准,一笔一清、一户一清。
（　　）

3. 收回损伤币不得流通使用,应及时整点入库。   （   ）
4. 营业机构在办理业务时发现假币,应由两名以上柜员当客户面予以收缴。（   ）
5. 损券应按券别一起扎把,一起成捆。   （   ）

四、会计业务题

1. 工行广州市珠海支行收到开户单位 A 公司交存现金 65 000 元。
2. 工行广州市珠海支行收到开户单位 B 公司提交现金支票,B 公司提取现金 39 000 元。
3.（1）工行广州市珠海支行普通柜员李某,当日营业结束时发现现金长款 10 元整,当日无法归还原主。（2）工行广州市珠海支行最终未能找到原主,确认该支行收益。

五、案例分析题

有章不循处处违规 金库巨款不翼而飞

——河北省某商业银行某县支行一营业所盗窃案

某年 2 月 22 日河北省某商业银行某县支行一营业所发生一起金库库款被盗案件,被盗资金 20 万元。

当月 23 日 8 时左右,该营业所出纳员王玉上班后,用钥匙打开营业室的保险柜,取出存放在保险柜里的金库门钥匙和金库里的保险柜钥匙,然后用钥匙打开金库。进入库房后,发现存放现金的保险柜门虚掩着,保险柜上的把手掉在地上,王玉打开保险柜,发现没有整把现金。王玉叫来已到营业所的会计马兰,二人一同进入库房查看,保险柜里确实没有整把现金。只有零星残币。便用电话向内勤主任范军和营业所主任江滨做了报告,同时打电话询问了 22 日下班时进库房存放现金的另一管库员王福。经王福证实,22 日营业终了,他将 20 万元现金放入库房的保险柜里,锁好保险柜和金库门后,将保险柜的钥匙和金库门的钥匙放入营业室的小保险柜里,然后回家了。营业所主任江滨和内勤主任范军接到王玉的电话后,迅速赶到营业所,再次进入库房查看了保险柜,发现保险柜确实是空的,确认 22 日下班后存放在库房保险柜里的 20 万元现金已被盗走。营业所立即通过电话向县支行报告,县支行接到报告后,派人向县公安局报案,同时电话报告上级行。经公安机关勘查现场和初步调查,2 月 22 日夜间值班的两名守库员均未到岗值班守库,营业所所有的门锁完好无损,无任何撬压痕迹,证明不法分子是用钥匙开门进入金库盗走库款的。后经调查有以下几种违规行为:

（1）案发当晚,守库员杨军在守库登记簿上签字后便上二楼宿舍睡觉,另一守库员孙山未到营业所值班(该营业所多次发生值班守库人员只在值班登记簿上签字,之后不是在二楼宿舍睡觉,就是回家睡觉,甚至存在脱岗后第二天补签字的现象)。

（2）该所在 22 日将当日现金入库时,只有一名管库员王福拿着金库门、金库内保险柜共 4 把锁的钥匙一同放入了自己的临柜保险柜内,形成一人保管。

（3）该所 3 个保险柜和金库门的密码锁,在管理人员变动后没有及时更换锁芯和变更密码。

（4）更为严重的是,该所的金库门密码锁近 4 个月没有使用,金库门两把锁的锁芯 2 年没有更换。在这 2 年内该所变动的 7 人均有机会接触钥匙,其中 5 人已内退,2 人已调往支行。

（5）从该所的检查登记簿上看,一个月内有几次检查,既有县支行的检查,也有该所的自查,登记簿上没有填写任何隐患整改意见。

资料来源:李贺等主编:《金融企业会计》,上海财经大学出版社 2020 年版,第 186—187 页。

问题:

1. 本案例留给人们的教训是什么？分别违反了哪些规定？

2. 本案例除了直接责任人承担直接责任外,还应由哪一级什么职位的人分别承担什么责任?

项目实训

【实训项目】

现金出纳业务核算。

【实训目的】

通过对现金出纳业务核算知识的了解,加深对金融企业会计的认识。

【实训资料】

中国建设银行大连中山支行某柜员在当天营业结束后发现尾款箱现金存在短缺,尾款箱中实际现金为 38 535 元整,而现金收付日记账结计尾款箱现金余额为 38 585 元。

【实训要求】

1. 阐述中国建设银行大连中山支行发现该笔短款业务当天的处理手续。
2. 阐述查明该笔短款原因时的会计处理手续。
3. 撰写《现金出纳业务核算》实训报告。

《现金出纳业务核算》实训报告		
项目实训班级:	项目小组:	项目组成员:
实训时间:　年　月　日	实训地点:	实训成绩:
实训目的:		
实训步骤:		
实训结果:		
实训感言:		

项目八

中间业务核算

○ **知识目标**

理解:中间业务的概念、特征。

熟知:中间业务的分类。

掌握:担保类业务核算、代理类业务核算、承诺类业务核算。

○ **技能目标**

能够结合所学的中间业务核算知识,具备对相关业务进行核算的能力。

○ **素质目标**

运用所学的中间业务核算知识研究相关事例,培养和提高学生在特定业务情境中分析问题与决策设计的能力;结合行业规范或标准,运用中间业务核算知识分析行为的善恶,强化学生的职业道德素质。

○ **思政目标**

能够正确地理解"不忘初心"的核心要义和精神实质;树立正确的世界观、人生观和价值观,做到学思用贯通、知信行统一;通过中间业务核算知识,能按照业务核算流程和处理方法,结合财经法规和具体要求,自主解决和处理常见的问题。

○ **项目引例**

不再靠吃利差:银行中间业务要挑大梁?

年报显示,中信银行 2015 年实现净利润 411.58 亿元,同比增长 1.15%;招商银行业绩快报显示,2015 年实现净利润 576.51 亿元,同比增长 3.11%;交通银行实现净利润 665.28 亿元,同比增长 1.03%。

最先发布年报的平安银行业绩相对较好,实现净利润 218.65 亿元,同比增长 10.42%;南京银行业绩快报显示,2015 年实现净利润 70.03 亿元,同比增长 24.86%,是为数不多的亮点。

很显然,上市银行业绩超高速增长的时代一去不复返。值得关注的是,部分银行中间业务收入增长依然保持迅猛态势,尤其是一些中小银行,2015 年以来不断加大中间业务的拓展力度,已受益于转型,正在逐步摆脱吃利差的盈利模式。

以 H 股上市的重庆银行为例,其 2015 年实现净利润 31.7 亿元,同比增长 12.1%,而单看手续费及佣金收入等中间业务。年内收入就高达 15.1 亿元,同比增长 66.4%,3 年复合增长率达 60.2%,超过净利润增速 5 倍。

此外,平安银行中间业务收入占比也再创新高。2015 年该行实现非利息净收入 30.0 亿元,同比增长 47.65%,在营业收入中的占比由 2014 年的 27.74% 提升至 31.26%。其中,手续费及佣金净收入 264.45 亿元,同比增长达到 52.18%。

根据"中国银行家调查报告",未来银行四类业务将最受银行家群体重视,分别是中间业务、公司金融、个人金融和同业业务。中间业务成为银行家最看重的业务,自然与其高速增长密不可分。

资料来源:李贺等主编:《金融企业会计》,上海财经大学出版社2020年版,第188页。

试分析:中间业务是什么?银行的中间业务有哪些?

○ **知识精讲**

任务一　中间业务概述

一、中间业务的概念

中间业务的概念有广义和狭义之分。广义的中间业务是指商业银行无须向外借入资金且不必动用自己的资财,仅利用自己的人力资源、市场信息和现代化电信技术与设备,替广大客户办理各项资金收付、进行担保和其他委托事项、提供各项金融服务,并收取手续费的中介业务。

按照2001年6月21日中国人民银行颁布实施的《商业银行中间业务暂行规定》,中间业务是指不构成商业银行表内资产、表内负债,形成银行非利息收入的业务。这一定义属于狭义的中间业务概念,也是传统的中间业务。

国际上,还有一个"表外业务"的定义。表外业务包括所有不在资产负债表中反映的业务。《巴塞尔协议》将广义的表外业务分为两类:①或有项目的表外业务,如贷款承诺、各种担保业务、金融衍生交易等;②金融服务表外业务,即我国银行传统的中间业务,包括支付结算业务、代理与咨询业务、信托业务、租赁业务及与贷款相关的组织和审批等服务。

广义的中间业务与表外业务没有根本区别,只是我国将这类业务称为中间业务。但狭义的表外业务在定义上与狭义的中间业务存在区别。中国人民银行在2000年发布的《商业银行表外业务风险管理指引》中,将表外业务定义为:商业银行所从事的、按照现行会计准则不记入资产负债表内、不形成现实的资产和负债,但能改变损益的业务,包括担保类、承诺类和金融衍生类三种类型。这属于狭义的表外业务,也属于创新的中间业务。

二、中间业务的特征

(一)中间业务以收取手续费为主要目的,一般并不需要动用银行资金,也不直接占用客户资金

传统的资产、负债业务需要银行在组织存款、取得资金后,再通过信贷投放或购买证券等投资活动来获取利息收入、利差或其他收入,风险较大。与之不同的是,中间业务一般无须动用资金,通过代替客户承办收付及各种委托事项,以收取手续费的方式获取收益,成本低、效益高、风险小。此外,中间业务收入是银行非利息收入的重要组成部分,在国外银行,中间业务收入所占比重一般在60%以上。

(二)中间业务产品是一种固化了商业信誉的金融商品,而不仅仅是单纯的金融品种

中间业务的开展是以银行的信誉为基础的,而金融服务产品的开发又反过来进一步提高了银行的信誉。另外,在研制中间业务品种时,还应考虑能否被市场接受,只有得到社会广泛认可的中间业务才具有强大的生命力。

(三)灵活、便利,现代化程度高

中间业务的服务方式和效率与传统存贷业务相比,具有更灵活、便利的特点,现代化程度更高,更能促进现代化科学技术与现代化管理手段的推广和运用。

三、中间业务的分类

(一) 支付结算类中间业务

支付结算类中间业务是指由商业银行为客户办理的因债权债务关系引起的与货币支付、资金划拨有关的收费业务。

(二) 银行卡类中间业务

银行卡是由商业银行向社会发行的具有消费信用、转账结算、存取库存现金等全部或部分功能的信用支付工具。依据清偿方式的不同,银行卡业务可分为贷记卡业务、准贷记卡业务和借记卡业务,而借记卡可进一步分为转账卡、专用卡和储值卡。依据结算的币种不同,银行卡业务可分为人民币和外币卡业务。依据流通范围的不同,银行卡还可分为国际卡和地区卡。

(三) 代理类中间业务

1. 代理政策性银行业务

它是指商业银行接受政策性银行的委托,代为办理政策性银行因服务功能和网点设置等方面的限制而无法办理的业务,包括代理贷款项目管理等。

2. 代理中国人民银行业务

它是指根据政策、法规应由中央银行承担,但由于机构设置、专业优势等方面的原因,由中央银行指定或委托商业银行承担的业务,主要包括财政性存款代理业务、国库代理业务、发行库代理业务、金银代理业务等。

3. 代理商业银行业务

它是指商业银行之间相互代理的业务,如为委托行办理支票托收等业务。

4. 代收代付业务

它是指商业银行利用自身的结算便利,接受客户的委托代为办理指定款项的收付事宜的业务,如代理各项公用事业收费、代理行政事业性收费和财政性收费、代发工资、代扣住房按揭消费贷款还款等。

5. 代理证券业务

它是指银行接受委托办理的代理发行、兑付、买卖各类有价证券的业务,还包括接受委托代办的债券还本付息、代发股票红利、代理证券资金清算等业务。这些有价证券包括国债、公司债券、金融债券、股票等。

6. 代理保险业务

它是指商业银行接受保险公司的委托代其办理的保险业务。商业银行代理保险业务,既可以受托代个人或法人办理投保各险种的保险事宜,也可以作为保险公司的代表,与保险公司签订代理协议,代保险公司承接有关保险业务。代理保险业务一般包括代售保单业务和代付保险金业务。

7. 代理保管业务

它是指商业银行以自身所拥有的保管箱、保管库等设备条件,接受单位或个人的委托,代为保管各种贵重金属、合同文件、设计图纸、文物古玩、珠宝首饰以及股票、债券等有价证券。代理保管的方式主要有出租保管箱、密封保管、露封保管等。银行按保管物品的不同,按年一次性收取手续费。

8. 其他代理业务

它包括代理财政委托业务、代理其他银行卡收单业务等。

(四) 担保类中间业务

担保类中间业务是指商业银行为客户的债务清偿能力提供担保,承担客户违约风险的业务。

其主要内容如下：

(1)银行承兑汇票。参见项目四"支付结算业务核算"。

(2)备用信用证。它是指开证行应借款人的要求，以放款人作为信用证的受益人而开具的一种特殊信用证，以保证在借款人破产或不能及时履行义务的情况下，由开证行向受益人及时支付本利。

(3)各类保函。它包括投标保函、承包保函、还款担保保函和借款保函等。

(五)承诺类中间业务

承诺类中间业务是指商业银行在未来某一日期按照事前约定的条件向客户提供约定信用的业务，主要是指贷款承诺，包括可撤销承诺和不可撤销承诺两种。

(六)交易类中间业务

交易类中间业务是指商业银行为满足客户保值或自身风险管理等方面的需要，利用各种金融工具开展的资金交易活动，主要是指金融衍生业务，具体包括金融远期合约、金融期货合约、互换合约和期权合约等。

(七)基金托管业务

基金托管业务是指具有托管资格的商业银行接受基金管理公司的委托，安全保管所托管基金的全部资产，为所托管的基金办理资金清算、款项划拨、会计核算、基金估值，监督管理人的投资运作。其包括封闭式证券投资基金托管业务、开放式证券投资基金托管业务和其他基金的托管业务。

(八)信息咨询类业务

信息咨询类业务是商业银行以转让、出售信息和提供智力服务为主要内容的中间业务。商业银行运用自身所累积的大量信息资源，以专门的知识、技能和经验为客户提供所需信息和多项智力服务，就是商业银行的信息咨询业务。

任务二　担保类业务核算

一、担保类业务的概念和种类

担保类业务是指商业银行根据申请人的申请，以出具保函的形式向申请人的债权人(保函受益人)承诺，当申请人不履行其债务时，由银行按照约定履行债务或承担责任的行为。

商业银行开展保函业务的类型按业务品种划分，包括投标保证、承包保证、履约保证、预收(付)款退款保证、工程维修保证、延期付款保证、来料加工保证和来件装配保证、关税保付保证、保释金保证、付款保证、延期付款保证、分期付款保证、借款保证、租赁保证、补偿贸易保证和账户透支保证等。按保函类别还可划分为付款类保函、履约类保函和债务类保函。

二、担保类的业务核算

(一)反担保的业务核算

1.申请人采取缴存保证金方式提供反担保

经办行业务部门与申请人、反担保人正式签订"出具保函协议书"和相应的反担保的合同后，申请人缴存保证金的，应提交有关支付票据及进账单一式三联。经办人审核无误后，以支付票据作借方记账凭证，进账单第一联加盖"转讫"章退给申请人作回单，第二联作贷方记账凭证，第三联加盖"业务用"公章交业务部门。会计分录为：

借：吸收存款——××申请人户
　　贷：保证金存款——××申请人户

2. 申请人采取质押、抵押、第三方保证方式提供反担保

采取此种方式的，经办行按照贷款业务核算的有关手续办理。

（二）收取手续费的业务核算

"出具保函协议书"生效后，经办行应根据业务部门的通知按照"出具保函协议书"的约定及时向被保证人收取手续费；同时，填制业务收费凭证并办理转账。会计分录为：

　　借：吸收存款——××被保证人户
　　　　贷：中间业务收入（或手续费及佣金收入）——担保业务收入户
　　　　　　应交税费——应交增值税（销项税额）

营业柜台收到业务部门出具的保函的同时填制表外科目收入凭证，登记表外科目明细账：

　　收：开出保函——××申请人户

（三）担保垫款的业务核算

1. 垫付款项的处理

被保证人在合理时间内未能筹足偿债资金而使经办行垫付款项时，应向被保证人和反担保人主张追索权和反担保债权。

（1）申请人采取缴存保证金方式提供反担保的，应首先全额扣划保证金，不足部分列入"逾期贷款——担保垫款"科目（也在"贷款"科目下设置该明细科目），营业柜台应根据有关原始凭证填制特种转账借、贷方凭证并办理转账。会计分录为：

　　借：吸收存款——××被保证人户
　　　　保证金存款——××申请人户
　　　　逾期贷款——担保垫款——××被保证人户
　　　　贷：吸收存款——××保函受益人户

同时，填制表外科目付出凭证，登记表外科目明细账：

　　付：开出保函——××申请人户

（2）申请人采取质押、抵押、第三方保证方式提供反担保的，经办行按贷款业务核算的有关垫款规定处理。同时，填制表外科目付出凭证，登记表外科目明细账：

　　付：开出保函——××申请人户

2. 结计担保垫款利息收入的处理

银行在结计担保垫款利息收入时，按规定计算利息并填制"利息清单"一式三联。第一联、第二联分别作借方、贷方记账凭证，第三联退给客户。会计分录如下：

　　借：应收利息——应收担保垫款利息——××被保证人户
　　　　贷：利息收入——担保垫款利息收入户
　　　　　　应交税费——应交增值税（销项税额）

3. 收回垫付款项的处理

收回担保垫款时，客户填制支付凭证偿还垫款，支付凭证第一联加盖"转讫"章后退给客户。会计分录如下：

　　借：吸收存款——××被保证人户
　　　　贷：逾期贷款——担保垫款——××被保证人户
　　　　　　应收利息——应收××垫款利息——××被保证人户

（四）保函到期或担保的终止

保证期满，商业银行未承担保证责任的，或保证金存款用于保证项下的支付仍有余额的，商业银行应在收回保函后，根据被保证人的请求将款项从相关账户转出。退还时，申请人应提交有关支

付票据及进账单一式三联,营业柜台审核无误后,以有关支款凭证作借方记账凭证,进账单第一联加盖"转讫"章退给申请人作回单,第二联作贷方记账凭证,第三联加盖"转讫"章交被担保人。会计分录如下:

借:保证金存款——××申请人户
  贷:吸收存款——××被保证人户

同时,填制表外科目付出凭证,登记表外科目明细账:

付:开出保函——××申请人户

任务三　代理类业务核算

一、代理保险的业务核算

代理保险业务是商业银行各级机构(含代理网点)接受保险公司的委托,向客户提供销售保险产品、代收保险费、代付保险金和代办保全等保险服务,并获取收益的一种经营行为。

代理保险业务保费核算主要包括新合同承保(含个人客户卡折投保、企业客户投保)、批量代扣保险金、批量代付保险金三类业务。

(一)卡折投保的业务核算

本业务包括"新合同承保"和"续期缴费"。核算内容包括个人客户卡折投保/当日撤单、与保险公司结算保费。

1. 个人客户卡折投保/当日撤单业务

(1)日间个人客户办理新合同投保及续期缴费业务,会计分录为:

借:吸收存款——个人活期存款——××户
  贷:代理业务负债——代理保险——保费资金(××保险公司户)

(2)日间个人客户办理新合同投保取消业务,会计分录为:

借:代理业务负债——代理保险——保费资金(××保险公司户)
  贷:吸收存款——个人活期存款——××户

2. 与保险公司结算保费

日终,商业银行机构将结算归集的保费资金结算至各家保险公司在银行开立的结算账户,会计分录为:

借:代理业务负债——代理保险——保费资金(××保险公司户)
  贷:吸收存款——××保险公司户

(二)企业客户投保的业务核算

本业务核算的内容包括企业客户投保、与保险公司结算保费、未投保资金退还给客户三部分。

1. 企业客户投保

单位客户将资金转入投保交易机构"代理业务负债——代理保险——客户资金"科目下的内部账户,会计分录分为两种情况:

(1)单位客户在本行开户,会计分录为:

借:吸收存款——单位活期存款——××户
  贷:代理业务负债——代理保险——客户资金(投保交易机构)

(2)单位客户未在本行开户,需从他行将资金转入,会计分录为:

借:跨行清算资金往来——大额支付/小额支付/同城票据清算

贷：代理业务负债——代理保险——客户资金

2. 与保险公司结算保费

日终，将实际投保资金由交易机构"代理业务负债——代理保险——客户资金"科目下的内部账户结算至保费结算行"代理业务负债——代理保险——保费资金"科目下的内部账户，会计分录为：

借：代理业务负债——代理保险——客户资金
　　贷：代理业务负债——代理保险——保费资金（××保险公司户）

【提示】与保险公司结算保费的核算，与卡折投保业务的核算相同。

3. 未投保资金退还给客户

单位客户存入的投保资金，如存在多余未用的，需要将未投保资金退还给单位客户。会计分录与投保时相反。

（三）批量代扣保险金的业务核算

本业务是指批量代扣个人客户的续期保险金等。该业务的会计核算包括批量代扣保险金和与保险公司结算保费两部分。

保险公司系统向代理保险银行发送批扣文件，银行在日终或实时启动批量交易进程，根据文件中的客户账户、扣款金额等信息从个人结算账户批扣资金，会计分录为：

借：吸收存款——个人活期存款——××户
　　贷：代理业务负债——代理保险——保费资金（××保险公司户）

与保险公司结算保费的核算同卡折投保部分相同。

（四）批量代付保险金的业务核算

本业务是指向个人结算账户批量存入到期保险金等资金的业务。在保险公司与银行签约自动扣款的情况下，需由保险公司系统向代理保险的银行发送批存文件，银行按照批存资金总额向公司业务系统发起扣款，将批存资金从保险公司开立的结算账户扣划转至"代理业务负债——代理保险——批存资金"科目下的内部账户，会计分录为：

借：吸收存款——保险公司户
　　贷：代理业务负债——代理保险——批存资金

银行收到扣账成功的信息反馈后，在日终或实时启动批量交易进程，根据文件中的客户账户、存款金额等信息将批存资金分别结算至个人结算账户，会计分录为：

借：代理业务负债——代理保险——批存资金
　　贷：吸收存款——个人活期存款——××户

（五）手续费收入的业务核算

银行代理保险业务，需收取手续费。在按期计提手续费时，借记"应收手续费及佣金"科目，贷记"手续费及佣金收入"科目；从保险公司扣收时，借记"吸收存款——保险公司户"科目，贷记"应收手续费及佣金"和"应交税费——应交增值税（销项税额）"科目。

二、代理开放式基金的业务核算

代理开放式基金业务是指商业银行接受基金管理公司的委托，按照委托代理协议办理开放式基金的认购、申购和赎回等业务的经营行为。

（一）基金本金的业务核算

1. 个人客户购买基金的业务核算

个人客户购买基金时，实时从客户结算账户扣款，并汇总到商业银行总行，会计分录为：

借：吸收存款——个人活期存款——××户
　　贷：代理业务负债——代理开放式基金——代理开放式基金资金募集户(总行)

个人购买基金撤单或者基金公司确认失败的分录为反向。

2. 单位客户购买基金的业务核算

单位客户购买基金时，也是实时从客户结算账户扣款，并汇总到商业银行总行，会计分录为：

借：吸收存款——单位活期存款——××户
　　贷：代理业务负债——代理开放式基金——代理开放式基金资金募集户(总行)

【提示】交易失败或者认购失败时，将资金存至客户结算账户，会计分录为反向。

【注意】单位购买基金撤单或者基金公司确认失败的分录为反向。

3. 总行与基金发行公司结算发行款的业务核算

在资金交收日，总行将基金发行款通过大额支付系统划到基金公司指定的账户中，会计分录为：

借：代理业务负债——代理开放式基金——代理开放式基金资金募集户(总行)
　　贷：跨行清算资金往来——大额支付(总行)

(二)代理基金分红或赎回的业务核算

商业银行代理基金分红和基金赎回，资金流程是相同的。

1. 总行收到基金分红或者赎回款

会计分录为：

借：跨行清算资金往来——大额支付(总行)
　　贷：代理业务负债——代理开放式基金——代理开放式基金户(总行)

2. 个人客户资金于交收日从总行基金分红或者赎回资金中划付到个人结算账户

会计分录为：

借：代理业务负债——代理开放式基金——代理开放式基金户(总行)
　　贷：吸收存款——个人活期存款——××户

3. 单位客户资金于交收日从总行基金分红或者赎回资金中划付到单位客户结算账户

会计分录为：

借：代理业务负债——代理开放式基金——代理开放式基金户(总行)
　　贷：吸收存款——单位活期存款——××户

(三)手续费的业务核算

1. 收取手续费的业务核算

收取基金手续费，主要有以下两种方式：

(1)基金申购手续费轧差计算。在拨付基金公司申购款时，从客户基金申购款中将手续费剔除，余额直接拨付给基金公司，手续费款项则直接转入待分配手续费分户中，会计分录为：

借：代理业务负债——代理开放式基金——代理开放式基金资金募集户(总行)
　　贷：其他应付款——待分配手续费——中间业务待分配手续费——开放式基金——开放式基金待分配手续费户(总行)

(2)基金公司划来款项，银行将代理基金各项手续费划到会计处理平台分户中，会计分录为：

借：跨行清算资金往来——大额支付(总行)
　　贷：其他应付款——待分配手续费——中间业务待分配手续费——开放式基金——开放式基金待分配手续费户(总行)

2. 确认手续费收入

商业银行基金手续费收入的确认,可采取两种模式:总行全部确认收入模式和各机构各自确认模式。

(1)总行全部确认收入,分为两个步骤:

①总行全部确认手续费收入,会计分录为:

借:其他应付款——待分配手续费——中间业务待分配手续费——开放式基金——开放式基金待分配手续费户(总行)

　　贷:代理基金买卖业务收入——代理开放式基金买卖业务收入——代理开放式基金买卖业务收入户(总行)

　　　　应交税费——应交增值税(销项税额)

②总行划付二次分配收入。总行扣缴相应税金后,将手续费划拨到各参与分配机构的手续费账户,会计分录为:

借:内部转移支出——开放式基金——开放式基金户(总行)

　　贷:内部转移收入——开放式基金——开放式基金户(收入确认机构)

(2)各银行机构各自确认手续费收入,会计分录为:

借:其他应付款——待分配手续费——中间业务待分配手续费——开放式基金——开放式基金待分配手续费户(总行)

　　贷:代理基金买卖业务收入——代理开放式基金买卖业务收入——代理开放式基金买卖业务收入户(收入确认机构)

　　　　应交税费——应交增值税(销项税额)

三、代理国债的业务核算

代理国债业务是指商业银行为投资者提供的国债认购、付息、兑付等服务。国债是指财政部在中华人民共和国境内发行,通过取得国债承销资格的商业银行面向投资者销售的以电子、凭证方式记录债权的不可流通的人民币债券,包括储蓄国债(电子式)、凭证式国债两种。

代理国债业务包括代理凭证式国债和代理储蓄国债两部分(因核算流程相近,本任务只介绍代理凭证式国债业务),会计核算内容包括发行、提前兑取、到期兑付和手续费收入核算等内容。

(一)代理国债发行的业务核算

1. 客户购买凭证式国债

单位或个人购买凭证式国债,开户银行实时从客户结算账户扣款,会计分录为:

借:吸收存款——单位(个人)活期存款——××户(开户机构)

　　贷:代理承销证券款——代理承销凭证式国债款——代理承销凭证式国债款户(总行)

2. 总行向财政部交付发行款

在缴款日,商业银行总行的会计结算部门将国债发行款从清算业务系统划到财政部指定的账户中,会计分录为:

借:代理承销证券款——代理承销凭证式国债款——代理承销凭证式国债款户(总行)

　　贷:跨行清算资金往来——大额支付(总行)

(二)提前兑取的业务核算

单位或个人提前兑取国债,商业银行营业网点将兑取资金(本金+利息－手续费)实时转入客户的活期结算账户,会计分录为:

借:代理兑付证券——代理兑付凭证式国债——代理兑付凭证式国债户(总行)

　　贷:吸收存款——单位(个人)活期存款——××户(开户机构)

(三)国债到期兑付的业务核算

1. 总行收到国债到期兑付款

商业银行总行收到财政部划来的到期国债兑付款,会计分录为:

借:跨行清算资金往来——大额支付(总行)
　　贷:代理兑付证券款——代理兑付凭证式国债款——代理兑付凭证式国债款户(总行)

2. 与客户结算国债兑付款

单位或个人客户国债到期兑付款资金从商业银行总行直接划付到客户的结算账户中,会计分录为:

借:代理兑付证券款——代理兑付凭证式国债款——代理兑付凭证式国债款户(总行)
　　贷:吸收存款——单位活期存款——××活期存款(开户机构)

(四)手续费收入的业务核算

凭证式国债手续费收入包括:提前兑取手续费、承销手续费和特殊交易手续费。

1. 提前兑取手续费

兑取日日终,商业银行总行将个人、单位客户的提前兑取手续费清算至各市县,由各市县分别确认收入,摘要"付代理凭证式国债提前兑取手续费",会计分录为:

借:代理兑付证券——代理兑付凭证式国债——代理兑付凭证式国债户(总行)
　　贷:代理证券买卖业务收入——代理凭证式国债业务收入——代理凭证式国债业务收入户(收入确认机构)
　　　　应交税费——应交增值税(销项税额)

2. 承销手续费

(1)财政部划付代理凭证式国债各项手续费,会计分录为:

借:跨行清算资金往来——大额支付(总行)
　　贷:其他应付款——待分配手续费——中间业务待分配手续费——凭证式国债——凭证式国债待分配手续费户(总行)

(2)凭证式国债手续费分配支持两种模式,由总行业务部门根据需要选择。

①总行全部确认收入模式:

业务系统发起,总行全部确认手续费收入,会计分录为:

借:其他应付款——待分配手续费——中间业务待分配手续费——凭证式国债——凭证式国债待分配手续费户(总行)
　　贷:代理证券买卖业务收入——代理凭证式国债业务收入——代理凭证式国债业务收入户(总行)
　　　　应交税费——应交增值税(销项税额)

随后,总行对凭证式国债手续费(扣除营业税及附加)进行二次分配。

借:内部转移支出——凭证式国债——凭证式国债户(总行)
　　贷:内部转移收入——凭证式国债——凭证式国债户(收入确认机构)

②总行、一级分行、一级支行各自确认收入模式:

确认收入时,会计分录为:

借:其他应付款——待分配手续费——中间业务待分配手续费——凭证式国债——凭证式国债待分配手续费户(总行)
　　贷:代理证券买卖业务收入——代理凭证式国债业务收入——代理凭证式国债业务收入户(收入确认机构)
　　　　应交税费——应交增值税(销项税额)

3. 特殊交易手续费

单位或个人客户发生特殊交易手续费(如挂失手续费)的,营业网点从客户账户中实时扣除,由交易机构确认收入,会计分录为:

借:吸收存款——单位(个人)活期存款——××户(开户机构)
　　贷:其他手续费收入——代理业务特殊手续费收入(交易机构)
　　　　应交税费——应交增值税(销项税额)

四、代理人民币理财业务的核算

代理人民币理财业务是指商业银行接受金融同业的委托,代销其理财产品的业务。

(一)本金的业务核算

1. 代理理财产品发行的业务核算

单位或个人客户购买人民币理财产品,商业银行营业机构实时从客户结算账户扣款,会计分录为:

借:吸收存款——单位(个人)活期存款——××户(开户机构)
　　贷:代理业务负债——代理人民币理财——代理人民币理财户(总行)

2. 总行向人民币理财产品公司交付发行款

缴款日,商业银行总行将人民币理财产品发行款划到人民币理财合同签约机构指定的账户中,会计分录为:

借:代理业务负债——代理人民币理财——代理人民币理财户(总行)
　　贷:跨行清算资金往来——大额支付(总行)

3. 商业银行总行资金运作部门可以自主使用资金运作理财产品(即非代售其他公司的理财产品)

理财产品起息日,总行会计部门根据理财产品销售部门(代理托管部)提供的资金划转凭证进行资金划转,会计分录为:

借:代理业务负债——代理人民币理财——代理人民币理财户(总行)
　　贷:其他应付款——理财户(总行)

4. 总行资金运作部门按照合约进行理财投资

商业银行总行资金运作人员应严格将自有资金投资和理财投资区分标记,提供理财投资划款凭证,交由总行会计部门进行资金划转,会计分录为:

借:其他应付款——理财(总行)
　　贷:跨行清算往来——大额支付(总行)

另外,还应由托管系统计算相应的理财产品运作投资本金及投资收益明细。

(二)分红、提前赎回和到期赎回的业务核算

(1)总行收到人民币理财公司划来的产品分红、提前赎回或者到期赎回款,会计分录为:

借:跨行清算资金往来——大额支付(总行)
　　贷:代理业务负债——代理人民币理财——代理人民币理财户(总行)

(2)对商业银行自主理财投资收息或者到期等业务,收到款项时,资金运作部门提供相应的单据给清算人员,确保资金划入理财户中,会计分录为:

借:跨行清算往来——大额支付(总行)
　　贷:其他应付款——理财(总行)

(3)在理财产品终止投资日(赎回)、分红日,对商业银行自主运作的理财产品,总行资金运作部门提供划转凭证给总行清算人员,用于总行资金的划转,或者系统自动划拨相应的本金及待分配手续费,会计分录为:

借:其他应付款——理财(总行)
　　　　　贷:代理业务负债——代理人民币理财——代理人民币理财户(总行)
　　　　　或贷:其他应付款——待分配手续费——中间业务待分配手续费——人民币理财
　　　　　　　(总行)
　　　　　或贷:其他应付款——待分配手续费——中间业务待分配手续费——托管业务(总行)
　(4)单位或个人客户的资金于交收日从总行人民币理财产品赎回资金中划付,存入客户结算账户,会计分录为:
　　　借:代理业务负债——代理人民币理财——代理人民币理财户(总行)
　　　　　贷:吸收存款——单位(个人)活期存款——××户(开户机构)

(三)手续费收入的业务核算

人民币理财产品手续费的核算内容,包括总行收到理财手续费和手续费分配。

1. 总行收到理财手续费资金

人民币理财产品公司划付代理人民币理财产品各项手续费,总行收到手续费资金,或者扣取客户认申购理财产品手续费,会计分录为:

　　　借:跨行清算资金往来——大额支付(总行)
　　　或借:代理业务负债——代理人民币理财——代理人民币理财户(总行)
　　　　　贷:其他应付款——待分配手续费——中间业务待分配手续费——人民币理财——人
　　　　　　　民币理财待分配手续费户(总行)

2. 手续费分配

可使用两种模式,由总行业务部门确定:

(1)总行全部确认收入模式。

①总行确认手续费收入时,会计分录为:

　　　借:其他应付款——待分配手续费——中间业务待分配手续费——人民币理财——人民币
　　　　　理财待分配手续费户(总行)
　　　　　贷:代理理财买卖业务收入——代理人民币理财买卖业务收入——代理人民币理财买
　　　　　　　卖业务收入户(总行)
　　　　　　　应交税费——应交增值税(销项税额)

②总行对人民币理财产品收入进行二次分配,向总行资金运作中心以及各一级分行、二级分行、一级支行划付二次分配收入时,会计分录为:

　　　借:内部转移支出——人民币理财——人民币理财户(总行)
　　　　　贷:内部转移收入——人民币理财——人民币理财户(转入机构)

(2)总行、一级分行、二级分行、一级支行各自确认模式。

各级机构确认收入时,会计分录为:

　　　借:其他应付款——待分配手续费——中间业务待分配手续费——人民币理财——人民币
　　　　　理财待分配手续费户(总行)
　　　　　贷:代理理财买卖业务收入——代理人民币理财买卖业务收入——代理人民币理财买
　　　　　　　卖业务收入户(收入确认机构)
　　　　　　　应交税费——应交增值税(销项税额)

五、托管的业务核算

托管的业务核算包括资金托管和资产托管交易的核算。资金托管分为交易资金托管和专项资金托管。其中,交易资金托管业务包括大宗商品电子交易市场客户保证金托管、非金融机构支付企业客户备付金存管、存量房交易资金托管等。各种托管业务的会计核算基本类似,现以存量房交易资金托管业务为例进行核算。

【提示】存量房交易资金托管业务需要开办分行以二级分行的名义在公司系统开立资金托管专户(实体户),用于资金的归集、统计、控制。

(一)资金存入的业务核算

1. 按照合约,相应扣取个人客户款项

会计分录为:

  借:吸收存款——个人活期存款——××户(开户机构)
    贷:代理业务负债——托管业务款——资金托管业务(总行)

发送结算文件,会计分录为:

  借:代理业务负债——托管业务款——资金托管业务(总行)
    贷:吸收存款——单位活期存款——××户(开户机构)托管业务专户或者住建委账户
      托管业务收入——交易资金托管业务收入(交易行)
      应交税费——应交增值税(销项税额)

2. 按照合约划转公司客户款项

如果没有手续费,公司客户可以直接归入托管专户或者直接归入住建委在银行开立的公司账户,会计分录为:

  借:吸收存款——单位活期存款——××户(开户机构)
    贷:吸收存款——单位活期存款——××户(开户机构)托管专户或者住建委账户

如果交易过程有手续费,则需要通过"总行代理业务负债——托管业务款"科目进行过渡,通过"网点柜面本地行内企事业单位人民币对公入账汇款转账",之后进行结算,相应归入托管专户或者住建委账户,同时确认托管业务收入,会计分录同1。

(二)资金支付的业务核算

按照合约将款项付给第三方时,需要预先垫付款项,会计分录为:

  借:代理业务负债——托管业务款——资金托管业务(总行)
    贷:吸收存款——单位(个人)活期存款——××户(开户机构)

日终从托管专户中将扣款资金补齐,会计分录为:

  借:吸收存款——单位活期存款——××户(开户机构)托管专户或者住建委账户
    贷:代理业务负债——托管业务款——资金托管业务(总行)

(三)资金退回的业务核算

资金存入后,由于某些原因需要将其退还给原客户时,会计分录同资金支付交易。

此外,资金托管专户在存续期间产生的活期利息,由总行开立的资金托管业务户预先支付。季末结息时,由托管业务系统发起,从各分行托管专户将利息划回总行托管业务户,以补足预先支付的利息。

任务四 承诺类业务核算

承诺类业务是指商业银行在未来某一日期按照事前约定的条件向客户提供约定信用的业务,主要包括贷款承诺、信贷证明、贷款意向书、意向性信贷额度、贷款回购协议、票据发行便利等业务。下面将简要介绍贷款承诺和信贷证明业务。

一、贷款承诺

(一)贷款承诺概述

1. 贷款承诺的种类

贷款承诺分为可撤销承诺和不可撤销承诺。

(1)可撤销承诺。这种承诺附有客户在取得贷款前必须履行的特定条款。如果在银行承诺期间及实际贷款期间发生客户信用等级降低的情况,或客户没有履行特定条款,则银行可撤销该项承诺。可撤销承诺包括透支和信用额度。

(2)不可撤销承诺。它是指银行未经客户允许不得随意取消的贷款承诺。不可撤销承诺包括商业票据备用信用额度、循环信用额度、回购协议、票据发行便利等。

2. 贷款承诺书的出具

(1)贷款承诺书的出具必须建立在贷款项目批准之后,未经省分行贷款审批会议正式审批决策的项目不得对外出具承诺书。

(2)贷款承诺书一般由省级分行统一对外出具,同时抄送本行信贷部门和项目所在二级分行;属于高风险范围的,应抄送本行信贷风险管理部门,超过省级分行信贷授权的报总行审批。二级分行及其下属机构不得以任何名义对外出具贷款承诺书。

(3)贷款承诺书是严肃的法律文件,会带来相应的民事法律后果,要谨慎办理,不得为争办项目而违反规定,盲目对外出具贷款承诺书。

3. 贷款承诺的变更

贷款项目终审后,由审批行下达信贷审批结论通知,同意出具贷款承诺书的,由有权签发的部门签发贷款承诺书。在贷款承诺有效期内,如发现借款人或建设项目情况发生较大变化,影响到贷款的安全,银行有权终止贷款承诺。

(二)贷款承诺的业务核算

贷款承诺的车业务核算内容主要是贷款承诺书的出具和承诺费的收取。

1. 出具贷款承诺书的业务核算

在银行出具贷款承诺书后,银行就承担了承诺的义务,在承诺期内要按照协议发放贷款。对于此承诺后果,银行应设置"贷款承诺"账户进行表外核算。"贷款承诺"账户核算银行因为与客户签订协议或意向而在一定时期内可能发放的贷款。本科目可以按照客户单位进行明细核算。

银行与客户签订贷款承诺书或增加贷款额度时,按合同金额记录:

收:贷款承诺——××户

履行承诺、减少额度或因故撤销贷款承诺时,按照减少金额记录:

付:贷款承诺——××户

2. 收取承诺费的业务核算

银行按照承诺贷款的一定比例收取手续费时,按收费金额入账,会计分录为:

借:吸收存款——××户
  贷:中间业务收入(或手续费及佣金收入)——贷款承诺手续费
    应交税费——应交增值税(销项税额)

二、信贷证明

(一)信贷证明业务概述

银行信贷证明是指根据授信申请企业的要求,在其参与工程等项目建设的资格预审、投标、履约时,向银行提出申请,经银行评审同意后,由银行出具的一种融资证明,旨在证明申请人在承包工程中有能力从银行获得必要的信贷支持。

【提示】信贷证明往往被要求与投标或履约保函一并出具。

信贷证明业务应纳入银行综合授信管理范围,实行综合授信额度管理。每笔信贷证明的金额一般为项目总标金额的10%,最高不超过项目总标金额的30%。信贷证明的期限最长不得超过3年。信贷证明的币种为人民币或银行国际结算可受理的外币币种,信贷证明的收费标准为年费率0.1%~0.45%,各行可自行决定按季、半年度或一次性收取,第一笔收费时间应在信贷证明开具之前。

【注意】项目开标后,如申请人未中标,已收取的费用不再退回。

(二)信贷证明的业务核算

信贷证明的核算主要是信贷证明的出具和信贷证明的终止。

1. 信贷证明的出具

客户向银行提出申请,提交"银行信贷证明业务申请书"和银行规定的材料。银行按授信审查要求对其进行调查,并将调查情况和初审意见及有关业务资料送授信管理部门审核,复审同意后出具信贷证明,会计分录为:

　　收:信贷证明

同时,按照协议收取手续费,会计分录为:

　　借:吸收存款——申请单位户
　　　　贷:中间业务收入(或手续费及佣金收入)——信贷证明手续费
　　　　　　应交税费——应交增值税(销项税额)

在信贷证明有效期内,如发生信贷证明项下的贷款需求,银行应在履行义务前30天按流动资金贷款要求重新评估项目的风险和还款来源,审查并落实贷款担保,按贷款审批权限和审批程序报批准后办理。

2. 信贷证明的终止

信贷证明提前解除后应及时向客户收回信贷证明正本。信贷证明到期或银行履行完信贷证明项下的有关义务后一周内,无论信贷证明正本是否收回,经办人都应填写"信贷证明核销凭证",办妥信贷证明核销手续,会计分录为:

　　付:信贷证明

项目练习

一、单项选择题

1. 为委托行办理支票托收业务属于(　　)。
   A. 代理政策性银行业务　　　　　　B. 代理中国人民银行业务
   C. 代理商业银行业务　　　　　　　D. 代收代付业务
2. 申请人采取缴存保证金方式提供反担保的,应首先全额扣划保证金,不足部分列入(　　)科目。
   A. "吸收存款"　　B. "保证金存款"　　C. "逾期贷款"　　D. "开出保函"
3. 银行代理保险业务,需收取手续费。在按期计提手续费时,借记(　　)科目,贷记"手续费及佣金收入"科目。
   A. "应收手续费及佣金"　　　　　　B. "代理业务负债"
   C. "吸收存款"　　　　　　　　　　D. "应交税费"

4. ( )账户核算银行因为与客户签订协议或意向而在一定时期内可能发放的贷款。
　A."吸收存款"　　　B."中间业务收入"　C."信贷证明"　　　D."贷款承诺"
5. 金融服务表外业务,不包括( )。
　A. 支付结算业务　　B. 金融衍生交易　　C. 代理与咨询业务　D. 信托业务

二、多项选择题

1. 金融衍生业务,具体包括( )。
　A. 金融远期合约　　B. 金融期货合约　　C. 互换合约　　　　D. 期权合约
2. 中间业务的特征有( )。
　A. 中间业务以收取手续费为主要目的
　B. 中间业务产品是一种固化了商业信誉的金融商品
　C. 中间业务的开展是以银行的信誉为基础的
　D. 具有更灵活、迅速、便利的特点
3. 依据清偿方式的不同,银行卡业务可分为( )。
　A. 贷记卡业务　　　　　　　　　　　B. 准贷记卡业务
　C. 借记卡业务　　　　　　　　　　　D. 人民币和外币卡业务
4. 担保类中间业务主要内容有( )。
　A. 基金托管　　　B. 银行承兑汇票　　C. 备用信用证　　　D. 各类保函
5. 代收代付业务包括( )。
　A. 代理各项公用事业收费　　　　　　B. 代发工资
　C. 代发股票红利　　　　　　　　　　D. 代理证券资金清算

三、判断题

1. 中间业务是指商业银行无须向外借入资金且不必动用自己的资产,提供各项金融服务,并收取手续费的中介业务。　　　　　　　　　　　　　　　　　　　　　　　　　　( )
2. 代理证券资金清算包括代理贷款项目管理等。　　　　　　　　　　　　　　( )
3. 代理国债业务是指商业银行为投资者提供的国债认购、付息、兑付等服务。　( )
4. 可撤销承诺包括商业票据备用信用额度、循环信用额度、回购协议、票据发行便利等。( )
5. 信贷证明的期限最长不得超过2年。　　　　　　　　　　　　　　　　　　( )

四、会计业务题

顺鑫电子有限公司拟向青岛市某商业银行借款8 000万元进口高精度电子仪器,青岛市该商业银行要求顺鑫公司向其出具借款保函。该公司在征得其开户行——中国农业银行同意并收取100万元保证金和1.5‰手续费后为其出具了保函。借款到期该公司只归还了6 000万元,其余款项扣除保证金后由中国农业银行垫付。
(1)收取保证金和手续费,编制会计分录。
(2)到期支付款项,编制会计分录。

五、案例分析题

中间业务的国内外比较

我国商业银行中间业务在所有银行业务中的受重视程度不如西方发达国家,并且我国商业银行开始发展的时间也比较晚,相比西方国家不是很成熟,实际上在 20 世纪 90 年代,我国商业银行才开始真正发展银行的中间业务。国内商业银行受到了分业经营限制和传统经营理念的影响,国内大部分商业银行依然以传统的存贷款业务为主要业务,中间业务发展较为缓慢。把银行的中间业务仅仅看成是附加的业务,没有站在银行整体经营的角度去发展中间业务,对中间业务的发展思想认识不足,一直将中间业务作为拓展低成本存款的方法而不是将其作为利润增加点来看待。总体而言,国内的商业银行中间业务发展比较缓慢,与外资银行和国外的银行相比,有较大的差距。

资料来源:李贺等主编:《金融企业会计》,上海财经大学出版社 2020 年版,第 204 页。

问题:对我国商业银行的中间业务应该有哪些改进的对策?

项目实训

【实训项目】

中间业务核算。

【实训目的】

通过对中间业务核算知识的了解,加深对金融企业会计的认识。

【实训资料】

人们经常会把钱存到银行里,在生活中也经常会使用银行业务,但是很多人对银行的一些专有名词并不特别了解,比如银行的中间业务和表外业务,有人说二者没有区别,有人说二者有一定的区别。

【实训要求】

1. 分析中间业务和表外业务是否有区别,区别是什么。
2. 撰写《中间业务核算》实训报告。

《中间业务核算》实训报告

项目实训班级:	项目小组:	项目组成员:
实训时间: 年 月 日	实训地点:	实训成绩:
实训目的:		
实训步骤:		
实训结果:		
实训感言:		

项目九

外汇业务核算

○ **知识目标**

理解:外汇的概念;外汇业务的主要内容;外汇业务核算的原理。

熟知:外汇业务核算方法;外汇业务核算的特点;主要会计科目及核算内容。

掌握:外汇买卖的业务核算;外汇存贷款的业务核算;国际结算的业务核算。

○ **技能目标**

能够结合所学的外汇业务核算知识,具备对相关业务进行核算的处理能力。

○ **素质目标**

运用所学的外汇业务核算知识研究相关事例,培养和提高学生在特定业务情境中分析问题与决策设计的能力;结合行业规范或标准,运用外汇业务核算知识分析行为的善恶,强化学生的职业道德素质。

○ **思政目标**

能够正确地理解"不忘初心"的核心要义和精神实质;树立正确的世界观、人生观和价值观,做到学思用贯通、知信行统一;通过外汇业务核算知识,能按照业务流程和处理方法,结合财经法规和具体要求,树立诚信意识和风险意识,合理做好外汇业务核算控制。

○ **项目引例**

员工外汇业务监守自盗,民生银行三亚分行遭罚

2017年以来,国家外汇管理局加强外汇市场监管,依法严厉查处各类外汇违法违规行为,打击虚假、欺骗性交易行为,维护健康良性的外汇市场秩序。在通报的25起外汇违法违规案例中,外汇局罕见地点名了9家银行,指责其忽视或违反规定,并处以相应罚款。这些被点名的银行包括兴业银行重庆分行、民生银行三亚分行、宁波银行上海张江支行、重庆农村商业银行、中国农业银行嘉善支行和镇江分行、恒丰银行泉州分行、中国建设银行德州分行、平安银行珠海分行。其中,除民生银行三亚分行以外,其他银行都是因为未对企业客户的贸易背景及单证真实性、合理性进行尽职审查,或未审核个人委托购汇授权书等材料以及对购汇人民币资金来源未进行尽职调查等原因而遭罚。

民生银行三亚分行的案例较为特殊,它并非由于未对客户购汇用途的真实性做尽职审查而遭罚,而是因为其员工"监守自盗"。2014年5月至2016年1月,民生银行三亚分行为17名个人办理18笔购汇汇出业务,金额81.08万美元。其中16人为该行员工,均为出借个人的购汇额度帮助该行负责人汪某及朋友购汇汇往境外账户。2016年7月,该行为5名员工办理5笔购汇提钞业务,金额45 000美元,均为出借个人购汇额度帮助该行负责人汪某购汇提钞。

外汇局表示,民生银行三亚分行的上述行为违反了《个人外汇管理办法》第七条、第九条、第三十二条等规定,参与人员主要为该行负责人和员工,情节严重、影响恶劣,根据《外汇管理条例》第四

十七条的规定,予以罚款100万元人民币,责令停止实施售汇业务1年的处罚,对该行负责人汪某罚款50万元人民币,责令对相关责任人进行责任追究。

资料来源:李贺等主编:《金融企业会计》,上海财经大学出版社2020年版,第206页,有改动。

试分析:什么是外汇？银行的外汇业务包括哪些？

○ 知识精讲

任务一 外汇业务概述

一、外汇的概念

外汇是国际汇兑(Foreign Exchange)的简称,是指以外国货币表示的可以用于国际清偿和国际结算的支付手段和资产。根据《中华人民共和国外汇管理条例》的规定,外汇包括外国货币、外币有价证券、外币支付凭证、特殊债权以及其他外汇资金等。

我国对外汇实行统一政策、集中管理的方针。国家授权外汇管理局行使外汇管理职权,国务院授权中国人民银行管理国家外汇业务。

【提示】经中国人民银行核准的各金融机构,可在核准经营的范围内开展外汇业务。

二、外汇业务的主要内容

外汇业务是指以记账本位币以外的货币进行的款项收付、往来结算等业务。经营外汇业务是银行业务经营的重要组成部分。目前,我国商业银行办理的外汇业务通常可以划分为外汇公司业务和外汇零售业务:①外汇公司业务主要包括单位存款、外汇公司汇款、结售汇、外币兑换、进口代收、托收、信用证等;②外汇零售业务主要包括外币储蓄、国际汇款、结售汇、外币兑换、外币理财、代理退税等。其他与外汇有关的业务还包括外汇贷款,外汇同业拆借,外汇借款,发行或代理发行股票以外的外币有价证券,买卖或代理买卖股票以外的外币有价证券,外汇票据的承兑和贴现,外汇担保,资信调查、咨询和鉴证业务等。

三、外汇业务核算的原理

银行外汇业务核算应遵循《企业会计准则第19号——外币折算》的规定,解决的问题具体如下：

(一)记账本位币

我国银行一般以人民币作为记账本位币,也允许业务收支以人民币以外的货币为主的银行选择其中一种货币作为记账本位币。但是,编报的财务会计报告应当折算为人民币。银行选择的记账本位币一经确定,不得改变。

(二)外汇交易

外汇交易是以外币计价或者结算的交易,包括:①买入或者卖出以外币计价的商品或者劳务;②借入或者借出外汇资金;③其他以外币计价或者结算的交易,如接受外币现金捐赠等。

外汇交易可分为货币性项目和非货币性项目。①货币性项目是银行持有的货币和将以固定或可确定金额的货币收取的资产或者偿付的负债。货币性资产包括现金、存款、应收账款和应收票据以及准备持有至到期日的债券投资等;货币性负债包括应付账款、其他应付款、短期借款、应付债券、长期借款和长期应付款等。②非货币性项目是货币性项目以外的项目,如长期股权投资、交易性金融资产(股票、基金)、固定资产和无形资产等。

(三)外币折算的会计处理

外币折算是指将外汇交易或外币财务报表折算为记账本位币反映的过程。外汇交易折算的会计处理主要涉及两个环节：①在交易日对外汇交易进行初始确认,将外币金额折算为记账本位币金额；②在资产负债表日对相关项目进行折算,因汇率变动产生的差额应计入当期损益。

【注意】银行对发生的外汇交易,应当在初始确认时,采用交易发生日的即期汇率将外币金额折算为记账本位币金额,或者采用与交易发生日即期汇率近似的汇率折算。

在资产负债表日,对外币货币性项目采用资产负债表日即期汇率折算,因资产负债表日即期汇率与初始确认时或者前一资产负债表日即期汇率不同而产生的汇兑损益差额,计入当期损益,同时调增或调减外币货币性项目的记账本位币金额。

【提示】以历史成本计量的外币非货币性项目,已在交易发生日按当日即期汇率折算,资产负债表日不改变其记账本位币金额。

四、外汇业务核算的方法

外汇业务的专门核算方法有外汇分账制和外汇统账制两种。虽然在外币折算准则中没有提及分账制记账方法,但在《企业会计准则第19号——外币折算》的应用指南中提出："金融保险企业的外汇交易频繁,涉及外币币种较多,可以采用分账制记账方法进行日常核算。"

(一)外汇分账制

外汇分账制也称原币记账法,是经营外汇业务的银行,对外币与记账本位币实行分账核算的一种记账方法,也就是直接以各种原币为记账单位,而不折成记账本位币进行记账的方法。

采用外汇分账制核算的银行,应按业务发生时的各种原币填制凭证、登记账簿、编制会计报表。银行发生结售汇、外汇买卖以及各种货币之间的兑换及账务间的联系均通过"货币兑换"科目核算,并按业务发生时的汇率记账。

【提示】资产负债表日,银行应将以原币编制的财务会计报表折算为记账本位币,其中货币性项目按资产负债表日即期汇率折算,非货币性项目按交易日即期汇率折算,产生的汇兑差额计入当期损益。

(二)外汇统账制

外汇统账制,也称本位币记账法或本币统账制,是经营外汇业务的企业,对外汇的买卖、收付等都折合成记账本位币,统一用记账本位币进行核算的一种方法。

采用外汇统账制核算的银行,应分别记账本位币和各种外币进行明细核算。银行发生外汇业务时,应当将有关外币金额折合为记账本位币记账,并登记外币金额和折合率。除另有规定外,所有与外汇业务有关的账户,应当采用业务发生时的汇率或业务发生当期期初的汇率折算。

五、外汇业务核算的特点

(一)账务记载实行外汇分账制

采用外汇分账制可以有效记录和反映记账本位币、外币资金的收付,核算和监督各种不同币种的收、支、存情况。目前,我国银行对外汇业务的核算基本上都采用外汇分账制。

(二)设置特定会计科目

"货币兑换"(或称"外币兑换""外汇买卖")科目是为了实现外汇分账制而设立的一个特定科目。在银行外汇业务的会计核算中,"货币兑换"科目使用非常频繁,准确运用"货币兑换"科目进行外汇业务的核算,能够确保银行资产负债的真实性,并有助于银行间的资金清算和账务往来,以及对外汇风险的识别、判断、分析和监控。

（三）联行、代理行往来账务关系的复杂性

外汇业务的会计核算在办理贸易和非贸易业务的国际结算中，既有各种外币资金结算，又有记账本位币资金结算；既有境内联行、代理行和其他金融机构的资金结算，又有境外联行、代理行的资金结算。结算的货币种类不一，汇率时有变化，尤其在国际结算中，外汇业务的会计核算必须严格遵照有关协议、协定中规定的结算方式和账务处理细则进行结算，特别在对海外联行、代理行进行账务处理时，不仅要遵循国际惯例，而且必须遵照所在国（或地区）有关银行法规的规定，从而使账务处理多样化、核算内容复杂化，账务关系非常复杂。

（四）按国际惯例结算

外汇业务会计的另一个显著特点就是要遵循国际惯例，比如在国外代理行往来、联行往来时要遵守国际银行间往来的有关规定；办理信用证、托收、汇款等国际结算业务时，会受到来自国际商会的《跟单信用证统一惯例》（UCP600）、《跟单信用证业务指南》（UCP515）、《托收统一惯例》（URC522）、《见索即付保函统一规则》（UDG485）、《2020年国际贸易术语解释通则》等国际惯例、通则的制约。

六、主要会计科目及核算内容

外汇业务核算涉及的主要会计科目及核算内容如表9－1所示。

表9－1　　　　　　　　　　　外汇业务会计科目及核算内容

	名　称	主要核算内容	备　注
资产类	短(中)期外汇贷款	核算银行发放的短期及中期外汇贷款的使用和收回	此类科目根据业务情况单独设置，也可以在"贷款"科目下设置明细科目核算
	进口押汇	核算进口方银行向进口商提供信用证项下或托收项下进口押汇的发放和收回	
	出口押汇	核算出口方银行向出口商提供信用证项下或托收项下出口押汇的发放和收回	
	打包贷款	核算出口方银行向出口商提供的、以信用证正本为抵押的出口前期融资性本币短期贷款的发放和收回	
	买方信贷外汇贷款	核算出口国银行直接向买方或买方银行提供的贷款的发放和收回	
	应收出口托收款项	核算受客户或银行同业委托，代向付款人收取贸易或非贸易项下的款项	
	应收进口代收款项	核算代收银行收到进口代收单据，接受托收行委托代为向付款人收取的款项	
	应收信用证出口款项	核算出口商交来远(即)期信用证项下出口单证，经议付行议付寄单的款项	
	应收开出信用证	核算开证行接受开证申请人的申请而对外签发信用证的款项	
	应收承兑汇票款	核算进口商办理远期信用证项下进口业务，委托银行对外结算，汇票已经银行承兑的款项	
	存放境外同业	核算境内银行存放在境外账户行的外汇款项和往来业务。该科目可按国外代理行设置分户账	

续表

	名　称	主要核算内容	备　注
负债类	汇入汇款	核算汇入行的境外汇入汇款业务中待解付的汇入汇款增减变动情况。该科目可按收款客户设置明细账户	期末可并入"吸收存款"科目编制报表
	出口托收款项	核算受客户或银行同业委托,代向付款人收取贸易或非贸易项下的款项	与"应收出口托收款项"互为对转科目
	进口代收款项	核算代收银行收到进口代收单据,接受托收行委托代为向付款人收取的款项	与"应收进口代收款项"互为对转科目
	代收信用证出口款项	核算议付行议付远(即)期信用证项下出口单证的款项	与"应收信用证出口款项"互为对转科目
	开出信用证	核算开证行接受开证申请人的申请而对外签发信用证的款项	与"应收开出信用证"互为对转科目
	承兑汇票	核算银行收到寄来远期信用证项下进口单据远期汇票已经银行承兑的款项	与"应收承兑汇票款"互为对转科目
	存出保证金	核算金融企业因办理业务需要存出或缴纳的各种保证金款项。本科目可按保证金的类别及存放单位或交易场所进行明细核算	
资产负债共同类	货币兑换	核算金融企业采用分账制核算外币交易所产生的不同币种之间的兑换。本科目可按币种进行明细核算	
	全国联行外汇往来	核算发有全国联行行号的银行办理全国范围内异地外汇资金划转及外汇结算业务	会计期末可并入"清算资金往来"科目编制报表
损益类	汇兑损益	核算金融企业发生的外币交易因汇率变动而产生的汇兑损益	

任务二　外汇买卖业务核算

一、外汇买卖业务的内容

银行的外汇买卖业务主要包括自营外汇买卖、代客外汇买卖和临柜业务中的结售汇等。

(1)自营外汇买卖,是指银行根据国家外汇管理规定及自身外汇资金头寸情况和保值、增值的需要,以自身的外汇资金,通过境内外同业银行进行外汇头寸的转换,以期赚取差价利润的业务。

(2)代客外汇买卖,是银行接受客户委托,代其在国际金融市场上或通过中国外汇交易中心或外汇调剂市场进行的外汇或本位币调剂买卖交易。

(3)临柜业务则主要表现为结汇、售汇、结售汇项下外汇与本币平盘交易、外币兑换和套汇等形式。

①结汇。我国对经常项目下的外汇收入实行结汇制。境内企事业单位、机关和社会团体按国家外汇管理政策的规定,将各类外汇收入按银行挂牌汇率结售给银行。银行购入外汇,付给人民币。结汇有强制结汇、意愿结汇和限额结汇等多种形式。

【提示】目前,我国主要实行的是强制结汇制,部分企业经批准实行限额结汇制,对境内居民个人实行意愿结汇制。

②售汇。境内企事业单位、机关和社会团体经常项目下的正常用汇,可以持有效凭证,用人民币到银行办理兑付。

③结售汇项下外汇/本币平盘交易。这是银行为平盘结售汇敞口而进行的外币/记账本位币买卖交易。按照我国现行外汇管理制度,国家对银行的结算周转外汇实行比例管理,各银行结算周转外汇的比例由中国人民银行根据其资产和外汇结算业务量核定。

【提示】各银行持有超过其高限比例的结算周转外汇时,必须出售给其他银行或中国人民银行;持有的结算周转外汇降低到低限比例以下时,应及时从其他银行或中国人民银行购入补足。

④外币兑换。外币兑换是指银行从个人手中买入外币付给人民币,或者收进人民币兑出外币。

⑤套汇。由于不同币种间没有直接的汇价,或者客户拥有的某种外汇与其支付所需要的币种不一样,因此可以要求银行套算兑换。

二、外汇汇率

外汇必须按一定的价格进行买卖,从而对不同货币进行折算。这个价格是外汇汇价,也称外汇汇率。外汇汇率是用一种货币单位表示另一种货币单位的价格。

从银行买卖外汇的角度划分,汇率分为买入汇率、卖出汇率、中间汇率和现钞汇率;按外汇交易交割期限划分,有即期汇率和远期汇率;按对外汇管理的松严区分,有官方汇率和市场汇率。

外汇汇率有两种标价方法,即直接标价法和间接标价法。

①直接标价法(Direct Quotation)又称"应付标价法"(Giving Quotation),是指以一定单位(1或100等)的外国货币为标准,折算为若干单位本国货币的表示方法,或者说是用本国货币表示的外国货币的价格。

人民币对外币汇率主要采用这种标价法。目前,除美元、英镑、爱尔兰镑、澳大利亚元、新西兰元、南非兰特和欧元以外,其他货币的汇率均采用直接标价法,如中国银行挂牌的100美元＝679.20元人民币,东京外汇市场上的100英镑＝16 069.42日元。

【提示】我国的外汇牌价采用直接标价法。

直接标价法的特点:外币数量固定不变,折合成的本币数量随着外币币值和本币币值的变化而变化,表明外汇汇率的涨落。

【注意】如果一定单位的外币折算的本币的数额比原来多,则说明外汇汇率上升,本币汇率下跌;相反,如果一定单位的外国货币折算成本币的数额比原来少,则说明外汇汇率下跌,本币汇率上升。

【提示】在直接标价法下,外汇汇率的涨落与本币数量的增减成正比,从中能直接看出外汇的价格。

②间接标价法(Indirect Quotation)又称"应收标价法"(Receiving Quotation),是指以一定单位的本国货币为标准,折算为若干单位的外国货币的表示方法,或者说是用外国货币表示的本国货币的价格。

世界上只有少数国家采用间接标价法。从历史上看,英镑一直采用这种标价法。除英国以外,一些英联邦国家的货币也采用间接标价法,如澳大利亚元、新西兰元和南非兰特等。美国的纽约外汇市场原先采用直接标价法,后来由于美元逐步取代了英镑而成为国际经济交易的主要计价结算手段,因此,从1978年9月1日开始,纽约外汇市场也改用间接标价法,但美元对英镑仍沿用直接标价法。

【提示】人民币对马来西亚林吉特、俄罗斯卢布、南非兰特、韩国元、阿联酋迪拉姆、沙特里亚尔、匈牙利福林、波兰兹罗提、丹麦克朗、瑞典克朗、挪威克朗、土耳其里拉、墨西哥比索的汇率采用间接标价法。

间接标价法的特点:本币的数量固定不变,折合成的外币数额则随着本币和外币币值的变动而变动。

【注意】如果一定单位的本币折成外币的数量比原来多,则说明本币汇率上升,外汇汇率下跌;相反,如果一定单位的本币折成外币的数量比原来少,则说明本币汇率下跌,外汇汇率上升。

【提示】在间接标价法下,外汇汇率的涨落与外币数额的多少成反比,不能直接看出外汇的价格。

【注意】直接标价法和间接标价法之间存在着一种倒数关系。如用直接标价法挂牌的汇率 100 美元＝663.25 元人民币,推算得出间接标价的 1 元人民币＝100/663.25＝0.150 8 美元。

三、"货币兑换"科目使用说明

"货币兑换"科目是外汇分账制会计核算特有的科目,属于资产负债共同类科目,是联系外币账户和人民币账户的纽带。

在填制会计凭证、编制会计分录、记载账务时,"货币兑换"科目下外币账户和人民币账户均应完整地加以反映。

资产负债表日,各分账货币账户余额都要按期末汇率折算为人民币金额,与人民币账户项下的"货币兑换"科目余额相比较计算汇兑损益,结转利润科目。发生汇兑收益,借记本科目,贷记"汇兑损益";发生亏损,借记"汇兑损益",贷记本科目。

【注意】"货币兑换"科目的分户账具有一定的特殊性,它把人民币和外币金额记在同一个账页上,账簿格式由买入、卖出、结余三栏组成,买入、卖出栏内又各由外币、汇价和人民币三栏组成。

买入栏外币为贷方,人民币为借方;卖出栏外币为借方,人民币为贷方;结余栏则设借或贷外币、借或贷人民币两栏。其格式如表 9-2 所示。

表 9-2　　　　　　　　　　××银行"货币兑换"科目账

货币：　　　　　　　账户：

年		摘要	买　入			卖　出			结　余			
			外币（贷）（十亿位）	汇价	人民币（借）（十亿位）	外币（贷）（十亿位）	汇价	人民币（贷）（十亿位）	借/贷	外币（十亿位）	借/贷	人民币（十亿位）
月	日											

买入外币(贷方)×汇价＝人民币借方

卖出外币(借方)×汇价＝人民币贷方

如果买入外币数大于卖出外币数,外币结余则以买入外币(贷)项数减去卖出外币(借)项数,余额为外币贷方结余数。人民币结余则将买入外币人民币(借)项数减去卖出外币人民币(贷)项数,余额为人民币借方结余数。结余额以外币与人民币同时反映。由于"货币兑换"科目凭证是多联套写凭证,外币联与人民币联内容相同,所以记账时凭"货币兑换"科目外币联凭证记账。

"货币兑换"科目的余额能够反映银行外汇资金头寸余缺状况。银行检查某一外汇资金余缺,只需看"货币兑换"科目余额在哪一方,如外币账户的余额在贷方,则表明该货币买入大于卖出,即为多头;如外币账户的余额在借方,则表明该外币卖出多于买入,即空头。银行对外汇资金头寸的掌握,直接影响其风险损失的规避。

四、外汇买卖的业务核算

(一)结售汇的业务核算

当买入外汇时,外币金额记入"货币兑换"科目的贷方,与原币有关科目对转,相应的人民币金

额记入该科目的借方,与人民币有关科目对转。买入外汇(包括结汇及外币兑人民币业务)的基本账务处理如下:

借:××科目(外币)
　　贷:货币兑换——汇(钞)买价(外币)
借:货币兑换——汇(钞)买价(人民币)
　　贷:××科目(人民币)

【做中学9—1】 某客户持200美元来银行兑换人民币现金。假设业务发生时,美元现钞买入价为USD100=￥675.25。会计分录为:

借:库存现金　　　　　　　　　　　　　　　　　　　　　　USD200
　　贷:货币兑换——钞买价　　　　　　　　　　　　　　　　USD200
借:货币兑换——钞买价　　　　　　　　　　　　　　　　　￥1 350.50
　　贷:库存现金　　　　　　　　　　　　　　　　　　　　　￥1 350.50

售汇业务即商业银行依据国家外汇管理的相关规定向客户卖出外汇。当卖出外汇时,外币金额记入"货币兑换"科目的借方,与原币有关科目对转,相应的人民币金额记入该科目的贷方,与人民币有关科目对转。卖出外汇(包括售汇及人民币兑外币业务)的基本账务处理如下:

借:××科目(人民币)
　　贷:货币兑换——汇(钞)卖价(人民币)
借:货币兑换——汇(钞)卖价(外币)
　　贷:××科目(外币)

【做中学9—2】 W公司向开户银行购买100 000美元支付进口货款。假设业务发生时,美元汇卖价USD100=￥685.26。会计分录为:

借:吸收存款——W公司户　　　　　　　　　　　　　　　　￥685 260
　　贷:货币兑换——汇卖价　　　　　　　　　　　　　　　　￥685 260
借:货币兑换——汇卖价　　　　　　　　　　　　　　　　　USD100 000
　　贷:汇出汇款或有关科目　　　　　　　　　　　　　　　　USD100 000

(二)套汇的业务核算

由于我国银行没有挂出两种不同外币之间的直接比价,当两种外币进行兑换时,需要通过人民币来进行折算。套汇有两种具体情况:①两种外币之间的套算,即一种外币兑换为另一种外币,必须通过人民币进行套汇,也就是先买入一种外币,按买入价折成人民币数额,再卖出另一种外币,把人民币数额按卖价折算为另一种外币;②同种货币之间的套算,包括钞兑汇或汇兑钞,因为同一种外币体现在汇率上,现钞和现汇价值有所差异,所以,也必须按套汇方法处理。

两种外币之间套算的基本账务处理如下:

借:××科目(A外币)
　　贷:货币兑换——汇(钞)买价(A外币)
借:货币兑换——汇(钞)买价(人民币)
　　贷:货币兑换——汇(钞)卖价(人民币)
借:货币兑换——汇(钞)卖价(B外币)
　　贷:××科目(B外币)

【做中学9—3】 X公司以其外汇美元存款申请汇往香港,以支付某客户货款港币250 000元。假设业务发生时,美元汇买价为USD100=￥682.45,港币汇卖价为HKD100=￥89.20。会计分录为：

借：吸收存款——外汇活期存款——X 公司户　　　　　　USD32 676.39
　　贷：货币兑换——汇买价　　　　　　　　　　　　　　USD32 676.39
借：货币兑换——汇买价　　　　　　　　　　　　　　　　￥223 000
　　贷：货币兑换——汇卖价　　　　　　　　　　　　　　￥223 000
借：货币兑换——汇卖价　　　　　　　　　　　　　　　　HKD250 000
　　贷：汇出汇款　　　　　　　　　　　　　　　　　　　HKD250 000

任务三　外汇存贷业务核算

一、外汇存款的业务核算

（一）单位外汇存款的业务核算

单位外汇存款也称甲种外汇存款。经国家外汇管理局核准开立外汇账户的企（事）业法人和其他经济组织，当需要将境内资金汇出或将境外资金汇入境内或者办理其他存款和转账业务时，可持外汇管理局核准的《开立外汇账户批准书》等相关材料，到银行开立外汇账户后办理存款及转账等结算业务。单位外汇存款业务按账户性质分为经常项目外汇账户（外汇结算账户）和资本项目外汇账户（外汇资本金账户）。①经常项目外汇账户是用于经常项目外汇收支或经国家外汇管理局批准的资本项目外汇支出的账户。②资本项目外汇账户是用于资本项目外汇收支的账户。两者在账户管理上有所不同。外汇账户包括外汇现汇账户和外币现钞账户。所有存款对象只能开立外汇现汇账户，不得开立外币现钞账户。以现钞存入或支取外币现钞时，应按要求进行外汇买卖。

【注意】根据存款期限的不同，单位外汇存款分为外汇活期存款和外汇定期存款。为便于单位外汇存款业务的会计核算，可设置"外汇活期存款"和"外汇定期存款"科目（或在"吸收存款"总账科目下设置二级科目）。

1. 存款存入的业务核算

（1）以外币现钞存入。单位外汇存款一般为现汇账户，存入时应按存入日的现钞买入价和同种货币现汇卖出价折算入账（属于同种货币之间的套算），会计分录为：

借：库存现金（外币）
　　贷：货币兑换——钞买价（外币）
借：货币兑换——钞买价（人民币）
　　贷：货币兑换——汇卖价（人民币）
借：货币兑换——汇卖价（外币）
　　贷：吸收存款——外汇活（定）期存款——××户（外币）

（2）直接以国外收汇或国内转汇存入。如存款单位以汇入的原币存入，会计分录为：

借：汇入汇款或有关科目（外币）
　　贷：吸收存款——外汇活（定）期存款——××户（外币）

如汇入币种与存入币种不同时，则按当天两种外汇汇价套汇入账，会计分录为：

借：汇入汇款或有关科目（A 外币）
　　贷：货币兑换——汇买价（A 外币）
借：货币兑换——汇买价（人民币）
　　贷：货币兑换——汇卖价（人民币）

借:货币兑换——汇卖价(B外币)
　　　　贷:吸收存款——外汇活(定)期存款——××户(B外币)
如境内机构转汇存入,会计分录为:
　　借:全国联行外汇往来(外币)
　　　　贷:吸收存款——外汇活(定)期存款——××户(外币)
　2. 支取的业务核算
　(1)从现汇账户支取原币现钞。从现汇账户支取原币现钞时,按汇买价、钞卖价套汇后,支取原币现钞。会计分录为:
　　借:吸收存款——外汇活期存款——××户(A外币)
　　　　贷:货币兑换——汇买价(A外币)
　　借:货币兑换——汇买价(人民币)
　　　　贷:货币兑换——钞卖价(人民币)
　　借:货币兑换——钞卖价(A外币)
　　　　贷:库存现金(A外币)
　(2)以原币汇往国外或国内异地。以原币汇往国外或国内异地时,直接办理,并按规定收费标准计收等值人民币手续费。会计分录为:
　　借:吸收存款——外汇活期存款——××户(外币)
　　　　贷:汇出汇款等有关科目(外币)
　(3)以存款货币外的另一种货币支取。当支取货币与原存款货币不同时,需按汇买价、汇卖价套汇后办理。会计分录为:
　　借:吸收存款——外汇活期存款——××户(A外币)
　　　　贷:货币兑换——汇买价(A外币)
　　借:货币兑换——汇买价(人民币)
　　　　贷:货币兑换——汇卖价(人民币)
　　借:货币兑换——汇卖价(B外币)
　　　　贷:汇出汇款等有关科目(B外币)

(二)个人外汇存款的业务核算

　　个人外汇存款是指银行为吸收境内外自然人的外汇资金而开办的一项外汇存款业务。个人外汇存款业务按照存取方式分为外汇活期储蓄存款、外汇定期储蓄存款和个人通知存款。商业银行对外汇活期储蓄存款及外汇定期储蓄存款一般有起存额要求。
　　【提示】外汇活期储蓄存款每年计付一次利息,计息日为每年的6月30日;外汇定期储蓄存款存期分1个月、3个月、6个月、1年和2年五种档次。
　1. 存入的业务核算
　(1)以外币现钞存入。存款人将外币现钞存入外币现钞户。会计分录为:
　　借:库存现金(外币)
　　　　贷:吸收存款——个人外汇活(定)期存款——××户(外币)
　(2)以境内、境外汇入的汇款或托收的外币票据收妥存入。存款人将境内、境外汇入的汇款或托收的外币票据收妥款存入现汇户。会计分录为:
　　借:存放境外同业或有关科目(外币)
　　　　贷:汇入汇款(外币)
　　借:汇入汇款(外币)

贷:吸收存款——个人外汇活(定)期存款——××户(外币)

　2. 支取的业务核算

　(1)从外汇活期储蓄存款账户支取外币现钞。存款人从外汇活期储蓄存款现钞账户或现汇账户中支取外币现钞。会计分录为:

　　借:吸收存款——个人外汇活期存款——××户(外币)
　　　贷:库存现金(外币)

　(2)从外汇定期储蓄存款账户支取外币现钞。存款人从外汇定期储蓄存款现钞账户或现汇账户中支取外币现钞时,计算应付存款利息,办理转账。会计分录为:

　　借:吸收存款——个人外汇定期存款——××户(外币)
　　　应付利息(外币,已提取部分)
　　　利息支出——储蓄存款利息支出户(外币,不足部分)
　　　贷:库存现金(外币)

　3. 汇出汇款的业务核算

　办理现汇户的汇出汇款时,签发结算凭证,办理账务划转手续,同时计算外汇定期或活期储蓄利息。会计分录为:

　　借:吸收存款——个人外汇活(定)期存款——××户(外币)
　　　(或)应付利息(利息支出)(外币)
　　　贷:汇出汇款(外币)

　汇出行收到汇入行解付通知书后,应冲销"汇出汇款"科目卡片账。会计分录为:

　　借:汇出汇款(外币)
　　　贷:存放境外同业或有关科目(外币)

　同时,按规定收取等值人民币邮电费、汇款手续费。会计分录为:

　　借:库存现金(人民币)
　　　贷:手续费及佣金收入——汇费收入户(人民币)
　　　　应交税费——应交增值税(销项税额)
　　　　业务及管理费——邮电费(人民币)

【做中学9—4】 客户张红从其活期存款美元外汇账户支取2 000英镑的等值美元,申请用信汇方式汇往英国某大学交学费。客户按有关要求办妥汇款手续,交开户银行审核无误后,办理汇出汇款。假设当天美元汇买价为USD100=¥681.22,英镑汇卖价为GBP100=¥1 021.50。会计分录为:

　　借:吸收存款——个人外汇活期存款——张红　　　　　　USD2 999.03
　　　贷:货币兑换——汇买价　　　　　　　　　　　　　　USD2 999.03
　　借:货币兑换——汇买价　　　　　　　　　　　　　　　¥20 430
　　　贷:货币兑换——汇卖价　　　　　　　　　　　　　　¥20 430
　　借:货币兑换——汇卖价　　　　　　　　　　　　　　　GBP2 000
　　　贷:汇出汇款　　　　　　　　　　　　　　　　　　　GBP2 000
　　借:库存现金　　　　　　　　　　　　　　　　　　　　¥20.43
　　　贷:手续费及佣金收入——汇费收入户(1‰)　　　　　¥19.27
　　　　应交税费——应交增值税(销项税额)　　　　　　　¥1.16

二、外汇贷款的业务核算

　外汇贷款也称外汇放款,是银行对借款人自主提供的、以外币为计价单位的、按双方约定的利率和期限还本付息的贷款。外汇贷款除了具有银行其他信贷业务的一般特点外,还具有本身的特点:①借外汇还外汇,借什么货币还什么货币,收取原币利息,贷款使用的货币由借款人选择,汇率风险由借款人承担。②实行浮动利率,计收承担费,利率按伦敦银行同业拆放利率加上银行管理费用计算得出,并不定期公布。③借款单位必须具有合理、合法的外汇贷款用途,有相应的外汇收入或其他外汇来源。④贷款期限由提款期、宽限期、还款期组成。⑤一般不发生派生存款,贷款发放是从贷款账户直接对外支付,不存在贷款转存款后的对外支付,不会形成借款单位的派生性存款。⑥政策性强、涉及面广、工作要求高。

目前,外汇贷款种类较多,下面我们将着重介绍现汇贷款、贸易融资和买方信贷外汇贷款的会计核算。

(一)现汇贷款的业务核算

现汇贷款是指企业根据业务需要采用信用证、托收或汇款等结算方式,在国际市场上采购适用商品,向银行申请的额度内外汇贷款或单笔外汇贷款。贷款到期,借款单位以外汇收入或其他外汇来源偿还本息。

【提示】现汇贷款的核算主要包括贷款发放、计息、偿还三个环节。在核算中主要通过"短(中)期外汇贷款"科目核算。

1. 现汇贷款的发放

(1)使用贷款对外支付。借款单位直接使用贷款对外支付货款,不派生存款。会计分录为:

借:短(中)期外汇贷款——××户(外币)
　　贷:存放境外同业或有关科目(外币)

(2)使用非贷款货币对外支付。若借款单位以非贷款货币对外付汇,会计分录为:

借:短(中)期外汇贷款——××户(贷款外币)
　　贷:货币兑换——汇买价(贷款外币)
借:货币兑换——汇买价(人民币)
　　贷:货币兑换——汇卖价(人民币)
借:货币兑换——汇卖价(支付货币)
　　贷:存放境外同业或有关科目(支付货币)

2. 现汇贷款的计息

外汇贷款的利率可以根据合同规定,采用浮动利率、固定利率和优惠利率。现汇贷款根据合同规定,按季或按月结息。结息时,应分别根据不同的贷款利率,算出结息期内共计应收利息,由银行填制"外汇贷款结息凭证"办理转账。结息期计收的利息,应区别不同情况进行处理。

(1)借款单位以原币偿还贷款利息。借款单位以外汇存款偿还利息。会计分录为:

借:吸收存款——外汇活期存款——××户(外币)
　　贷:利息收入——××贷款利息收入户(外币)
　　　　应交税费——应交增值税(销项税额)

(2)将利息转为贷款本金。借款单位不以原币偿还贷款利息,可按与银行达成的协议,将利息转为贷款本金。会计分录为:

借:短(中)期外汇贷款——××户(外币)
　　贷:利息收入——××贷款利息收入户(外币)
　　　　应交税费——应交增值税(销项税额)

3. 现汇贷款本金的偿还

(1)以外汇存款偿还。借款单位用外汇存款偿还贷款本金。会计分录为:

借:吸收存款——外汇活期存款——××户(外币)
　　　　　贷:短(中)期外汇贷款——××户(外币)
　(2)用人民币购汇偿还。借款单位经批准用人民币购买外汇偿还贷款本金。会计分录为:
　　　借:吸收存款——××户(人民币)
　　　　　贷:货币兑换——汇卖价(人民币)
　　　借:货币兑换——汇卖价(外币)
　　　　　贷:短(中)期外汇贷款——××户(外币)
　(3)用非原贷款货币偿还。借款单位用非原贷款货币的外汇存款偿还。会计分录为:
　　　借:吸收存款——外汇活期存款——××户(还款外币)
　　　　　贷:货币兑换——汇买价(还款外币)
　　　借:货币兑换——汇买价(人民币)
　　　　　贷:货币兑换——汇卖价(人民币)
　　　借:货币兑换——汇卖价(贷款外币)
　　　　　贷:短(中)期外汇贷款——××户(贷款外币)

(二)贸易融资的业务核算

　　贸易融资是指银行结合进出口贸易结算业务,对进口商、出口商和中间商提供融通资金的便利,是外贸、外贸结算和资金融通三者的有机结合。针对进出口贸易结算的不同阶段和环节,银行提供的贸易融资主要包括:进口押汇、票据贴现、出口押汇和打包贷款。

　1.进口押汇

　　进口押汇是指进口商以进口货物的物权作抵押,向银行申请的短期资金融通。依结算方式的不同,进口押汇可分为信用证项下进口押汇和托收项下进口押汇两种。

　　进口押汇是企业以物权作抵押向银行申请的短期周转资金融通。因此,银行必须按信贷资产风险管理原则实施风险控制,有关贷款金额应控制在进口押汇总授信额度之内,并要求借款人所提供的单据做到单单、单证相符。

　　无论是信用证项下还是托收项下银行提供的进口押汇,均是在银行收到有关单据,根据进口商的押汇申请,先行垫款对外支付,转而向进口商办理付款赎单手续,收回贷款,释放交单据的过程。

　　【注意】进口押汇的会计核算主要包括承做进口押汇和偿还押汇本息两个环节。在核算中主要通过"进口押汇"科目反映(或在"贷款"科目下设置"进口押汇"二级科目)。

　　(1)承做进口押汇的业务核算。进口商申请进口押汇时,必须填制进口押汇申请书,并提供信托收据、贸易合同和其他有关资料。经银行审核同意,办理进口押汇,对外付款手续。会计分录为:
　　　借:进口押汇——××户(外币)
　　　　　贷:存放境外同业或有关科目(外币)

　　(2)偿还押汇本息的业务核算。进口商向银行偿还进口押汇本息,赎取单据时,银行应抽出保管的有关凭证,并冲销卡片账,计算并扣除自进口押汇日起至进口商赎单还款日止的利息。会计分录为:
　　　借:吸收存款——外汇活期存款——××户(外币)
　　　　　贷:进口押汇——××户(外币)
　　　　　　　利息收入——押汇利息收入户(外币)
　　　　　　　应交税费——应交增值税(销项税额)

$$进口押汇利息=押汇金额×押汇天数×日利率$$

　2.票据贴现

票据贴现是指远期票据经承兑后,在到期日前,由银行从票面金额中扣减贴现息后,将余款支付给持票人的一种融资方式。

【提示】一般银行只承做银行承兑汇票的贴现业务。在办理银行承兑汇票的贴现时,应认真审核票据的真实性、流通性和法律依据。贴现利率可采用优惠贷款利率。

(1)贴入票据的业务核算。持票人申请贴现时,应填制贴现申请书,并提供开证行、保兑行或付款行承兑的远期汇票,经银行审核无误同意后,计算贴息并办理贴现。会计分录为:

借:贴现资产——××户(外币)
　　贷:吸收存款——外汇活期存款——××户(外币)
　　　　利息收入——贴现利息收入户(外币)
　　　　应交税费——应交增值税(销项税额)

(2)承兑票据的业务核算。承兑到期收回贴现票款。会计分录为:

借:存放境外同业或有关科目(外币)
　　贷:贴现资产——××户(外币)

3. 出口押汇

出口押汇是指出口商将全套出口单据提交议付行,由该行买入单据并按票面金额扣除自议付日到预计收汇日止的利息及有关手续费,将净款预先付给出口商的一种出口融资方式。根据结算方式的不同,出口押汇可分为信用证项下出口押汇及托收项下出口押汇。

【注意】出口押汇是银行预先垫款买入一笔尚未收妥的外汇,有一定的收汇风险。因此,应确保押汇项下单据做到单证、单单完全相符;进口商信誉良好,开证行、付款行资信良好,且所处国家政局、经济稳定,外汇充裕;收汇条件合理,不受限制。

出口押汇主要包括承做出口押汇和收回押汇垫款两个环节的核算。在核算中通过"出口押汇"科目反映(或在"贷款"科目下设置"出口押汇"二级科目)。

(1)承做出口押汇的业务核算。银行在承做出口押汇时,出口单位需填制"出口押汇申请书",并与押汇银行签订"出口押汇总质权书",明确双方的权利和义务。银行经审核同意后,按押汇之日起加上开证行或付款行合理的工作日,加邮程时间,加票据期限,计算押汇垫款利息,办理出口押汇手续。会计分录为:

借:出口押汇——××户(外币)
　　贷:利息收入——押汇利息收入户(外币)
　　　　应交税费——应交增值税(销项税额)
　　　　货币兑换——汇买价(外币)
借:货币兑换——汇买价(人民币)
　　贷:吸收存款——××户(人民币)

出口押汇的利率,按同档次流动资金贷款利率执行。

$$出口押汇利息=票面金额×估计收到票款所需日数×年利率÷360$$

出口押汇贷款的实际入账金额=票据金额-押汇利息-预扣国外银行费用-本行费用

(2)收款偿还押汇的业务核算。押汇银行收到海外联行或代理行寄来的贷方报单时,要看押汇时间是否合理,然后收回出口押汇款项。会计分录为:

借:存放境外同业或有关科目(外币)
　　贷:手续费及佣金收入——国外银行费用收入户(外币)
　　　　应交税费——应交增值税(销项税额)
　　　　出口押汇——××户(外币)

【做中学9—5】 Y进出口公司1月4日把即期信用证项下全套单据金额USD50 000,连同押汇申请书交某银行,经审核单据符合押汇要求,该银行当天即按6.5%利率扣收15天的利息,并将余额按当日美元挂牌汇买价USD100＝￥680.84折合人民币后,收入该公司人民币存款户。1月20日,该银行收到国外代理行(开证行)的贷记通知,金额USD50 100(其中USD100为银行费用),经审核无误后办理转账。

(1)1月4日,承做出口押汇,会计分录为:

押汇利息＝50 000美元×15天×6.5%÷360＝135.42(美元)

借:出口押汇——Y公司户　　　　　　　　　　　　　　　　USD50 000
　　贷:利息收入——押汇利息收入户　　　　　　　　　　　　USD127.75
　　　　应交税费——应交增值税(销项税额)　　　　　　　　　USD7.67
　　　　货币兑换——汇买价　　　　　　　　　　　　　　　USD49 864.58
借:货币兑换——汇买价　　　　　　　　　　　　　　　　￥339 498.01
　　贷:吸收存款——Y公司户　　　　　　　　　　　　　　￥339 498.01

(2)1月20日,收到贷记通知,会计分录为:

借:存放境外同业或有关科目——某国外代理行户　　　　　　USD50 100
　　贷:手续费及佣金收入——国外银行费用收入户　　　　　　USD94.34
　　　　应交税费——应交增值税(销项税额)　　　　　　　　　USD5.66
　　　　出口押汇——Y公司户　　　　　　　　　　　　　　USD50 000

4. 打包贷款

打包贷款是指信用证的受益人受证后,如果缺乏本币资金备货,可凭正本信用证按规定手续向当地银行申请一种融资性的出口前期短期贷款。该贷款只是用以缓解受益人在备货期间资金不足的临时困难。

【注意】 为了加强打包贷款的管理,减少贷款风险,银行应对申请人的资信和经营、与银行业务往来、该笔出口业务的备货等情况及贷款的偿还能力进行认真审查;贷款限期可从贷款之日起至该信用证项下货款收妥或办理出口押汇日止,一般不超过4个月。

【提示】 贷款利率按照本币同档次流动资金贷款利率执行,贷款到期不展期,贷款逾期按规定加收逾期利息。

对打包贷款可通过"打包贷款"科目核算(或在"贷款"科目下设置"打包贷款"二级科目)。

(1)打包贷款发放的业务核算。申请打包贷款的单位必须向银行提交打包贷款申请书、外贸合同及国外银行开来的信用证正本等有关文件,与银行签订打包贷款合同,经银行核准,发放贷款并收入当事人有关账户。会计分录为:

借:打包贷款——××户(人民币)
　　贷:吸收存款——××户(人民币)

(2)打包贷款本息偿还的业务核算。偿还打包贷款本息时,银行原则上从打包贷款受益人的出口议付货款中主动扣还,也可以受益人存款归还,应视还款的具体情况做不同的账务处理。

以出口押汇归还打包贷款本息,会计分录为:

借:出口押汇——××户(外币)
　　贷:货币兑换——汇买价(外币)
借:货币兑换——汇买价(人民币)
　　贷:打包贷款——××户(人民币)
　　　　利息收入——××贷款利息收入户(人民币)

　　　　应交税费——应交增值税（销项税额）
　　　　吸收存款——××户（人民币，剩余部分）
　以收妥结汇款归还打包贷款本息，会计分录为：
　　借：存放境外同业或有关科目（外币）
　　　　贷：货币兑换——汇买价（外币）
　　借：货币兑换——汇买价（人民币）
　　　　贷：打包贷款——××户（人民币）
　　　　利息收入——××贷款利息收入户（人民币）
　　　　应交税费——应交增值税（销项税额）
　　　　吸收存款——××户（人民币，剩余部分）
　以人民币存款归还打包贷款本息，会计分录为：
　　借：吸收存款——××户（人民币）
　　　　贷：打包贷款——××户（人民币）
　　　　利息收入——××贷款利息收入户（人民币）
　　　　应交税费——应交增值税（销项税额）

（三）买方信贷外汇贷款的业务核算

　　买方信贷是出口国银行直接向买方或买方银行提供的贷款，用于向出口国购买技术和设备，解决买方一时筹集巨额资金的困难。买方信贷分为出口买方信贷和进口买方信贷。

　　【提示】目前，我国银行办理的主要是进口买方信贷，即从出口国银行取得并按需要转贷给国内借款单位使用的信贷。进口买方信贷是我国利用外资的重要形式。

　　【注意】买方信贷应包括对外签订协议、支付定金、使用贷款和收回贷款本息四个环节的内容。核算时，分行通过"买方信贷外汇贷款"科目反映，总行通过"借入买方信贷款"科目反映（或分别在"贷款"科目下设置有关二级科目）。

　　1. 对外签订协议

　　总行根据国家的有关法规、政策与计划，统一对外谈判，签订买方信贷总协议，并通知各分行和有关部门，总协议下每个项目的具体信贷协议，或按贸易合同逐笔申请的贷款，由总行对外谈判签订，也可由总行授权分行谈判签订。分协议签订后，均由总行使用"买方信贷用款限额"表外科目核算，并登记"买方信贷用款限额登记簿"。会计分录为：
　　　　收：买方信贷用款限额（外币）
　　在使用贷款时，按使用金额随时逐笔转销此表外科目。会计分录为：
　　　　付：买方信贷用款限额（外币）

　　2. 支付定金

　　根据买方信贷运作的惯例，使用买方信贷外汇贷款前，一般要先付一定比例的定金。
　　（1）购汇支付。借款单位以人民币购买外汇支付定金。会计分录为：
　　　　借：吸收存款——××户（人民币）
　　　　　　贷：货币兑换——汇卖价（人民币）
　　　　借：货币兑换——汇卖价（外币）
　　　　　　贷：存放境外同业或有关科目（外币）
　　（2）申请现汇贷款支付。借款单位向银行申请现汇贷款支付定金。会计分录为：
　　　　借：短期外汇贷款——××户（外币）
　　　　　　贷：存放境外同业或有关科目（外币）

3. 使用贷款

支用买方信贷对外付款有两种情况：

(1)进口单位无现汇，需取得买方信贷外汇贷款，到期时由进口单位偿还贷款本息。

若进口单位与总行在同地，由总行直接发放贷款。会计分录为：

借：买方信贷外汇贷款——××户(外币)
　　贷：借入买方信贷款——××户(外币)

同时，冲销表外科目用款限额。

若进口单位与总行在异地，由辖属分行发放外汇贷款。会计分录为：

借：买方信贷外汇贷款——××户(外币)
　　贷：全国联行外汇往来(外币)

总行收到其辖属分行发来的报单后进行账务处理。会计分录为：

借：全国联行外汇往来(外币)
　　贷：借入买方信贷款——××户(外币)

同时，冲销表外科目用款限额。

(2)进口单位有现汇，按正常手续向银行办理结汇，银行按规定收取结汇手续费，则由银行利用买方信贷资金，并承担买方信贷项下利息。

由总行办理结汇。会计分录为：

借：吸收存款——××户(人民币)
　　贷：货币兑换——汇卖价(人民币)
借：货币兑换——汇卖价(外币)
　　贷：借入买方信贷款——××户(外币)

同时，冲销表外科目用款限额。

由当地分行办理结汇。会计分录为：

借：吸收存款——××户(人民币)
　　贷：货币兑换——汇卖价(人民币)
借：货币兑换——汇卖价(外币)
　　贷：全国联行外汇往来(外币)

总行收到辖属分行发来的报单后进行账务处理。会计分录为：

借：全国联行外汇往来(外币)
　　贷：借入买方信贷款——××户(外币)

同时，冲销表外科目用款限额。

4. 收回贷款本息

贷款到期，由银行按照借款合同规定计算借款利息，并如期收回贷款本息。

(1)总行偿还本息的核算。

总行偿还国外借款利息，会计分录为：

借：利息支出——买方信贷外汇贷款利息支出户(外币)
　　贷：存放境外同业或有关科目(外币)

总行偿还本金，会计分录为：

借：借入买方信贷款——××户(外币)
　　贷：存放境外同业或有关科目(外币)

(2)借款单位偿还本息的核算。

若进口单位取得了买方信贷外汇贷款,则在贷款到期时,银行应按时向借款单位收回本息。借款单位在总行开户以人民币结汇偿还本息。会计分录为:
  借:吸收存款——××户(人民币)
    贷:货币兑换——汇卖价(人民币)
  借:货币兑换——汇卖价(外币)
    贷:买方信贷外汇贷款——××户(外币)
      利息收入——买方信贷外汇贷款利息收入户(外币)
      应交税费——应交增值税(销项税额)
  借款单位以外汇偿还。会计分录为:
  借:吸收存款——外汇活期存款——××户(外币)
    贷:买方信贷外汇贷款——××户(外币)
      利息收入——买方信贷外汇贷款利息收入户(外币)
      应交税费——应交增值税(销项税额)
  【注意】如果借款单位在分行开户,则通过"全国联行外汇往来"科目进行核算。

任务四　国际结算业务核算

一、国际汇兑的业务核算

  国际汇兑是银行利用汇票和其他信用工具,通过联行或同业相互间款项的划拨代替现金运送,以清算处理在不同国家或地区间的买卖双方债权债务或款项授受的一种结算方式。它也是完成国际结算的主要方式。
  常见的国际汇兑结算方法有以下两种:一是汇出法,也称顺汇。它是由汇款人通过银行将款项汇给国外收款人或债权人以清偿债务的方式,在银行业务中表现为汇款方式,多用于非贸易收支结算。二是出票法,也称逆汇。它是由收款人向汇款人签发汇票,委托银行代为收款的结算方式,在银行业务中多表现为托收方式和信用证方式,并常用于贸易收支结算。下面,我们将围绕汇款方式进行介绍。
  汇款方式按款项授受来划分,主要可分为汇出国外汇款和国外汇入汇款两种。银行办理汇出国外汇款业务,一律通过"汇出汇款"科目核算;办理汇入汇款业务,通过"汇入汇款"科目核算;签发旅行信用证,通过"开出旅行信用证"科目核算。汇款结算程序相关内容如图9—1所示。

(一)汇出国外汇款的业务核算
  汇出国外汇款,是银行接受汇款人的委托,以电汇、信汇、票汇的方式,将款项汇往国外收款人开户行的汇款方式。接受汇款人委托、汇出款项的银行称为汇出行。汇出国外汇款,通常有电汇、信汇、票汇、旅行信用证和旅行支票五种形式。
  1. 受理汇出汇款
  汇款人要求汇款时,应向银行提出申请,填制汇款申请书,并在申请汇款时,需按有关汇出汇款的管理规定提供相关部门核准件。经银行审核后,结合不同的汇款方式,计算业务手续费,填制不同的汇款凭证,办理汇出汇款手续。
  (1)以现汇存款办理汇出。汇款人若以现汇存款办理汇出,会计分录为:
  借:吸收存款——外汇活期存款——××户(外币)
    贷:汇出汇款(外币)

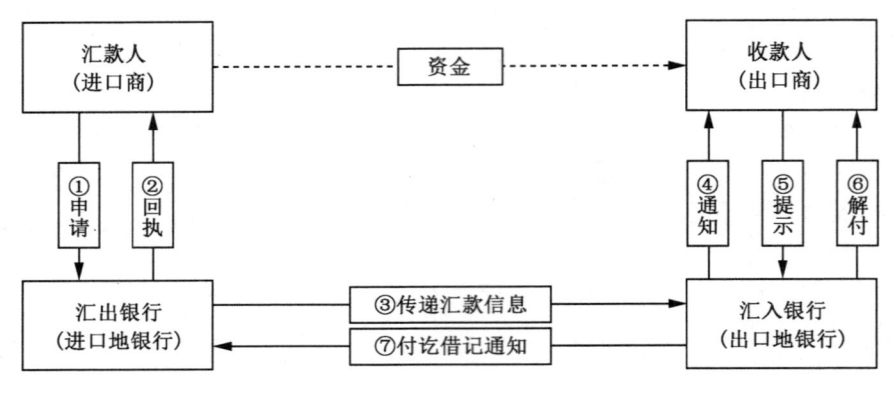

```
┌─────────────┐           ┌─────────────┐
│   汇款人    │ ---资金--→ │   收款人    │
│  (进口商)   │           │  (出口商)   │
└──┬───────▲──┘           └──▲──▲──▲───┘
   │①    │②                 │④ │⑤ │⑥
   │申    │回                 │通 │提 │解
   │请    │执                 │知 │示 │付
   ▼      │                   │   │   │
┌─────────────┐ ③传递汇款信息 ┌─────────────┐
│  汇出银行   │ ────────────→│  汇入银行   │
│ (进口地银行)│ ←────────────│ (出口地银行)│
└─────────────┘ ⑦付讫借记通知 └─────────────┘
```

图 9—1 汇款结算程序

　　借:库存现金
　　　(或)吸收存款——××户(人民币)
　　　　贷:手续费及佣金收入——汇费收入户(人民币)
　　　　　　应交税费——应交增值税(销项税额)

【提示】若汇款人要求汇出款项的货币与现汇存款货币不同时,需按汇买价、汇卖价套汇后办理。

(2)以人民币购汇汇出。汇款人若以人民币购汇汇出,会计分录为:

　　借:吸收存款——××户(人民币)
　　　　贷:手续费及佣金收入——汇费收入户(人民币)
　　　　　　应交税费——应交增值税(销项税额)
　　　　　　货币兑换——汇卖价(人民币)
　　借:货币兑换——汇卖价(外币)
　　　　贷:汇出汇款(外币)

2. 汇款解付

国外银行解付汇款后,将已解付汇款的借记报单寄回汇出行。汇出行在接到国外联行或代理行的借记报单时,即凭报单销账。会计分录为:

　　借:汇出汇款(外币)
　　　　贷:存放境外同业或有关科目(外币)

【做中学9—6】 M公司通过银行信汇付给美国某公司交易尾款1 000美元,汇费费率为1‰ (最低20元起收)。假设当天美元汇卖价为USD100=￥684.15。一周后,银行收到国外某代理行付讫借方报单,办理转账。会计分录为:

　　借:吸收存款——M公司　　　　　　　　　　　　　　　　￥6 861.50
　　　　贷:手续费及佣金收入——汇费收入户　　　　　　　　￥18.87
　　　　　　应交税费——应交增值税(销项税额)　　　　　　￥1.13
　　　　　　货币兑换——汇卖价　　　　　　　　　　　　　　￥6 841.50
　　借:货币兑换——汇卖价　　　　　　　　　　　　　　　　USD1 000
　　　　贷:汇出汇款　　　　　　　　　　　　　　　　　　　USD1 000

一周后,银行办理转账。会计分录为:

　　借:汇出汇款　　　　　　　　　　　　　　　　　　　　　USD1 000
　　　　贷:存放境外同业或有关科目——××代理行户　　　　USD1 000

【注意】旅行信用证通过"开出旅行信用证"科目核算，会计分录可参照汇出国外汇款办理，只需要将"汇出汇款"科目改为"开出旅行信用证"科目。

（二）国外汇入汇款的业务核算

国外汇入汇款是银行根据与国外联行、代理行约定，凭国外联行、代理行发出的电报或信汇委托书代为解付的汇款。

1. 收到汇款资金头寸

汇入行收到国外汇出行的汇款资金头寸时，应区分以下两种情况进行处理：

（1）汇款资金头寸由汇入行直接入账反映。若汇入行与国外汇出行直接开立账户或汇入行实行集中开户分散记账的做法，则收到汇款资金头寸时，直接入账反映。会计分录为：

借：存放境外同业或有关科目（外币）
　　贷：汇入汇款（外币）

（2）汇款资金头寸由汇入行上划总行入账反映。若汇入行不实行集中开户分散记账的做法或国外汇出行在总行开立现汇账户的，汇入行收到汇款头寸时，应通过"全国联行外汇往来"科目，随附存放境外同业等报单划总行，由总行入账反映。会计分录为：

借：全国联行外汇往来（外币）
　　贷：汇入汇款（外币）

总行收到上划报单，会计分录为：

借：存放境外同业或有关科目（外币）
　　贷：全国联行外汇往来（外币）

2. 解付汇款

解付汇款时，通过"货币兑换"科目办理结汇。会计分录为：

借：汇入汇款（外币）
　　贷：货币兑换——汇买价（外币）
借：货币兑换——汇买价（人民币）
　　贷：吸收存款——××户（人民币）

若汇款直接以外币转入有关单位或个人的外汇存款账户时，会计分录为：

借：汇入汇款（外币）
　　贷：吸收存款——外汇活期存款——××户（外币）

【提示】若汇入款项的货币与收款人现汇存款货币不同时，需按汇买价、汇卖价套汇后办理。

【做中学9—7】某银行收到美国波士顿花旗银行代A航运公司电汇我国B外轮代理公司的港口费用USD18 000，授权借记该行在我国总行开立的账户，款项解付入收款人现汇存款账户。

（1）经办行收到汇款通知。会计分录为：

借：全国联行外汇往来　　　　　　　　　　　　　　　　　USD18 000
　　贷：汇入汇款　　　　　　　　　　　　　　　　　　　USD18 000

总行收到上划报单。会计分录为：

借：全国联行外汇往来　　　　　　　　　　　　　　　　　USD18 000
　　贷：境外同业存款——美国波士顿花旗银行户　　　　　USD18 000

（2）汇款解付，入收款人现汇存款账户。会计分录为：

借：汇入汇款　　　　　　　　　　　　　　　　　　　　　USD18 000
　　贷：吸收存款——外汇活期存款——B外轮代理公司户　USD18 000

如果银行收到汇款行寄来的以本行为付款行的票汇通知书后，经核对印鉴、密押及各项内容无误后,即先凭以转入"汇入汇款"科目,待持票人来行兑取。当持票人持已背书的汇票来行取款时,经核对印鉴密押、有效期、付款金额各项内容无误,并与票汇通知书核对相符后,办理结汇。

二、托收结算的业务核算

托收结算是由卖方开立汇票,委托出口地银行通过在国外的联行或代理行,向买方收取货款和劳务费用的一种结算方式。

【提示】托收是建立在商业信用基础上的一种结算方式,其基本特征是"收妥付汇,实收实付"。

目前,托收主要有光票托收和跟单托收两种。①光票托收是卖方仅开立汇票而不附带任何货运单据,委托银行收取款项的一种托收,主要用于非贸易结算。②跟单托收是由卖方开立跟单汇票(即汇票连同一套货运单据)交给银行,委托银行代为收款的托收方式,主要用于贸易货款的结算。

托收的结算程序一般包括出口商发货交单、出口地银行寄单托收、进口地银行提示单据、进口商承付或承兑、进口地银行付款或承兑交单后偿付、出口地银行收妥结汇等内容。跟单托收结算程序相关内容如图9—2所示。

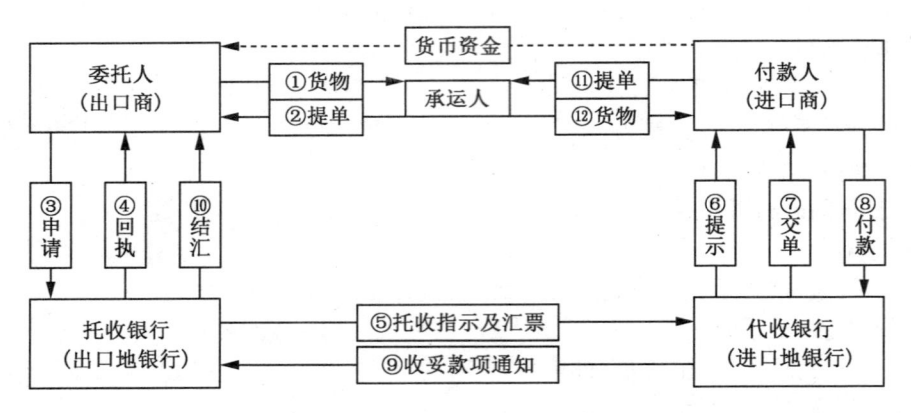

图9—2 跟单托收结算程序

(一)出口托收的业务核算

出口跟单托收结算方式,是出口商根据买卖双方签订的贸易合同规定,在货物运出后,将有关货运单据和以进口商为付款人的汇票交给银行,由银行委托国外银行向进口商收取货款的一种结算方式。因出口托收不经国外银行开来信用证,没有信用证及银行信用作付款保证,故又称"无证托收"。

1. 交单的处理

出口商委托银行代收货款时,应备妥出口托收单据,填具"无证出口托收申请书",连同出口单据一并送交银行办理托收。在托收申请书上应由申请人注明收款方式、交单条件和其他有关收款事项。银行审单后,根据申请书的要求,填制"出口托收委托书",注明货款收妥后的处理办法,连同有关单据寄交国外代收银行委托收款。

银行在寄出托收委托书及有关单据时,为表示代表物权的单据已经寄出,货款尚未收妥而对进出口各方的权责关系,应通过"应收出口托收款项"和"出口托收款项"对转科目进行核算。会计分录为:

借:应收出口托收款项(外币)
　　贷:出口托收款项(外币)

2. 收妥结汇

出口托收款项一律实行收妥结汇。国内托收银行接到国外代收银行收妥货款的报单或授权通知书后,与出口单位办理结汇。会计分录为:

  借:出口托收款项(外币)
    贷:应收出口托收款项(外币)
  借:存放境外同业或有关科目(外币)
    贷:货币兑换——汇卖价(外币)
  借:货币兑换——汇卖价(人民币)
    贷:吸收存款——××户(人民币)

【提示】如果出口托收遇到国外拒付,应核销上述对转科目。

(二)进口代收的业务核算

进口代收结算方式是指国外出口商根据贸易合同规定,不通过开立信用证,在货物发运后委托出口地银行寄单,通过进口地银行向进口商收取货款的一种结算方式。

1. 国外寄来进口代收单据的处理

银行收到国外寄来的进口代收单据后,应将单据编列顺序号,并缮制"进口代收单据通知书",将汇票和单据连同进口代收通知书送进口商审核,请其确认付款。同时,填制有关凭证,进行账务处理。会计分录为:

  借:应收进口代收款项(外币)
    贷:进口代收款项(外币)

如进口商不同意承付,应提出拒付理由书,连同单据退还银行,由银行转告国外委托行。如进口商提出部分拒付,在取得国外委托行同意后,按实际付款金额办理付款手续,并按部分付款的金额进行相应的转账。拒付时也应转销对转科目。

2. 进口单位确认付款

进口商审核同意承付后,将承付确认书交给银行,通知银行办理结汇并对外付款。远期汇票经进口商承兑后将已承兑汇票到期日通知国外委托行,待汇票到期日按即期付款手续处理。会计分录为:

  借:吸收存款——××户(人民币)
    贷:货币兑换——汇卖价(人民币)
  借:货币兑换——汇卖价(外币)
    贷:存放境外同业或有关科目(外币)

同时,转销对转科目。会计分录为:

  借:进口代收款项(外币)
    贷:应收进口代收款项(外币)

按照国际惯例,代收行应按规定费率计收进口代收手续费,此项费用若按规定由进口商负担者,当然向进口商计收,如托收委托书上没有明确由谁负担,则从收妥的进口代收款项中扣收等值外汇。出口商如有异议,由交易双方直接交涉,代收行不必过问。

进口代收款项收妥后,须按托收委托书上规定的付款办法及付汇路线划给托收行。

三、信用证结算的业务核算

信用证是开证银行根据开证申请人(进口商)的要求和指示向受益人(出口商)开立一定金额、在一定期限内凭议付行寄来规定单据付款或承兑汇票的书面承诺,也是银行有条件保证付款的凭信。信用证结算方式是当前国际贸易结算的主要方式。

信用证的特点是以银行信用保证代替商业信用保证,即开证银行以自己的信用作付款保证,承担第一性的、首要的付款责任。信用证是一项独立的保证文件,它虽以买卖双方交易合同为基础,但又不依附于交易合同,开证银行只对信用证负责。信用证业务处理的是代表货物所有权或证明货物已发运的单据,而非货物,故信用证交易把合同的货物交易转变为只管单证是否相符的单据交易。

【注意】银行对信用证项下不能控制的一切事故免责,信用证主要起保证作用和资金融通作用。

信用证的结算程序一般包括进口商申请开证,进口地银行开证,出口地银行通知信用证,出口商装货备单,出口地银行议付、索汇,进口商赎单提货等内容。跟单信用证结算程序相关内容如图9—3所示。

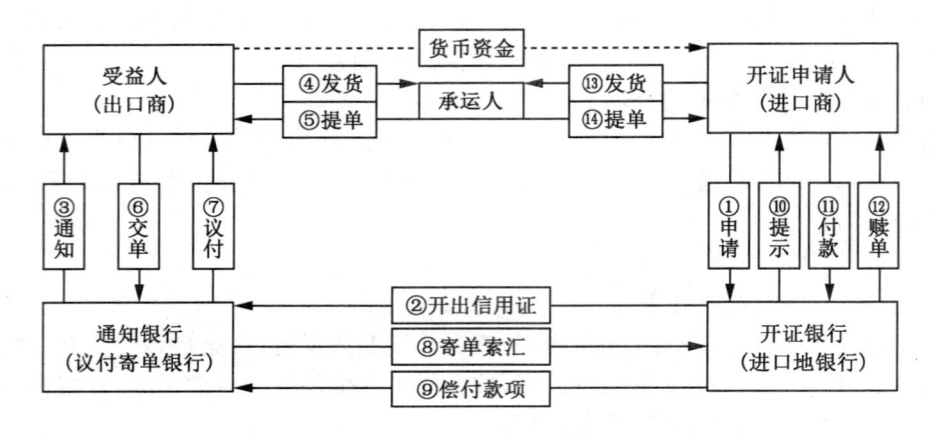

图9—3 跟单信用证结算程序

(一)信用证项下出口的业务核算

1.受理与通知

银行接到国外开来的信用证时,首先应对开证银行的资信、资金实力,进口商的偿付能力和保证条款等进行全面审查,并明确表示信用证能否接受或如何修改。对有关贸易条款方面的问题由出口单位根据合同审查,如需修改,由出口单位与进口商联系。

信用证经审核无误后,即编制信用证通知流水号,并将信用证正本及时通知出口商,以便其备货出运。同时,根据信用证副本缮制"国外开来保证凭信"记录卡,并依据各联不同的作用分别处理。该过程虽未发生资金收付,但已在银行与进出口商之间形成了一种潜在的权责关系,为明确责任,应进行表外科目记录,会计分录为:

收:国外开来保证凭信(外币)

银行办理信用证通知后,应将信用证副本及"国外开来保证凭信"记录卡留底联归档严格保管,以后有关修改和使用情况,均需随时记录,以便查考。

"国外开来保证凭信"表外科目,是用以核算境外联行及国外代理行开来委托国内银行代为通知各信用证受益人的保证凭信。该科目余额反映了一定时期银行经办出口结算业务的具体情况,是银行匡算待收外汇资金的依据,也是管理与监督出口商及时备货出运的手段。

如国外银行在开证时已预先汇入信用证项下部分或全部保证金,授权出口地银行在议付单据后进行扣抵,则应在信用证留底及其他有关单证上详细记录,并通过"存入保证金"科目进行核算。会计分录为:

借:存放境外同业或有关科目(外币)
    贷:存入保证金(外币)

【提示】出口商按信用证规定备妥出口单证,向银行交单议付时,即可使用保证金办理结汇,多退少补。

2. 交单议付

国外开证银行履行信用证的付款责任,是以信用证规定的条款为依据,以单证相符、单单一致为前提的。出口商如同意接受国外开来的信用证,必须严格按照信用证规定条款办理,备妥一切单证,按期运出商品。

银行接受出口商送来办理议付的信用证和单据,应及时审核,要求单证相符、单单一致,以及单据内容正确完备,并经审核无误后,在信用证上批注议付日期及运输方式,并填制"出口寄单议付通知书",销记表外科目。"出口寄单议付通知书"是银行出口收汇的索偿证书,也是出口收汇和结汇的主要业务凭证。会计分录为:

付:国外开来保证凭信(外币)
借:应收信用证出口款项(外币)
    贷:代收信用证出口款项(外币)

【注意】如信用证规定部分货款托收,或按信用证金额超额出口,在议付时,均需在"出口寄单议付通知书"上分别注明信用证议付金额及托收金额,并另填制"出口托收委托书",以便分别进行核算。

对在审单过程中发现的单据不符,银行应迅速向出口商反映,以便出口商及时与有关方面协商解决。

3. 出口收结汇

出口收结汇是银行办理出口信用证业务的最后环节,是议付行在议付单据或代为收妥出口款项后,按当日银行挂牌汇率买入外汇,同时折算成相应的人民币支付给出口商的结算过程。出口方议付行待接到国外银行付款入账的"已贷记"或"请借记"通知书,办理出口结汇手续。会计分录为:

借:代收信用证出口款项(外币)
    贷:应收信用证出口款项(外币)
借:存放境外同业或有关科目(外币)
    贷:吸收存款——外汇活期存款——××户(外币)

如该出口商仅有人民币账户,应按当日外汇牌价折算成人民币结汇入账。会计分录为:

借:存放境外同业或有关科目(外币)
    贷:手续费及佣金收入——国外银行费用收入户(外币)
       应交税费——应交增值税(销项税额)
       货币兑换——汇买价(外币)
借:货币兑换——汇买价(人民币)
    贷:吸收存款——××户(人民币)

【做中学 9—8】 5月10日,某分行接到我国香港地区某联行开来即期信用证一份,用于购买服装,受益人为D服装进出口公司,信用证金额为港币155 000元;6月6日,公司将全套单据向某分行办理议付,单证相符;6月20日,该分行收到香港某联行的贷记报单,办理结汇转账。假设当天港币的买入价为HKD100=¥88.32。会计分录为:

(1)5月10日,收到信用证的核算:
   收:国外开来保证凭信   HKD155 000

(2)6月5日,寄单索汇的核算:
  付:国外开来保证凭信   HKD155 000
  借:应收信用证出口款项   HKD155 000
    贷:代收信用证出口款项   HKD155 000
(3)6月20日,收汇结汇的核算:
  借:代收信用证出口款项   HKD155 000
    贷:应收信用证出口款项   HKD155 000
  借:存放海外联行——香港某联行户   HKD155 000
    贷:货币兑换——汇买价   HKD155 000
  借:货币兑换——汇买价   ￥136 896
    贷:吸收存款——D服装进出口公司户   ￥136 896

(二)信用证项下进口的业务核算

  进口信用证结算业务,主要包括开立信用证、修改信用证、审单与付款三个环节。银行开立信用证时要通过"应收开出信用证"与"开出信用证"两个科目进行核算,以反映银行开立信用证后对有关当事人间的责任关系。

  1. 开立信用证

  进口商和国外出口商签订贸易合同后,按照合同规定条件,填具"开立信用证申请书",并连同有关批件、证明一同交银行申请开立信用证。银行接到开证申请书及相关文件,应核实开证申请人是否在市场监管部门注册、具有法人资格、实行独立核算、有自营或代理进出口权,同时核实资信状况、偿债能力、进口货物的国内外市场情况、开证单位的经验素质,以及附属证明文件、进口合同和证实单据的真实性,经审核同意后,根据开证申请人的自身情况,酌情收取保证金,并选择信誉高、资本实力雄厚和经营能力强的国外银行作为代理行,签发信用证。

  随着信用证的签发,银行对外承担了第一性付款责任。不论是即期还是远期信用证,银行均对此办理相应的转账。会计分录为:
  借:应收开出信用证(外币)
    贷:开出信用证(外币)

  2. 修改信用证

  信用证开出后,如因情况变化,进口商提出修改信用证,银行应予同意,但需协助审核,如审核申请修改的信用证号码、修改后的条款等;然后将修改条款通知国外代理行或联行,转送国外出口商。如国外出口商要求修改原信用证,经进口商同意后,也可修改,并将修改内容分别与进出口双方及代理行联系,其修改后的增减金额,应通过"应收开出信用证"和"开出信用证"科目调整,并在信用证留底账卡上加以批注。

  如修改增额,会计分录为:
  借:应收开出信用证(外币,增加额)
    贷:开出信用证(外币,增加额)
  如修改减额,会计分录为:
  借:开出信用证(外币,减少额)
    贷:应收开出信用证(外币,减少额)

  3. 审单与付款

  银行收到国外议付行寄来的单据后,应立即通知进口商,并与原信用证所要求的条款核对,做好收单审单工作。进口商提交海关申报单、涉外付汇申报单及外管局批文、付汇确认书,经银行审核确认付款后,由银行按信用证条款规定,在付款登记簿上详细登记信用证号码、付款日期、金额、账户行名称、寄单行名称及业务编号,办理付款或承兑,并对进口商办理结汇。

【提示】信用证付款方式,有即期付款和远期付款两种。即期付款信用证的支付方式,又包括单到国内审单付款、国外审单主动借记付款、国外审单电报索汇等形式。

4. 即期付款信用证

(1)单到国内审单付款

单到国内审单付款即银行接到国外代理行寄来的单据后,立即送交进口商审核,并约定进口商于3日内通知银行对外结汇付款或提出拒付理由办理拒付。银行在进口商确认付款后,即对国外代理行发出付款通知,同时,对进口商办理结汇转账手续。会计分录为:

借:吸收存款——××户(人民币)
　　贷:货币兑换——汇卖价(人民币)
借:货币兑换——汇卖价(外币)
　　贷:存放境外同业或有关科目(外币)

同时,转销对转科目。会计分录为:

借:开出信用证(外币)
　　贷:应收开出信用证(外币)

【做中学9—9】　某分行受S公司委托,于3月15日向香港华商公司开出即期信用证一份,金额为HKD250 000,购买货物一批,信用证由香港汇丰银行通知,规定支付方式为"单到国内审单付款"。4月20日,该分行接到香港汇丰银行寄来全套单据,金额为HKD250 000加议付费用HKD2 000,共计HKD252 000,随即通知S公司。S公司于4月22日送来确认承付书,全额承付,银行当即办理付汇与结汇手续。设结汇当天港币汇卖价为HKD100=￥87.25。

①3月15日,开立信用证时,会计分录为:

借:应收开出信用证　　　　　　　　　　　　　　　　　　　HKD250 000
　　贷:开出信用证　　　　　　　　　　　　　　　　　　　　HKD250 000

②4月22日,对外付汇时,会计分录为:

借:吸收存款——S公司户　　　　　　　　　　　　　　　　￥219 870
　　贷:货币兑换——汇卖价　　　　　　　　　　　　　　　　￥219 870
借:货币兑换——汇卖价　　　　　　　　　　　　　　　　　HKD252 000
　　贷:海外联行存款——华商银行户　　　　　　　　　　　　HKD252 000
借:开出信用证　　　　　　　　　　　　　　　　　　　　　HKD250 000
　　贷:应收开出信用证　　　　　　　　　　　　　　　　　　HKD 250 000

(2)国外审单主动借记付款

国外审单主动借记付款是出口商将有关单据交由议付行审核后,如单据相符,议付行即可主动借记开证行在该行所开立的账户,并将单据连同借记报单一并寄送开证行。在会计核算中,该种方式与上一种方式的差别在于:账户使用不同;由于银行先垫款,进口商应负担自国外银行划款日起至其归还银行垫款日止的银行垫款利息。会计分录为:

借:吸收存款——××户(人民币)
　　贷:货币兑换——汇卖价(人民币)
借:货币兑换——汇卖价(外币)
　　贷:存放境外同业或有关科目(外币)
　　　　利息收入——××利息收入户(外币)

　　　　　　　应交税费——应交增值税(销项税额)
　　同时,转销对转科目。会计分录为:
　　　　借:开出信用证(外币)
　　　　　　贷:应收开出信用证(外币)
　　(3)国外审单电报索汇
　　国外审单电报索汇是由国外议付行审查单证无误后,并不立即借记开证行账户,而是用电报通知开证行,再由开证行用电汇或信汇汇交议付行。该种方法除付款行为表现为授权或主动借记的不同,其他与单到国内审单付款方式完全一致。会计分录详见单到国内审单付款方式。
　　5. 远期付款信用证
　　远期付款信用证是为进口商提供远期付款的便利,由开证行对出口商提供的一种银行担保,保证出口商提交远期跟单汇票时,在单单、单证一致的情况下,银行给予承兑,并在信用证到期时付款。
　　远期付款信用证分两个阶段进行,即承兑和到期付款。
　　(1)承兑
　　开证行收到远期信用证项下进口单据后,将单据连同"进口信用证单据通知书"送交进口商确认到期付款。进口商确认到期付款后,银行即办理远期汇票的承兑手续,并将已承兑汇票或承兑通知书寄国外议付行。汇票一经承兑,既能够反映承兑行对国外议付行承担到期付款的责任,也能够反映承兑行对进口商拥有的权益。会计分录为:
　　　　借:应收承兑汇票款(外币,到期值)
　　　　　　贷:承兑汇票(外币,到期值)
　　　　借:开出信用证(外币,开证金额)
　　　　　　贷:应收开出信用证(外币,开证金额)
　　(2)到期付款
　　在远期汇票承兑到期时,开证行即办理对国外付款和对进口商结汇扣款手续。会计分录为:
　　　　借:承兑汇票(外币,到期值)
　　　　　　贷:应收承兑汇票款(外币,到期值)
　　【提示】其对外付款、对内扣款的手续及会计分录与即期信用证相同。

　　【做中学9—10】　某分行受H进口公司委托,于9月10日向美国花旗银行开出不可撤销的远期信用证 USD120 000,开证条款规定"承兑后60天付款"。9月25日,经有关方面同意,信用证修改减额 USD10 000。开证行收到单据经审核相符,送该公司确认到期付款。开证行于10月15日承兑远期汇票,并对议付行寄发"已承兑通知书",通知到期日全额付款。承兑到期,银行对公司办理结汇,对外付汇。假设支付日当天美元汇卖价为 USD100=￥682.75。
　　(1)9月10日,开立信用证时,会计分录为:
　　　　借:应收开出信用证　　　　　　　　　　　　　　　　　　USD120 000
　　　　　　贷:开出信用证　　　　　　　　　　　　　　　　　　USD120 000
　　(2)9月25日,修改信用证时,会计分录为:
　　　　借:开出信用证　　　　　　　　　　　　　　　　　　　　USD10 000
　　　　　　贷:应收开出信用证　　　　　　　　　　　　　　　　USD10 000
　　(3)10月15日,承兑远期信用证时,会计分录为:
　　　　借:应收承兑汇票款　　　　　　　　　　　　　　　　　　USD110 000
　　　　　　贷:承兑汇票　　　　　　　　　　　　　　　　　　　USD110 000

借:开出信用证 USD110 000
　　贷:应收开出信用证 USD110 000
(4)12月15日,信用证到期,办理结汇并对外付款时,会计分录为:
借:吸收存款——H进口公司户 ¥751 025
　　贷:货币兑换——汇卖价 ¥751 025
借:货币兑换——汇卖价 USD110 000
　　贷:存放境外同业——花旗银行户 USD110 000
借:承兑汇票 USD110 000
　　贷:应收承兑汇票款 USD110 000

项目练习

一、单项选择题

1. 一种外币兑换另一种外币可以通过(　　)方法办理。
   A. 结汇　　　　　B. 售汇　　　　　C. 套汇　　　　　D. 卖汇
2. "货币兑换"科目的性质是(　　)。
   A. 资产类　　　　B. 负债类　　　　C. 资产负债共同类　D. 损益类
3. 我国的外汇是由(　　)管理的。
   A. 中国银行　　　B. 中国人民银行　　C. 国家外汇管理局　D. 国务院
4. 目前,我国银行对外汇业务的核算基本上都采用(　　)。
   A. 外汇分账制
   B. 外汇统账制
   C. 外汇分账制和外汇统账制结合
   D. 以上都可以
5. (　　)只是用以缓解受益人在备货期间资金不足的临时困难。
   A. 出口押汇　　　B. 打包贷款　　　C. 买方信贷　　　D. 卖方信贷

二、多项选择题

1. 从银行买卖外汇的角度划分,汇率分为(　　)。
   A. 买入汇率　　　B. 卖出汇率　　　C. 中间汇率　　　D. 现钞汇率
2. 关于"货币兑换"科目,下列说法中正确的有(　　)。
   A. "货币兑换"科目是外汇分账制会计核算特有的科目,属于资产类科目
   B. 它是连接外币账户和人民币账户的纽带
   C. 发生汇兑收益,借记本科目,贷记"汇兑损益"
   D. 发生亏损,借记"汇兑损益",贷记本科目
3. 现汇贷款是指企业根据业务需要采用(　　)等结算方式,在国际市场上采购适用商品,向银行申请的额度内外汇贷款或单笔外汇贷款。
   A. 信用证　　　　B. 托收　　　　　C. 汇款　　　　　D. 票据
4. 贸易融资主要包括(　　)。
   A. 进口押汇　　　B. 票据贴现　　　C. 出口押汇　　　D. 打包贷款
5. 目前,托收主要有(　　)。
   A. 光票托收　　　B. 跟单托收　　　C. 即期托收　　　D. 远期托收

三、判断题

1. 银行选择的记账本位币一经确定，不得改变。（   ）
2. 直接标价法是用本国货币表示外国货币；间接标价法是用外国货币表示本国货币。（   ）
3. "货币兑换"科目的余额能够反映银行外汇资金头寸余缺状况。（   ）
4. 现汇贷款的核算主要包括贷款发放、计收利息、到期偿还三个环节。（   ）
5. 信用证结算方式是当前国际贸易结算的主要方式。（   ）

四、会计业务题

1. 客户张扬持港币1 000元来银行兑换人民币现钞，当天该银行公布的钞买价HKD100＝RMB86.19，办妥兑换手续，作会计分录。

2. 外汇银行按规定兑换给本行开户单位江南公司所需现钞USD2 500，收到人民币转账支票一张。当天该行公布的卖出价USD100＝RMB676.59，办妥兑换手续，作会计分录。

3. 大桥公司来银行要求从其美元账户提取并兑换3 000港元，采用汇出汇款方式对外支付，银行买入美元现汇，卖出港元现汇。该银行当天的美元汇买价USD100＝RMB676.59，港元卖出价HKD100＝RMB86.19。银行会计人员办妥有关手续，作会计分录。

4. 南浦公司要求从其美元现汇存款户支取10 000美元现钞，银行卖出美元现钞，买入美元现汇。该银行当天现汇买入价USD100＝RMB673.20，卖出价USD100＝RMB677.20。办妥有关手续，作会计分录。

5.（1）飞扬服装公司3月16日将即期（20天后）信用证项下全套单据金额USD80 000，连同押汇申请书交中国银行上海市分行营业部（代理行），经审核单据，符合押汇要求。通过计算，该银行当天即按5.4%的利率扣收20天的利息，并将余额按当日挂牌汇买价USD100＝RMB676.90，转入该公司人民币存款户。作会计分录。

（2）3月26日中国银行上海市分行营业部收到美洲银行（开证行）的贷记报单，金额为USD80 200（其中USD200为进口商支付给议付行的银行费用），中国银行在该行开有美元账户，可分散记账。经审核无误后办理转账手续。作会计分录。

五、案例分析题

结算方式的风险与防范

4月16日昆阳棉纺公司与伊拉克某织布公司签订了1 200吨两种规格的棉纱出口合同，并约定了采用信用证结算方式。甲规格的棉纱800吨计划于4月25日装船运输，乙规格的棉纱400吨计划于7月至8月间装船运输（具体时间另定），双方约定由伊拉克方面针对800吨甲规格棉纱的进口贸易先行开立信用证。4月20日，昆阳棉纺公司如期收到伊拉克方面开来的信用证，金额为800万元，于是在4月25日装船出运。4月26日，昆阳棉纺公司持信用证、相关单据到开户行以出口单据为抵押申请贷款，额度为760万元，扣除的40万元为押汇垫款利息。4月30日，昆阳棉纺公司的开户银行收到伊拉克方面的银行已贷记通知书，于是进行相关会计处理。5月6日，伊拉克某织布公司以棉纱在使用过程中发现严重质量问题为由，向昆阳棉纺公司索赔100万元，经过协商，双方约定由昆阳棉纺公司向伊拉克方面多运输乙规格棉纱50吨作为补偿，并且棉纱必须先行运送到达伊拉克，货到2个月后再采用汇兑结算货款的方式进行结算。

资料来源：李贺等主编：《金融企业会计》，上海财经大学出版社2020年版，第235—236页。

问题：

1. 上述事件涉及我国外汇银行的哪些业务和哪些经办环节？

2. 昆阳棉纺公司在从信用证到汇兑结算的方式下,增加了哪些损失和风险?

项目实训

【实训项目】
外汇业务核算。

【实训目的】
通过对外汇业务核算知识的了解,加深对外汇业务核算的认识。

【实训资料】
某商业银行发生下列外汇业务,请编制有关会计分录(折算时按表9—3所列的牌价计算):

表9—3　　　　　　　　　　　　　外汇牌价

币种	外币单位	汇买价	汇卖价	钞买价
美元	100	703.25	706.36	700.12
英镑	100	1 356.15	1 361.50	1 303.45

1. 客户王平从其活期存款美元账户支取USD1 000,换成等值英镑,汇往国外支付购药费用。
2. 客户李珊要求将USD200现金兑换成人民币现金。
3. 开户单位A公司托收出口货款一笔,金额为USD20 000,交单方式为D/P即期付款。委托国外联行代收,本行填制委托书并寄出全套单证。10天后,本行收到代收行划收报单及委托书回单,将收回的货款与A公司结汇。
4. B公司在本行开有美元活期存款账户,应B公司申请,本行开出由纽约花旗银行通知的不可撤销信用证,金额为USD320 000,用于购买设备。支付方式为单到国内审单付款。20天后,本行收到纽约花旗银行寄来的全套单据,金额为USD320 000加议付费用USD5 000,当即通知B公司。B公司全额承付,本行办理付款手续。

【实训要求】
1. 针对上述实训资料编制会计分录。
2. 撰写《外汇业务核算》实训报告。

《外汇业务核算》实训报告

项目实训班级:	项目小组:	项目组成员:
实训时间:　　年　　月　　日	实训地点:	实训成绩:
实训目的:			
实训步骤:			
实训结果:			
实训感言:			

项目十

金融公司业务核算

○ **知识目标**

理解：信托投资业务、保险业务、租赁业务、证券业务和证券投资基金业务的基本概念。

熟知：信托投资业务、保险业务、租赁业务、证券业务和证券投资基金业务的主要会计科目及核算内容。

掌握：信托投资业务、保险业务、租赁业务、证券业务和证券投资基金业务的核算。

○ **技能目标**

能够结合所学的金融公司业务核算知识，具备对相关业务进行核算的能力。

○ **素质目标**

运用所学的金融公司业务核算知识研究相关事例，培养和提高学生在特定业务情境中分析问题与决策设计的能力；结合行业规范或标准，运用金融公司业务核算知识分析行为的善恶，强化学生的职业道德素质。

○ **思政目标**

能够正确地理解"不忘初心"的核心要义和精神实质；树立正确的世界观、人生观和价值观，做到学思用贯通、知信行统一；通过金融公司业务核算知识，塑造自己的品格、品行和品位，把学和做有机结合，培养认知事物的能力和判断能力，从而达到学以致用。

○ **项目引例**

神州专车获200亿元授信

2017年3月底，神州专车运营主体公司神州优车与光大银行旗下光大金融租赁签署战略合作协议，光大金融租赁将向神州专车提供总额人民币200亿元的授信，用于支持神州专车车队的扩展。

在获得光大金融租赁的200亿元授信后，神州专车进一步拓宽了融资渠道、提高了资金使用效率，扩展了车源渠道。这也是国内金融机构首次与出行行业企业深度战略合作，具有行业标杆意义。

那么，究竟什么是融资租赁？融资租赁有什么意义？

融资租赁是指出租人根据承租人对租赁物件的特定要求和对供货人的选择，出资向供货人购买租赁物件，并租给承租人使用，承租人则分期向出租人支付租金，在租赁期内租赁物件的所有权属于出租人所有，承租人拥有租赁物件的使用权。租期届满，租金支付完毕并且承租人根据融资租赁合同的规定履行全部义务后，对租赁物的归属没有约定的或者约定不明的，可以协议补充，不能达成补充协议的，按照合同有关条款或者交易习惯确定，仍然不能确定的，租赁物件所有权归出租人所有。这就是融资租赁。

比如，有家商场出售空调，正好张三需要一台空调，但是没有钱买。然后张三想到李四有闲置不用的钱。张三找到李四,想跟李四签订融资租赁合同,让李四买了这台空调再租给张三,张三只要分期还给李四钱就行了。这样张三就获得了那台空调的使用权。当租赁合同到期之后,如果事先约定好的话,一般张三只要按这个用过的空调的残值给钱,就能得到这台空调。如果没有约定,那它就归李四。

跟融资租赁不一样的是,如果是分期付款,张三只需要跟商场商量好,每个月还一定数量的钱,就可以拥有这台空调。但是,在融资租赁下,等张三把钱都还完了,再转移所有权;一旦张三还不起钱,李四还是这个空调的所有者,可以把空调要回来弥补损失。

资料来源:李贺等主编:《金融企业会计》,上海财经大学出版社2020年版,第238页,有改动。

试分析:应该如何核算从事融资租赁的公司的业务?

○ 知识精讲

任务一　信托投资业务核算

一、信托业务概述

(一)信托的概念

信托是指委托人与受托人在信任的基础上,委托人将其财产权委托给受托人,由受托人按委托人的意愿以自己的名义,为受益人的利益或者特定目的进行管理或者处分的行为。

【提示】信托是以资财为核心、以信任为基础、以委托为方式的财产管理制度。

信托当事人一般有三个,即委托人、受托人、受益人。①委托人是提出信托要求者,也是信托资财的所有者,其为了一定的目的,将属于自己的资金财产授权受托人代为经营与管理;②受托人是接受委托人的委托,并按照委托人的指示对信托资财进行管理和处理的人;③受益人是享受信托资财利益的一方,由委托人指定,可以是第三方也可以是委托人自己,但不可以是受托人。

(二)信托的分类

1. 信托业务按业务内容不同,可分为信托类、代理类和租赁类

信托类业务是指财产所有人作为委托人,在信任的基础上,将财产委托给受托人,并要求后者按合同中的信托目的,对信托财产进行有效的管理、运用,或作妥善的处理。

代理类业务是指信托行为的双方依其既定的信托目的,由一方授权另一方代为办理一定的经济事务。

租赁类业务是指承租者以付出租金为代价,在一定期限内获得出租者某种物品的使用权,从而达到融资、融物的目的。

2. 按信托事项的法律立场为标准,可分为民事信托和商事信托

民事信托(又称非营业信托)是指信托事项所涉及的法律依据在民事法律范围之内的信托。民事法律主要包括民法典、继承法、劳动法和婚姻法等。例如,涉及个人财产的管理、抵押、变卖,遗产的继承和管理等方面事项的信托为民事信托。

商事信托(又称营业信托)是指信托事项所涉及的法律依据在商法规定的范围之内的信托。商法主要包括公司法、票据法、海事法、保险法等。例如,公司的设立、改组、合并、兼并、解散、清算,有价证券的发行、还本付息等方面事项的信托为商事信托。

3. 信托业务按委托人的不同,可分为个人信托和法人信托

个人信托是以个人为委托人而设立的信托,如受托管理财物、代办证券投资、执行个人遗嘱等。

个人信托又可分为生前信托和身后信托两种。前者是指委托人生前与信托机构签订信托合同,委托信托机构在委托人在世时就开始办理有关的事项,主要包括财产信托、代办事务信托等;后者则是指信托机构受托办理委托人去世后的各项事务,主要与执行遗嘱、遗产管理,代人寿保险者在身后领取赔款,未成年人监护等方面的事务有关。

法人信托是指由具有法人资格的企业、公司、社团等作为委托人办理的信托业务,如委托代办股票、债券,代分红利、股息,代收回债务,代办财务事项等,主要业务有证券发行信托业务、商务管理信托业务、设备(动产)信托业务和收益债券发行信托业务等。

4. 信托业务按受益对象划分,可分为私益信托和公益信托(按受益人是否为委托人本人,也可分为自益信托和他益信托)

私益信托是指完全为委托人自己或其指定的受益人的利益而设定的信托。私益信托一般可以预先指定具体受益人。

公益信托设定的目的是要促进和赞助社会公益事业,其受益人是社会公众中符合特定条件的人士或团体。

5. 信托业务按标的物的不同,可分为资金信托、实物信托、债权信托和经济事务信托

资金信托是一种以货币资金为标的物的信托业务。

实物信托是一种以动产或不动产为标的物的信托业务。动产是指原材料、设备、物资、交通工具和机器等;不动产是指住宅、厂房、仓库、土地等。

债权信托是以债权凭证为标的物的信托业务,如代为清理和收付债款、代收人寿保险赔款(人寿保险单也是一种债权凭证)等。

经济事务信托是以委托代办各种经济事务为内容的委托凭证为标的物的信托业务,如专利代理、会计代理等。

6. 按信托关系成立的方式为标准,可分为自由信托和法定信托

信托三方关系人依照信托法规,按自己的意愿自由协商而设立的信托称为自由信托。自由信托又分为合同信托和遗嘱信托。①合同信托是依照委托人和受托人所订合同而设立的;②遗嘱信托是依照个人遗嘱而设立的。这种信托的事务范围、处理方针等均在信托合同或遗嘱中订立明确。这种信托最为普遍。

由司法机关依其权力指派确定信托关系人而建立的信托称为法定信托。法定信托又分为鉴定信托和强制信托。①鉴定信托是指信托关系的形成无明确的信托文件为依据,而由司法机关对信托财产或经济事务以及信托关系人鉴定认可;②强制信托则是不考虑信托关系人的意愿,由司法机关依公平正义的原则,按照法律政策强制性建立的信托。

(三)信托业务核算的特点

信托投资公司因接受信托而取得的财产,以及因信托资产的管理、处分或者其他情形而取得的财产,称为信托资产。

【注意】信托资产不属于信托投资公司的自有财产,也不属于信托投资公司对受益人的负债。信托投资公司终止时,信托资产不属于其清算资产。

【提示】信托投资公司的自有资产与信托资产应分开管理、分别核算。信托投资公司管理不同类型的信托业务,应分别按项目设置信托业务明细账进行核算管理。

信托投资公司对不同信托资产按来源和运用设置相应的会计科目进行核算。

(1)来源类科目应按类别、委托人等设置明细账,具体分为短期信托资产来源、长期信托资产来源。短期信托资产来源是指不超过1年的信托资产来源,包括短期信托存款、代扣代缴税金、待分配信托收益、应付受托人收益及应付其他受益人款项等。长期信托资产来源是指1年以上的信托

资产来源,包括长期信托存款、委托存款、财产信托、公益信托、投资基金信托和有价证券信托等。

(2)运用类科目应按其类别、使用人和委托人等设置明细账,具体分为短期信托资产运用、长期信托资产运用。短期信托资产运用是指不超过1年的信托资产运用,包括信托货币资金、拆出信托资金、短期信托贷款、短期信托投资和信托财产等。长期信托资产运用是指1年期以上的资金运用,包括长期信托贷款、委托贷款、长期信托投资和信托租赁财产等。

二、信托资产来源的业务核算

(一)资金信托

资金信托是指委托人将自己无法或者不能亲自管理的资金以及国家有关法律限制其亲自管理的资金,委托信托投资公司按照约定的条件和目的进行管理、运用和处置。

信托投资公司接受资金信托时,按实际收到的金额,借记"信托货币资金"科目,贷记"资金信托"科目。终止资金信托时,按向委托人支付的金额,贷记"信托货币资金"科目,按原收到的委托人信托资金的金额,借记"资金信托"科目,其差额借记"应付受托人收益"等科目。资金信托应按信托人进行明细分类核算。

(二)财产信托

财产信托是指委托人将自己的动产、房产、地产以及版权、知识产权等财产、财产权,委托给信托投资公司按照约定的条件和目的进行管理、运作和处置。

信托投资公司办理财产信托时,按实际接受信托资产的价值,借记"信托财产"等有关资产科目,贷记"财产信托""财产权信托"科目。

终止财产信托时,按向委托人退回信托资产的价值,借记"财产信托""财产权信托"科目,贷记"信托财产"等有关资产科目。

【提示】如果向委托人支付信托收益,借记"应付受托人收益"等科目,贷记"库存现金""存放同业"等科目。

【注意】财产信托应按委托人、财产种类进行明细分类核算。

(三)投资基金信托

投资基金信托是指信托投资公司受托经营国家有关法规允许从事的投资基金业务。

信托投资公司办理投资基金信托时,借记"信托货币资金"科目,贷记"投资基金信托"科目。

信托投资公司终止投资基金信托时,按实际支付的金额,贷记"信托货币资金"科目;按最初接受的金额,借记"投资基金信托"科目;其差额借记"应付受托人收益"等科目。

【注意】投资基金信托应按基金种类进行明细分类核算。

(四)公益信托

公益信托是指信托投资公司为公益目的而设立的信托。公益项目包括救济贫困、扶助残疾人,发展教育、科技、体育、文化、艺术、医疗卫生事业,保护生态环境,发展其他有利于社会的公共事业。

信托投资公司办理公益信托业务时,按实际收到的金额或财产价值,借记"信托货币资金"等有关资产科目,贷记"公益信托"科目。

【注意】公益信托应按信托类别、委托人进行明细分类核算。

三、信托资产的业务核算

(一)信托贷款

信托贷款包括长期信托贷款和短期信托贷款。短期信托贷款是指期限不超过1年的信托贷款;长期信托贷款是指1年期以上的信托贷款。

(1)发放信托贷款时,首先要由借款人提出申请,信托投资公司对借款理由、项目和还款能力等进行审查,对符合贷款原则和条件的,与借款人签订贷款合同,并由借款人填写借款单据提交信托投资公司办理贷款发放手续。

(2)信托投资公司将发放的贷款通过开户银行转入借款人存款账户,其会计处理为,借记"长期信托贷款""短期信托贷款"科目,贷记"信托货币资金"科目。

(3)收到借款人支付的利息时,借记"信托货币资金"等科目,贷记"信托贷款利息收入"科目。

(4)贷款到期时,信托投资公司收回贷款,借记"信托货币资金"科目,贷记"长期信托贷款""短期信托贷款"科目。

【提示】信托贷款应按借款人进行明细核算。

信托贷款业务涉及的主要会计科目及其核算内容如表10-1所示。

表10-1　　　　　　　　信托贷款业务会计科目及其核算内容

	名　称	主要核算内容
资产类	贷款——信托贷款	核算信托项目管理运用、处分信托财产而持有的各项贷款。借方登记信托机构发放的信托贷款本金,贷方登记收回的信托贷款本金,期末借方余额表示发放的信托贷款的余额,具体分为期限不超过1年的短期信托贷款和1年期以上的长期信托贷款。本科目应按贷款客户进行明细核算
资产类	应收利息	核算金融企业信托项目应收取的利息,包括债权投资、拆出资金、贷款、买入返售证券、买入返售信贷资产计提的利息等。借方登记信托机构应向借款单位收取的利息,贷方登记实际收回或预收的利息,期末借方余额表示应收未收的利息。本科目应按往来客户设置明细账
损益类	利息收入	核算金融企业的贷款利息收入。贷方登记发生的各项贷款利息收入,期末贷方余额结转到"本年利润"贷方,结转之后无余额

(二)信托投资

信托投资包括短期信托投资和长期信托投资。短期信托投资是指能够随时变现并且持有时间不准备超过1年的信托投资,包括股票、债券、基金等。长期信托投资是指短期信托投资外的信托投资,包括股权投资、债权投资等。

(1)信托投资公司发生信托投资时,借记"短期信托投资""长期信托投资"等科目,贷记"信托货币资金"科目。

(2)信托投资公司收到债券利息、股息时,借记"信托货币资金"等科目,贷记"信托投资债券利息收入""信托投资股利收入"等科目。

(3)信托投资公司出售信托投资时,按所收回的资金,借记"信托货币资金"科目;按信托投资账面价值,贷记"长期信托投资""短期信托投资"等科目;其差额记入"信托投资股票差价收入""信托投资债券差价收入"科目,获得信托投资收益记入贷方,发生信托投资损失记入借方。

(三)信托租赁财产

信托投资公司发生信托租赁业务时,借记"信托租赁财产"科目,贷记"信托财产"科目。取得租金收入时,借记"信托货币资金"等科目,贷记"信托租赁收入"科目。信托租赁业务终止时,借记"信托财产"科目,贷记"信托租赁财产"科目。信托租赁财产应按租赁财产和承租人进行明细核算。

(四)拆出信托资金

信托投资公司拆出信托资金时,借记"拆出信托资金"科目,贷记"信托货币资金"科目。收到资金拆出利息时,借记"信托货币资金"科目,贷记"拆出信托资金利息收入"科目。收回拆出信托资金时,借记"信托货币资金"科目,贷记"拆出信托资金"科目。拆出信托资金应按拆入单位进行明细核算。

四、信托损益的业务核算

(一)信托收入

信托收入包括信托投资股票差价收入、信托投资债券差价收入、信托投资债券利息收入、信托投资股利收入、信托贷款利息收入、拆出信托资金利息收入、信托租赁收入等。信托投资公司发生信托收入时，借记"信托货币资金"等科目，贷记"信托收入"科目。

【注意】信托收入应按委托人和收入类别(信托投资股票差价收入、信托投资债券差价收入、信托投资债券利息收入、信托投资股利收入、信托贷款利息收入、拆出信托资金利息收入、信托租赁收入等)进行明细核算。

(二)信托费用

按照金融企业的会计制度规定，因办理某项信托业务而发生的费用，可直接归集于该项信托资产的，由该项信托资产承担；不能直接归集于该项信托资产的，由信托投资公司承担。

【注意】发生的由信托资产承担的费用，借记"信托费用"科目，贷记"信托货币资金"等科目。信托费用应按委托人和信托费用类别等进行明细核算。

(三)信托损益的结转

期末，信托收入和信托费用转入"信托损益"科目，借记"信托收入"科目，贷记"信托损益"科目；借记"信托损益"科目，贷记"信托费用"科目。

【提示】按照金融企业的会计制度规定，信托业务产生的收益，在未给受益人和受托人分配之前，应在"待分配信托收益"中核算。因此，期末，信托投资公司应将信托收益结转为"待分配信托收益"，借记"信托损益"科目，贷记"待分配信托收益"科目。

(四)信托业务赔偿

按照金融企业的会计制度规定，在从事信托业务时，有下列情况使受益人或公司受到损失的，按以下方式处理：

(1)属于信托公司违反信托目的、违背管理职责或管理信托事务不当造成信托资产损失的，以信托赔偿准备金赔偿。信托投资公司本身的会计处理为：借记"信托赔偿准备金"科目，贷记"存放同业"等科目。信托业务的会计处理为：借记"信托货币资金"等科目，贷记"信托收入"等科目。

(2)属于委托人自身原因导致对其信托资产司法查封、冻结，并且必须以其信托资产对第三人进行补偿的，仅能以其信托资产(扣除原约定费用和对未到期信托资产进行处置的违约金及相关费用后的资产)为限。

【做中学10—1】 下面是某信托投资公司发生的部分经济业务，对这些信托业务进行会计处理。

(1)2月5日接受甲单位5 000万元资金信托，同时双方约定信托管理费用为每年0.1%，即5万元。

(2)2月15日购买面值为1 000万元的企业债券，每百元面值为120元，共支付价款1 200万元。

(3)3月1日向乙企业发放6个月期限短期信托贷款1 000万元，年利率为8%。

(4)3月20日又接受甲单位房产信托，价值为2 000万元，同时约定信托管理费用为租赁收入的10%。

(5)4月1日将该房产出租，租期为2年，每月收取租金10万元。

(6)5月20日出售企业债券，每百元面值的债券出售价格为125元，取得价款1 250万元。

(7)8月1日收回贷款本金2 000万元和利息80万元。

(8)9月1日收到房租60万元。
(9)10月1日支付资金信托管理费用6万元。
会计分录如下：
(1)2月5日接受资金信托时：
  借：信托货币资金   50 000 000
    贷：资金信托   50 000 000
(2)2月15日购买企业债券时：
  借：短期信托投资   12 000 000
    贷：信托货币资金   12 000 000
(3)3月1日发放短期信托贷款时：
  借：短期信托贷款   10 000 000
    贷：信托货币资金   10 000 000
(4)3月20日又接受房产信托时：
  借：信托财产   20 000 000
    贷：财产信托   20 000 000
(5)4月1日房产出租时：
  借：信托租赁财产   100 000
    贷：信托财产   100 000
(6)5月20日出售企业债券时：
  借：信托货币资金   12 500 000
    贷：短期信托投资   12 000 000
      信托收入——信托投资债券差价收入   500 000
(7)8月1日收回贷款本金和利息时：
  借：信托货币资金   20 800 000
    贷：短期信托贷款   20 000 000
      信托收入——信托贷款利息收入   800 000
(8)9月1日收到房租时：
  借：信托货币资金   600 000
    贷：信托收入——信托租赁收入   600 000
(9)10月1日支付资金信托管理费用时：
  借：信托费用——信托管理费用   60 000
    贷：信托货币资金   60 000
(10)结转损益时：
  借：信托收入——信托投资债券差价收入   50 000
        ——信托贷款利息收入   800 000
        ——信托租赁收入   600 000
    贷：信托损益   1 450 000
  借：信托损益   60 000
    贷：信托费用——信托管理费用   60 000
  借：信托损益   1 840 000
    贷：待分配信托收益   1 840 000

任务二 保险业务核算

一、保险业务概述

(一) 保险的概念

从经济学角度来讲,保险本质上是指在参与平均分担损失补偿的单位或个人之间形成的一种分配关系。

本任务核算的是商业保险行为。商业保险,即保险双方当事人自愿订立合同,由投保人缴纳保险费,用于建立保险基金,当被保险人发生合同约定的财产损失或人身事件时,保险人履行赔付或给付保险金的义务。《中华人民共和国保险法》(简称《保险法》)第一章第二条给保险下的定义是:"本法所称保险,是指投保人根据合同约定,向保险人支付保险费,保险人对于合同约定的可能发生的事故因其发生所造成的财产损失承担赔偿保险金责任,或者当被保险人死亡、伤残、疾病或者达到合同约定的年龄、期限时承担给付保险责任的商业保险行为。"

(二) 保险的种类

1. 按保险保障范围,可分为财产保险、人身保险

财产保险是指以财产及其有关利益为保险标的,因保险事故的发生导致财产损失,以金钱或实物进行补偿的一种保险。财产保险有广义和狭义之分。广义的财产保险是人身保险之外的一切保险业务的统称。狭义的财产保险专指财产损失保险。

【提示】本任务阐述的是广义的财产保险。财产保险是与人身保险相对应的概念,主要包括财产损失保险、责任保险和信用保险3种。

人身保险是指以人的身体或生命作为保险标的,当被保险人在保险期间内因保险事故的发生导致伤、残、死亡或者生存至保险期满时,由保险人给付保险金的保险。根据保障范围的不同,人身保险可以分为人寿保险、意外伤害保险、健康保险3种。

【提示】按保险保障范围划分,人身保险是保险种类中最基本的分类方法。

2. 按照保险业务的承保方式不同,可分为原保险、再保险和共同保险

原保险是再保险的对称,是指保险人直接承保并与投保人签订保险合同,构成保险人权利和义务的保险。它是由投保人与保险人之间直接签订保险合同而形成的保险关系,即投保人将风险转嫁给保险人。

再保险简称分保,是指保险人在直接承保合同的基础上,通过签订分保合同,将其所承保的部分风险和责任向其他保险公司进行保险的行为,即对保险人的保险。

共同保险也称共保,是指投保人与两个以上保险人之间,就同一可保利益,对同一危险缔结保险合同的一种保险。

(三) 保险业务核算的特点

1. 分业经营,分别核算

保险业务需要按险种类别分别独立建账,独立核算盈亏。因为我国的保险业务主要有财产保险业务、人身保险业务和再保险业务三大类,所以保险公司对财产保险业务、人身保险业务和再保险业务应分开经营,分别进行会计核算。

2. 会计要素的构成具有特殊性

保险公司的流动资产中实物形态资产所占的比例很小,以存放同业、债券等形式进行的投资是其保险基金的主要运用形式。同时,保险公司必须将其注册资本总额的20%作为法定保证金存入

保险监督管理部门指定的银行,除公司清算时用于清偿债务外,不得动用。

在保险公司的所有者权益项目中,除与其他企业具有相同的内容外,还包括按规定从税后利润中提取的总准备金,应在资产负债表中单独列示。这说明随着保险公司经营业务活动的开展,各种准备金逐渐积累,使保险公司最初的资本性质发生了改变。

【提示】在保险公司的负债中,既包含一般的结算性、金融性负债,也包括为履行其未来理赔或给付责任而从保费中提存的准备金。不同种类的保险,准备金也不同。

保险公司的营业利润与一般企业不同,保险公司的营业利润是营业收入减营业支出、准备金提转差,以及加减由于投资和筹资而发生的收支项目后的余额。由于各准备金的估计与调整难以客观准确,其估计的变动会对年度利润产生较大影响。准备金提存过多,将使利润降低并形成秘密积,导致各年度的利润不具可比性。

3. 实行按会计年度和按业务年度两种损益结算方法

大部分保险业务按会计年度结算损益。有些保险业务按业务年度结算损益,即实行多年期结算损益,年限根据业务性质确定,非结算年度的收支差额,金额作为长期责任准备金提存,不确认利润,并于下年转回滚存,到结算年度终止时结算损益。通常,长期工程险、再保险等业务按这种方法结算损益。

4. 保险公司年度决算的重点是估算负债

保险公司年度决算的重点是估算负债,即保险公司为履行其未来理赔或给付而从所收取的保费中提存的各种准备金,是保险公司独有的负债,占其负债总额的比例较大。其各项准备金提存转回的数额估算得准确与否,不仅影响保险公司的负债水平,而且会对保险公司营业利润的确定及利润水平产生重大影响。因此,对各项准备金的估算成为保险公司年度决算的重要内容。

二、财产保险的业务核算

(一)财产保险收入的业务核算

1. 保费收入的业务核算

为了核算保费收入,应设置"保费收入""应收保费""预收保费""保户储金"等科目。各科目应按险种或投保人分别设置明细账,进行明细分类核算。

(1)直接缴纳保费的核算。签发保险单时,直接缴纳保费的,会计部门根据业务部门交来的财产险保费日报表、保费收据存根和银行收账通知办理转账。按实际价款,借记"库存现金(或存放同业)"科目,贷记"保费收入"科目。

(2)预收保费的核算。如果发生保险客户提前缴费或缴纳保费在前、承担保险责任在后的业务,则应作为"预收保费"处理,到期再转入"保费收入"。会计部门根据业务部门交来的财产险保费日报表和保费收据存根,以及银行收账通知进行账务处理。

【提示】按实际价款借记"存放同业"科目,贷记"预收保费"科目。保费收入实现时,借记"预收保费"科目,贷记"保费收入"科目。

(3)分期缴费的保费核算。经保险公司同意可以分期缴纳保费时,保险单一经签单,全部保费均应作为"保费收入"处理,未收款的部分则作为"应收保费"递延,待下期收款时再冲销。

首期收款并发生应收保费时,借记"存放同业""应收保费"科目,贷记"保费收入"科目;以后各期收到应收保费时,借记"存放同业"科目,贷记"应收保费"科目。

(4)保户储金收益转作保费收入的核算。财产保险业务中的两全保险,投保人在投保时一次缴存保险储金,保险公司可将该保险储金进行再投资,取得的投资收益作为保费收入,保险期满,投保人到保险公司领回投保时所缴纳的全部保险储金。

收到保户储金时，借记"存放同业"科目，贷记"保户储金"科目。每年计算利息时，借记"应收利息"科目，贷记"保费收入"科目。还本付息时，借记"存放同业"科目，贷记"应收利息""保费收入"科目；同时，借记"保户储金"科目，贷记"存放同业"科目。

(5)中途加保或退保的核算。保单签发后至期满前，由于保险标的升值、财产重估或企业关、停、并、转等原因，经业务部门审查同意并签发批单后，保户中途可以要求加保或退保。中途加保的保费收入的核算，与投保时保费收入的核算相同。中途退保或部分退保，应按已保期限与剩余期限的比例计算退保费，退保费直接冲减保费收入，借记"保费收入"科目，贷记"存放同业（或库存现金）""应收保费"科目。

2. 追偿款收入的业务核算

追偿款收入是指公司向赔款事故责任人追回的保险赔款。从理论上讲，追偿款并不是一项收入，而是对赔款支出的一种抵减。但是，在会计实务中，应将追偿款收入作为收入处理。

为了核算追偿款收入，保险公司应设置"追偿款收入"科目。保险公司收到追偿款时，借记"存放同业"等科目，贷记"追偿款收入"科目。期末，将"追偿款收入"科目的余额转入"本年利润"科目，借记"追偿款收入"科目，贷记"本年利润"科目。

【注意】保险公司财产保险收入除上述内容以外，还有投资收益、利息收入和其他收入等内容，这几项内容的核算与一般企业相关内容的核算基本相同。

(二)财产保险支出的业务核算

财产保险支出主要包括保险公司的赔款支出、手续费支出、营业费用、税金及附加、利息支出、其他支出以及提取保险保障基金等内容。

1. 赔款支出的业务核算

为了核算赔款支出，应设置"赔款支出""预付赔款"等科目。各科目应按险种设置明细账，进行明细分类核算。

理赔业务发生后，理赔人员应及时计算出赔偿金额，填制赔款计算书，连同被保险人签章的赔款收据送交会计部门。会计部门接到业务部门的赔款计算书后，认真审查有关内容，审查无误后，根据不同的情况分别处理。

对保险赔案清楚、能及时结案的，借记"赔款支出"科目，贷记"存放同业（或库存现金）"科目。对于按估计损失的一定比例预付部分赔款的，预付部分赔款时，借记"预付赔款"科目，贷记"存放同业（或库存现金）"科目；损失核定后，保险公司支付剩余赔款时，借记"赔款支出"科目，贷记"预付赔款""存放同业（或库存现金）"科目。

保险财产遭受保险事故后，在多种情况下，不是完全灭失，而是部分受损，物资还具有一定程度的利用价值，称为损余物资。损余物资一般应合理作价归被保险人所有，并在赔款中予以扣除。如果被保险人不愿意接受，保险公司应按全损赔付，损余物资归保险公司处理，处理损余物资的收入冲减赔款支出。损余物资在没有处理前，要妥善保管，要设置"损余物资登记簿"进行登记。

【注意】在保险理赔过程中，对于错赔或骗赔案件，一经发现，要认真查处并追回赔款。对于追回的赔款，要冲减相应的赔款支出。

2. 其他费用的业务核算

手续费支出是指保险公司向受其委托在其受托范围内代理保险业务的保险代理人支付的代理手续费。手续费支付的比例不得超过实收保费的8%，通过"手续费支出"科目核算。发生手续费支出时，借记"手续费支出"科目，期末，将该科目的手续费支出从其贷方转入"本年利润"科目，结转后"手续费支出"科目无余额。

【提示】营业费用、税金及附加的核算与一般企业的期间费用、税金及附加的核算基本相同。

三、人身保险的业务核算

人身保险的业务核算具体分为人寿保险的业务核算和健康保险的业务核算。

(一)人寿保险的业务核算

1. 保费收入的业务核算

为了核算人寿保险业务的保费收入,应设置"保费收入"和"预收保费"科目。保险业务发生时,会计部门根据业务部门送来的"保费日结单"及所附的收据存根和现金,经审查无误后,办理转账,借记"库存现金(或存放同业)"科目,贷记"保费收入"科目。

【提示】如果收到的保费中包括保险客户的提前交费,应作为预收保费处理,到期再转入保费收入,借记"库存现金(或存放同业)"科目,贷记"预收保费"科目;保费收入实现时,借记"预收保费"科目,贷记"保费收入"科目。

2. 保险金给付的业务核算

当被保险人发生保险事故时,人寿保险公司有义务根据保险合同的约定给付保险金。

(1)满期给付的业务核算。满期给付是指被保险人在保险期满后,按照保险合同的规定,从保险人处领取保险金。满期给付保险金既可以按一次性方式领取,也可以选择有利于领取人的其他方式,如按分期支付的方式领取。

为了核算满期给付,应设置"满期给付"科目。发生满期给付时,应借记该科目。期末,应将该科目余额转入"本年利润"科目,结转后该科目无余额。被保险人生存到期满,按保险条款规定支付保险金时,借记"满期给付"科目,贷记"库存现金"科目;在保险合同规定的交费宽限期发生满期给付时,借记"满期给付"科目,贷记"保费收入""利息收入"和"库存现金"等科目;期末,将"满期给付"科目余额转入"本年利润"科目,借记"本年利润"科目,贷记"满期给付"科目。

(2)死伤医疗给付的业务处理。死伤医疗给付是指被保险人在保险期限内因发生疾病而导致的医疗费用或者导致伤残、死亡,按保险合同规定给付的保险金。

为了核算死伤医疗给付,应设置"死伤医疗给付"科目。该科目应设置"死亡给付"和"医疗给付"两个明细科目。发生死伤医疗给付时,应借记该科目。期末,应将该科目余额转入"本年利润"科目,结转后该科目无余额。

被保险人在保险期内发生保险责任范围内的死亡、意外伤残、医疗事故而按保险责任支付保险金时,借记"死伤医疗给付"科目,贷记"库存现金"科目;在保险合同规定的交费宽限期发生死伤医疗给付时,借记"死伤医疗给付"科目,贷记"保费收入""利息收入"和"库存现金"科目;期末,将"死伤医疗给付"科目余额转入"本年利润"科目,借记"本年利润"科目,贷记"死伤医疗给付"科目。

(3)年金给付的业务处理。年金给付是人寿保险公司年金保险业务的被保险人生存至规定年龄,按保险合同约定支付给被保险人的给付金额。

为了核算年金给付,应设置"年金给付"科目。"年金给付"科目为损益类科目。发生年金给付时,应借记该科目。期末,应将该科目的余额转入"本年利润"科目,结转后该科目无余额。

被保险人生存至规定年龄,按保险合同条款规定支付年金时,借记"年金给付"科目,贷记"库存现金"科目;期末,将"年金给付"科目余额转入"本年利润"科目,借记"本年利润"科目,贷记"年金给付"科目。

3. 保户利差支出的业务核算

以预计死亡率、利率和费率为依据计算确定的保费标准通常与实际情况不一致。保险费过剩实质上是对保户利益的占有。因此,我国人寿保险公司推出利差返还型寿险产品,当实际利率高于预定利率时,保险人将这个差额对寿险责任准备金产生的利息返还给保单持有人。

为了核算保户利差支出,应设置"保户利差支出"科目。"保户利差支出"科目为损益类科目。发生保户利差支出时,应按保险精算部门计算的应支付给保户的利差,借记该科目。期末,应将该科目余额转入"本年利润"科目,结转后该科目无余额。

期末,按清算部门提供的应付保户利差金额办理转账,借记"保户利差支出"科目,贷记"应付保户利差"科目;实际支付利差时,借记"应付保户利差"科目,贷记"库存现金"科目;期末,将"保户利差支出"科目余额转入"本年利润"科目,借记"本年利润"科目,贷记"保户利差支出"科目。

4. 佣金支出的业务核算

佣金支出是指保险公司向专门推销寿险营销业务的代理人支付的佣金,其金额按不超过实收保费的5%确定。其核算通过"佣金支出"科目进行,该科目属于损益类科目。期末,应将该科目余额转入"本年利润"科目,结转后该科目无余额。

发生佣金支出时,借记"佣金支出"科目,贷记"存放同业"科目;期末,将发生的佣金支出转入"本年利润"科目,借记"本年利润"科目,贷记"佣金支出"科目。

5. 寿险责任准备金的业务核算

寿险责任准备金是保险公司收入的净保费和利息与寿险合同中所规定的当年应承担给付义务之间的差额。为了核算寿险责任准备金的提存、转回等情况,应设置"寿险责任准备金""提存寿险责任准备金""转回寿险责任准备金"3个科目。

年末提存寿险责任准备金时,借记"提存寿险责任准备金"科目,贷记"寿险责任准备金"科目;保户需要转移保险关系时,借记"寿险责任准备金"科目,贷记"存放同业"科目;转回本年度寿险责任准备金时,借记"寿险责任准备金"科目,贷记"转回寿险责任准备金"科目。

(二)健康保险的业务核算

1. 健康保险业务收支的业务核算

短期健康保险业务的收支核算与财产保险业务的核算方法基本相同。长期健康保险业务的收支核算与人寿保险业务的核算方法基本相同。

2. 长期健康险责任准备金的业务核算

为了核算长期健康险责任准备金的提存、转回等情况,应设置"长期健康险责任准备金""提存长期健康险责任准备金""转回长期健康险责任准备金"3个科目。

会计年度末按规定提取长期健康险责任准备金时,借记"提存长期健康险责任准备金"科目,贷记"长期健康险责任准备金"科目;年终决算,按规定将上年长期健康险责任准备金的账面余额转回时,借记"长期健康险责任准备金"科目,贷记"转回长期健康险责任准备金"科目;年终决算,按规定结转利润时,借记"本年利润"科目,贷记"提存长期健康险责任准备金"科目,同时,借记"转回长期健康险责任准备金"科目,贷记"本年利润"科目。

四、再保险的业务核算

(一)再保险的业务核算特点

(1)再保险业务涉及分入业务和分出业务,对于同一笔再保险业务,同时涉及分保分出人的核算和分保接受人的核算。

(2)再保险业务资金结算是在保险公司之间进行的,一般通过分保分出人编制的分保账单进行。分保账单是分保分出人与分保接受人核算分保业务的主要凭证,一般按季编制,账单中一般载明分保手续费、分保赔款、分保准备金、分保费等内容,根据账单中借、贷方的差额确定是应收还是应付。

(3)对于分保分出人来说,再保险业务主要核算分出保费、摊回分保赔款、摊回分保费用、存入分保准备金、分保业务往来等内容。对于分保接受人来说，再保险业务主要核算分保费收入、分保赔款支出、分保费用支出、存出分保准备金、分保业务往来等内容。上述内容的核算均根据分保分出人编制的分保账单进行。再保险业务按业务年度结算损益，不提存未到期责任准备金。

(4) 再保险业务，特别是分入业务，对赔案的处理需要时间，且分保费收入、准备金扣存和返还也需要延续若干个会计年度，一般为3~5年，甚至更长时间。为正确核算损益，再保险业务的会计核算采用3年期业务年度核算方法。

【提示】3年期核算法是指每一个业务年度的分保账务需延续两个会计年度，在第三个会计年度末核算经营成果。实行3年期核算法，每个业务年度的损益在第一、第二个会计年度时先不体现，在会计年度终了时，根据收支余额，提存长期责任准备金，并滚转到下一个会计年度。至第三个会计年度，在年末按未了责任提存未决赔款准备金，将责任转移到下一个业务年度，以结束该业务年度的账务。采用3年期核算法，分保业务收支在每个会计年度分别设立3个业务年度核算（其中2个开放年度，1个结算年度），其他业务收支记入与会计年度相同的业务年度账。若某业务年度未到结算年度，出现收不抵支的情况，即该业务年度提存的长期责任准备金出现红字时，则提前结算损益。

(二) 分出再保险的业务核算

1. 科目设置

(1) "应收分保账款"科目。"应收分保账款"是资产类科目，用于核算保险公司从事再保险业务应收取的款项。其借方登记再保险业务发生的应收未收款项的增加，贷方登记再保险业务发生的应收未收款项的减少；期末余额在借方，反映保险公司从事再保险业务应收而尚未收取的款项。该科目可按再保险分出人或再保险接受人和再保险合同进行明细核算。

(2) "应付分保账款"科目。"应付分保账款"是负债类科目，用于核算保险公司从事再保险业务发生的应付未付的款项。其贷方登记再保险业务发生的应付未付款项的增加，借方登记再保险业务发生的应付未付款项的减少；期末余额在贷方，反映保险公司从事再保险业务应付而尚未支付的款项。该科目可按再保险分出人或再保险接受人和再保险合同进行明细核算。

(3) "预收赔付款"科目。"预收赔付款"是负债类科目，用于核算保险公司从事再保险业务按保险合同的约定预收的分保赔付款。其贷方登记预收的分保赔付款，借方登记转销的预收分保赔付款；期末余额在贷方，反映保险公司尚未转销的预收分保赔付款。该科目可按再保险接受人进行明细核算。

(4) "存入保证金"科目。"存入保证金"是负债类科目，用于核算保险公司从事再保险分出业务按合同约定扣存再保险接受人的保费形成的保证金。其贷方登记扣存的分保保证金，借方登记返还的上期扣存的分保保证金；期末余额在贷方，反映保险公司扣存的尚未返还的分保保证金。该科目可按再保险接受人进行明细核算。

(5) "分出保费"科目。"分出保费"是损益类科目，用于核算保险公司从事再保险分出业务向再保险接受人分出的保费。其借方登记按合同约定向再保险接受人分出的保费及调整增加的分出保费，贷方登记按规定调整减少的分出保费。期末，应将该科目余额转入"本年利润"科目，结转后该科目无余额。该科目可按险种进行明细核算。

(6) "应收分保合同准备金"科目。"应收分保合同准备金"是资产类科目，用于核算再保险分出人从事再保险业务确认的应收分保未到期责任准备金，以及应向再保险接受人摊回的保险责任准备金。其借方登记按规定确认的应收分保未到期责任准备金、应向再保险接受人摊回的保险责任准备金金额，以及调整增加的金额；贷方登记按规定调整减少、冲减及转销的金额；期末余额在借方，反映保险公司从事再保险业务确认的应收分保合同准备金的余额。该科目可按再保险接受人或再保险合同进行明细核算。

(7)"摊回保险责任准备金"科目。"摊回保险责任准备金"是损益类科目,用于核算再保险分出人从事再保险业务应向再保险接受人摊回的保险责任准备金,包括未决赔款准备金、寿险责任准备金、长期健康险责任准备金。"摊回保险责任准备金"科目贷方登记应向再保险接受人摊回的保险责任准备金金额,以及调整增加的金额;借方登记按规定冲减、转销的摊回的保险责任准备金金额。期末,应将该科目余额转入"本年利润"科目,结转后该科目无余额。该科目可按保险责任准备金的类别和险种进行明细核算。

(8)"摊回赔付支出"科目。"摊回赔付支出"是损益类科目,用于核算再保险分出人向再保险接受人摊回的应由其承担的赔付成本。"摊回赔付支出"科目贷方登记向再保险接受人摊回的应由其承担的赔付成本,以及调整增加的金额;借方登记按规定调整减少的金额。期末,应将该科目余额转入"本年利润"科目,结转后该科目无余额。该科目可按险种进行明细核算。

(9)"摊回分保费用"科目。"摊回分保费用"是损益类科目,用于核算再保险分出人向再保险接受人摊回的应由其承担的分保费用,以及向再保险接受人收取的纯益手续费。该科目贷方登记应向再保险接受人摊回的应由其承担的分保费用,以及向再保险接受人收取的纯益手续费;借方登记按规定减少的摊回分保费用。期末,应将该科目余额转入"本年利润"科目,结转后该科目无余额。该科目可按险种进行明细核算。

2. 再保险业务分出人的业务核算

(1)分出保费的业务核算。分保业务发生时,按照合同规定,分出人须按再保险合同的约定,计算确定分出保费并计入当期损益,其会计分录为:

借:分出保费
　　贷:应付分保账款

【提示】如果分出保费调整减少,则会计分录相反。

(2)应收分保未到期责任准备金的业务核算。原保险合同为非寿险原保险合同的,再保险分出人在确认原保费收入的当期,还应按相关约定,计算确认应收分保未到期责任准备金资产,并冲减提取未到期责任准备金。其会计分录为:

借:应收分保未到期责任准备金
　　贷:提取未到期责任准备金

资产负债表日,再保险分出人在调整原保险合同未到期责任准备金余额时,应相应调整应收分保未到期责任准备金。

(3)摊回分保费用的业务核算。再保险分出人应当在确认原保险合同保费收入的当期,按照相关约定,计算确定应向再保险接受人摊回的分保费用,计入当期损益,并计算确定应向再保险分出人收取的纯益手续费,将其作为摊回分保费用计入当期损益。其会计分录为:

借:应收分保账款
　　贷:摊回分保费用

(4)摊回保险责任准备金的业务核算。再保险分出人应当在提取原保险合同未决赔款准备金的当期,按相关再保险合同的约定,计算确定应向再保险接受人摊回的相应准备金,并确认为相应的应收分保准备金资产。其会计分录为:

借:应收分保未决赔款准备金
　　贷:摊回未决赔款准备金

再保险分出人至少须于每年年度终了,对原保险合同保险责任准备金进行充足性测试。补提保险责任准备金时,调整向再保险接受人摊回的相应准备金。其会计分录为:

  借:应收分保未决赔款准备金
    贷:摊回未决赔款准备金
  再保险分出人在确定支付赔付款项金额或实际发生理赔费用而冲减原保险合同相应保险责任准备金余额的当期,冲减相应的应收分保准备金余额。其会计分录为:
  借:摊回未决赔款准备金
    贷:应收分保未决赔款准备金
  (5)摊回赔付支出的业务核算。再保险分出人在确定支付赔付款项金额或实际发生理赔费用而确认原保险合同赔付成本的当期,按相关再保险合同的约定,计算确定应向再保险接受人摊回的赔付成本,计入当期损益。其会计分录为:
  借:应收分保账款
    贷:摊回赔付支出
  (6)存入分保保证金的业务核算。再保险分出人在发出分保业务账单时,应将账单标明的扣存本期分保保证金确认为存入分保保证金;同时,按照账单标明的返还上期扣存分保保证金,转销相关存入的分保保证金。其会计分录为:
  借:应收分保账款
    贷:存入保证金
  借:存入保证金
    贷:应收分保账款
  (7)结算分保账款的业务核算。再保险分出人、再保险接受人结算分保账款时,按应付分保账款金额,借记"应付分保账款"科目;按应收分保账款的金额,贷记"应收分保账款"科目;按借贷方差额,借记或贷记"存放同业"科目。

  (三)分入再保险的业务核算
  1. 科目设置
  (1)"分保费用"科目。"分保费用"是损益类科目,用于核算再保险接受人向再保险分出人支付的应由其承担的各项费用。该科目借方登记再保险接受人按再保险合同约定计算确定的分保费用金额,以及按再保险合同约定计算确定的纯益手续费金额;贷方登记收到分保业务账单时对分保费用调整减少的金额。期末,余额结转入"本年利润"科目,结转后该科目无余额。该科目可按险种进行明细核算。
  (2)"存出保证金"科目。"存出保证金"是资产类科目,用于核算再保险接受人按合同约定存出的分保保证金。该科目借方登记存出的分保保证金,贷方登记收回的分保保证金;期末余额在借方,反映再保险接受人存出的分保保证金。该科目可按再保险分出人进行明细核算。
  2. 再保险业务分入人的账务核算
  (1)分保费收入的核算。再保险接受人应当根据再保险合同的约定,计算确定分保费收入金额,确认分保费收入。其会计分录为:
  借:应收分保账款
    贷:保费收入
  (2)分保费用的核算。分入保险公司接到分出保险公司寄送的分保账单时,应根据分保账单,确定分保费用,计入当期损益;再保险接受人按照合同约定,计算确定应向再保险分出人支付的纯益手续费,计入分保费用。其会计分录为:
  借:分保费用
    贷:应付分保账款

(3)分保赔付支出的核算。再保险接受人在接到分保业务账单的当期,按照账单标明的分保赔付款项金额,作为分保赔付成本,计入当期损益。其会计分录为:

借:分保赔付支出
　　贷:应付分保账款

(4)存出分保保证金的核算。再保险接受人应当在收到分保业务账单时,将账单标明的扣存本期分保保证金确认为存出分保保证金,同时,按照账单标明的再保险分出人返还上期扣存分保保证金转销相关存出分保保证金。其会计分录为:

借:存出保证金
　　贷:应收分保账款
借:应收分保账款
　　贷:存出保证金

(5)结算分保账款的核算。再保险业务的分入人结算分保账款的核算与分出人结算分保账款的核算相同。

(6)分保准备金的核算。为了满足未来理赔或给付的需要,分保接受人需要提取未到期责任准备金、分保未决赔款准备金,其会计核算与原保险业务中的核算相同。

【做中学10-2】 某保险公司会计部门收到业务部门交来的1年期家财两全险保户储金日报表、储金收据和银行储金专户收款凭证,金额为20 000元,预定年利率为2%。增值税税率为6%。其会计分录为:

收到保户储金时:

借:银行存款——储金专户　　　　　　　　　　　　　　　20 000
　　贷:保户储金——家财两全险　　　　　　　　　　　　　　20 000

每年计算利息时:

借:应收利息　　　　　　　　　　　　　　　　　　　　　 424
　　贷:保费收入——家财两全险　　　　　　　　　　　　　　　400
　　　　应交税费——应交增值税(销项税额)　　　　　　　　　 24

缴税时:

借:应交税费——应交增值税(销项税额)　　　　　　　　　　 24
　　贷:银行存款　　　　　　　　　　　　　　　　　　　　　 24

【做中学10-3】 某财产保险公司期末计提未决赔款准备金,对已决未赔案按当期已提出的保险赔款6 000 000元计提;对已发生未报告的未付赔案按当期实际赔款支出额8 000 000元的4%计提;同时,本期转回上期提存的未决赔款准备金2 000 000元;期末结转相关准备金。保险公司应编制如下会计分录:

本期提存未决赔款准备金时:

借:提存未决赔款准备金——已提出赔款的准备　　　　　　6 000 000
　　　　　　　　　　　　——未提出赔款的准备　　　　　　 320 000
　　贷:未决赔款准备金　　　　　　　　　　　　　　　　　6 320 000

转回上期未决赔款准备金时:

借:未决赔款准备金　　　　　　　　　　　　　　　　　　2 000 000
　　贷:转回未决赔款准备金　　　　　　　　　　　　　　　2 000 000

期末,结转各项准备金确定损益时:

借:转回未决赔款准备金	2 000 000	
贷:本年利润		2 000 000
借:本年利润	6 320 000	
贷:提存未决赔款准备金		6 320 000

任务三　租赁业务核算

一、租赁业务概述

(一)租赁的概念

租赁是指出租人在承租人给以一定报酬(通常为定期支付的租金)的条件下,授予承租人在约定的期限内占有和使用租赁财产(不动产或动产)的权利的一种协议。租赁实质上就是一种合同关系。在这种合同关系中,一般涉及三方当事人:出租人、承租人和供货人。其中,出租人根据承租人的要求购入设备出租给承租人,在租赁期间,出租人拥有该设备的所有权,并定期收取租金,只是所收取的租金中既包含购买设备的本金,还包含为承租人提供购买设备的资金而应收取的利息;承租人拥有租赁资产的使用权并定期向出租人支付租金;而供货人则根据承租人的特定要求生产设备并将设备提供给出租人。

(二)租赁的分类

1. 根据租赁资产所有权的风险和报酬是否从出租人转移给承租人,分为融资租赁和经营租赁

(1)融资租赁

融资租赁是指出租人实质上将与资产所有权相关的风险和报酬都转移给了承租人的一种租赁。名义上的所有权最终可以转移,也可以不转移。反之,如果与租赁资产所有权有关的风险和报酬实质上并未转移给承租人,那么这种租赁就应为经营租赁。

下列情况下的租赁通常应归类为融资租赁:①在租赁期满时将资产的所有权转让给承租人;承租人具有购买资产的选择权,其购买价格预计将明显低于行使该选择权之日该资产的公允价值(比例不大于5%),并且在租赁开始日就可以合理地确定承租人将行使该购买权;②租赁期占了资产尚可使用年限的大部分时间(大于或等于75%;但是,如果一项旧资产在开始租赁前已使用年限超过该资产全新时可使用年限的大部分,则该项时间性标准不适用),资产的所有权最终可能发生转移,也可能不发生转移;③就承租人而言,租赁开始日最低租赁付款额的现值几乎相当于租赁开始日租赁资产原账面价值;④就出租人而言,租赁开始日最低租赁收款额的现值几乎相当于租赁开始日租赁资产原账面价值(如果租赁资产在开始租赁前已使用年限超过该资产全新时可使用年限的大部分,则该项标准不适用);⑤租赁资产性质特殊,如果不作较大修整,只有承租人才能使用。

(2)经营租赁

经营租赁具有某些融资租赁的特点,但又不完全相同,实际上是由出租人承担租赁投资风险。具体表现在:经营租赁仍然涉及三方当事人(出租人、承租人和供货商)和两个合同(租赁合同和购货合同);承租人的租赁期限短于租赁设备的法定使用年限;出租人有权否决由承租人决定的租赁物件;租赁支付具有不完全性;租赁物的维修保养可由任意一方承担;租赁合同是中途可撤销合同;租期结束时,承租人可以退租、续租或留购;租赁物不纳入承租人资产负债表。

【注意】从会计角度来看,凡在会计准则规定中不属于融资租赁的租赁行为都是经营租赁。

2. 根据租赁资产投资来源分类,分为直接租赁、售后租回(回租)、杠杆租赁、转租赁(转租)等

(1)直接租赁

直接租赁是指购置租赁资产所需的资金全部由出租人垫付的租赁。

【注意】在直接租赁下,尽管购置资产所需的资金全部由出租人垫付,但这并不是说,这些资金均为出租人的自有资金。即使所垫付的资金从银行等金融机构借入,只要供资的银行等金融机构不是租赁关系中的当事人,则该项租赁还应归类为直接租赁。

(2)售后租回

将自制或外购的资产售出后再租赁回来的行为称为售后租回,简称回租。在回租方式下,将资产售出是为了利用购买者的资金,而购买者将购入的资产租出则是其投资方式的选择。

(3)杠杆租赁

当出租人利用财务杠杆原理,用较少的投资来组织一项较大金额的租赁时,则此项租赁就称为杠杆租赁。

(4)转租赁

当承租人将租入的资产转租给第三方时,则此项租赁就称为转租赁。

二、融资租赁的业务核算

(一)出租人的业务核算

1. 出租人业务核算中的相关问题

(1)资产和负债的确认。在租赁开始日,出租人应当将租赁开始日最低租赁收款额作为应收融资租赁款的入账价值,并同时记录未担保余值,将最低租赁收款额与未担保余值之和与它们现值之和的差额记录为未实现融资收益。

出租人应当定期检查未担保余值,如有证据表明未担保余值已经减少,应当重新计算租赁内含利率,并将由此而引起的租赁投资净额(融资租赁中最低租赁收款额与未担保余值之和与未实现融资收益之间的差额)的减少确认为当期损失,以后各期根据修正后的租赁投资净额和重新计算的租赁内含利率确定应确认的融资收入。如已确认损失的未担保余值得以恢复,应当在原已确认的损失金额内转回,并重新计算租赁内含利率,以后各期根据修正后的租赁投资净额和重新计算的租赁内含利率确定应确认的融资收入。

【提示】未担保余值增加时,不作任何调整。

对应收融资租赁款应计提坏账准备,出租人应当定期分析承租人的财务状况和经营管理水平,分析租金支付的及时性和逾期的长短,对应收融资租赁款的风险程度和可收回金额的大小做出客观合理的判断,对应收融资租赁款减去未实现融资收益的差额部分(租金所含的本金部分)合理计提坏账准备。

【提示】计提坏账准备的方法由企业自行确定,一经确定要保持一贯性,不得随意变更。

(2)费用的处理。在租赁谈判和签订租赁合同过程中出租人发生的可直接归属于租赁项目的初始直接费用,如印花税、佣金、律师费、谈判费、差旅费等,应当确认为当期费用。

(3)收入的确认。未实现融资收益应当在租赁期内各个期间进行分配。出租人应当采用实际利率法计算当期应当确认的融资收入;在与按实际利率法计算的结果无重大差异的情况下,也可以采用直线法、年数总和法等。

未实现融资收益=(最低租赁收款额+未担保余值)-(最低租赁收款额的现值+未担保余值的现值)

2. 出租人业务核算的科目设置

出租人办理融资租赁业务应设置的科目如表10-2所示。

表10-2　　　　　　　　　　　出租人融资租赁业务会计科目及其核算内容

	名　称	主要核算内容
资产类	融资租赁资产	核算出租人购入、租出以及收回的租赁资产。购入时，按其实际成本，借记本科目；租出时，将最低租赁收款额与未担保余值的现值之和或原账面价值作为租赁资产成本，贷记本科目
	未担保余值	核算租赁资产余值中扣除就出租人而言的担保余值以后的资产余值
	未实现融资收益	核算出租人在租赁期内应收的收益总额，并在租赁期内采用一定的方法进行分配。租赁开始日，应按最低收款额与最低租赁收款额和未担保余值之和的现值的差额，贷记"递延收益——未实现融资收益"科目；实际收到租金时，将本期确认的融资收益，借记本科目
	长期应收款——应收融资租赁款	核算采用融资租赁方式租出资产时应向承租人收取的租金金额。在租赁开始时，将最低租赁收款额作为出租人的债权登记在该账户的借方。按合同规定收取租金时，贷记本科目，账户期末余额一般在借方，表示尚待收取的租金总额。该科目按承租人设置明细分类账户
负债类	租赁保证金	核算企业开展融资性租赁业务时，根据合同规定收到的承租企业交来的保证金。收到保证金时记入贷方。本科目按承租单位设置明细账
损益类	主营业务收入——融资收入	核算租赁公司租赁期内确认的融资收益。按每期确认的融资收益，借记"未实现融资收益"科目，贷记本科目，期末结转"本年利润"科目

出租人应设置"固定资产""融资租赁资产""应收融资租赁款""递延收益——未实现融资收益""主营业务收入——融资收入"等科目。

基于谨慎性原则的要求，对超过一个租金支付期未收到的租金，应当停止确认融资收入；其已确认的融资收入，应予冲回，借记"主营业务收入——融资收入"科目，贷记"递延收益——未实现融资收益"科目；在以后期间实际收到的租金中所含的融资收入部分，借记"递延收益——未实现融资收益"科目，贷记"主营业务收入——融资收入"科目。或有租金应当在实际发生时，借记"存放同业"科目，贷记"主营业务收入——融资收入"科目。

当购入某项资产时，需汇总计算和反映资产的原账面价值，借记"固定资产"科目，贷记"存放同业"科目；在租赁开始日，确认租赁资产的价值及应收融资租赁款金额时，借记"应收融资租赁款"科目，贷记"融资租赁资产""递延收益——未实现融资收益"科目；每期收取租金时，借记"存放同业"科目，贷记"应收融资租赁款"科目；确认利息收入时，借记"递延收益——未实现融资收益"科目，贷记"主营业务收入——融资收入"科目；实际收到或有租金时，借记"存放同业"科目，贷记"主营业务收入——融资收入"科目；租期届满，租赁资产所有权转移给买方时，借记"融资租赁资产"科目，贷记"固定资产"科目。

【注意】在报表中出租人应当对融资租赁作如下披露：资产负债表日后连续3个会计年度每年将收到的最低租赁收款额，以及以后年度将收到的最低租赁收款额总额；未实现融资收益的余额；分摊未实现融资收益所采用的方法。

(二)承租人的业务核算

1. 承租人业务核算中的相关问题

(1)资产和负债的确认。在租赁开始日，承租人通常应当将租赁开始日租赁资产原账面价值与最低租赁付款额现值两者中较低者作为租入资产的入账价值，将最低租赁付款额作为长期应付款的入账价值，并将两者的差额记录为未确认融资费用。但是，如果该项租赁资产占企业资产总额的比例不大，承租人在租赁开始日可按最低租赁付款额记录租入资产和长期应付款。

【注意】承租人在计算最低租赁付款额的现值时，如果知悉出租人的租赁内含利率，应当采用出租人的租赁内含利率作为折现率；否则，应当采用租赁合同规定的利率作为折现率。如果出租人的租赁内含利率和租赁合同规定的利率均无法知悉，应当采用同期银行贷款利率作为折现率。

【提示】租赁内含利率是指对出租人而言，在租赁开始日，使最低租赁收款额的现值与未担保余值的现值之和等于租赁资产原账面价值的折现率。

（2）费用的处理。在租赁谈判和签订租赁合同过程中承租人发生的可直接归属于租赁项目的初始直接费用，如印花税、佣金、律师费、差旅费等，应当确认为当期费用。或有租金应当在实际发生时确认为当期费用。未确认融资费用应当在租赁期内各个期间进行分摊。

【提示】承租人分摊未确认融资费用时，可以采用实际利率法，也可以采用直线法、年数总和法等。

（3）折旧的处理。计提租赁资产折旧时，承租人应当采用与自有应折旧资产相一致的折旧政策。

【注意】能够合理确定租赁期届满时将会取得租赁资产所有权的，应当在租赁资产尚可使用年限内计提折旧；无法合理确定租赁期届满时是否能够取得租赁资产所有权的，应当在租赁期与租赁资产尚可使用年限两者中较短的时间内计提折旧。

（4）对于报表揭示的规定。承租人应当对融资租赁作如下披露：①每类租入资产在资产负债表日的账面原值、累计折旧及账面净值；资产负债表日后连续3个会计年度每年将支付的最低租赁付款额，以及以后年度将支付的最低租赁付款额总额；②未确认融资费用的余额；③分摊未确认融资费用所采用的方法。

2. 承租人业务核算的科目设置

承租人办理融资租赁业务应设置的科目如表10—3所示。

表10—3　　　　　　　承租人融资租赁业务会计科目及其核算内容

	名　称	主要核算内容
资产类	固定资产——融资租入固定资产	核算以融资租赁方式租入的固定资产。对融资租入固定资产的原始价值、安装费用和维修费用的确定，都比自有资产处理。在租赁开始日，承租人通常应将租赁开始日租赁资产原账面价值与最低租赁付款额的现值两者中较低者作为租入资产的入账价值（这里的"入账价值"相当于固定资产的买价部分，不包括发生的相关费用等）
	累计折旧——融资租入固定资产折旧	核算企业对融资租入的固定资产所提的折旧。计提时，借记有关成本费用科目，如"业务及管理费"等，贷记本科目。若期满时承租人购买该资产，则应借记本科目，贷记"累计折旧"科目
负债类	长期应付款——应付融资租赁款	核算按规定向出租人缴付的租金总额，贷方登记发生额应付而未付的款项，即"最低租赁付款额"；借方登记已归还的应付融资租赁款，期末贷方余额表示企业尚未偿付的应付融资租赁款。"长期应付款"账户应按长期应付款的种类设置明细分类账户
	未确认融资费用	核算应付未付的利息和手续费，以待日后分摊。在租赁起租日，按照长期应付款与设备入账价值之间的差额，借记本账户；按规定每年确认并支付利息和手续费时，借记"财务费用"科目，贷记本科目，该科目期末借方余额表示尚未支付的利息和手续费
损益类	财务费用	核算已确认利息支出和手续费。当费用发生或确认时，借记本账户，贷记有关账户，期末结转到"本年利润"科目。本科目应按不同的费用项目设置明细科目

根据《企业会计准则》的相关规定，承租人进行租赁业务的会计核算，应设置"长期应付款——应付融资租赁款""固定资产——融资租入固定资产""累计折旧——融资租入固定资产折旧""财务费用""未确认融资费用"等科目。

租入设备时，借记"固定资产——融资租入固定资产""未确认融资费用"科目，贷记"长期应付款——应付融资租赁款"科目；每期支付租金时，借记"长期应付款——应付融资租赁款"科目，贷记

"存放同业"科目;确认利息费用时,借记"财务费用"科目,贷记"未确认融资费用"科目;计提折旧时,借记"生产成本"科目,贷记"累计折旧——融资租入固定资产折旧"科目;租期届满取得资产所有权时,借记"固定资产"科目,贷记"固定资产——融资租入固定资产"科目。

三、经营租赁的业务核算

(一)出租人的业务核算

在经营租赁中,出租人应将用作经营租赁的资产按资产的性质列示于资产负债表中的相关项目内。出租人对经营租赁的会计处理比较简单,主要应解决应收租金与确认为当期收入之间的关系,以及经营租赁资产折旧的计提。

【提示】对于经营租赁资产中的固定资产,应当采用出租人对类似应折旧资产通常所采用的折旧政策计提折旧;对于其他经营租赁资产,应当采用合理的方法进行摊销。

经营租赁的租金应当在租赁期内(包括优惠免租期)的各个期间按直线法确认为收入,而不能依据各期实际收到的租金确定;如果其他方法更合理,也可以采用其他方法。

出租人所承担的该由承租人负担的费用金额应从租金总额中扣除,并在租赁期内进行分配。或有租金应当在实际发生时确认为当期收入。

【注意】出租人发生的初始直接费用应确认为当期费用。在财务报表中,出租人应当披露每类租出资产在资产负债表日的账面价值。

出租人开展经营租赁业务应设置的科目如表10—4所示。

表10—4　　　　　　　出租人经营租赁业务会计科目及其核算内容

	名　称	主要核算内容
资产类	应收经营租赁款	核算企业采用经营租赁方式租出资产而应向承租人收取的租金以及向承租人收取的手续费
	经营租赁资产	核算企业为开展经营租赁购建的资产的实际成本,包括租赁资产的价款、贸易手续费、银行手续费、运输费、运输保险费、财产保险费、增值税等税款以及租前借款费用等。如果租赁资产是从境外购入的,还应包括境外运输费、境外运输保险费和进口关税。本科目下设置"已出租资产"和"未出租资产"两个二级科目,并按照承租单位相应设置明细账
	经营租赁资产累计折旧	核算企业采用经营租赁方式租出的资产的折旧计提情况。折旧发生时记入贷方,在资产最终报废清理时记入借方转销。期末余额在贷方,表明企业开展经营租赁的资产折旧总额。租赁资产的折旧应按同类资产所采用的正常的折旧政策进行计提
损益类	主营业务收入——租金收入	核算专门从事租赁业务的企业开展经营租赁所取得的收入。当出租人收取利息和手续费时,记入该科目的贷方,借方表明结转到"本年利润"科目的租赁收入净额
	其他业务收入——经营租赁收入	当出租人为非专业从事租赁业务的企业时,使用本科目核算经营租赁收入

出租人应设置"固定资产""应收经营租赁款""经营租赁资产""经营租赁资产累计折旧""主营业务收入——租金收入"等科目。

购入资产时,借记"固定资产"科目,贷记"存放同业"科目;租出资产时,借记"经营租赁资产"科目,贷记"固定资产"科目;每期确认租赁收入时,借记"应收经营租赁款"科目,贷记"主营业务收入——租金收入"科目;每期计提折旧时,借记"管理费用"科目,贷记"经营租赁资产累计折旧"科目;收到租金时,借记"存放同业"科目,贷记"应收经营租赁款"科目;租赁期满收回资产时,借记"固定资产"科目,贷记"经营租赁资产"科目。

(二)承租人的业务核算

在经营租赁中,承租人对经营租赁的会计处理比较简单,主要应解决应付租金与计入当期费用的关系。经营租赁的租金应当在租赁期内(包括优惠免租期)的各个期间按直线法确认为费用;如果其他方法更合理,也可以采用其他方法。出租人所承担的该由承租人负担的费用金额应从租金总额中扣除,并在租赁期内进行分配。承租人发生的初始直接费用,应当确认为当期费用。或有租金应当在实际发生时确认为当期费用。

承租人办理经营租赁业务应设置的科目如表10-5所示。

表10-5　　　　　　　　　承租人经营租赁业务会计科目及其核算内容

	名　　称	主要核算内容
资产类	长期待摊费用	核算租赁初期预付租金以待日后摊销的余额。借方登记预付的租金金额,贷方登记每期摊销金额;借方余额表示尚未摊销的预付租金金额
负债类	应付经营租赁款	核算每期应付未付的租赁款,在期末支付租金的情况下使用。贷方登记应付租赁款的增加,借方登记每期支付的金额;贷方余额为应付未付租赁款
损益类	业务及管理费——租赁费	核算应由承租人支付的各种费用,在期末应结转到"本年利润"的借方

承租人应设置"管理费用——租赁费""应付经营租赁款"等科目进行核算。

预付租金时,借记"其他应付款"科目,贷记"存放同业"科目;支付租金并摊销费用时,借记"管理费用——租赁费"科目,贷记"存放同业""其他应付款"科目。

【注意】承租人应当对资产负债表日后连续3个会计年度每年将支付的不可撤销经营租赁的最低租赁付款额,以及以后年度将支付的不可撤销经营租赁的最低租赁付款额总额进行披露。

【做中学10-4】2022年6月12日,宏达租赁公司将新购入的设备1台出租给凤喆公司,价值为600 000元,经济使用年限为10年,残值为3 000元。租赁合同规定,租赁开始日为2022年6月12日,租期为3年,年租金为120 000元,租金于每半年终了时均等支付。设备每年日常维修费用为2 000元,由出租方承担。

此项租赁没有满足融资租赁的任何一条标准,应作为经营租赁处理。确认租金收入时,应采用直线法分摊确认各期的租金收入而不能依据各期实际收取的租金金额确定。出租人所承担的该由承租人负担的费用金额应从租金总额中扣除,并在租赁期内进行分配(假设本例中,实际收取金额恰与应确认的收入金额相等)。

每期应收租金金额=(360 000-6 000)÷6=59 000(元)

每月应计租金金额=59 000÷6=9 833.33(元)

每月应计提的折旧额=(600 000-3 000)÷10÷12=4 975(元)

公司购入设备时的会计分录为:

  借:固定资产　　　　　　　　　　　　　　　　　　　　　　　　600 000
    贷:银行存款　　　　　　　　　　　　　　　　　　　　　　　　600 000

出租给凤喆公司时的会计分录为:

  借:经营租赁资产——凤喆公司　　　　　　　　　　　　　　　　　600 000
    贷:固定资产　　　　　　　　　　　　　　　　　　　　　　　　600 000

在3年的租赁期内,每月需作会计分录如下(共36次):

  借:应收经营租赁款——凤喆公司　　　　　　　　　　　　　　　　9 833.33

贷：主营业务收入——租金收入　　　　　　　　　　　　　　　　　　　　9 833.33
　　借：管理费用　　　　　　　　　　　　　　　　　　　　　　　　　　　　　4 975
　　　贷：经营租赁资产累计折旧　　　　　　　　　　　　　　　　　　　　　　　　4 975
每期末(半年)需作会计分录如下(共6次)：
　　借：银行存款　　　　　　　　　　　　　　　　　　　　　　　　　　　　　59 000
　　　贷：应收经营租赁款——凤喆公司　　　　　　　　　　　　　　　　　　　　　59 000
租赁期满，收回设备时：
　　借：固定资产　　　　　　　　　　　　　　　　　　　　　　　　　　　　　600 000
　　　贷：经营租赁资产——凤喆公司　　　　　　　　　　　　　　　　　　　　　600 000

【做中学10—5】 2017年3月1日，按照哲达建筑机器公司的要求，石元租赁公司购进设备一套。购入成本为720 000元，同类设备现值为720 000元，双方确认的初始直接费用为1 200元。合同约定该设备租赁期为5年，自租赁开始日起于每年年末，哲达建筑机器公司交租金170 000元，合同规定的利率为5%，按差值法计算的租赁内含利率为5.72%，无手续费，租约到期时，哲达建筑机器公司以500元买价享有该设备的优先购买权。

最低租赁款＝170 000×5＋500＝850 500(元)
长期应付款入账价值＝850 500＋1 200＝851 700(元)
租赁开始日租赁资产的公允价值＝720 000＋1 200＝721 200(元)
该公司在相应阶段进行如下会计核算：
(1)购入并支付租赁资产价款时，其会计分录为：
　　借：融资租赁资产　　　　　　　　　　　　　　　　　　　　　　　　　　721 200
　　　贷：银行存款　　　　　　　　　　　　　　　　　　　　　　　　　　　　721 200
(2)起租日，按照租赁资产的公允价值，进行融资租赁资产价值入账。
①租赁收益的计算(见表10—6)。

表10—6　　　　　　　　　　　租赁收益的计算　　　　　　　　　　　　单位：元

期间(年)	租金(1)	确认的融资收益(2) ＝期初(4)×5.72%	租赁投资净额减少额 (3)＝(1)－(2)	投资净额余额(4) ＝期初(4)－(3)
起租日				720 000
2017	170 000	41 184	128 816	591 184
2018	170 000	33 815.72	136 184.28	454 999.72
2019	170 000	26 025.98	143 974.02	311 025.70
2020	170 000	17 790.67	152 209.33	158 816.37
2021	170 000	11 683.63	158 316.37	500
2022	500		500	0
合计	850 500	130 500	720 000	

②起租日的会计分录为：
　　借：长期应收款　　　　　　　　　　　　　　　　　　　　　　　　　　　851 700
　　　贷：融资性租赁资产——待转租赁资产　　　　　　　　　　　　　　　　　721 200
　　　　未实现融资收益　　　　　　　　　　　　　　　　　　　　　　　　　130 500

(3)2017 年年末收取租金时,其会计分录为:
 借:银行存款 170 000
  贷:长期应收款 170 000
 借:未实现租赁收益 41 184
  贷:租赁收入 41 184

以后 4 年每年年末,收取租金和确认融资租赁收益时,编制与上述相同的会计分录。

(4)租赁期满,出售租赁资产时,其会计分录为:
 借:银行存款 500
  贷:长期应收款 500

任务四　证券业务核算

一、证券业务概述与分类

(一)证券的概念

证券是用以证明或设立权利所做成的书面凭证,它表明证券持有人或者第三者有权取得该证券拥有的特定权益,或证明其曾经发生过的行为。

证券有广义与狭义两种概念。狭义的证券即指资本证券,广义的证券包括商品证券、货币证券和资本证券。①商品证券是证明持有人有商品所有权或使用权的凭证,取得这种证券就等于取得这种商品的所有权,持有人对这种证券所代表的商品的所有权受法律保护。属于商品证券的有提货单、运货单、仓库栈单等。②货币证券是指本身能使持有人或第三者取得货币索取权的证券。货币证券主要包括两大类:一类是商业证券,主要是商业汇票和商业本票;另一类是银行证券,主要是银行汇票、银行本票和支票。③资本证券是指由金融投资或与金融投资有直接联系的活动而产生的证券。持有人有一定的收入请求权。资本证券是有价证券的主要形式。本书中的证券是指资本证券。

(二)证券的分类

1. 按证券发行主体的不同,可分为政府证券、金融证券与公司证券

政府证券通常是指政府债券。金融证券是指银行及非银行金融机构为筹措资金而发行的股票、金融债券等,尤以金融债券为主。公司证券是公司为筹措资金而发行的有价证券。

【提示】公司证券包括的范围比较广泛,主要有股票、公司债券和商业票据等。

2. 按是否在证券交易所挂牌交易,可分为上市证券与非上市证券

上市证券又称挂牌证券,是指经证券主管机关核准,并在证券交易所注册登记,获得在交易所内公开买卖资格的证券。非上市证券也称非挂牌证券,是指未申请上市或不符合证券交易所挂牌交易条件的证券。非上市证券不允许在证券交易所内交易,但可以在其他证券交易市场交易。

【注意】凭证式国债和开放式基金份额属于非上市证券。

3. 按募集方式分类,可分为公募证券和私募证券

公募证券是指发行人通过中介机构向不特定的社会公众投资者公开发行的证券,其审核较严格并采取公示制度。私募证券是指向少数特定的投资者发行的证券,其审核条件相对宽松,投资者也较少,不采取公示制度。

【提示】私募证券的投资者多为与发行人有特定关系的机构投资者,可包括发行公司的职工。

4. 按证券所代表的权利性质分类,可以分为股票、债券与其他证券

股票和债券是证券市场两个最基本和最重要的品种;其他证券包括基金证券、证券衍生品,如金融期货、可转换证券等。

(三)证券业务的分类

目前,我国金融企业经营的证券业务主要有证券经纪业务、证券自营业务、证券承销业务和其他证券业务。

(1)证券经纪业务,是指公司代理客户(投资者)买卖证券的活动,包括代理买卖证券业务、代理兑付证券业务和代理保管证券业务。

(2)证券自营业务,是指公司以自己的名义,用公司的资金买卖证券,以达到获取利润目的的证券业务,包括买入证券业务和卖出证券业务。

(3)证券承销业务,是指在证券发行过程中,公司接受发行人的委托,代理发行人发行证券的活动。

(4)其他证券业务,是指公司经批准在国家允许的范围内,进行除经纪、自营、承销业务以外的与证券业务有关的其他证券业务,如买入返售证券业务、卖出回购证券业务和受托资产管理业务。

二、证券自营业务的业务核算

证券自营业务包括自营买入和自营卖出两个方面。自营买入证券按买入的实际成本计价,其实际成本包括买入的成交价和应缴纳的各项税费。自营卖出证券,其实际成本可以采用先进先出法、加权平均法、移动加权平均法等方法计算确定。

【注意】 在一般情况下,方法一经确定,不得随意变更。如需变更,应在会计报表附注中说明变更的内容和理由、变更的影响数等。

(一)自营买入证券的业务核算

(1)公司在证券交易所办理自营证券业务时,应在交易所开设清算资金专户,调出资金时,借记"清算备付金"科目,贷记"存放同业"科目。自营买入证券时,按实际购入成本进行核算,借记"自营证券"科目,贷记"清算备付金"科目。

(2)当公司采用包销方式代理发行证券时,发行期结束,如还有未售出的证券,则应当转为公司自营证券,按实际承购价或发行价进行核算,借记"自营证券"科目,贷记"代发行证券"科目。

(3)公司自营证券通过网上配股的,在与交易所清算配股款时,按实际成交的配股款核算,借记"自营证券"科目,贷记"清算备付金"科目;如通过网下配股,则按实际支付的配股款核算,借记"自营证券"科目,贷记"存放同业"科目。

(4)公司自营证券在持有期内取得的现金股利,作为投资收益处理,借记"清算备付金"科目,贷记"投资收益"科目。

(5)公司自营买入分期付息到期还本的债券,在持有期内取得的利息,也作为投资收益处理,借记"清算备付金""存放同业"科目,贷记"投资收益"科目。

(6)公司通过网上认购新股,申购款被交易所从清算账号中划出冻结时,借记"应收款项——应收认购新股占用款"科目,贷记"清算备付金"科目;如中签,购买新股按实际成本核算,借记"自营证券"科目,贷记"应收款项——应收认购新股占用款"科目;如未中签,交易所退回被冻结认购款项,借记"清算备付金"科目,贷记"应收款项——应收认购新股占用款"科目。

(7)如果公司通过网下认购新股,应按规定划出认购款存入指定机构,借记"应收款项——应收认购新股占用款"科目,贷记"存放同业"科目;如中签,办理认购手续,按购买新股实际成本核算,借记"自营证券"科目,贷记"应收款项——应收认购新股占用款"科目;如未中签,收回认购款,借记"存放同业"科目,贷记"应收款项——应收认购新股占用款"科目。

（二）自营卖出证券的业务核算

公司在交易所卖出证券时，应按清算日实际收到的款项进行核算，借记"清算备付金"或"存放同业"科目，贷记"证券销售"科目；卖出债券时，应将购买日到卖出日的持有期间的应计利息确认为投资收益，借记"清算备付金"或"存放同业"科目，贷记"投资收益""证券销售"（实际收到价款与持有期间应计利息差额）科目；公司的自营证券在到期前没有出售，而是继续持有并在到期时兑付本息，到期时按兑付的金额进行核算，借记"清算备付金"或"存放同业"科目，贷记"投资收益"（到期兑付的利息）、"证券销售"（到期兑付的金额减去兑付的利息）科目；公司自营买入分期付息到期还本的债券，在持有期内分期取得利息，按收到的金额进行核算，借记"清算备付金"或"存放同业"科目，贷记"投资收益"科目。

（三）自营证券卖出成本的业务核算

自营证券卖出的实际成本，可以选用先进先出法、加权平均法、移动加权平均法等方法中的某一种方法来计算确定，方法一经选定，不能随意变更。

以加权平均法为例，其计算公式如下：

$$某种证券加权平均的单位成本 = \frac{期初结存证券实际成本 + 本期购进证券实际成本}{期初结存面值 + 本期购进面值}$$

本次卖出某种证券的实际成本＝本次卖出证券面值总额×该种证券加权平均的单位成本

卖出自营证券的实际成本计算确定后，应结转销售成本，借记"证券销售"科目，贷记"自营证券"科目。

【提示】公司在年末，应将自营证券的市价与成本进行比较，如果市价低于成本，应按差额确认跌价损失、计提跌价准备，借记"自营证券跌价损失"科目，贷记"自营证券跌价准备"科目。

【注意】经过计提跌价准备的自营证券，如果原来的市价又恢复了，应按恢复增加的数额（其增加数应以补足以前入账的减少数为限）冲销跌价准备，借记"自营证券跌价准备"科目，贷记"自营证券跌价损失"科目。

三、代理证券业务的业务核算

代理证券业务是金融企业作为证券代理人，根据客户委托代理发行、买卖、兑付证券的业务。

（一）代理发行证券业务的业务核算

代理发行证券业务是指金融企业在一级市场代理证券发行单位发售证券的业务，如金融企业代国家发售国库券和国家重点建设债券、代企业发行集资债券和股票等。代理证券业务中除代保管证券外，均应纳入表内科目，分别设置资产科目和负债科目进行核算。代理发行证券业务按发行的过程分类，有全过程代理和某一阶段的代理；按发售方式分类，有代销方式、全额承购包销方式和余额承购包销方式。下面按发售方式的不同，分别介绍代理发行证券业务的核算方法。

1. 代销方式的业务核算

代销就是金融企业受发行单位委托，代理销售一级市场上发行的证券。证券售出后所筹集的款项交给发行单位，代销证券的金融企业向委托人收取手续费。

（1）金融企业收到发行单位交来的代销证券，在发行期开始前，可作为重要凭证保管，发行期开始，应按面值或协议价入账。收到证券时，借记"代发行证券"科目，贷记"代发行证券款"科目；发售证券后，转销代发行证券科目，借记"存放同业"（或"库存现金"）科目，贷记"代发行证券"科目。

（2）发行结束后，将代发行证券款交给委托代销单位，同时应由委托代销单位付给手续费。手续费可以从代发行证券款中扣除，也可以单独结算收取，由双方协商。如从代发行证券款中扣留，借记"代发行证券款"科目，贷记"存放同业""手续费收入"科目；如单独结算手续费，则代发行证款全部划给委托代销单位,再由委托代销单位将手续费划给代销证券的金融企业。

【注意】发行结束时,如果尚有未售出证券,则应退回,借记"代发行证券款"科目,贷记"代发行证券"科目。

2. 全额承购包销方式的业务核算

全额承购包销就是金融企业与证券发行单位签订合同或协议,由金融企业按合同或协议确定的价格将证券从发行单位那里买下来,并按一定价格在证券一级市场发售的一种代理发行方式。

【提示】金融企业向发行单位承购证券的价格可能低于、等于或高于证券面值,由双方在协议中确定,但发售价格由金融企业确定,发行单位原则上不干预。

(1)金融企业收到证券并在发行开始时,按承购价记账,借记"代发行证券"科目,贷记"存放同业"(或"应付账款")科目。

(2)如果按面值记账,并且面值与承购价不一致,则应在"代发行证券"科目下分设面值户和差额户,分别反映承购证券面值和承购价与面值的差额。

(3)按发售价销售证券后,按售价进行账务处理,借记"存放同业"(或"库存现金")科目,贷记"证券发行"科目。证券发售完毕,结转证券成本时,借记"证券发行"科目,贷记"代发行证券"科目。

(4)承购证券时按面值记账的,还要结转证券差额账户。结转证券发行成本后,如果"证券发行"科目账户余额在贷方,即为发行收益;反之,则为发行损失。

(5)发行期满后,如有尚未售出的证券,应按承购价转作自营库存证券或长期投资科目,借记"自营库存证券"或"长期投资"科目,贷记"代发行证券"科目。

3. 余额承购包销方式的核算

余额承购包销方式就是金融企业与证券发行单位事先签订合同或协议,确定由金融企业代理发行该单位的证券数量,在发行期内如果金融企业承担发售的证券没有全部售出,则剩余部分由金融企业购入。

余额承购包销方式在会计核算上分两个阶段:①发行期内收到发行单位交来证券及代售证券的核算,与代销方式相同;②发行期结束后,对尚未售出的证券,与全额承购包销剩余证券的处理相同,作为自营库存证券或长期投资处理。

(二)代售代购证券业务的业务核算

1. 代售证券的业务核算

代售证券是指金融企业受客户的委托,按约定的价格,在本企业柜台或证券交易所出售证券的业务。代售证券的账务处理有两种:①按约定价格记账;②按面值记账。

(1)柜台交易代售证券的业务核算。金融企业收到客户交来代售证券后,按约定价格或面值记账,借记"代售证券"科目,贷记"代售证券款"科目。

售出证券后,按售价记账,借记"库存现金"(或"存放同业")科目,贷记"代售证券"科目;将代理销售证券款交还客户,同时收取手续费。手续费可以从代售证券款中扣留,借记"代售证券款"科目,贷记"存放同业""手续费收入"科目。

无论是按约定价格记账还是按票面价格记账,其实际售价都有可能与记账价不一致,或者高于记账价,或者低于记账价。对于售价与记账价的差额部分,要将"代售证券"和"代售证券款"科目相互对冲。如果售价高于记账价,借记"代售证券"科目,贷记"代售证券款"科目;如果售价低于记账价,其对冲的会计分录相反。

(2)在证券交易所出售证券的业务核算。收到客户交来代售证券与柜台交易相同。向证券交易所交出证券,则借记"存出证券"科目,贷记"代售证券"科目。

证券售出后,按实际售出价记账,借记"证券交易清算"科目,贷记"存出证券"科目。交割日进行交割清算时,借记"存放同业"科目,贷记"证券交易清算"科目。

通知客户领取售出证券款,并收取手续费时,借记"代售证券款"科目,贷记"存放同业""手续费收入"科目。如果实际售价高于存出证券记账价格,应补记"存出证券""代售证券款"科目,借记"存出证券"科目,贷记"代售证券款"科目;如果售价低于存出证券记账价格,其会计分录相反。

代售证券如有部分未售出,从证券交易所取回时,按原存出价编制会计分录,借记"代售证券"科目,贷记"存出证券"科目。

【注意】将未售出证券交与客户时,其会计分录与收到客户交来代售证券时的会计分录相反。

2. 代购证券的业务核算

代购证券是金融企业与客户达成协议,按一定价格代客户购买有价证券的业务。

(1)柜台交易代购证券的业务核算。客户委托金融企业代购证券,应预先缴存代购款,金融企业收到预缴代购款时,借记"存放同业"科目,贷记"代购证券款"科目。按双方协议价购入时,借记"代购证券"科目,贷记"存放同业"科目。

交割证券时,结算代购证券款,并收取代购手续费,借记"代购证券款"科目,贷记"代购证券""手续费收入"科目。

【提示】如果预缴款不足,应先补足,其会计分录同预缴款;如预缴款有剩余,应退还客户,其会计分录与预缴款相反。

(2)在证券交易所代购证券的业务核算。客户预缴代购证券款的会计分录与前述相同。

通过证券交易所代购证券时,借记"存出证券"科目,贷记"证券交易清算"科目。

将代购证券转回金融企业时,借记"代购证券"科目,贷记"存出证券"科目。

将代购证券交与客户,并收取手续费时,借记"代购证券款"科目,贷记"存放同业""手续费收入"科目。

【注意】如果预缴款不足或多余,通过"存放同业""代购证券款"科目补足或退还客户。其余手续与柜台交易相同。

(三)代理兑付证券的业务核算

代理兑付证券是指金融企业接受国家或企业等债券发行单位的委托兑付到期债券,兑付结束后,将已兑付证券集中交给发行单位,同时向发行单位收取手续费的业务。

证券发行单位应向代理兑付证券的金融企业拨付兑付证券款。金融企业收到拨来兑付证券款时,借记"存放同业"科目,贷记"代兑付证券款"科目。兑付债券时,收回债券,支付资金,借记"代兑付证券"(本金与利息)科目,贷记"库存现金"(或"存放同业")科目。

兑付期结束,应将已兑付的债券集中交给发行单位,同时收取手续费。手续费可以从代兑付证券款中扣留,也可以单独结算。以下按单独结算手续费处理。交回证券并结清代兑付证券款时,如代兑付证券款有剩余,也应一并交回,借记"代兑付证券款"科目,贷记"代兑付证券""存放同业"科目。结算手续费时,借记"存放同业"科目,贷记"手续费收入"科目。

四、证券回购的业务核算

证券回购业务是一种以买卖证券的形式融通资金的业务,包括买入返售证券业务和卖出回购证券业务。

(一)买入返售证券的业务核算

买入返售证券业务是金融企业与交易对方签订协议,确定期限和价格,先以协议规定的价格买入对方持有的有价证券,到期后,再以协议规定的卖出价将有价证券返售给对方。其实质是以证券为依据向交易对方融通资金,而有价证券并不作真正的转移。金融企业在按合同规定价买入证券时,借记"买入返售证券"科目,贷记"存放同业"科目。

合同规定期限到期后,按规定的卖出价返售给原交易对方。卖出价与原买入价的差额,作为金融企业的营业收入,借记"存放同业"科目,贷记"买入返售证券""其他业务收入"科目。

(二)卖出回购证券的业务核算

卖出回购证券业务是金融企业与交易对方签订协议,确定期限与价格,先以规定的价格将有价证券卖给对方,到期后,再按协议规定价格将证券购回。这项业务一般是金融企业持有证券,但急需资金,因此将证券暂时卖给某单位以取得资金,协议规定期满后再购回。这是金融企业解决资金暂时不足问题的一项措施,属于短期融通资金性质的业务。一般来说,卖出价要低于回购价,其差额作为资金使用的代价,证券不作真正的转移。

金融企业按规定价格售出有价证券时,借记"存放同业"科目,贷记"卖出回购证券款"科目。

合同期满,购回有价证券时,回购价高于卖出价的差价作为金融企业的营业支出记账,借记"卖出回购证券款""其他业务成本"科目,贷记"存放同业"科目。

【做中学 10—6】 某金融企业自营库存证券中 2022 年库存国库券面值为 200 万元,实际购进价为 210 万元;本月 11 日买进一笔 2022 年国库券,面值为 100 万元,实际购进价为 110 万元;25 日又购进一笔 2022 年国库券,面值为 80 万元,实际购进价为 92 万元;本月 29 日卖出 2022 年国库券,面值为 150 万元,每百元销售价为 118 元,销售收入为 177 万元。

2022 年国库券差价率=(100 000+100 000+120 000)÷(2 000 000+1 000 000+800 000)=0.084 21

本月卖出 2022 年国库券差价=0.084 21×1 500 000=126 315(元)

销售证券并结转销售成本的会计分录为:

借:清算备付金	1 770 000
贷:证券销售	1 770 000
借:证券销售	1 626 315
贷:自营库存证券——面值户	1 500 000
——差价户	126 315

【做中学 10—7】 众杰公司委托某金融公司代售某种证券,证券面值为 20 万元,根据市场行情,客户要求每百元面值证券以 106 元售出,金融公司按面值 4‰收取手续费。数日后,该证券以每百元 106.5 元售出。账务处理如下:

收到证券时,按协议价记账的会计分录为:

借:代售证券	212 000
贷:代售证券款	212 000

按面值记账时,其会计分录为:

借:代售证券	200 000
贷:代售证券款	200 000

售出证券后,其会计分录为:

借:银行存款——某银行户	213 000
贷:代售证券	213 000

将代售证券款交与客户并收取手续费时,其会计分录为:

借:代售证券款	213 000
贷:银行存款	212 200

  手续费收入   800

由于售价高于记账价,应对差额部分对冲。如果收到证券时按协议价记账,其会计分录为:

 借:代售证券   1 000

  贷:代售证券款   1 000

如收到证券时按票面价记账,其会计分录为:

 借:代售证券   13 000

  贷:代售证券款   13 000

任务五　证券投资基金业务核算

一、证券投资基金概述

(一)证券投资基金的概念和特点

证券投资基金是指通过公开发售基金份额募集资金,由基金托管人托管,由基金管理人管理和运用资金,为基金份额持有人的利益,以资产组合的方式进行证券投资活动的基金。

证券投资基金的特点如下:

1. 集合理财、专业管理

证券投资基金将众多投资者的资金集中起来,积少成多、共同投资,表现出一种集合理财的特点,有利于发挥资金的规模优势,降低投资成本。基金由基金管理人进行投资管理和运作,而基金管理人一般拥有大量的专业投资研究人员和强大的信息网络,能够更好地对证券市场进行全方位的动态跟踪与分析,因此中小投资者通过投资基金将资金交给基金管理人进行投资管理,可以享受到专业化的投资管理服务。

2. 组合投资、分散风险

为降低投资风险,我国《证券投资基金法》规定,基金必须以组合投资的方式进行基金的投资运作,从而使"组合投资、分散风险"成为基金的一大特色。"组合投资、分散风险"的科学性已为现代投资学所证明。中小投资者由于资金少,一般无法通过购买不同的股票分散投资风险。基金通常会购买几十种甚至上百种股票,投资者购买基金就相当于用很少的资金购买了"一篮子"股票,某些股票下跌造成的损失可以用其他股票上涨的盈利来弥补,可以充分享受到组合投资、分散风险的好处。

3. 利益共享、风险共担

基金投资者是基金的所有者。基金投资人共担风险、共享收益。基金投资收益在扣除由基金承担的费用后的盈余全部归基金投资者所有,并依据各投资者所持有的基金份额比例进行分配。为基金提供服务的基金托管人、基金管理人只能按规定收取一定的托管费、管理费,并不参与基金收益的分配。

4. 严格监管、信息透明

为切实保护投资者的利益,增强投资者对基金投资的信心,监管部门对基金业实行比较严格的监管,对各种有损投资者利益的行为进行严厉的打击,并强制要求基金进行较为充分的信息披露。在这种情况下,严格监管与信息透明也就成为基金的一个显著特点。

5. 独立托管、保障安全

基金管理人负责基金的投资操作,本身并不经手基金财产的保管。基金财产的保管由独立于基金管理人的基金托管人负责。这种相互制约、相互监督的制衡机制对投资者的利益提供了重要的保护。

(二)证券投资基金的分类

1. 按基金的组织形式不同,可分为契约型基金和公司型基金

(1)契约型基金,又称为单位信托基金,是指将投资者、管理人、托管人三者作为基金的当事人,通过签订基金合同的形式发行受益凭证而设立的一种基金。契约型基金通过基金合同来规范三方当事人的行为。基金管理人负责基金的管理操作;基金托管人作为基金资产的名义持有人,负责基金资产的保管和处置,对基金管理人的运作进行监督。

(2)公司型基金,是按照《公司法》的规定以公司形式组成的、具有独立法人资格并以营利为目的的基金公司。公司型基金以发行股份的方式募集资金,投资者购买基金公司的股份后,以基金持有人的身份成为基金公司的股东,凭其持有的股份依法享有投资收益。

2. 按基金是否可自由赎回和基金规模是否固定,可分为封闭式基金和开放式基金

(1)封闭式基金,是指经核准的基金份额总额在基金合同期限内固定不变,基金份额可以在依法设立的证券交易场所交易,但基金份额持有人不得申请赎回的基金。

(2)开放式基金,是指基金份额总额不固定,基金份额可以在基金合同约定的时间和证券交易场所申购或者赎回的基金。

3. 按投资标的不同,可分为国债基金、股票基金和货币市场基金等

(1)国债基金,是一种以国债为主要投资对象的证券投资基金。

(2)股票基金,是指以上市股票为主要投资对象的证券投资基金。

(3)货币市场基金,是以货币市场工具为投资对象的一种基金,其投资对象期限在1年以内,包括银行短期存款、国库券、公司债券、银行承兑票据和商业票据等货币市场工具。

此外,还有指数基金、黄金基金、衍生证券投资基金等。

二、基金资产的业务核算

(一)股票投资的业务核算

1. 购入股票的业务核算

为了核算在证券市场购买的股票,应设置"股票投资""证券清算款"两个科目。买入股票时,应于股票成交日按股票成交总额加相关费用,借记"股票投资"科目;按应支付的证券清算款,贷记"证券清算款"科目;按应付给券商的佣金,贷记"应付佣金"科目。

【注意】证券公司收取的证券交易佣金是证券公司向客户提供证券代理买卖服务时按交易金额的一定比例收取的报酬。

资金交收日,按实际支付的价款与证券登记结算机构进行清算,借记"证券清算款"科目,贷记"清算备付金"科目。

申购新股时,存在两种情况:①通过交易所网上发行,此时按实际交付的申购款,借记"证券清算款"科目,贷记"清算备付金"科目;申购新股中签时,按确认的中签金额,借记"股票投资"科目,贷记"证券清算款"科目;收到退回未中签部分余款,借记"清算备付金"科目,贷记"证券清算款"科目。②通过网下发行,此时按实际预缴的申购款,借记"其他应收款"科目,贷记"存放同业"科目。

申购新股确认当天,如果实际确认的申购新股金额小于已经预缴的申购款,则按实际确认的申购新股金额,借记"股票投资"科目,贷记"其他应收款"科目;收到退回未中签款,借记"存放同业"科目,贷记"其他应收款"科目。

申购新股确认当天,如果实际确认的申购新股金额大于已经预缴的申购款,按实际确认的申购新股金额,借记"股票投资"科目,贷记"其他应收款"科目;补付申购款时,按支付的金额,借记"其他

应收款"科目,贷记"存放同业"科目。"股票投资"账户应按股票的种类设置明细账进行明细核算,期末借方余额反映持有各类股票的实际成本。

2. 卖出股票的业务核算

卖出股票成交当天,按应收取的证券清算款,借记"证券清算款"科目;按结转的股票投资成本(采用移动加权平均法逐日结转),贷记"股票投资"科目;按应付券商佣金,贷记"应付佣金"科目;按两者的差额,贷记或借记"股票差价收入"科目;资金交收日,按实际支付的证券清算款,借记"清算备付金"科目,贷记"证券清算款"科目。

3. 股票持有期间派发的股票股利、现金股利及配股权证的业务核算

持有股票期间上市公司派发的股票股利,应及时计算确定增加的股票数量,在"股票投资"账户"数量"栏进行记录。因持有股票而享有的配股权,从配股除权日起到配股确认日止,按市价高于配股价的差额逐日进行估值,借记"配股权证"科目,贷记"未实现利得"科目;向证券交易所确认配股时,借记"股票投资"科目,贷记"证券清算款"科目,同时,将配股权的估值冲减为零,借记"未实现利得"科目,贷记"配股权证"科目;资金交收当天,实际缴纳配股款时,借记"证券清算款"科目,贷记"清算备付金"科目。在配股期限内放弃配股权的,应将配股权的估值冲减为零,借记"未实现利得"科目,贷记"配股权证"科目。股票投资应分派的现金股利,在除息日及时按照上市公司宣告的分红派息比例确认股利收入,借记"应收股利"科目,贷记"股利收入"科目;实际收到现金股利时,借记"清算备付金"科目,贷记"应收股利"科目。"应收股利"科目应按债务人设置明细账进行明细核算,期末借方余额反映尚未收到的现金股利。

(二)债券投资的业务核算

1. 买入债券的业务核算

买入上市债券时,按成交日应支付的证券清算款扣除债券起息日或上次除息日至购买日止的利息,借记"债券投资"科目;按债券起息日或上次除息日至购买日止的利息,借记"应收利息"科目;按应支付的证券清算款,贷记"证券清算款"科目。

买入非上市债券,按成交日应支付的证券清算款扣除债券起息日或上次除息日至购买日止的利息,借记"债券投资"科目;按债券起息日或上次除息日至购买日止的利息,借记"应收利息"科目,贷记"存放同业"科目。购入新发行的国债,根据承购合同规定,按国债面值,借记"债券投资"科目,贷记"其他应付款"科目;实际付款时,借记"其他应付款"科目,贷记"存放同业"科目。"债券投资"科目应按债券的种类设置明细账进行明细核算。期末,"债券投资"科目的借方余额反映持有各项债券的实际成本。

2. 卖出债券的业务核算

卖出债券的成本应逐日进行结转,结转的方法采用移动加权平均法。卖出上市债券时,按成交时应收取的证券清算款,借记"证券清算款"科目;按应收利息,贷记"应收利息"科目;按债券投资成本,贷记"债券投资"科目;按其差额,贷记或借记"债券差价收入"科目。

卖出债券的成本须采用移动加权平均法逐日进行结转。卖出非上市债券,按实际收到的金额,借记"存放同业"科目;按已售债券成本,贷记"债券投资"科目;按应收利息,贷记"应收利息"科目;按其差额,贷记或借记"债券差价收入"科目。购入到期还本付息的国债,在持有到期时,按实际收到的本息,借记"存放同业"等科目,贷记"债券投资""应收利息"科目。

【注意】对于每天都要进行的多种股票和债券的大量买入和卖出操作,可以将所有交易合并处理。

证券成交当天如果买入证券成交总额大于卖出证券成交总额,借记有关科目,贷记"证券清算款"和有关科目;如果卖出证券成交总额大于买入证券成交总额,借记"证券清算款"科目和有关科

目,贷记有关科目。

资金交收时,如果买入证券成交总额大于卖出证券成交总额,按资金交收当天实际支付的金额,借记"证券清算款"科目,贷记"清算备付金"科目;如果卖出证券成交总额大于买入证券成交总额,按资金交收当天实际收到的金额,借记"清算备付金"科目,贷记"证券清算款"科目。

3. 对证券投资估值增值的业务核算

估值日是指对基金资产进行估值的实际日期,对大部分基金来说,每个开放日都是估值日。在估值日,应按照基金合同和招募说明书载明的估值事项,对资产估值时所估价值与其成本的差额在"投资估值增值"账户核算。

【提示】对证券投资和配股权证进行估值时产生的估值增值或减值,应确认为未实现利得。

在估值日对基金持有的股票、债券所做的估值,如为估值增值,按所估价值与上一日所估价值两者的差额,借记"投资估值增值"科目,贷记"未实现利得"科目;反之,如为估值减值,按所估价值与上一日所估价值的差额,借记"未实现利得"科目,贷记"投资估值增值"科目。"投资估值增值"账户应按所估资产的种类设置明细账进行明细核算。期末,"投资估值增值"账户借方余额反映未实现资产估值增值,贷方余额则反映未实现资产估值减值。

三、基金发行和赎回的业务核算

(一)证券投资基金发行的业务核算

基金管理公司对所管理的基金分别作为会计核算主体,独立建账、独立核算,各基金之间在名册登记、账户设置、资金划拨、账簿记录等方面都是相互独立的。

封闭式基金的发行总额是事先确定的,在封闭期内基金单位总数固定不变。基金成立时,实收基金按实际收到的基金单位发行总额入账。

【注意】基金发行费收入扣除相关费用后如有结余,作为其他收入处理。

核算实收基金应在基金募集发行期结束时,按照实际收到的金额,借记"存放同业"科目;按基金单位发行总额,贷记"实收基金"科目;按两者差额,贷记"其他收入"科目。

【提示】开放式基金与封闭式基金不同,它的基金单位总额不固定,可以随时增减。基金成立时,实收基金按实际收到的基金单位发行总额入账。

基金募集发行期结束时,按照实际收到的金额,借记"存放同业"科目,贷记"实收基金"科目。"实收基金"账户期末贷方余额反映封闭式基金或开放式基金的基金单位总额。

基金发行收入应及时存入开户银行,并按开户银行、存款种类等分别设置"存放同业日记账",并根据收款、付款凭证,按照业务的发生顺序逐笔登记,每日终了应结出余额。"存放同业日记账"应定期与"银行对账单"核对,至少每月核对一次。月份终了,存放同业账面结余与银行对账单余额之间如有差额,必须逐笔查明原因并进行处理,应按月编制"存放同业余额调节表"进行调节相符。

(二)开放式基金申购和赎回的业务核算

《开放式证券投资基金试点办法》第 24 条规定:"开放式基金每周至少有一天应为基金的开放日,办理基金投资人申购、赎回、变更登记、基金之间转换等业务申请。开放式基金的申购价格和赎回价格依据申购或赎回日基金单位资产净值加、减有关费用计算而得。"

1. 开放式基金申购的业务核算

根据《开放式证券投资基金试点办法》规定,开放式基金成立初期,需要有较长一段时间逐步依市场状况完成持股布局。因此,基金合同和招募说明书一般都规定只接受申购、不办理赎回的期限,这一期间称作封闭期。但封闭期最长不得超过 3 个月。在封闭期结束后,投资者即可进行基金的申购和赎回。

【提示】基金管理人应当在收到投资人申购、赎回申请之日起3个工作日内,对该交易的有效性进行确认。

基金管理公司应当在接受基金投资人有效申请之日起3个工作日内收回申购款项,尚未收回之前作为"应收申购款"入账。基金申购确认日,按有效申购款,借记"应收申购款"科目;按有效申购款中含有的实收基金,贷记"实收基金"科目;按有效申购款中含有的未实现利得,贷记"未实现利得"科目;按有效申购款中含有的未分配收益,贷记"损益平准金"科目。收到有效申购款时,借记"存放同业"科目,贷记"应收申购款"科目。"应收申购款"账户应按办理申购业务的机构设置明细账进行明细核算。期末,"应收申购款"账户的借方余额反映尚未收回的有效申购款。

2. 开放式基金赎回的业务核算

基金管理公司应当在接受基金投资人有效申请之日起7个工作日内支付赎回款项,尚未支付之前作为"应付赎回款"入账。

开放式基金按规定收取的赎回费,其中,基本手续费部分归办理赎回业务的机构所有,尚未支付之前作为应付赎回费入账;赎回费在扣除基本手续费后的余额归基金所有,作为其他收入入账。

基金赎回确认日,按赎回款中含有的实收基金,借记"实收基金"科目;按赎回款中含有的未分配收益,借记"损益平准金"科目;按赎回款中含有的未实现利得,借记"未实现利得"科目;按应付投资人的赎回款,贷记"应付赎回款"科目;按赎回费中属于销售机构所有的部分,贷记"应付赎回费"科目;按赎回费中属于基金所有的部分,贷记"其他收入——赎回费"科目。支付投资人赎回款时,借记"应付赎回款"科目,贷记"存放同业"科目。"应付赎回款"应按办理赎回业务的销售机构或申请赎回业务的投资人设置明细账进行明细核算。期末,贷方余额反映尚未支付的基金赎回款。向办理赎回业务的机构支付赎回费时,借记"应付赎回费"科目,贷记"存放同业"科目。

【提示】"应付赎回费"应按办理赎回业务的机构设置明细账进行明细核算,期末贷方余额反映尚未支付的基金赎回费用。

四、基金收入和费用的业务核算

(一)基金收入的业务核算

1. 投资于股票所获收入

基金通过购买股票进行投资,在股票持有期间因上市公司分红派息而确认的股利收入通过"股利收入"科目核算。基金持有的股票,应在除息日按上市公司宣告的分红派息比例计算确认的股利收入,借记"应收股利"科目,贷记"股利收入"科目。"股利收入"账户应按股票种类设置明细账进行明细核算。期末,应将"股利收入"账户的贷方余额全部转入"本期收益"账户,结转后本账户无余额。

通过买卖股票所实现的差价收入在"股票差价收入"账户核算。卖出股票成交时,按应收取的证券清算款,借记"证券清算款"科目;按结转的股票投资成本,贷记"股票投资"科目;按应付券商佣金,贷记"应付佣金"科目;按其差额,贷记或借记"股票差价收入"科目。"股票差价收入"账户按股票种类设置明细账进行明细核算。期末,应将本账户的余额全部转入"本期收益"账户,结转后本账户无余额。

2. 投资于债券所获收入

基金进行债券投资实现的利息收入通过"债券利息收入"科目核算。在债券持有期间收到的自债券起息日或上次除息日至购买日止的利息,不作为利息收入,直接冲减"应收利息"科目。买入的上市债券,逐日计提持有期债券利息时,借记"应收利息"科目,贷记"债券利息收入"科目;债券除息日,按应收利息,借记"证券清算款"科目,贷记"应收利息"科目;资金交收时,按实收债券利息,借记"清算备付金"科目,贷记"证券清算款"科目。买入非上市债券,逐日计提持有期债券利息时,借记

"应收利息"科目,贷记"债券利息收入"科目;收到债券利息时,借记"存放同业"科目,贷记"应收利息"科目。"债券利息收入"账户应按债券种类等设置明细账进行明细核算。期末,应将本账户的贷方余额全部转入"本期收益"账户,结转后本账户无余额。

买卖债券现券实现的差价收入通过"债券差价收入"科目核算。卖出上市债券时,按成交日应收取的证券清算款,借记"证券清算款"科目;按已计利息,贷记"应收利息"科目;按结转的债券投资成本,贷记"债券投资"科目;按其差额,贷记或借记"债券差价收入"科目。卖出非上市债券,按实际收到的金额,借记"存放同业"科目;按结转的债券投资成本,贷记"债券投资"科目;按已计利息,贷记"应收利息"科目;按其差额,贷记或借记"债券差价收入"科目。"债券差价收入"账户应按债券种类,如国债、企业债、可转换债等设置明细账进行明细核算。期末,应将本账户的余额全部转入"本期收益"账户,结转后本账户无余额。

3. 存款利息收入

基金将货币资金存入银行或将清算备付金存入证券交易所会产生存款利息收入,存款的利息收入通过"存款利息收入"账户核算。逐日计提存放同业、清算备付金存款等各项存款利息时,借记"应收利息"科目,贷记"存款利息收入"科目。实际结息时,借记"存放同业""清算备付金"科目,贷记"应收利息"科目。"存款利息收入"账户应按存放同业、清算备付金存款等设置明细账进行明细核算。期末,应将"存款利息收入"账户贷方余额全部转入"本期收益"账户,结转后本账户无余额。

4. 买入返售证券收入

在国家规定的场所进行融券业务而取得的收入通过"买入返售证券收入"账户核算。买入返售证券在融资期限内逐日按直线法计提的利息,借记"应收利息"科目,贷记"买入返售证券收入"科目。"买入返售证券收入"账户应按证券种类等设置明细账进行明细核算。期末,应将"买入返售证券收入"账户贷方余额全部转入"本期收益"账户,结转后本账户无余额。

5. 其他收入

除上述收入以外,在基金运作过程中还会发生其他一些收入项目,如赎回费扣除基本手续费后的余额、配股手续费返还等。发生的其他收入,借记有关科目,贷记"其他收入"科目。"其他收入"账户应按其他收入种类设置明细账进行明细核算。期末,应将"其他收入"账户的贷方余额全部转入"本期收益"账户,结转后本账户无余额。

(二)基金费用的业务核算

1. 基金管理年费

按基金合同和招募说明书的规定计提的基金管理人报酬,包括管理费和业绩报酬,通过"管理人报酬"账户核算。基金管理人报酬应按照基金合同和招募说明书规定的方法和标准计提,并按计提的金额入账。计提基金管理费和业绩报酬时,借记"管理人报酬"科目,贷记"应付管理人报酬"科目;支付基金管理人报酬时,借记"应付管理人报酬"科目,贷记"存放同业"科目。"应付管理人报酬"账户和"管理人报酬"账户都应按管理费和业绩报酬设置明细账进行明细核算。期末,应将"管理人报酬"账户的借方余额全部转入"本期收益"账户,结转后"管理人报酬"账户无余额。"应付管理人报酬"账户期末贷方余额反映尚未支付给基金管理人的基金管理费和业绩报酬。

2. 基金托管费

按基金合同和招募说明书的规定计提的基金托管费通过"基金托管费"账户核算。计提基金托管费时,借记"基金托管费"科目,贷记"应付托管费"科目;支付基金托管费时,借记"应付托管费"科目,贷记"存放同业"科目。期末,应将"基金托管费"账户的借方余额全部转入"本期收益"账户,结转后"基金托管费"账户无余额。"应付托管费"账户的贷方余额反映尚未支付给基金托管人的基金托管费。

3. 卖出回购证券支出

在国家规定的场所进行证券回购业务发生的卖出回购证券支出,通过"卖出回购证券支出"账户核算。卖出回购证券在融资期限内按直线法逐日计提的利息支出,借记"卖出回购证券支出"科目,贷记"应付利息"科目。"卖出回购证券支出"账户应按卖出回购证券的种类等设置明细账进行明细核算。期末,应将"卖出回购证券支出"账户的借方余额全部转入"本期收益"账户,结转后本账户无余额。

4. 利息支出

基金运作过程中发生的利息支出通过"利息支出"账户核算。逐日计提利息支出时,借记"利息支出"科目,贷记"应付利息"科目。"利息支出"账户应按利息支出的种类设置明细账进行明细核算。期末,应将"利息支出"账户的借方余额全部转入"本期收益"账户,结转后本账户无余额。

5. 其他费用

基金运作过程中发生的除上述费用支出以外的其他各项费用,如注册登记费、上市年费、信息披露费用、持有人大会费用、审计费用、律师费用等,通过"其他费用"账户核算。

发生的其他费用,如不影响估值日基金单位净值小数点后第五位,发生时直接计入基金损益,借记"其他费用"科目,贷记"存放同业"等科目。"其他费用"账户应按费用种类设置明细账进行明细核算。期末,应将"其他费用"账户的借方余额全部转入"本期收益"账户,结转后本账户无余额。

【做中学 10—8】 2022 年 3 月 1 日,ZHL 基金在上海证券中央登记结算公司购入 150 万股 A 股票,购入价格为 10 元/股,应付佣金为 12 750 元,其他各项费用为 3 000 元,印花税税率为 1‰,那么:

股票投资的成本＝15 000 000＋12 750＋3 000＋15 000 000×1‰＝15 030 750(元)

作会计分录如下:

借:股票投资——A 股票	15 030 750
贷:证券清算款——上海证券中央登记结算公司	15 018 000
应付佣金——上海证券中央登记结算公司	12 750

次日为资金交收日,作会计分录如下:

借:证券清算款——上海证券中央登记结算公司	15 018 000
贷:清算备付金——上海证券中央登记结算公司	15 018 000

2022 年 3 月 3 日,上市公司宣布 A 股票股利政策:以 2022 年 3 月 3 日为除权日,每 10 股送 3 股、转 2 股、配 2 股、派发 1 元现金股利,配股价为 5 元/股,当日收盘价为 8 元/股,则:

由于送红股和现金股利都要缴纳所得税(所得税税率为 20％),ZHL 基金可得到的现金股利收入如下:

1 000 000×[0.1×(1－20％)－0.3×20％]＝20 000(元)

作会计分录如下:

借:应收股利——A 股票	20 000
贷:股利收入	20 000

ZHL 基金可得到的股票股利共 50 万股,其中:送红股 30 万股(100×3÷10),公积金转增股本 20 万股(100×2÷10)。在"股票投资"账户"数量"栏增加 50 万股,但金额不变。

关于因持有股票而享有的配股权,在实际操作中,常常在配股除权日就记入"股票投资"账户,并单独为其设立明细账户进行核算,同时从配股除权日起到配股确认日止,按市价高于配股价的差额逐日进行估值,借记"配股权证"科目,贷记"未实现利得"科目。如果在配股期限内未向证券交易所配股,再将其冲销。则本例对配股权核算的会计分录如下:

借:股票投资——A股票(配股权)(5×1 000 000×2÷10)　　　　　1 000 000
　　贷:应付股票投资款　　　　　　　　　　　　　　　　　　　　　　1 000 000
借:配股权证——A股票[(8-5)×1 000 000×2÷10]　　　　　　 600 000
　　贷:未实现利得　　　　　　　　　　　　　　　　　　　　　　　　 600 000

【做中学10—9】 2022年3月2日,ZHL基金以12元/股的价格卖出A股票50万股,应支付的佣金为5 100元,其他费用为1 150元,印花税税率为1‰,则:

应收取的证券清算款=6 000 000-1 150-6 000 000×1‰=5 992 850(元)

应结转的股票投资成本=15 030 750×50÷150=5 010 250(元)

作会计分录如下:

借:证券清算款　　　　　　　　　　　　　　　　　　　　　　　　5 992 850
　　贷:股票投资——A股票　　　　　　　　　　　　　　　　　　　 5 010 250
　　　　应付佣金——某交易所　　　　　　　　　　　　　　　　　　　 5 100
　　　　股票差价收入　　　　　　　　　　　　　　　　　　　　　　　977 500

3月3日为资金交收日,作会计分录如下:

借:清算备付金——某交易所　　　　　　　　　　　　　　　　　　5 992 850
　　贷:证券清算款——某交易所　　　　　　　　　　　　　　　　　 5 992 850

【做中学10—10】 2022年3月1日,ZJ基金在上交所购入D债券10万张,含息价110元/张,每张含息5元,支付各种手续费1 100元,作会计分录如下:

借:债券投资——D债券　　　　　　　　　　　　　　　　　　　　10 501 100
　　应收利息——应收D债券利息　　　　　　　　　　　　　　　　　　500 000
　　贷:证券清算款——上海证券中央登记结算公司　　　　　　　　　11 001 100

3月2日,资金交收时:

借:证券清算款——某交易所　　　　　　　　　　　　　　　　　　11 001 100
　　贷:清算备付金——某交易所　　　　　　　　　　　　　　　　　11 001 100

2022年3月2日,以含息价112元/张的价格卖出D债券5万张,支付手续费560元,作会计分录如下:

借:证券清算款——上海证券中央登记结算公司　　　　　　　　　　5 599 440
　　贷:债券投资——D债券　　　　　　　　　　　　　　　　　　　 5 250 550
　　　　应收利息——应收D债券利息　　　　　　　　　　　　　　　　250 000
　　　　债券差价收入　　　　　　　　　　　　　　　　　　　　　　　 98 890

项目练习

一、单项选择题

1.(　　)是一种以货币资金为标的物的信托业务。
　A. 资金信托　　　B. 实物信托　　　C. 债权信托　　　D. 经济事务信托

2. 保险公司向受其委托在其受托范围内代理保险业务的保险代理人支付代理手续费,手续费支付的比例不得超过实收保费的(　　),通过"手续费支出"科目核算。
　A. 3%　　　　　B. 6%　　　　　 C. 8%　　　　　 D. 12%

3. 为正确核算损益,再保险业务的会计核算采用(　　)年期业务年度核算方法。

A. 1   B. 2   C. 3   D. 4

4. （　　）是一种以国债为主要投资对象的证券投资基金。
A. 封闭式基金   B. 股票基金   C. 货币市场基金   D. 国债基金

5. 核算金融企业信托项目应收取的利息会计科目是（　　）。
A. "利息收入"   B. "贷款——信托贷款"
C. "应收利息"   D. "营业收入"

二、多项选择题

1. 按信托事项的法律立场为标准，可以分为（　　）。
A. 民事信托   B. 商事信托   C. 个人信托   D. 法人信托

2. 属于短期信托投资包括（　　）。
A. 股票   B. 债券   C. 基金   D. 股权投资、债权投资

3. 为了核算保费收入，应设置（　　）科目。
A. "保费收入"   B. "应收保费"   C. "预收保费"   D. "保户储金"

4. 按租赁资产投资来源分类，租赁分为（　　）。
A. 直接租赁   B. 售后租回（回租）   C. 杠杆租赁   D. 转租赁（转租）

5. 按证券发行主体的不同，证券可分为（　　）。
A. 政府证券   B. 金融证券   C. 公司证券   D. 上市证券

三、判断题

1. 信托投资公司接受资金信托时，按实际收到的金额，借记"资金信托"科目，贷记"信托货币资金"科目。（　　）
2. 信托投资公司发生信托收入时，借记"信托收入"等科目，贷记"信托货币资金"科目。（　　）
3. 财产保险主要包括财产损失保险、责任保险和信用保险3种。（　　）
4. "存入保证金"是资产类科目。（　　）
5. 计提坏账准备的方法由企业自行确定，一经确定要保持一贯性，不得随意变更。（　　）

四、会计业务题

1. S证券公司从M租赁公司以经营租赁方式租入设备一台，租期为4年。设备价值为6 000 000元，预计使用年限为10年，无残值。合同规定，租赁开始日租赁公司向该企业一次性收取租金250 000元，第一年与第二年年末各收取租金150 000元，第三年、第四年收取租金80 000元。期末租赁公司收回设备。在租赁合同签订之前，该证券公司支付了谈判费5 000元。

要求：
(1)编制S证券公司租赁相关的会计分录。
(2)编制M租赁公司相关的会计分录。

2. A信托投资公司接受甲公司的委托，存入委托存款800万元，并将其贷给甲公司指定的丙公司，贷款期限2年，年利率为7%。A信托投资公司按贷款金额的1.5%收取手续费，贷款到期时，由A公司代为收回贷款本息，并按协议将资金划回甲公司。

请编制A信托投资公司接受委托存款、发放委托贷款并收取手续费、收回贷款本息及将资金划回甲公司的会计分录。

3. A信托投资公司接受W公司的委托,由W公司存入资金400万元投资于P公司,协议约定A信托投资公司按投资额的3‰收取手续费。

请编制A公司收到投资资金、对P公司投资及收取手续费的会计分录。

4. A信托投资公司7月15日从二级市场购入B公司股票30万股,每股市价5元,手续费20 000元,将其确认为其他债权投资。7月31日,A公司持有的B公司股票市价为每股4元,以后各月末价格未发生变化。同年11月20日,A公司出售该股票,售价为每股6元,另支付交易费用22 000元。

请编制A公司购入股票、月末进行后续计量以及出售股票的会计分录。

五、案例分析题

2018年度金融产品违规案例大数据分析

产品运作相关问题中:超范围投资等未按合同约定运作管理产品,甚至挪用基金财产的问题共计14项;信息披露不规范问题已成为监管关注重点,共计21项;其他问题包括记账估值不规范问题3项、未谨慎勤勉进行项目尽调2项、违规委托第三方提供投资建议2项。相关内容如图10—1所示。

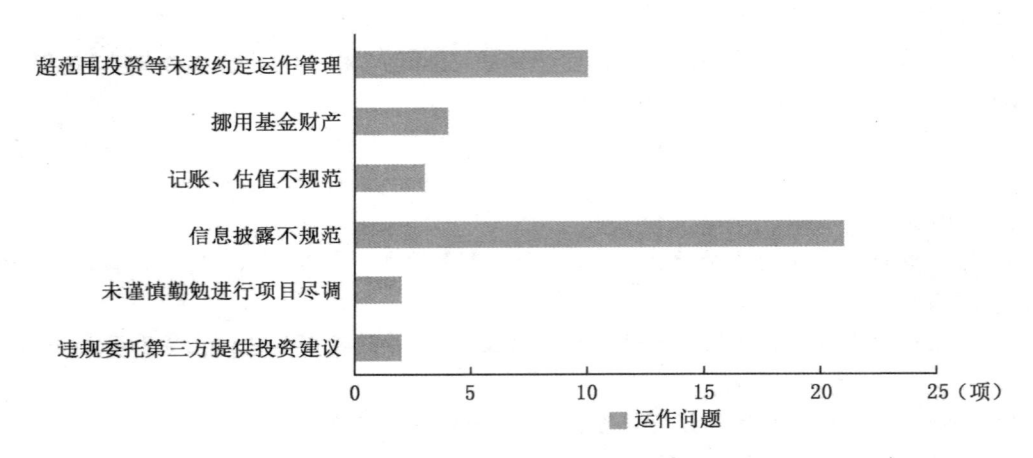

图10—1　2018年度金融产品违规案例大数据分析

资料来源:李贺等主编:《金融企业会计》,上海财经大学出版社2020年版,第279页。

问题:你能对上述的问题提出好的解决建议吗?如何加强金融公司的内控?

项目实训

【实训项目】
金融公司业务核算。

【实训目的】
通过对金融公司业务核算知识的了解,加深对金融公司业务核算的认识。

【实训资料】
通过访问以下网站,了解金融公司的基本业务及法规,思考在金融公司业务核算中应注意的事项。

1. http://www.csrc.gov.cn(中国证券业监督管理委员会)。
2. http://www.pbc.gov.cn(中国人民银行)。

3. http://www.cbirc.gov.cn(中国银行保险监督管理委员会)。

【实训要求】

1. 通过对上述网站的访问,分享你对金融公司业务核算的感想。
2. 撰写《金融公司业务核算》实训报告。

《金融公司业务核算》实训报告					
项目实训班级:		项目小组:		项目组成员:	
实训时间: 年 月 日		实训地点:		实训成绩:	
实训目的:					
实训步骤:					
实训结果:					
实训感言:					

项目十一

金融企业损益核算

○ **知识目标**

理解：收入、费用、利润、所有者权益的相关概念。

熟知：收入、费用、利润、所有者权益的相关内容。

掌握：收入、费用、利润、所有者权益的业务核算。

○ **技能目标**

能够结合所学的金融企业损益核算知识，具备对相关业务进行核算的能力。

○ **素质目标**

运用所学的金融企业损益核算知识研究相关事例，培养和提高学生在特定业务情境中分析问题与决策设计的能力；结合行业规范或标准，运用金融企业损益核算知识分析行为的善恶，强化学生的职业道德素质。

○ **思政目标**

能够正确地理解"不忘初心"的核心要义和精神实质；树立正确的世界观、人生观和价值观，做到学思用贯通、知信行统一；通过金融企业损益核算知识，能按照核算流程和处理方法，结合财经法规和企业制度要求，处理常见问题；明确收入、费用、利润与所有者权益的关系，树立开源节流意识，严格执行相关制度。

○ **项目引例**

中国光大银行股份有限公司 2006 年度资产负债损益审计查出的主要问题

根据《审计法》的相关规定，审计署于 2007 年 3 月至 6 月对中国光大银行股份有限公司（以下简称光大银行）总行及部分分支机构 2006 年度资产负债损益情况进行了审计。

审计查出的主要问题：

(1) 违规发放贷款 108.68 亿元。其中半数以上属于违规发放房地产贷款和向证券市场直接或间接提供过信贷资金。如 2006 年 3 月，光大银行福州华林支行在一房地产公司开发的项目还未取得"建设工程规划许可证"和"建筑工程施工许可证"的情况下，向其发放房地产开发贷款 2.5 亿元；2003 年 6 月至 9 月，光大银行广州东山支行采用伪造企业财务数据、仿冒企业法定代表人签名等手段，以向 3 家企业发放贷款的名义，向某证券公司提供信贷资金 1.3 亿元。

(2) 违规办理存款及结算业务 24.61 亿元。一些分支机构存在高息揽存、违规办理结算业务等问题。如光大银行总行营业部 2006 年新增和到期的外币公司理财业务 25 笔，金额折合人民币 12.20 亿元，其中有 17 笔金额折合人民币 11.38 亿元是按照保本且固定收益率方式运作的，收益率均高于同期同档次存款利率。又如 2002～2006 年，光大银行黑龙江分行和兴支行借用一店铺基本结算账户，以差旅费等名义违规为 8 家客户提现共 1 314 万元。

(3) 违规办理票据业务，形成垫款 9.93 亿元。如 2005 年光大银行太原分行违规为提供虚假增值税发票和交易合同的3家民营企业贴现商业承兑汇票1.87亿元,造成不良资产1.2亿元。

(4)违反财务收支法规问题1.15亿元。其中,使用虚假发票报账5 682.86万元,会计核算不实5 369.53万元,账外存放资金449.66万元。据查,以假发票套取的现金大部分用于发放奖金福利,部分用于营销"公关"。如光大银行广州分行2003年以来使用虚假发票5 000多张,套取现金3 000多万元。该分行五羊支行办公室主任直接从不法商贩处购买假发票,报销费用32万元。

(5)经营管理存在薄弱环节。一是贷款"三查"(贷前调查、贷中审查、贷后检查)制度执行不到位,加大了信贷风险。如由于贷后检查不到位,武汉一公司从光大银行武汉分行取得流动资金贷款1亿元后,于2006年6月将其中的9 700万元转入证券公司用于证券买卖。二是责任追究不到位,以罚代刑的现象比较突出。三是存款业务管理存在薄弱环节。如2002年以来光大银行深圳分行通过超授信额度发放贷款、再将超授信额度的贷款转为定期存款、后用该定期存款为超额度部分贷款提供质押担保等方式,累计虚增56.81元。

资料来源:李贺等主编:《金融企业会计》,上海财经大学出版社2020年版,第281页。

试分析:利润该如何核算才能合法合规?

○ **知识精讲**

任务一 收入业务核算

一、收入的概念和特征

依据《企业会计准则第14号——收入》的表述,收入是指企业在日常活动中形成的、会导致所有者权益增加的、与所有者投入资本无关的经济利益的总流入。

收入所具备的基本特征包括以下方面:①收入是企业日常活动中形成的,而不是偶发交易形成的。②收入最终能够引起所有者权益的增加。经济利益流入企业并被确认为收入,既可能表现为金融企业资产的增加,也可能表现为负债的减少,或者两者兼而有之,但无论如何都最终会使企业所有者权益增加。③收入不包括所有者向企业投入资本带来的经济利益流入,也不包括为第三方或客户代收的款项。④收入必须能够以货币计量。

《企业会计准则第14号——收入》(2017年修订)中明确规定:企业应当在履行了合同中的履约义务,即在客户取得相关商品或服务(以下简称商品)的控制权时确认收入。客户是指与企业订立合同以向该企业购买其日常活动产出的商品并支付对价的一方;取得相关商品控制权是指能够主导该商品的使用并从中获得几乎全部的经济利益,也包括有能力阻止其他方主导该商品的使用并从中获得经济利益。企业在判断商品控制权是否发生转移时,应当从客户的角度进行分析,即客户是否取得了相关商品的控制权以及何时取得该控制权。

收入的确认与计量具体来说可以分为五步,即五步法模型,内容表现如下:第一步,识别与客户订立的合同(识别合同)。第二步,识别合同中的单项履约义务(识别履约义务)。第三步,确定交易价格。第四步,将交易价格分摊至各单项履约义务(分配交易价格)。第五步,在履行各单项履约义务时确认收入(确认收入)。

【注意】第一、第二、第五步主要与收入的确认有关,第三、第四步主要与收入的计量有关。

金融企业财务收入包括两大类:①营业收入,包括利息收入、手续费及佣金收入、租赁收入、其他营业收入、汇兑损益、公允价值变动损益、投资收益等。②营业外收入,即与金融企业业务经营无直接关系的各项收入,如罚款收入、处置非流动资产利得等。

【提示】营业收入是构成金融企业收益的主要来源。

二、收入的确认

(一)收入的确认条件

收入的确认是会计核算的起点。按照修订后的《企业会计准则》,企业应当在履行了合同中的履约义务,即客户取得相关商品(或服务)控制权时确认收入。收入的确认需要以下五个步骤:①识别与客户订立的合同;②识别合同中单独的履行义务;③确定交易价格;④将交易价格分摊至单独的履约义务;⑤履行每一项履约义务时确认收入。

(二)金融企业收入确认的具体方式

金融企业收入确认的具体方式可归纳为如下两点:

1. 利息收入

金融企业发放的贷款,应按期计提利息并确认为收入。发放贷款到期(含展期)90天后尚未收回的,其应计利息停止计入当期利息收入,纳入表外核算;已计提的贷款应收利息,在贷款到期90天后仍未收回的,冲减原已计入损益的利息收入,转作表外核算。

利息收入的金额应按让渡资金使用权的时间和适用利率计算确定。

2. 手续费及佣金收入

手续费及佣金收入应当在向客户提供相关服务时确认。

三、主要会计科目及核算内容

为全面核算与监督金融企业营业收入的实现,核算收入的增减变动情况,金融企业应根据其业务经营范围设置"利息收入""手续费及佣金收入""租赁收入""其他业务收入""汇兑损益""公允价值变动损益""投资收益""资产处置损益""其他收益"等科目,这类收入性质的科目,贷方记录发生的各项收入,会计期末通过这些科目的借方转入"本年利润"科目的贷方,因此,会计期末结转后,此类科目没有余额。

四、增值税销项税额的业务核算

按照我国增值税的相关法规,金融企业的金融服务划分为贷款服务、直接收费的金融服务、金融商品转让服务和保险服务四大类。这些收入均需纳入增值税的征收范围。

【注意】除部分减免和零税率项目外,金融企业一般纳税人提供的所有金融服务均按6%的增值税税率征收;对于小规模纳税人,则按3%的税率进行简易征收。

金融企业一般纳税人在确认上述收入时计提的增值税销项税额,在"应交税费——应交增值税(销项税额)"科目的贷方核算。

五、金融企业营业收入的业务核算

(一)利息收入的业务核算

"利息收入"科目核算金融企业发放各类贷款(包括银团贷款、贸易融资、贴现和转贴现融出资金、协议透支、信用卡透支和垫款等)、与其他金融机构(包括中央银行、同业等)之间发生资金往来业务、买入返售金融资产等取得的利息收入的增减变动情况。利息收入在金融企业的整个营业收入中占有很大的比重,是金融企业财务损益的重要内容之一。

【注意】利息收入以贷款利息收入为主,并按国家规定的利率计算。

会计核算使用的总账科目为"利息收入",该科目可设置下列明细科目:存放同业利息收入、存放中央银行利息收入、发放贷款及垫款利息收入、买入返售金融资产利息收入、其他利息收入等。其具体的相关账务处理如下：

(1)确认并计提当期利息时，会计分录为：

借：应收利息(或买入返售金融资产)(按合同利率计算)
　　借或贷：贷款——利息调整
　　　　贷：利息收入(按实际利率计算)
　　　　　　应交税费——应交增值税(销项税额)

(2)实际收到利息时，会计分录为：

借：银行存款(或吸收存款)——××借款人户(或其他有关科目)
　　贷：应收利息

(3)逾期仍未收到利息时，应按规定在表外科目反映如下：

收：未收贷款利息

(4)期末结转利润时，会计分录为：

借：利息收入
　　贷：本年利润

(二)手续费及佣金收入的业务核算

手续费及佣金，也是金融企业财务收入的主要来源。金融企业的手续费及佣金收入包括办理结算业务、咨询业务、担保业务、代保管等代理业务及办理受托贷款及投资等业务收取的手续费、代理买卖证券、代理承销证券、代理兑付证券、代理保管证券、代理保险业务等代理业务以及其他相关服务实现的手续费及佣金收入。

会计核算使用的总账科目为"手续费及佣金收入"，该科目可设置下列明细科目：结算手续费收入、佣金收入、业务代办手续费收入、基金托管收入、咨询服务收入、担保收入、受托贷款手续费收入、代保管收入等。

商业银行办理业务，发生手续费收入时的会计分录为：

借：吸收存款(或银行存款、库存现金、代理承销证券款等科目)——××户
　　贷：手续费及佣金收入
　　　　应交税费——应交增值税(销项税额)

(三)租赁收入的业务核算

租赁公司设置"主营业务收入——融资收入(或租金收入)"科目，专门核算租赁公司根据租赁准则确认的租赁收入的增减变动情况(非专业租赁公司的租赁收入使用"其他业务收入"核算)。

(1)确认租赁收入时，会计分录为：

借：未实现融资收益(或应收经营租赁款)
　　贷：主营业务收入(或其他业务收入)——融资收入(或租金收入)
　　　　应交税费——应交增值税(销项税额)

(2)期末结转利润时，会计分录为：

借：主营业务收入(或其他业务收入)——融资收入(或租金收入)
　　贷：本年利润

(四)其他业务收入的业务核算

其他业务收入，是指金融企业除主营业务以外的其他经营活动取得的收入，包括出租固定资产、出租无形资产等实现的收入。

会计核算使用的总账科目为"其他业务收入"，该科目可设置"出租固定资产收入"和"出租无形

资产收入"明细科目。

(1) 发生其他业务收入时,会计分录为:
　　借:应收项目(或货币资金类科目)
　　　　贷:其他业务收入——××收入户
　　　　　　应交税费——应交增值税(销项税额)
(2) 期末结转利润时,会计分录为:
　　借:其他业务收入——××收入户
　　　　贷:本年利润

(五) 汇兑损益的业务核算

汇兑损益是金融企业发生的外币交易因汇率变动而产生的损益。采用统账制的金融企业,期末应将各外币货币性项目的外币期末余额按期末汇率折算为记账本位币,其与原账面记账本位币的差额,即为当期汇兑损益;采用分账制的金融企业,期末应将所有以外币表示的"货币兑换"科目余额按期末汇率折算为记账本位币金额,其与"货币兑换——记账本位币"科目余额之间的差额即为当期汇兑损益。会计核算使用的总账科目为"汇兑损益"。

(六) 公允价值变动损益的业务核算

金融企业的公允价值变动损益,是指金融企业指定以公允价值计量且其变动计入当期损益的金融资产或金融负债,以及采用公允价值模式计量的投资性房地产、衍生工具、套期保值业务等公允价值变动形成的应计入当期损益的利得或损失。

按照修订后的《企业会计准则》,金融资产由"四分类"变为"三分类":①以摊余成本计量的金融资产(债权投资和应收账款);②以公允价值计量且其变动计入当期损益的金融资产(交易性金融资产);③以公允价值计量且其变动计入其他综合收益的金融资产(其他债权投资)。同时,银行等金融企业的金融资产减值会计应采用"预期损失法"计提减值准备。

会计核算使用的总账科目为"公允价值变动损益",该科目可按交易性金融资产、交易性金融负债、投资性房地产等进行明细核算。

(七) 投资收益的业务核算

投资收益是指金融企业根据相关准则确认的投资收益或投资损失。

金融企业的投资收益包括:①处置以公允价值计量且其变动计入当期损益的金融资产和金融负债、其他债权投资实现的损益。②金融企业的债权投资和买入返售金融资产在持有期间取得的投资收益和处置损益。③证券公司自营证券所取得的买卖价差收入等。

会计核算使用的总账科目为"投资收益"(《企业会计准则》规定,债券利息收入也可在"利息收入"科目核算),该科目可按照投资项目进行明细核算。

(八) 资产处置损益的业务核算

资产处置损益是指企业出售划分为"持有待售的非流动资产"(金融资产、长期股权投资和投资性房地产除外)时确认的处置利得(或损失),以及处置未划分为持有待售的固定资产、在建工程、生产性生物资产及无形资产而产生的处置利得(或损失),还包括债务重组中因处置非流动资产产生的利得(或损失)以及非货币性资产交换产生的利得(或损失)。

会计核算使用的总账科目为"资产处置损益";在利润表的列示项目为"资产处置收益",若为损失,以"—"号表示。

(九) 其他收益的业务核算

其他收益反映计入其他收益的政府补助等。

六、营业外收入的业务核算

营业外收入是指金融企业发生的营业利润以外的收益，主要包括债务重组利得、盘盈利得、罚没利得、捐赠利得等。这些收入的形成，并不是金融企业经营某项业务而产生的，因此，归为营业外收入。

会计核算使用的总账科目为"营业外收入"，该科目按照营业外收入项目进行明细核算。

(1)发生各项营业外收入时，会计分录为：
　　借：银行存款(或库存现金，或待处理财产损溢、固定资产清理等科目)
　　　　贷：营业外收入——××收入
(2)期末结转利润时，会计分录为：
　　借：营业外收入——××收入
　　　　贷：本年利润

任务二　费用业务核算

一、费用的概念、特征及其组成

(一)费用的概念和特征

《企业会计准则——基本准则》将费用表述为：费用是指企业在日常活动中发生的、会导致所有者权益减少的、与向所有者分配利润无关的经济利益的总流出。

费用作为会计要素和会计报表要素的构成内容之一，是与收入相对应而存在的。费用具有以下方面的特征：①费用从企业的日常活动中产生，而不是从偶发的交易或事项中产生。②费用既可能表现为企业资产的减少，也可能表现为负债的增加，或者两者兼而有之。③费用不包括为第三方或客户垫付的款项。④费用是因经营活动而引起的银行所有者权益的减少。

(二)金融企业成本费用的组成

金融企业的营业成本，是指在业务经营过程中发生的与业务经营有关的支出，包括利息支出、手续费及佣金支出、其他业务成本等。

金融企业财务支出与费用收入相对应，可分成为三大类：①营业支出，即银行在经营业务过程中所发生的各项支出，包括利息支出、手续费及佣金支出、其他业务成本等；②税金及附加；③营业外支出，即与银行业务经营无直接关系的各项支出。

二、费用的确认

金融企业在经营过程中发生的各种费用，应按权责发生制会计基础对收入、费用进行配比，按实际发生数确认计量。

根据收入与费用的相关程度，确认的费用可以分为以下三类：

(1)直接费用，指直接为取得营业收入而发生的费用，即与当期的营业收入有直接联系(或称因果关系)的费用。

(2)期间费用，指那些仅仅有助于当期营业收入的实现，或者数额不大，不便于在各期分配的费用，或者不能提供明确的未来经济利益，即便分摊了也没有意义的费用。

(3)跨期费用，指受益期限在一个会计期间以上的费用，即其经济效益有望在若干个会计期间发生，并且只能大致和间接地确定其与收益的联系，该项费用就应当按照配比原则，按规定方法在受益期间计入各期费用,并从各期收入中得到补偿,如固定资产折旧和无形资产摊销等。

三、主要会计科目及核算内容

为了核算与监督金融企业营业成本费用的发生情况,应设置"利息支出""手续费及佣金支出""业务及管理费""其他业务成本"等损益类科目。此类科目借方反映成本费用的实际发生数,会计期末,借方余额全部转入"本年利润"科目的借方,结转后此类科目应无余额。

四、增值税进项税额的业务核算

按照我国增值税的相关法规,发生贷款服务与直接收费的金融服务业务时,对境内外支付的相关佣金及手续费,在取得增值税扣税凭证并通过认证后,可将增值税扣税凭证注明的增值税税款列入可抵扣的进项税额。核算时记入"应交税费——应交增值税(进项税额)"科目借方。

五、金融企业费用的业务核算

(一)营业支出的业务核算

1. 利息支出的业务核算

利息支出是指金融企业吸收的各种存款、与其他金融机构之间发生资金往来业务、卖出回购金融资产等产生的利息支出,以及按期分摊的未确认融资费用。

【提示】会计核算使用的总账科目为"利息支出",该科目可设置下列明细科目:同业拆借利息支出、向中央银行借款利息支出、吸收存款利息支出、卖出回购金融资产利息支出、发行债券利息支出、其他利息支出等。

(1)发生利息支出时,会计分录为:

借:利息支出——××利息支出户
　　贷:应付利息——应付××利息户

(2)实际支付已预提的应付利息时,会计分录为:

借:应付利息
　　贷:银行存款(或吸收存款)——××户(或其他有关科目)

(3)期末结转利润时,会计分录为:

借:本年利润
　　贷:利息支出——××利息支出户

2. 手续费及佣金支出的业务核算

手续费及佣金支出是指金融企业发生的各项以现金支付或转账支付的手续费及佣金。

【提示】会计核算设置的总账科目为"手续费及佣金支出",该科目可设置手续费支出、佣金支出、证券经纪业务支出、其他支出等明细科目。

(1)发生手续费及佣金支出时,会计分录为:

借:手续费及佣金支出——××支出户
　　应交税费——应交增值税(进项税额)
　　贷:存放中央银行款项(或银行存款,或吸收存款——代办单位存款户)

(2)期末结转利润时,会计分录为:

借:本年利润
　　贷:手续费及佣金支出——××手续费支出户

3. 业务及管理费的业务核算

金融企业的业务及管理费,是指金融企业在业务经营及管理工作过程中发生的各项费用,包括固定资产折旧、业务宣传费、业务招待费、电子设备运转费、安全防卫费、企业财产保险费、邮电费、劳动保护费、外事费、印刷费、公杂费、低值易耗品摊销、职工工资、差旅费、水电费、租赁费(不包括融资租赁费)、修理费、职工福利费、职工教育经费、工会经费、会议费、诉讼费、公证费、咨询费、无形资产摊销、长期待摊费用摊销、待业保险费、劳动保险费、取暖费、审计费、技术转让费、研究开发费、绿化费、董事会费、银行结算费、广告费、管理费等。

【提示】会计核算使用的总账科目为"业务及管理费",该科目可按费用种类设置业务宣传费、业务招待费、业务管理费等明细科目。

(1)发生直接支付或计提费用时,会计分录为:

借:业务及管理费——××费用户
    贷:银行存款(或库存现金,或其他应付款)

(2)发生转账摊销的费用时,会计分录为:

借:业务及管理费——××费用户
    贷:应付职工薪酬
        累计折旧
        累计摊销等

(3)期末结转利润时,会计分录为:

借:本年利润
    贷:业务及管理费

4.其他业务成本的业务核算

其他业务成本是指金融企业除主营业务活动以外的其他经营活动所发生的支出,包括出租固定资产的累计折旧、出租无形资产的累计摊销等。

【提示】会计核算使用的总账科目为"其他业务成本",该科目可按业务类别设置明细科目。

(1)发生其他业务成本时,会计分录为:

借:其他业务成本——××户
    贷:累计折旧(或累计摊销等科目)

(2)期末结转利润时,会计分录为:

借:本年利润
    贷:其他业务成本——××户

(二)税金及附加的业务核算

税金及附加是指金融企业经营活动中发生的除增值税和所得税以外的相关税费。金融企业必须根据国家税法的规定,按适用税率或费率缴纳各种税收或附加费。

【提示】会计核算使用的总账科目为"税金及附加",该科目可按税费类别设置房产税、土地使用税、车船使用税、城市维护建设税、教育费附加等明细科目。

(1)期末计提应纳各项税金及附加时,会计分录为:

借:税金及附加
    贷:应交税费

(2)实际缴纳各项税金及附加时,会计分录为:

借:应交税费
    贷:存放中央银行款项(或银行存款)

(3)期末结转利润时,会计分录为:

借：本年利润
　　贷：税金及附加

(三)营业外支出的业务核算

营业外支出是指金融企业发生的营业利润以外的支出。它包括债务重组损失、公益性捐赠支出、非流动资产毁损报废损失、罚款支出、捐赠支出、非常损失等。

【提示】会计核算使用的总账科目为"营业外支出",该科目可按支出和损失种类进行明细核算。

(1)发生各项营业外支出时,会计分录为：

借：营业外支出——××户
　　贷：银行存款(或库存现金、待处理财产损溢、固定资产清理等科目)

(2)期末结转利润时,会计分录为：

借：本年利润
　　贷：营业外支出——××户

(四)资产减值损失的业务核算

资产减值损失是指金融企业按规定提取的各项准备金,包括贷款损失准备、坏账准备、长期股权投资减值准备、固定资产减值准备、在建工程减值准备、无形资产减值准备、抵债资产减值准备等。

【提示】会计核算使用的总账科目为"资产减值损失",该科目可按减值资产的类别设置明细科目核算。

(1)提取资产损失准备时,会计分录为：

借：资产减值损失
　　贷：贷款损失准备(或其他有关科目)

(2)期末结转利润时,会计分录为：

借：本年利润
　　贷：资产减值损失

任务三　利润业务核算

一、金融企业利润及其组成

利润是指金融企业在一定会计期间的经营成果,包括收入减去费用后的净额、直接计入当期损益的利得和损失等。它是金融企业经营成果的综合反映,是衡量金融企业在一定会计期间的经营业绩和获利能力的重要综合指标。

根据《企业会计准则》,利润由营业利润、利润总额和净利润组成。

(一)营业利润

营业利润是金融企业主要的利润来源。它是金融企业日常经营活动所产生的利润。金融企业的营业利润用公式表示为：

营业利润＝营业收入－营业成本－业务及管理费－税金及附加－资产减值损失
　　　　　＋公允价值变动净收益＋投资净收益＋汇兑净收益
　　　　　＋资产处置净收益＋其他收益

(二)利润总额

利润总额是指营业利润加上营业外收入、减去营业外支出后的金额。用公式可以表示为：

利润总额＝营业利润＋营业外收入－营业外支出

营业外收入和营业外支出，属于直接计入当期损益的利得和损失，是金融企业发生的与经营业务活动无直接关系的各项收入和各项支出，是日常经营活动以外偶然发生的。同时，各项收入与支出之间彼此独立，没有相互对应关系。营业外收支是金融企业利润的组成部分，对金融企业的利润总额和净利润都有一定影响。

(三)净利润

净利润是指扣除资产损失后的利润总额减去所得税费用后的余额。其公式表示如下：

净利润＝利润总额－所得税费用

(四)综合收益

综合收益，包括其他综合收益和综合收益总额。其中，①其他综合收益反映企业根据企业会计准则规定未在损益中确认的各项利得和损失扣除所得税影响后的净额；②综合收益总额是企业净利润与其他综合收益的合计金额。

综合收益总额＝净利润＋其他综合收益

二、主要会计科目及核算内容

利润及利润分配业务核算涉及的主要会计科目及核算内容如表11－1所示。

表11－1　　　　　　　　利润及利润分配业务的会计科目及其核算内容

	名　称	主要核算内容
所有者权益类	本年利润	核算金融企业当期实现的净利润(或发生的净亏损)。年度终了，应将本年收入和支出相抵后结出本年实现的净利润(或净亏损)，转入"利润分配——未分配利润"科目，结转后本科目无余额
	利润分配	核算金融企业利润的分配(或亏损的弥补)和历年分配(或弥补)后的余额。本科目应分别按"提取法定盈余公积""提取任意盈余公积""应付现金股利或利润""转作股本的股利""盈余公积补亏"和"未分配利润"等进行明细核算

三、金融企业利润的业务核算

金融企业结转"本年利润"科目期末(月末、季末、年末)余额的方法有两种：账结法、表结法。按照规定，金融企业应按季计算盈亏，年终结转损益。

(一)账结法

账结法是指通过设置"本年利润"科目，核算金融企业当年实现的利润或亏损总额，本期利润将直接在"本年利润"科目中结转并反映出来。

金融企业应于每月月末(季末)将各损益类科目的余额转入"本年利润"科目，结转后，各损益类账户余额为零。然后，结算出"本年利润"科目借、贷方发生额的差额，如果是贷方差额，即为本期的利润额，以及本年累计利润总额；如果为借方差额，则为本期的亏损额，以及本年累计亏损总额。

金融企业结转损益类各科目时，会计分录为：

借：利息收入

　　手续费及佣金收入

　　租赁收入

　　　　其他业务收入
　　　　汇兑收益
　　　　公允价值变动损益
　　　　投资收益
　　　　资产处置损益
　　　　其他收益
　　　　营业外收入等
　　　　　贷：本年利润
　　　借：本年利润
　　　　　贷：利息支出
　　　　　　　手续费及佣金支出
　　　　　　　其他业务成本
　　　　　　　业务及管理费
　　　　　　　税金及附加
　　　　　　　营业外支出
　　　　　　　资产减值损失
　　　　　　　所得税费用等

【注意】年终通过"本年利润"结出的利润（或亏损）总额应全数转入"利润分配"科目下设立的"未分配利润"账户。

　　账结法的优点是各月均可通过"本年利润"科目提供其当期利润额，记账业务程序完整。但从实用角度讲，采用账结法增加了编制结转损益分录的工作量。

（二）表结法

　　表结法是指金融企业在月末、季末计算利润（或亏损）时，不通过"本年利润"账户，而是通过编制利润表直接计算出来，反映本期现实的利润或亏损。表结法用于月末和季末对利润的反映。

　　如果采用表结法，每月结账时，损益类各科目的余额不需要结转到"本年利润"科目，只是在年度终了进行年度决算时，才用账结法结出损益类各科目的全年累计余额及其构成情况。因此，每月结账时，只要结出各损益类科目的累计余额，就可以直接根据这些余额，逐项填入利润表，通过利润表计算出从年初到本月末为止的本年累计利润，然后，减去上月末本表中的本年累计利润数，就是本月份的利润或亏损总额。

【注意】金融企业在采用表结法的情况下，每月、每季编制资产负债表时，如果平时不进行利润分配，表内"未分配利润"项目应填列利润表中的利润总额与"未分配利润"科目余额的合计数；如果平时进行利润分配，应根据利润表中的"利润总额"与"利润分配"的差额来填列资产负债表中的"未分配利润"项目。

　　表结法在平时直接在利润表结转，省去了转账环节并可以从科目余额得出本年累计的指标，同时并不影响利润表的编制及有关损益指标的利用。

（三）**年终结转**

　　采用表结法计算利润，"本年利润"科目平时不用，年终使用；采用账结法计算利润，每月使用"本年利润"科目。无论采用哪种方法，年度终了时，都必须将"本年利润"科目结平，转入"利润分配——未分配利润"科目。年末转账，如为盈利，会计分录为：

　　借：本年利润
　　　　贷：利润分配——未分配利润

如为亏损,则会计分录为:
  借:利润分配——未分配利润
    贷:本年利润
结转后,"本年利润"科目应无余额。

任务四　所有者权益业务核算

一、所有者权益的概念及其组成

所有者权益也称股东权益,是指所有者在企业资产中享有的经济利益,其金额为资产减去负债后的余额。它是企业所有者对净资产的要求权,反映了企业的产权关系。

金融企业所有者权益,是指银行所有者对银行资产中享有的经济利益,反映了所有者对金融企业资产的索取权,是金融企业全部资产中扣除债权人权益后由所有者享有的部分。

所有者权益按其主要的来源包括投资者投入的实收资本(股本)、资本公积、其他综合收益、盈余公积、一般风险准备和未分配利润等。盈余公积、一般风险准备和未分配利润统称为留存收益。

(1)实收资本。金融企业的实收资本是指投资者按照企业章程,或合同、协议的规定,实际投入金融企业的资本。这部分是所有者初始投资的财产,具体包括国家投资、其他单位投资、社会个人投资和外商投资等。

【提示】在股份制金融企业,实收资本表现为公司实际发行的股票面值,因此称为股本;在非股份制金融企业,投资者投入的资本称为实收资本。

(2)资本公积。资本公积是所有者共有的、非收益转化所形成的资本。资本公积包括资本(或股本)溢价和其他资本公积。资本(或股本)溢价是指所有者投入金融企业的资本超过注册资本或者股本部分的金额;其他资本公积包括以权益结算的股份支付所形成的资本公积、长期股权投资"权益法"下享有被投资企业损益之外的所有者权益变动份额、关联方交易时交易价格显失公允的差额等。

(3)其他综合收益。其他综合收益是指金融企业根据会计准则规定未在当期损益中确认的各项利得和损失。其他综合收益的发生不影响金融企业的当期利润,但会引起所有者权益的增减变化。例如,其他债权投资公允价值的变动,是由资本市场上证券价格波动造成的,但在不发生交易的情况下,其损益仅为账面浮盈或浮亏;如若此时将其计入当期损益,会造成当期损益不实。

【注意】企业会计准则要求将这类利得和损失所引起的所有者权益变动,计入其他综合收益。"其他综合收益"在资产负债表上属于所有者权益项目,但在利润表上也应予以列示。

(4)盈余公积。盈余公积是指金融企业按照规定比例从净利润中提取的、有特定用途的积累资金,包括法定盈余公积金和任意盈余公积金。金融企业提取的盈余公积金经批准可以用于弥补亏损、转增资本和分配股利。

(5)一般风险准备。一般风险准备是指金融企业按一定比例从净利润中提取的、用于弥补尚未识别的可能性损失的准备。由于金融企业经营风险高于普通企业,为防范风险,合理进行会计核算,国家规定金融企业必须针对银行经营业务的特点和高风险性,按规定计提风险准备。风险准备同盈余公积和未分配利润一样都是从净利润中提取的,是企业所得净收益的积累。

【提示】金融企业按规定计提的一般风险准备,用于弥补亏损,不得用于分红和转增资本。

(6)未分配利润。未分配利润是指金融企业当年实现的利润在缴纳所得税、按规定进行利润分配之后形成的,留待以后年度分派的待分配利润,是净利润中尚未确定用途、归所有者所有的资金。

二、主要会计科目及核算内容

核算所有者权益涉及的主要会计科目及核算内容如表11—2(本年利润和利润分配科目见表11—1)所示。

表11—2　　　　　　　　所有者权益涉及的主要会计科目及其核算内容

	名称	主要核算内容
所有者权益类	实收资本（股本）	核算金融企业接受投资人投入的实收资本。本科目可按投资者进行明细核算
	资本公积	核算金融企业收到投资者出资额超过其在注册资本或股本中所占份额的部分。本科目应分别"资本（股本）溢价"和"其他资本公积"进行明细核算
	其他综合收益	核算金融企业发生的直接计入所有者权益的利得和损失
	盈余公积	核算金融企业从净利润中提取的盈余公积。本科目应当分别按"法定盈余公积"和"任意盈余公积"进行明细核算
	一般风险准备	核算金融企业按规定从净利润中提取的一般风险准备
	未分配利润	核算金融企业留待以后年度分配的结存利润

三、金融企业实收资本的业务核算

(一)对实收资本数额的要求

为了保证金融企业的稳健运行,防范金融风险,中国人民银行规定了设立金融企业的最低资本要求。目前的中资银行的最低资本要求是:①设有分支机构的全国性银行的最低实收资本金为20亿元人民币;②不设立分支机构的全国性银行的最低实收资本金为10亿元人民币;③区域性银行的最低实收资本金为8亿元人民币;④合作银行的最低实收资本金为5亿元人民币。

在经济特区设立外资银行总行或中外合资银行的最低实收资本金为8 000万元人民币的等值外汇,其中实收资本不得低于50%;在经济特区设立的外资银行分行必须持有其总行拨给的不低于4 000万元人民币的等值外币。

【注意】我国目前实行的是注册资本制度,要求银行的实收资本与注册资本保持一致,当银行的实收资本比原来的资本增减超过20%时,应持资金使用证明或验资证明向原登记机关申请变更登记,不得擅自改变注册资本规模或抽逃资金。

(二)实收资本的业务核算

1. 接受现金资产投资的业务核算

投资者以现金投入的资本,应当以实际收到或者存入企业开户银行的金额作为实收资本入账。实际收到或者存入企业开户银行的金额超过其在该企业注册资本中所占份额的部分,计入资本公积。会计分录为:

借:存放中央银行款项(或××存款)
　　贷:实收资本(或股本)
　　　　资本公积——资本(或股本)溢价

【注意】以外币投资时,除记录外币账簿外,资产账户还应按当日国家外汇牌价折合成人民币记账。

2. 接受非现金资产投资的业务核算

金融企业收到投资人投入的固定资产或无形资产投资时,需按照评估确认的价值或合同、协议约定的价值以及在注册资本中享有的份额记账。会计分录为：
　　借：固定资产(或无形资产)
　　　　贷：实收资本(或股本)
　3. 实收资本(股本)增加的业务核算
　【提示】一般企业增加资本有三个途径：接受投资者追加投资、资本公积转增资本和盈余公积转增资本。
　(1)资本公积转增资本，会计分录为：
　　借：资本公积——资本(或股东)溢价
　　　　贷：实收资本(或股本)
　(2)盈余公积转增资本，会计分录为：
　　借：盈余公积
　　　　贷：实收资本(或股本)
　(3)股份制金融企业发放股票股利时，按照股东大会批准的利润分配方案中应当分配的股票股利办理增资手续后，应按其折股方式进行处理。
　如按股票面值折股的，不涉及股票溢价问题。会计分录为：
　　借：利润分配——转作股本的股利
　　　　贷：股本
　如按照股票的现行市场价格折股，股东大会正式批准的分配股票股利的数额与折股的股票面值总额则将发生差额。该差额作为资本公积处理。会计分录为：
　　借：利润分配——转作股本的股利
　　　　贷：股本
　　　　　　资本公积——股本溢价
　4. 实收资本(或股本)减少的业务核算
　非股份制金融企业按法定程序报经批准减少注册资本的，于实际发生时登记入账。会计分录为：
　　借：实收资本
　　　　贷：存放中央银行款项(或银行存款)
　当股份制金融企业采用收购本企业股票方式减资时，按股票面值和注销股数计算的股票面值总额冲减股本，按注销库存股的账面余额与所冲减股本的差额冲减股本溢价，股本溢价不足冲减的，再冲减盈余公积直至未分配利润。如果回购股票支付的价款低于面值总额的，所注销库存股的账面余额与所冲减股本的差额作为增加股本的溢价处理。当股份有限制金融企业回购本企业股票时，购回股票支付的价款大于面值总额，会计分录为：
　　借：库存股
　　　　贷：存放中央银行款项(或银行存款)
　同时，注销本企业股票，会计分录为：
　　借：股本
　　　　资本公积——股本溢价
　　　　盈余公积
　　　　未分配利润
　　　　贷：库存股
　当股份有限制金融企业回购本企业股票时，购回股票支付的价款低于面值总额，会计分录为：

借:库存股
　　贷:存放中央银行款项(或银行存款)
同时,注销本企业股票,会计分录为:
借:股本
　　贷:库存股
　　　　资本公积——股本溢价

四、金融企业资本公积、其他综合收益和盈余公积等的业务核算

(一)资本公积的业务核算

1. 资本(股本)溢价的业务核算

资本(股本)溢价是指金融企业投资者投入的资金超过其在注册资本(股本)中所占份额的部分。按有关规定,按投资者所缴付的全部资金,借记有关资产科目,按其认缴的资本金贷记"实收资本"科目。股份有限公司在溢价发行股票的情况下,发行股票取得的收入,相当于股票面值的部分记入"股本"科目,超过股票面值的溢价部分,在扣除发行手续费、佣金等发行费用后,记入"资本公积——股本溢价"科目。

2. 其他资本公积的业务核算

(1)以权益结算的股份支付

①在等待期的每个资产负债表日,应按确定的金额做如下分录:
借:管理费用等
　　贷:资本公积——其他资本公积

②在行权日,应按实际行权的权益工具数量计算确定的金额做如下分录:
借:银行存款(按行权价收取的金额)
　　资本公积——其他资本公积(等待期累计确定的金额)
　　贷:股本(增加股份的面值)
　　　　资本公积——股本溢价(差额)

(2)采用权益法核算的长期股权投资

①被投资单位除净损益、其他综合收益和利润分配以外的所有者权益的其他变动,投资方按持股比例计算应享有的份额,计入其他资本公积。所有者权益增加时,会计分录为:
借:长期股权投资——其他权益变动
　　贷:资本公积——其他资本公积

所有者权益减少时,会计分录相反。

②处置采用权益法核算的长期股权投资时,会计分录为:
借:资本公积——其他资本公积
　　贷:投资收益

发生损失时,会计分录相反。

3. 资本公积用于转增资本的业务核算

银行按规定的程序增资时,应按资本公积转增资本的数额记账。会计分录为:
借:资本公积
　　贷:实收资本

(二)其他综合收益的业务核算

其他综合收益是指企业根据会计准则规定未在当期损益中确认的各项利得和损失。它包括以

下两种：

第一种，以后会计期间不能重分类归入损益的其他综合收益项目。它主要包括重新计量设定受益计划净负债或净资产导致的变动，以及按照权益法核算因被投资单位重新计量设定受益计划净负债或净资产变动导致的权益变动，投资企业按持股比例计算确认的该部分其他综合收益项目。

第二种，以后会计期间满足规定条件时将重分类归入损益的其他综合收益项目。它包括以下几种情况：

(1)其他债权投资公允价值的变动

其他债权投资公允价值变动形成的利得或损失(不包括减值损失和外币货币性金融资产形成的汇兑差额)。确认利得时，会计分录为：

借：其他债权投资——公允价值变动
　　贷：其他综合收益

【提示】确认损失时，做相反的会计分录。

(2)可供出售外币非货币性项目的汇兑差额

确认汇兑损失时，会计分录为：

借：其他综合收益
　　贷：其他债权投资

【提示】确认汇兑收益时，做相反的会计分录。

(3)金融资产的重分类

①将其他债权投资重分类为采用成本或摊余成本计量的金融资产。重分类日，以该项金融资产的公允价值或账面价值作为成本或摊余成本；该项金融资产没有固定到期日的，与该金融资产相关、原直接计入所有者权益的利得或损失，仍应记入"其他综合收益"科目，在该金融资产被处置时转入当期损益。

②将债权投资重分类为其他债权投资，并以公允价值进行后续计量时，会计分录为：

借：其他债权投资(金融资产的公允价值)
　　债权投资减值准备
　　贷：债权投资
　　　　(贷或借)：其他综合收益(差额)

此时产生的"其他综合收益"，在该其他债权投资发生减值或终止确认时转入当期损益。

③按规定应当以公允价值计量，但以前公允价值不能可靠计量的其他债权投资，在其公允价值能够可靠计量时改按公允价值计量，将相关账面价值与公允价值之间的差额记入"其他综合收益"科目，在该其他债权投资发生减值或终止确认时转入当期损益。

(4)采用权益法核算的长期股权投资

①被投资单位其他综合收益变动，投资方按持股比例计算应享有的份额确认其他综合收益，会计分录为：

借：长期股权投资——其他综合收益
　　贷：其他综合收益

被投资单位其他综合收益减少时，做相反的会计分录。

②处置采用权益法核算的长期股权投资时，将其他综合收益计入当期损益，会计分录为：

借：其他综合收益
　　贷：投资收益

其他综合收益为借方余额时，做相反的会计分录。

(5)存货或自用房地产转换为投资性房地产

①企业将作为存货的房地产转为采用公允价值模式计量的投资性房地产,其公允价值大于账面价值,会计分录为:

借:投资性房地产——成本(转换日的公允价值)
　　贷:开发产品等
　　　　其他综合收益(差额)

企业将自用房地产转为采用公允价值模式计量的投资性房地产,其公允价值大于账面价值时,会计分录为:

借:投资性房地产——成本(转换日的公允价值)
　　累计折旧
　　固定资产减值准备
　　贷:固定资产
　　　　其他综合收益(差额)

②处置该项投资性房地产时,因转换计入其他综合收益的金额,应转入当期其他业务成本。会计分录为:

借:其他综合收益
　　贷:其他业务成本

(6)其他综合收益

对于现金流量套期工具产生的利得或损失中属于有效套期的部分,可直接确认为其他综合收益。

(7)外币财务报表折算差额

按照外币折算的要求,企业在处置境外经营的当期,将已列入合并财务报表所有者权益的外币报表折算差额中与该境外经营相关的部分,自其他综合收益项目转入处置期的当期损益。如果是部分处置境外经营,应当按处置的比例计算处置部分的外币报表折算差额,转入处置期的当期损益。

(三)盈余公积的业务核算

金融企业的盈余公积分为法定盈余公积和任意盈余公积。①法定盈余公积,是指金融企业按照规定的比例从净利润中提取的盈余公积。②任意盈余公积,是金融企业经股东大会或类似机构批准按规定比例从净利润中提取的盈余公积。

【注意】法定盈余公积金按照税后利润的10%提取,累计提取达到注册资本的50%时,可不再提取。

1. 盈余公积的用途

金融企业提取盈余公积主要可以用于以下几个方面:

(1)弥补亏损。金融企业发生亏损时,应自行弥补。弥补亏损的渠道主要有以下三条:

①用以后年度税前利润弥补。按照现行制度规定,企业发生亏损时,可以用以后五年内实现的税前利润弥补,即税前利润弥补亏损的期间为五年。

②用以后年度税后利润弥补。企业发生的亏损经过五年期间未弥补足额的,尚未弥补的亏损应用所得税后的利润弥补。

③以盈余公积弥补亏损。企业以提取的盈余公积弥补亏损时,应当由公司董事会提议,并经股东大会批准。

(2)转增资本。经股东大会决议批准,可以将盈余公积转增资本。在转增资本前要办理增资手续,在实际将盈余公积转增资本时,要按照转增前实收资本的结构比例,相应地增加各投资者对企业的资本投资份额。

【提示】法定盈余公积转增资本后,留存的法定盈余公积的数额不得少于注册资本的25%。

(3)分配股利。经股东大会特别决议也可动用盈余公积分配股利,但是,企业如果有未弥补亏损,必须先用盈余公积补亏,补亏后盈余公积的数额仍符合分配股利条件的,方可进行分配。

2．盈余公积的业务核算

(1)提取盈余公积。金融企业按照规定的比例,从净利润中提取盈余公积金时,会计分录为：

借：利润分配——提取法定盈余公积
　　　　　——提取任意盈余公积
　　贷：盈余公积——法定盈余公积
　　　　　——任意盈余公积

外资银行提取储备基金、企业发展基金时,会计分录为：

借：利润分配——提取储备基金
　　　　　——提取企业发展基金
　　贷：盈余公积——储备基金
　　　　　——企业发展基金

(2)盈余公积分配股票股利或转增资本。用盈余公积分配股票股利或转增资本时,应当于实际分配股票股利或转增资本时做会计分录：

借：盈余公积
　　贷：实收资本(或股本)

(3)盈余公积弥补亏损。金融企业经股东大会或类似机构决议,用盈余公积弥补亏损时,会计分录为：

借：盈余公积
　　贷：利润分配——盈余公积补亏

(四)一般风险准备的业务核算

从事存贷款业务的金融企业,为了达到稳健经营,避免由于贷款损失准备不足对金融企业资本产生过度侵蚀而设立了一般风险准备金,作为利润分配处理,构成所有者权益的组成部分。

1．计提范围

金融企业提取的一般风险准备所针对的风险资产具体包括贷款(含抵押、质押、担保等贷款)、银行卡透支、贴现、信用垫款(含银行承兑汇票垫款、信用证垫款、担保垫款等)、进出口押汇、股权投资和债权投资(不含采用成本与市价孰低法或公允价值法确定期末价值的证券投资和购买的国债本息部分的投资)、拆借(拆出)、存放同业款项、应收利息(不含贷款、拆放同业应收利息)、应收股利、应收租赁款、其他应收款等资产。

2．计提比例

金融企业应当于每年年度终了根据承担风险和损失的资产余额的一定比例提取一般风险准备。

【提示】一般风险准备的计提比例由金融企业综合考虑其所面临的风险状况等因素确定,原则上一般风险准备余额不低于风险资产期末余额的1%。

一般风险准备由金融企业总行(总公司)统一计提和管理,也即一般风险准备金由金融企业总行集中提取,分行不用计提。总行如有利润后,要提一般风险准备。

3．一般风险准备的业务核算

(1)提取一般风险准备时,会计分录为:
借:利润分配——提取一般风险准备
　　贷:一般风险准备
(2)按规定使用一般风险准备弥补亏损时,会计分录为:
借:一般风险准备
　　贷:利润分配——一般风险准备补亏

(五)利润分配的业务核算

金融企业的股东大会或类似权力机构决定当期利润分配方案,在董事会或者类似权力机构向股东大会或类似权力机构提出利润分配方案后,由股东大会或类似权力机构批准通过后实施。

1. 利润分配的顺序和原则

金融企业本年实现净利润(减弥补亏损,下同),应当按照提取法定盈余公积金、提取一般(风险)准备金、向投资者分配利润的顺序进行分配。

以前年度未分配的利润,并入本年实现净利润向投资者分配。资本充足率、偿付能力充足率、净资本负债率未达到有关法律、行政法规规定标准的,不得向投资者分配利润。

【注意】向投资者分配利润的顺序如下:①支付优先股股利;②提取任意盈余公积金;③支付普通股股利;④转作资本(股本)。

2. 未分配利润

金融企业的未分配利润具有两层含义:一是留待以后年度处理的利润,二是未指定特定用途的利润。从数量上来讲,未分配利润是期初未分配利润,加上本期实现的净利润,减去提取的各种盈余公积和分出利润后的余额。

在按规定做了各种分配后,将"利润分配"科目其他各账户的余额转入"未分配利润"账户。结转后,"未分配利润"账户的贷方余额是未分配利润,留待以后年度进行利润分配;如出现借方余额,则表示未弥补亏损。

3. 利润分配的业务核算

(1)利润结转。年度终了,金融企业将各财务收入、财务支出科目的余额通过"本年利润"科目结转出当年的净利润,再将"本年利润"科目余额转入"利润分配——未分配利润"。会计分录为:
借:本年利润
　　贷:利润分配——未分配利润

【提示】如为亏损,做相反的会计分录。

(2)提取法定盈余公积,会计分录为:
借:利润分配——提取法定盈余公积
　　贷:盈余公积——法定盈余公积

(3)提取一般风险准备,会计分录为:
借:利润分配——提取一般风险准备
　　贷:一般风险准备

(4)提取任意盈余公积,会计分录为:
借:利润分配——提取任意盈余公积
　　贷:盈余公积——任意盈余公积

(5)向投资者分配的利润,若是分配现金股利,会计分录为:
借:利润分配——应付股利(或应付利润)
　　贷:应付股利(或应付利润)

若是分配股票股利,会计分录为:
　　借:利润分配——转作股本的股利
　　　　贷:股本
(6)最后,将当期"利润分配"科目下各明细科目余额转入"未分配利润"明细科目,会计处理如下:
　　借:利润分配——未分配利润
　　　　贷:利润分配——提取法定盈余公积
　　　　　　　　　——提取任意盈余公积
　　　　　　　　　——提取一般风险准备金
　　　　　　　　　——应付利润(或应付股利)
结转后,除"未分配利润"明细科目外,利润分配科目的其他明细科目应无余额。"未分配利润"明细科目贷方余额为历年来积累的未分配利润,留待以后年度进行利润分配;借方余额为历年未弥补的亏损。

项目练习

一、单项选择题

1.( )是构成金融企业收益的主要来源。
　A. 营业收入　　B. 吸收存款　　C. 贷款　　D. 营业外收入
2. 发放贷款到期(含展期)( )天后尚未收回的,其应计利息停止计入当期利息收入,纳入表外核算。
　A. 30　　B. 60　　C. 90　　D. 120
3. 金融企业一般纳税人提供的所有金融服务均按( )的增值税税率征收。
　A. 6%　　B. 13%　　C. 9%　　D. 3%
4.( )是指企业根据会计准则规定未在当期损益中确认的各项利得和损失。
　A. 其他债权投资　　　　　　　B. 债权投资减值准备
　C. 长期股权投资　　　　　　　D. 其他综合收益
5. 一般风险准备的计提比例由金融企业综合考虑其所面临的风险状况等因素确定,原则上一般风险准备余额不低于风险资产期末余额的( )。
　A. 1%　　B. 10%　　C. 30%　　D. 60%

二、多项选择题

1. "业务及管理费"科目可按费用种类设置( )等明细科目。
　A. "业务宣传费"　　　　　　　B. "业务招待费"
　C. "业务管理费"　　　　　　　D. "业务手续费"
2. "税金及附加"科目可按税费类别设置( )等明细科目。
　A. "房产税"　　　　　　　　　B. "土地使用税"
　C. "车船使用税"　　　　　　　D. "城市维护建设税""教育费附加"
3. 根据《企业会计准则》,利润由( )组成。
　A. 吸收存款　　B. 营业利润　　C. 利润总额　　D. 净利润
4. 所有者权益按其主要的来源包括( )。

A. 实收资本(股本)   B. 资本公积
C. 其他综合收益、盈余公积   D. 一般风险准备和未分配利润

5. ( )统称为留存收益。
A. 盈余公积   B. 未分配利润   C. 一般风险准备   D. 其他综合收益

三、判断题

1. 利息收入的金额应按让渡资金使用权的时间和适用利率计算确定。（ ）
2. 手续费及佣金，不是金融企业财务收入的主要来源。（ ）
3. 综合收益包括其他综合收益和综合收益总额。（ ）
4. 账结法用于月末和季末对利润的反映。（ ）
5. "其他综合收益"在资产负债表上属于所有者权益项目，但在利润表上也应予以列示。（ ）

四、会计业务题

1. 某行顺至支行收到新投资者嘉禾公司投入房屋一幢，该房屋账面原价15 000 000元，已计提折旧为1 500 000元，投资各方确认以13 000 000元入账，房屋已验收使用，作会计分录。

2. 某行顺至支行原有注册资本540 000 000元，留存收益20 000 000元。现东方公司准备参与投资，经双方协商，同意其投资218 000 000元，将注册资本增至750 000 000元，东方公司占28%。已收到东方公司出资的转账支票218 000 000元，存入该行存款户，作会计分录。

3. 2022年2月20日某行顺至支行以每股10元的价格从二级市场购入乙公司股票10万股，支付价款100万元，另支付相关交易费用2万元。某行顺至支行将购入的乙公司股票作为其他债权投资核算。2022年12月31日，乙公司股票市场价格为每股15元。某行顺至支行适用的所得税税率为25%。某行顺至支行2022年利润表中因所持有乙公司股票应确认的"其他综合收益"金额是多少？

4. 某行顺至支行全年净利润为800 000元，按10%的比例提取法定盈余公积，按5%的比例提取任意盈余公积，作会计分录。

五、案例分析题

费用少记，利润多记，合理吗？

某银行有一台设备经批准报废，该设备原价为100 000元。固定资产卡片记载：分类折旧率为4.86%，2002年投入使用，2022年报废。假设该企业结转该设备净值时所作会计分录如下：

    借：固定资产清理   19 000
          累计折旧   81 000
        贷：固定资产   100 000

问题：税务人员检查时应发现什么问题？

项目实训

【实训项目】
金融企业损益核算。
【实训目的】

通过对金融企业损益核算知识的了解,加深对金融企业损益核算的认识。

【实训资料】

1. 工商银行提取第一季度贷款利息收入 78 000 元。
2. 工商银行收到人民银行收账通知系人民银行支付给本行代办业务的手续费 80 000 元。
3. 工商银行向企业收取结算业务手续费 7 400 元。
4. 工商银行支付给企业单位存款利息 84 000 元。
5. 工商银行支付人民银行借款利息 7 800 元。
6. 工商银行总务部门购买办公用品发生费用支出 880 元。

【实训要求】

1. 针对上述经济业务编制会计分录。
2. 撰写《金融企业损益核算》实训报告。

<div style="width:400px">《金融企业损益核算》实训报告</div>		
项目实训班级：	项目小组：	项目组成员：
实训时间：　　年　　月　　日	实训地点：	实训成绩：
实训目的：		
实训步骤：		
实训结果：		
实训感言：		

项目十二

金融企业财务报告

○ **知识目标**

理解:年度决算的概念和意义;年度决算前的准备工作;年度决算日的主要工作。

熟知:财务报告的组成;财务报告的种类;财务报告的编制要求。

掌握:商业银行财务报告。

○ **技能目标**

能够结合所学的金融企业财务报告知识,具备对相关业务进行核算的能力。

○ **素质目标**

运用所学的金融企业财务报告知识研究相关事例,培养和提高学生在特定业务情境中分析问题与决策设计的能力;结合行业规范或标准,运用金融企业财务报告知识分析行为的善恶,强化学生的职业道德素质。

○ **思政目标**

能够正确地理解"不忘初心"的核心要义和精神实质;树立正确的世界观、人生观和价值观,做到学思用贯通、知信行统一;通过金融企业财务报告知识,提高专业会计技能和素养;在提供可靠且相关的会计信息时,满足信息使用者需求的意识观念。

○ **项目引例**

工商银行(601398)财务报表摘要

报告日期	2021-12-31	2020-12-31	2019-12-31	2018-12-31	2017-12-31	2016-12-31
利润表摘要						
营业收入(万元)	—	—	—	—	—	—
营业成本(万元)	—	—	—	—	—	—
营业利润(万元)	42,356,400	39,135,200	39,056,800	37,118,700	35,184,200	36,031,500
利润总额(万元)	42,489,900	39,212,600	39,178,900	37,241,300	35,464,100	36,327,900
所得税费用(万元)	7,468,300	7,444,100	7,842,800	7,369,000	7,719,000	8,417,300
净利润(万元)	35,021,600	31,765,500	31,335,100	29,872,300	28,745,100	27,910,600
基本每股收益	0.95	0.86	0.86	0.82	0.79	0.77
资产负债表摘要						
货币资金(万元)	309,643,800	253,779,500	331,791,600	337,257,600	361,387,200	335,078,800
应收账款(万元)	—	—	—	—	—	—
存货(万元)	—	—	—	—	—	—
流动资产合计(万元)	—	—	—	—	—	—
固定资产净额(万元)	27,001,700	24,906,700	24,490,200	25,352,500	21,615,600	22,065,100
资产总计(万元)	3,517,138,100	3,334,505,800	3,010,943,600	2,789,954,000	2,608,704,300	2,413,726,500
流动负债合计(万元)	—	—	—	—	—	—
长期借款合计(万元)	—	—	—	—	—	—
负债合计(万元)	3,189,612,500	3,043,554,300	2,741,743,300	2,535,465,700	2,394,598,700	2,215,610,200
所有者权益(或股东权益)合计(万元)	327,525,600	290,951,500	269,200,300	234,488,300	214,105,600	198,116,300
现金流量表摘要						
期初现金及现金等价物余额(万元)	179,112,200	145,041,300	150,952,300	152,033,000	118,936,800	144,129,800
经营活动产生的现金流量净额(万元)	36,068,200	155,761,600	89,452,100	72,413,300	77,085,400	23,922,100
投资活动产生的现金流量净额(万元)	-67,455,600	-113,509,700	-87,595,700	-73,174,500	-48,925,800	-46,893,200
筹资活动产生的现金流量净额(万元)	-1,155,300	-4,694,600	11,297,400	-3,592,400	8,183,500	-5,079,600
现金及现金等价物净增加额(万元)	-36,436,500	34,070,900	-5,911,000	-1,080,700	33,096,200	-25,193,000

资料来源:李贺等主编:《金融企业会计》,上海财经大学出版社2020年版,第303页。

试分析:什么是企业财务报告？金融企业财务报告是如何构成的？

○ 知识精讲

任务一　年度决算

一、年度决算的概念和意义

年度决算是指年度终了时,银行在对会计账务进行核实整理的基础上,运用会计核算资料,对会计年度内的业务活动和财务活动进行数字总结与文字说明的一项综合性工作,是会计工作的重要组成部分。我国商业银行的会计年度采用日历年度制,每年自公历1月1日起至12月31日止为一个会计年度,每年的12月31日为年度决算日。认真、及时、准确地做好年度决算工作,对总结工作经验、了解银行业务活动和经营成果、发现问题及改进工作具有重要的意义。

(一)全面核实和整理各项会计资料

银行的年度决算,要求对日常的会计资料进行全面的核实和整理。年度决算过程就是对会计工作全面检查、总结的过程,是确保会计资料真实性、维护国家财产安全、准确反映业务和财务活动的有效措施。进行年度决算有利于提高会计工作质量。

(二)综合反映全年业务活动和财务情况

年度决算主要是根据日常会计核算资料,加工整理成具有内在联系的年度综合指标体系,编制内容完整、数字正确、反映真实的年度会计报表和财务状况说明书。它可以总括反映银行全年资产、负债、所有者权益的增减变动,经营成果、资金的来源和运用情况,以及具体说明资金增减变动的原因等,从而为管理者提供可靠的数据。它对于总结经验、找出差距、吸取教训、进一步提高银行的经营管理水平都是十分重要的。

(三)系统反映宏观经济决策的信息数据

银行是国民经济的综合部门,是全国信贷、结算、现金出纳、货币发行和外汇收支的中心。其会计日常记录的各项会计资料,是国民经济各部门、各单位经济活动的综合反映。通过年度决算,将一年来记录的会计资料加以核实和整理,利用报表形式,逐级汇总,能更集中、更系统地反映国民经济的活动情况,对宏观经济决策具有重要意义。

二、年度决算前的准备工作

(一)清理资金

1. 清理存款资金

在各类存款账户中,由于各种原因,长期不发生收付活动(一年以上没有收付往来),经联系又查找不到存户的,视为"久悬户"。对这类存款户要逐户清理,查清原因,主动与有关部门联系,妥善处理,及时办理并户和销户手续。

2. 清理贷款资金

贷款是银行的主要资产,为保证信贷资产不受损失,会计部门应与信贷部门配合,落实各项贷款。对到期贷款,应争取如期收回;对非正常贷款,应弄清情况,积极进行清理收回或按照规定范围、审批程序和审批权限用损失准备予以核销;对收不回的抵押贷款,应根据合同对抵押品依法处置,以保证贷款的流动性、效益性。

3. 清理结算资金

年度决算前,应对各种结算资金进行全面清理,包括托收承付、商业汇票、应解汇款等。对各种结算资金,该划出的要及时划出,应收回的要积极催收。

4. 清理内部资金

年度决算前,要对各种暂收和暂付的临时性资金逐项进行清理,该上缴的上缴,该收回的收回,该报损的报损。经过清理仍暂时无法解决的,要注明原因,以备日后查考和清理。

(二)盘点财产

对实物财产的清理主要包括现金及各种票证和实物的清理,具体内容如下:

(1)对现钞、铸币、金银、面额单证、重要空白凭证、收费凭证、代保管有价证券等,应根据有关账簿进行盘点,账面余额要与实际库存保持一致。若发现溢缺,应按规定程序进行调整,做到账实相符。

(2)对房屋、器具、设备等固定资产及低值易耗品,应配合有关部门根据相关账簿进行盘点,发现问题及时处理。通过盘点财产,做到账实相符。

(三)清理账务

年度决算前,要对所有的账、簿、卡、据进行一次全面检查和核对,切实做到账账、账款、账据、账实、账表、内外账务相符。决算前应全面核对内外账务。对各单位的存款、各项贷款等账户,应于11月底前向各单位填发对账单;如有未达账项,应查明情况,及时正确处理。另外,应对当年会计科目的使用进行检查,会计科目是各项业务分类的依据,是会计核算的基础,必须正确运用才能保证年度决算报表数字的真实有效。

【提示】在年度决算前必须将当年各科目的归属和使用情况,进行全面的复查,如有不当,应立即核实并改正。

(四)核实损益

年度决算前要对构成损益的各项收入、费用成本等账户进行全面的复查,重点应复查利息收支的计算,包括复查利率使用、积数计算、利息计算是否正确等。同时,注意审查费用开支范围标准的执行情况,如应审查应付利息、贷款损失准备是否按照规定提取和使用,营业外支出是否按国家有关部门规定列报,并按权责发生制核实全年的收入、支出及费用的划分、入账的时间是否与制度的要求一致。

【注意】发现不符,应及时进行账务调整,以保证年度利润计算准确无误。

(五)编制试算平衡表

在资金、财产、账务、收支核实的基础上,为保证年度决算工作的顺利进行,各银行应于每年11月底根据总账各科目累计发生额和借贷方余额编制试算平衡表,进行试算平衡。如有差错,要采取措施,加以解决,从而减轻决算日工作的压力,为正式编制报表打下可靠的基础。

三、年度决算日的主要工作

在我国,每年12月31日,无论是否节假日,均为银行的年度决算日。在决算日(12月31日),除了将当日发生的业务全部入账,轧平账务以外,在年度决算准备的基础上,还应着重做好以下几项工作:

(一)全面处理和核对账务

为了完整、全面地反映全年各项业务及财务活动情况,尽可能减少未达账项,决算日发生的业务应于当日全部入账。因此,在决算日应当延长工作时间,增加同城票据交换次数,使当日收到的联行往来凭证和同城行处代收、代付款项全部得以转账,不留到下年处理。决算日对外营业终了,要对各科目总账、分户账进行全面核对,以保证账务的正确。

(二)检查各项库存

年终查库工作量大,不宜在决算日进行,查库日期应有随机性,既不能固定日期,也不能事先告知,一般在12月间,抽一天傍晚营业终了后进行。由行长(经理)、稽核人员和会计主管等在管库员的陪同下,对库存现金、外币、金银以及有价单证、有价实物的实存数进行检查和核对,确保实存数与账面、登记簿上的记录相一致。检查核对相符,应在有关库存簿和登记簿上签名或盖章;如发现不符的,应在查库记录中记载,并查明原因。对发现巨额款项短缺的,应立即报告有关部门,采取相应措施。

(三)计算外汇买卖损益

在决算日,应将各种外币买卖账户上的外币余额,一律按决算当日公布的外汇牌价折算成人民币,并与外币买卖账户上的人民币余额进行比较,其差额为本年度外汇买卖损益,记入相关损益类账户。

(四)核实应缴税款

按规定的税率,核实各项税款缴纳情况,先计算出本年应缴纳的各种税款总数,然后减去第一至三季度已缴税款,即为第四季度应缴数,在决算日当日办理转账。

(五)结转本年损益

决算日营业终了,应将各损益类账户的最后余额,分别结转至"本年利润"账户,以计算本年损益。若"本年利润"科目的余额在贷方,则为全年净利润;若"本年利润"科目的余额在借方,则为全年净亏损。

(六)办理新旧账目的结转

决算日在核实结转全部账务后,为标志一个新会计年度的开始,应当及时办理新旧账簿结转。除卡片账不办理结转、储蓄分户账可继续沿用外,其余分户账、登记簿和总账等均应办理结转,更换新账页。账簿结转后,应对新账页的有关数字进行核对,如有不符,及时更正,以免影响新年度的账务处理。

任务二 企业财务报告概述

一、财务报告的组成

财务会计报告(又称财务报告)是指企业对外提供的反映企业某一特定日期的财务状况和某一会计期间的经营成果、现金流量等会计信息的文件。财务报告的目标是向财务报告使用者提供与企业财务状况、经营成果和现金流量有关的会计信息,反映企业管理层受托责任履行情况,有助于财务报告使用者做出经济决策。财务报告的使用者包括投资者、债权人、政府和有关部门及社会公众。

财务报告包括财务会计报表及附注和其他应当在财务报告中披露的相关信息和资料。

财务报表是对企业财务状况、经营成果和现金流量的结构性表述。财务报表至少应当包括下列组成部分:①资产负债表;②利润表;③现金流量表;④所有者权益(或股东权益)变动表;⑤附注。

财务报表的信息是会计确认、计量和报告的直接结果,其编制受到会计准则或会计制度的严格制约,金融企业应当按照企业会计准则的有关规定编制并对外提供真实、完整的财务报告。

二、财务报告的种类

财务报表是财务报告的核心,是将财务信息传递给企业外界报表使用者的主要手段。但财务报告比财务报表提供的信息范围要大得多,财务会计报告除了财务报表,还包括很多在财务报表中无法直接列示的信息,如财务指标分析信息、财务预测信息、经济环境对企业经营成果和财务状况的影响、企业管理者对企业业绩的说明及评价等。财务会计报告可以根据需要,按照不同的标准进行分类。

(1)按经济内容不同,可分为会计报表、会计报表附注。
(2)按编报时间不同,可分为中期报告和年度报告。
(3)按所反映资金运动形态不同,可分为静态会计报表和动态会计报表。
(4)按报送对象不同,可分为对外财务报告和对内财务会计报告。
(5)按编报范围不同,可分为个别财务会计报告和合并财务会计报告。

三、财务报告的编制要求

(一)以持续经营为基础

企业应当以持续经营为基础,根据实际发生的交易和事项,按照企业会计准则的规定进行确认和计量,在此基础上编制财务报表。

(二)一致性

财务报表项目的列报应当在各个会计期间保持一致,不得随意变更,但下列情况除外:
(1)会计准则要求改变财务报表项目的列报。
(2)企业经营业务的性质发生重大变化后,变更财务报表项目的列报能够提供更可靠、更相关的会计信息。
(3)重要性。财务报表的某项目的省略或者错报会影响使用者据此做出经济决策,那么,该项目便具有重要性。在财务报表所列报的项目中,性质或功能不同的项目,应当在财务报表中单独列报;性质或功能类似的项目,其所属类别具有重要性的,应当按其类别单独列报。重要性应当根据企业所处环境,从项目的性质和金额大小两方面予以判断。

(三)完整性

(1)财务报表中的资产项目和负债项目的金额、收入项目和费用项目的金额不得相互抵销,但满足抵销条件的除外。
(2)当期财务报表的列报,至少应当提供所有列报项目上一可比会计期间的比较数据;报表项目的列报发生变更的,需要在附注中说明。
(3)财务报表中必须披露的内容包括:编报企业的名称、财务报表日期或涵盖的会计期间、人民币金额单位、编报的范围等。
(4)企业至少应当按年编制财务报表。年度财务报表涵盖时间短于一年的,在披露时应说明原因。

任务三 商业银行财务报告

一、资产负债表

(一)报表内容与格式

资产负债表是反映企业在某一特定时期财务状况的报表。它反映企业在某一特定日期所拥有或控制的经济资源、所承担的现时义务和所有者对净资产的要求权。在我国,商业银行的资产负债表采用账户式结构,即报表的基本结构分为左右两方。左方列示资产各个项目,反映全部资产的分布及存在形态；右方列示负债和所有者权益各个项目，反映全部负债和所有者权益的内容及构成情况。资产负债表左右双方平衡，即资产总计等于负债和所有者权益总计。

商业银行的各项资产或负债按照流动性列示能够提供可靠且更相关信息的，可以按照其流动性顺序列示。商业银行资产负债表的格式如表12—1所示。

表12—1　　　　　　　　　　　　　　资产负债表

编制单位：　　　　　　　　　　　　　年　月　日　　　　　　　　　　　　　　单位：

资　产	期末余额	年初余额	负债及所有者权益（或股东权益）	期末余额	年初余额
资产： 　现金及存放中央银行款项 　存放同业及其他金融机构款项 　贵金属 　拆出资金 　以公允价值计量且其变动计入当期 　　损益的金融资产 　衍生金融资产 　买入返售款项 　应收利息 　客户贷款和垫款 　持有待售资产 　其他债权投资 　债权投资 　长期股权投资 　应收款项类投资 　投资性房地产 　固定资产 　无形资产 　递延所得税资产 　其他资产			负债： 　向中央银行借款 　同业及其他金融机构存放款项 　拆入资金 　以公允价值计量且其变动计入当期 　　损益的金融负债 　衍生金融负债 　卖出回购款项 　客户存款 　应付职工薪酬 　应交税费 　应付利息 　预计负债 　持有待售负债 　应付债券 　递延所得税负债 　其他负债 　　　　负债合计 所有者权益（或股东权益）： 　实收资本（或股本） 　资本公积 　减：库存股 　其他综合收益 　盈余公积 　一般风险准备 　未分配利润 　　　所有者权益（或股东权益）合计		
资产总计			负债及所有者权益（或股东权益）总计		

（二）报表编制

1. 栏目设置及"年初余额"的填列方法

资产负债表的编制是以日常会计核算记录的数据为基础进行归类、整理和汇总，加工成报表项目的过程。资产负债表各项目都列有"期末余额"和"年初余额"两个栏目，是一种比较资产负债表。

表中"年初余额"栏内各项目数字，应根据上年末资产负债表"期末余额"栏内所列数字填列。如果本年度资产负债表规定的各个项目的名称和内容同上年度不一致，应对上年年末资产负债表各项目的名称和数字按照本年度的规定进行调整，按调整后的数字填入本表"年初余额"栏内。

2. 各项目"期末余额"的填列方法

(1)"现金及存放中央银行款项"项目，反映商业银行业务库存现金和存放中央银行的准备金存款。本项目根据"库存现金"和"存放中央银行款项"两个总账科目的期末余额合计数填列。

(2)"存放同业及其他金融机构款项"项目，反映商业银行与同业进行资金往来而发生的存放于同业的款项。本项目应根据"存放同业款项"科目的期末余额填列。

（3）"贵金属"项目，反映商业银行在国家允许范围内买入的黄金等贵重金属数量。本项目应根据"贵金属"科目的期末余额填列。

（4）"拆出资金"项目，反映商业银行与其他金融企业之间的资金拆借业务。本项目根据"拆出资金"科目的期末余额填列。

（5）"以公允价值计量且其变动计入当期损益的金融资产"项目，反映商业银行为交易目的持有的债券投资、股票投资、基金投资、权证投资等交易性金融资产的公允价值。本项目根据"交易性金融资产"科目的期末余额填列。

（6）"衍生金融资产"项目，反映商业银行持有的衍生金融资产价值。根据"衍生工具"科目的期末借方余额、"套期工具"期末借方余额、"被套期项目"期末借方余额的合计数填列。

（7）"买入返售款项"项目，反映商业银行按返售协议约定先买入再按固定价格返售给卖出方的票据、证券、贷款等金融资产所融出的资金。本项目根据"买入返售金融资产"科目期末余额填列。

（8）"应收利息"项目，反映商业银行发放贷款、债权投资、其他债权投资、存放中央银行款项、拆出资金、买入返售金融资产等应收取的利息。

【注意】"应收利息"项目应根据"应收利息"科目的期末余额填列。

（9）"客户贷款和垫款"项目，反映商业银行按规定发放的各种客户贷款，包括质押贷款、抵押贷款、保证贷款、信用贷款等，还包括按规定发放的银团贷款、贸易融资、协议透支、信用卡透支、转贷款以及垫款等。

【提示】"客户贷款和垫款"项目根据"贷款""贴现资产"等科目借方余额合计，减"贷款损失准备"科目的期末余额后的金额填列。

（10）"持有待售资产"项目，反映的是同时满足下列条件的非流动资产（包括固定资产）：①企业已经就处置该非流动资产做出决议；②企业已经与受让方签订了不可撤销的转让协议；③该项转让将在一年内完成。本项目根据相关非流动资产明细科目的期末余额分析填列。

（11）"其他债权投资"项目，反映商业银行持有的其他债权投资的价值，包括划分为可供出售的股票投资、债券投资等金融资产。本项目应根据"其他债权投资"科目的期末余额填列。

（12）"债权投资"项目，反映商业银行债权投资的摊余价值。本项目应根据"债权投资"所属明细科目的期末余额抵减"债权投资减值准备"科目余额后分析填列。

（13）"长期股权投资"项目，反映商业银行持有的采用成本法和权益法核算的长期股权投资。本项目应根据"长期股权投资"科目的期末余额抵减"长期股权投资减值准备"科目余额后的净值填列。

（14）"应收款项类投资"项目，反映商业银行境内外的债券投资和货币基金投资。本项目根据相关投资账户及减值准备账户的期末余额计算填列。

（15）"投资性房地产"项目，反映商业银行投资性房地产的价值，包括采用成本模式计量的投资性房地产和采用公允价值模式计量的投资性房地产。本项目应根据"投资性房地产"科目的期末余额抵减"投资性房地产减值准备"科目余额后的净值填列。

（16）"固定资产"项目，反映商业银行持有的固定资产价值。本项目应根据"固定资产"科目的期末余额减去"累计折旧""固定资产减值准备"备抵科目余额后的净值填列。

（17）"无形资产"项目，反映商业银行持有的无形资产，包括专利权、非专利技术、商标权、著作权、土地使用权等。本项目应根据"无形资产"科目的期末余额减去"累计摊销""无形资产减值准备"备抵科目余额后的净值填列。

（18）"递延所得税资产"项目，反映商业银行根据所得税准则确认的可抵扣暂时性差异产生的所得税资产。本项目应根据"递延所得税资产"科目的期末余额填列。

(19)"其他资产"项目,反映商业银行除上述以外的各项资产,如长期待摊费用、存出保证金、应收股利、抵债资产等。本项目应根据所发生的其他资产科目期末余额合计数分析填列。

(20)"向中央银行借款"项目,反映商业银行从中央银行借入的款项。本科目根据"向中央银行借款"科目的期末余额填列。

(21)"同业及其他金融机构存放款项"项目,反映商业银行与同业进行资金往来而发生的同业存放于本银行的款项以及吸收的境内、境外金融机构的存款。期末本项目应根据"同业存放款项"科目所属明细科目的期末余额填列。

(22)"拆入资金"项目,反映商业银行从境内、境外金融机构拆入的款项。本项目应根据"拆入资金"科目的期末余额填列。

(23)"以公允价值计量且其变动计入当期损益的金融负债"项目,反映商业银行承担的交易性金融负债的公允价值。本项目应根据"交易性金融负债"科目的期末余额填列。

(24)"衍生金融负债"项目,根据"衍生工具"的科目期末贷方余额、"套期工具"期末贷方余额、"被套期项目"期末贷方余额等科目合计数填列。

(25)"卖出回购款项"项目,反映商业银行按回购协议卖出票据、证券、贷款等金融资产所融入的资金。本项目应根据"卖出回购金融资产款"科目的期末余额填列。

(26)"客户存款"项目,反映商业银行吸收的除同业存放款项以外的其他各种存款,包括单位(企业、事业单位、机关、社会团体等)存款、个人存款、信用卡存款、特种存款、转贷款资金和财政性存款等。本项目应根据"吸收存款"科目所属的"本金""利息调整"等明细科目期末余额计算填列。

(27)"应付职工薪酬"项目,反映商业银行根据有关规定应付给职工的各种薪酬。本项目应根据"应付职工薪酬"科目期末余额填列。

(28)"应交税费"项目,反映商业银行按照税法规定计算应缴纳的各种税费。本项目应根据"应交税费"科目的期末余额填列。

(29)"应付利息"项目,反映商业银行按照合同约定应支付的利息,包括吸收存款、分期付息到期还本的长期借款、企业债券等应支付的利息。本项目应根据"应付利息"科目的期末余额填列。

(30)"预计负债"项目,反映商业银行根据或有事项等相关准则确认的各项预计负债,包括对外提供担保、未决诉讼、产品质量保证、重组义务、亏损性合同以及固定资产和矿区权益弃置义务等产生的预计负债。本项目应根据"预计负债"科目的期末余额填列。

(31)"持有待售负债"项目,反映持有待售资产按转让协议约定随处置组一并转让,并已转入持有待售明细科目的负债。本项目应根据相关负债明细科目的期末余额分析填列。

(32)"应付债券"项目,反映商业银行为筹集(长期)资金而发行的债券本金和利息。本项目应根据"应付债券"科目的明细科目期末余额分析填列。

(33)"递延所得税负债"项目,反映商业银行根据所得税准则确认的应纳税暂时性差异产生的所得税负债。本项目应根据"递延所得税负债"科目的期末余额填列。

(34)"其他负债"项目,反映商业银行除上述以外的各项负债,如"长期应付款""存入保证金""应付股利""其他应付款"等。本项目应根据所发生的其他负债科目期末余额的合计数分析填列。另外,根据"长期应付款"减去"未确认融资费用"科目期末余额后的净值填列。

(35)"实收资本"或"股本"项目,反映商业银行实际收到的资本总额。本项目根据"实收资本"科目期末余额填列。

(36)"资本公积"项目,反映商业银行收到投资者出资超出其在注册资本或股本中所占的份额以及直接计入所有者权益的利得和损失等。本项目根据"资本公积"科目期末余额减去"库存股"期末借方余额后的净值填列。

(37)"其他综合收益"项目，反映商业银行直接计入所有者权益的利得和损失。本项目根据"其他综合收益"科目的期末余额填列。

(38)"盈余公积"项目，反映商业银行的资本公积和盈余公积的期末余额。本项目根据"盈余公积"科目的期末余额填列。

(39)"一般风险准备"项目，反映商业银行按规定从净利润中提取的一般风险准备。本项目应根据"一般风险准备"科目的期末余额填列。

(40)"未分配利润"项目，反映商业银行盈利中尚未分配的部分。本项目根据"本年利润"和"利润分配"科目的余额计算填列。未弥补的亏损应在本项目内用"一"号表示。

二、利润表

(一)报表内容与格式

利润表是反映企业在一定的会计期间经营成果的会计报表。通过编制利润表可以如实反映商业银行实现的收入、发生的费用，以及应当计入当期利润的利得和损失的金额及其构成等情况，可以帮助财务报表使用者全面了解企业的经营成果，并用以考核利润计划的完成情况，对企业未来的经营情况及获利能力进行科学预测。

利润表的结构分为单步式和多步式两种，商业银行利润表采用多步式结构，构成利润的主要内容分为营业收入、营业支出、营业利润、税前利润、净利润、本期其他综合收益、本期综合收益总额、每股收益等，各项目之间通过分步式的加减关系，最后计算出净利润。将营业利润放在首位，突出营业收入的重要性，因此便于报表使用者进行相关的分析。商业银行利润表的格式(已简化)如表12—2所示。

表12—2　　　　　　　　　　　　　　　利润表

编制单位：　　　　　　　　　　　　　年　月　　　　　　　　　　　　　　　单位：

项　目	本期金额	上期金额
一、营业收入		
利息净收入		
利息收入		
利息支出		
手续费及佣金净收入		
手续费及佣金收入		
手续费及佣金支出		
投资收益(损失以"一"号填列)		
其中:对联营企业和合营企业的投资收益		
公允价值变动收益(损失以"一"号填列)		
汇兑及汇率产品净收益(损失以"一"号填列)		
其他业务收入		
资产处置收益(损失以"一"号填列)		
其他收益营业收入合计		
二、营业支出		
税金及附加		
业务及管理费		
资产减值损失		
其他业务成本营业支出合计		

续表

项　　目	本期金额	上期金额
三、营业利润(亏损以"-"号填列)		
加:营业外收入		
减:营业外支出		
四、税前利润(亏损以"-"号填列)		
减:所得税费用		
五、净利润(亏损以"-"号填列)		
(一)持续经营净利润(净亏损以"-"号填列)		
(二)终止经营净利润(净亏损以"-"号填列)		
六、本期其他综合收益		
七、本期综合收益总额		
八、每股收益:		
基本每股收益		
稀释每股收益		

(二)报表编制

1. 栏目设置

编制利润表时,应根据审查无误的会计账簿中的有关资料进行编制。本表各项目均需填列"本期金额"和"上期金额"两栏。其中,"上期金额"栏内各项数字,应根据上年度利润表的"本期金额"栏内所列数字填列,如果上年度利润表中的项目名称和内容与本年度利润表不相一致,应对上年度利润表项目的名称和数字按本年度的规定进行调整。"本期金额"栏内各期数字,除"基本每股收益"和"稀释每股收益"项目外,应当按照各损益类科目的发生额分析填列。

2. 利润表内各项目内容和填列方法

(1)"利息收入"项目,反映商业银行根据收入准则确认的利息收入。本项目应根据"利息收入"所属明细科目期末发生额合计数填列。

(2)"利息支出"项目,反映商业银行发生的利息支出。本项目根据"利息支出"所属明细科目期末发生额合计数填列。

(3)"手续费及佣金收入"项目,反映商业银行确认的手续费及佣金收入。本项目根据"手续费及佣金收入"科目所属明细科目期末发生额合计数填列。

(4)"手续费及佣金支出"项目,反映商业银行发生的与其经营活动相关的各项手续费、佣金等支出。本项目根据"手续费及佣金支出"科目所属明细科目期末发生额合计数填列。

(5)"投资收益"项目,反映商业银行确认的投资收益和投资损失。本项目应根据"投资收益"科目的发生额分析填列。

(6)"公允价值变动收益"项目,反映商业银行进行交易性金融资产、交易性金融负债,以及采用公允价值模式计量的投资性房地产、衍生工具、套期保值业务中公允价值变动形成的应计入当期损益的利得或损失。本项目应根据"公允价值变动收益"所属明细科目期末发生额合计数分析填列。

(7)"汇兑及汇率产品净收益"项目,反映商业银行发生外币交易因汇率变动而产生的汇兑收益。本项目应根据"汇兑收益"科目期末发生额填列。

(8)"其他业务收入"项目,反映商业银行确认的除主营业务以外的其他经营活动实现的收入,包括开办如咨询服务等业务收取的其他营业收入等。本项目根据"其他营业收入"所属明细科目期末发生额合计数填列。

(9)"资产处置收益"项目,反映企业出售划分为持有待售的非流动资产(金融工具、长期股权投资和投资性房地产除外)或处置时确认的处置利得或损失,以及处置未划分为持有待售的固定资产、在建工程、生产性生物资产及无形资产而产生的处置利得或损失。债务重组中因处置非流动资产产生的利得或损失和非货币性资产交换产生的利得或损失也包括在本项目内。该项目应根据在损益类科目新设置的"资产处置损益"科目的发生额分析填列;如为处置损失,以"-"号填列。

(10)"其他收益"项目,反映计入其他收益的政府补助等。该项目应根据在损益类科目新设置的"其他收益"科目的发生额分析填列。

(11)"营业收入合计"项目,反映商业银行经营业务取得的各种收入的总额。本项目根据上述(1)~(10)项的金额汇总计算填列。

(12)"税金及附加"项目,反映商业银行按规定缴纳应由经营收入负担的各种税金及附加费。本项目应根据"税金及附加"科目期末发生额填列。

(13)"业务及管理费"项目,反映商业银行在业务经营和管理过程中所发生的各项费用。本项目应根据"业务及管理费"科目期末发生额分析填列。

(14)"资产减值损失"项目,反映商业银行根据资产减值等准则计提各项资产减值准备所形成的损失。本项目应根据"资产减值损失"科目期末发生额填列。

(15)"其他业务成本"项目,反映商业银行除主营业务活动以外的其他经营活动所发生的支出、采用成本模式计量的投资房地产的累计折旧或累计摊销等。本项目根据"其他营业成本"科目期末发生额填列。

(16)"营业支出合计"项目,反映商业银行各项营业支出的总额。本项目根据"营业税金及附加""业务及管理费用""资产减值准备""其他业务成本"等项目汇总计算填列。

(17)"营业利润"项目,反映商业银行当期的经营利润,发生经营亏损也在本项目反映,发生的亏损用"-"号表示。按营业收入减营业支出后的差额填列。

(18)"营业外收入"项目,反映商业银行发生的与其经营活动无直接关系的各项净收入。本项目根据"营业外收入"所属明细科目期末发生额合计数填列。

(19)"营业外支出"项目,反映商业银行发生的与其经营活动无直接关系的各项净支出。本项目根据"营业外支出"所属明细科目期末发生额合计数填列。

(20)"税前利润"项目,反映商业银行当期实现的全部税前利润(或亏损)总额,如为亏损,则以"-"号表示。按营业利润加上营业外收入、减去营业外支出后的差额填列。

(21)"所得税费用"项目,反映商业银行根据所得税准则确认的应从当期利润总额中扣除的所得税费用。本项目根据"所得税费用"科目期末发生额填列。

(22)"净利润"项目,反映商业银行的利润总额减去所得税费用后的金额。

(23)"本期其他综合收益"项目,反映商业银行当期发生的直接计入所有者权益的利得与损失的税后净额。本项目根据"其他综合收益"科目的期末余额填列。

(24)"本期综合收益总额"项目,反映商业银行当期发生的全部综合收益。本项目根据"净利润"与"本期其他综合收益"的金额计算填列。

(25)"每股收益"项目,反映普通股或潜在普通股已公开交易的商业银行,以及正处于公开发行普通股或潜在普通股过程中的商业银行,还应当在利润表中列示每股收益信息。其中"基本每股收益""稀释每股收益"按规定公式计算填列。

三、现金流量表

(一)报表内容

现金流量表是反映企业在一定会计期间的现金和现金等价物流入、流出情况的报表。其报表的结构分为主表和附注两个部分。主表是按不同业务活动对企业现金流量影响的不同，分别列示各类业务活动的现金流入量、现金流出量和现金净流量。通过现金收入和现金支出的主要类别反映来自经营活动的现金流量。附注是对主表信息的补充说明和验证，便于报表编制者对现金流量表编制过程的验算以及报表使用者对现金流量表信息的分析和理解。

商业银行的现金流量主要由经营活动产生的现金流量、投资活动产生的现金流量和筹资活动产生的现金流量组成。

1. 经营活动产生的现金流量

经营活动是指商业银行除投资活动和筹资活动以外的所有交易或事项，包括对外发放的贷款和收回的贷款、吸收的存款和支付的存款本金、同业存款及存放同业款项、向其他金融企业拆借的资金、利息收入和利息支出、收回的已于前期核销的贷款等。

经营活动产生的现金流量是商业银行通过运用所拥有的资产自身创造的现金流量，主要是与企业净利润有关的现金流量。通过现金流量表中反映的经营活动产生的现金流入和流出，说明企业经营活动对现金流入和流出净额的影响程度。

2. 投资活动产生的现金流量

投资活动是指商业银行长期资本以及不包括在现金等价物范围内的投资的购建和处置，包括取得或收回权益性证券的投资，购买或收回债券投资，购建和处置固定资产、无形资产和其他长期资产等。

投资活动产生的现金流量中不包括作为现金等价物的投资，作为现金等价物的投资属于现金自身的增减变化，如购买还有一个月到期的债券等，都属于现金内部各项目转换，不会影响现金流量净额的变动。通过现金流量表中反映的投资活动产生的现金流量，可以分析企业通过投资获取现金流量对企业现金流量净额的影响程度。

3. 筹资活动产生的现金流量

筹资活动是指引致商业银行资本及债务规模和构成发生变化的活动，包括吸收权益性资本、发行债券、借入资金、支付股利、偿还债务等。

通过现金流量表中筹资活动产生的现金流量，可以分析商业银行的筹资能力，以及筹资产生的现金流量对企业现金流量净额的影响程度。

(二)报表编制方法及格式

1. 现金流量表的编制方法

(1)直接法。通过现金收入和现金支出的主要类别直接反映企业经营活动中的现金流量。一般是以利润表中的营业收入为起算点，调整与经营活动有关项目的增减变动，然后计算出经营活动产生的现金流量。有关现金流量的信息可以通过下列途径之一取得：第一，企业的会计记录；第二，根据有关项目对利润表中的营业收入、营业成本及其他项目进行调整。

(2)间接法。以本期净利润为起算点，调整不涉及现金的收入、费用、营业外收支等有关项目的增减变动，计算出经营活动产生的现金流量。

(3)其他方法。企业可以采用工作底稿或T形账户法，也可以根据有关科目记录分析填列。

我国企业会计准则要求采用直接法编报现金流量表的主表，便于分析企业经营活动现金流量的来源和用途，预测现金流量的未来前景；采用间接法编报现金流量表的附表，便于对净利润与经营活动现金净流量进行比较，了解净利润与经营活动现金流量差异的原因，从现金流量的角度分析净利润的质量。因此，我国企业应当同时采用直接法和间接法两种方法编报现金流量表。

2. 商业银行现金流量表的格式

我国企业现金流量表采用报告式结构，分类反映经营活动产生的现金流量、投资活动产生的现金流量和筹资活动产生的现金流量，最后汇总反映企业某一期间现金及现金等价物的净增加额。商业银行现金流量表的格式如表12-3所示。

表 12-3　　　　　　　　　　　　　　现金流量表

编制单位：　　　　　　　　　　　　　年　月　日　　　　　　　　　　　　　　单位：

	本期金额	上期金额
一、经营活动产生的现金流量		
客户存款和同业存放款项净增加额		
向中央银行借款净增加额		
向其他金融机构拆入资金净增加额		
收取利息、手续费及佣金的现金		
收到的其他与经营活动有关的现金		
经营活动现金流入小计		
客户贷款及垫款净增加额		
存放中央银行和同业款项净增加额		
支付手续费及佣金的现金		
支付给职工以及为职工支付的现金		
支付各种税费		
支付的其他与经营活动有关的现金		
经营活动现金流出小计		
经营活动现金产生的现金流量净额		
二、投资活动产生的现金流量		
收回投资所收到的现金		
取得投资收益收到的现金		
收到的其他与投资活动有关的现金		
投资活动现金流入小计		
投资支付的现金		
购建固定资产、无形资产和其他长期资产所支付的现金		
支付的其他与投资活动有关的现金		
投资活动现金流出小计		
投资活动产生的现金流量净额		
三、筹资活动产生的现金流量		
吸收投资收到的现金		
发行债券所收到的现金		
收到的其他与筹资活动有关的现金		
筹资活动现金流入小计		
偿还债务所支付的现金		
分配股利、利润或偿付利息支付的现金		
支付的其他与筹资活动有关的现金		
筹资活动现金流出小计		
筹资活动产生的现金流量净额		
四、汇率变动对现金流量的影响额		
五、现金及现金等价物净增加额		
加：期初现金及现金等价物余额		
六、期末现金及现金等价物余额		

此处，现金流量表补充资料披露格式略。

四、所有者权益变动表

(一)报表内容与格式

所有者权益变动表,是指反映构成所有者权益各组成部分当期增减变动情况的报表。当期损益、直接计入所有者权益的利得和损失,以及与所有者的资本交易引致的所有者权益的变动,应当分别列示。

在所有者权益变动表中,企业至少应当单独列示反映下列信息的项目:净利润;其他综合收益;会计政策变更和差错更正的累计影响金额;所有者投入资本和向所有者分配利润等;提取的盈余公积;实收资本或股本、资本公积、盈余公积、未分配利润的期初和期末余额及其调节情况。

所有者权益变动表的格式如表12-4所示。

表12-4 所有者权益变动表

编制单位: 年度: 单位:

项 目	本年金额							上年金额						
	实收资本(或股本)	资本公积金	减:库存股	其他综合收益	盈余公积	一般风险准备	未分配利润	所有者权益合计	实收资本(或股本)	资本公积金	减:库存股	其他综合收益	盈余公积	一般风险准备	未分配利润	所有者权益合计
一、上年年末余额																
加:会计政策变更																
前期差错更正																
二、本年年初余额																
三、本年增减变动金额																
(减少以"-"号填列)																
(一)净利润																
(二)其他综合收益																
⋮																
综合收益总额																
(三)所有者投入和减少资本																
⋮																
(四)利润分配																
1. 提取盈余公积																
2. 提取一般风险准备																
3. 对所有者(或股东)的分配																
4. 其他																
(五)所有者权益内部结转																

续表

项　目	本年金额							上年金额						
	实收资本（或股本）	资本公积金	减：库存股	其他综合收益	盈余公积	一般风险准备	未分配利润	所有者权益合计	实收资本（或股本）	资本公积金	减：库存股	其他综合收益	盈余公积	一般风险准备	未分配利润	所有者权益合计
1. 资本公积转增资本（或股本）																
2. 盈余公积转增资本（或股本）																
3. 盈余公积弥补亏损																
4. 一般风险准备弥补亏损																
5. 其他																
四、本年年末余额																

（二）报表各项目的填列方法

（1）"上年年末余额"项目，反映商业银行上年资产负债表中的实收资本（或股本）、资本公积、库存股、盈余公积、未分配利润的年末余额。

（2）"会计政策变更""前期差错更正"项目，分别反映商业银行采用追溯调整法处理的会计政策变更的累计影响金额和采用追溯重述法处理的会计差错更正的累计影响金额。

（3）"本年增减变动额"项目。

①"净利润"项目，反映使用银行当年实现的净利润（或净亏损）金额。

②"其他综合收益"项目，反映商业银行当年直接计入所有者权益的利得和损失金额。

③"所有者投入和减少资本"项目，反映商业银行当年所有者投入的资本和减少的资本。

④"利润分配"项目，反映商业银行当年的利润分配金额。"提取盈余公积"项目，反映商业银行按照规定提取的盈余公积。"提取一般风险准备"项目，反映商业银行按规定提取的一般风险准备。"对所有者（或股东）的分配"项目，反映对所有者（或股东）分配的利润（或股利）金额。

⑤"所有者权益内部结转"项目，反映商业银行构成所有者权益的组成部分之间的增减变动情况。"资本公积转增资本（或股本）"项目，反映商业银行以资本公积转增资本或股本的金额。"盈余公积转增资本（或股本）"项目，反映商业银行以盈余公积转增资本或股本的金额。"盈余公积弥补亏损"项目，反映商业银行以盈余公积弥补亏损的金额。

五、商业银行财务报表附注

会计报表附注是财务报表不可或缺的组成部分，是对在资产负债表、利润表、现金流量表和所有者权益变动表等报表中列示项目的文字描述或明细资料，以及对未能在这些报表中列示项目的说明等。

商业银行应当按照规定披露附注信息，主要包括下列内容：

（1）商业银行的基本情况。

（2）财务报表的编制基础。

（3）遵循的企业会计准则的声明。

(4)重要的会计政策和会计估计。

(5)会计政策和会计估计变更以及差错更正的说明。

(6)报表重要项目说明。报表重要项目说明共包括对 27 项内容的披露,具体如下:现金及存放中央银行款项;拆出资金;交易性金融资产(不含衍生金融资产);衍生工具;买入返售金融资产;发放贷款和垫款(包括贷款和垫款按个人与企业、按行业、按地区、按担保方式的分布情况,逾期贷款及贷款损失准备的详细披露);其他债权投资;债权投资;其他资产;分别借入中央银行款项、国家外汇存款等披露期末账面余额和年初账面余额;分别按同业、其他金融机构存放款项披露期末账面余额和年初账面余额;分别拆入、非银行金融机构拆入披露期末账面余额和年初账面余额;交易性金融负债(不含衍生金融负债);卖出回购金融资产;吸收存款;应付债券;其他负债;一般风险准备的期末、年初余额及计提比例;利息净收;手续费及佣金收入;投资收益;公允价值变动收益;业务及管理费;分部报告;担保物;金融资产转移;其他项目比照一般企业披露。

(7)或有事项的披露。

(8)资产负债表日后事项比照一般企业进行披露。

(9)关联方关系及其交易比照一般企业进行披露。

(10)风险管理。按照《企业会计准则第 37 号——金融工具列报》第 25 条至第 45 条的相关规定进行披露。

这些附表和附注有助于报表的使用者更加全面地了解和把握银行的财务状况并做出相关决策。

项目练习

一、单项选择题

1. 反映企业在某一特定日期所拥有或控制的经济资源、所承担的现时义务和所有者对净资产要求权的是( )。
   A. 现金流量表　　　B. 资产负债表　　　C. 利润表　　　D. 利润分配表

2. 利润表"本期金额"栏内各期数字,除"基本每股收益"和"稀释每股收益"项目外,应当按照( )填列。
   A. 账户的期初余额　　　　　　　　B. 账户的期末余额
   C. 账户的本期发生额　　　　　　　D. 损益类账户的本期发生额

3. 年末,银行会计应将全年实现的净利润(或亏损)总额,从"本年利润"账户转入( )账户。
   A. "盈余公积"　　　　　　　　　　B. "利润分配——未分配利润"
   C. "实收资本"　　　　　　　　　　D. "营业收入"

4. "所有者(股东)权益变动表"是商业银行的( )。
   A. 主表　　　B. 附注　　　C. 财务情况说明书　　　D. 附表

5. ( )项目反映商业银行在国家允许范围内买入的黄金等贵重金属数量。
   A. "现金及存放中央银行款项"　　　B. "贵金属"
   C. "衍生金融资产"　　　　　　　　D. "其他债权投资"

二、多项选择题

1. 银行年度决算前的准备工作主要有( )。
   A. 清理资金　　　　　　　　　　　B. 盘点财产

C. 清理账务　　　　　　　　　　　D. 核实损益、编制试算平衡表
2. 财务报告的使用者包括（　　）。
A. 投资者　　　　B. 债权人　　　　C. 政府及有关部门　　D. 社会公众
3. 按所反映资金运动形态不同，财务报告可以分为（　　）。
A. 静态会计报表　　　　　　　　　B. 动态会计报表
C. 对外财务报告　　　　　　　　　D. 对内财务会计报告
4. 在所有者权益变动表中，企业至少应当单独列示的项目有（　　）。
A. 净利润　　　　B. 其他综合收益　　C. 实收资本或股本　　D. 资本公积
5. 商业银行应当按照规定披露附注信息，主要包括（　　）。
A. 商业银行的基本情况　　　　　　B. 财务报表的编制基础
C. 遵循企业的会计准则的声明　　　D. 重要的会计政策和会计估计

三、判断题

1. 我国商业银行的会计年度采用日历年度制，每年的6月31日为年度决算日。（　　）
2. 在我国，商业银行的资产负债表采用报告式结构。（　　）
3. "存放同业及其他金融机构款项"项目，反映商业银行与同业进行资金往来而发生的存放于同业的款项。（　　）
4. 商业银行利润表采用单步式结构。（　　）
5. 现金流量表是反映企业在一定会计期间的现金和现金等价物流入、流出情况的报表。（　　）

四、简述题

1. 商业银行的主要财务报告有哪些？各自的作用如何？
2. 商业银行的资产负债表与工商企业的资产负债表有何区别？为什么？
3. 试对商业银行经营活动产生的现金流量内容进行分析。
4. 何为财务报表附注？财务报表附注在财务报告中的作用是什么？
5. 什么是金融企业的年度决算？我国金融企业的年度决算日是怎样规定的？

五、案例分析题

银行是傻瓜还是聪明人？

在某次资本市场论坛上，一房地产老总说了这样一段话："我们的银行在贷款时，主要看企业的报表。尤其在看房地产企业的报表时，常盯着注册资本。这一点与国外的做法大不相同。如果是一个境外的公司，如在开曼群岛注册的公司，报表上的注册资本可能只有1美元，这样我们中国所有的银行都不会给其贷款，因为注册资本太低。但所有的外国银行都认为：我主要看的不是你的注册资本，而是你的利润来源、你的现金流。看报表上那些静态的东西，恰恰不能反映企业的真实情况。因此，我说银行像傻瓜。"

资料来源：李贺等主编：《金融企业会计》，上海财经大学出版社2020年版，第320页。

运用你所学的企业财务报告知识对这段话进行评述，发表自己的见解。

项目实训

【实训项目】

金融企业财务报告。

【实训目的】

通过对金融企业财务报告知识的了解,加深对金融企业财务报告的认识。

【实训资料】

金融企业的年度财务会计报告包括哪些内容?财务会计报告的报送有何要求?又有哪些编制要求?

【实训要求】

1. 针对实训资料回答问题。
2. 撰写《金融企业财务报告》实训报告。

<table>
<tr><td colspan="6" align="center">《金融企业财务报告》实训报告</td></tr>
<tr><td colspan="2">项目实训班级:</td><td colspan="2">项目小组:</td><td colspan="2">项目组成员:</td></tr>
<tr><td colspan="2">实训时间:　　年　　月　　日</td><td colspan="2">实训地点:</td><td colspan="2">实训成绩:</td></tr>
<tr><td colspan="6">实训目的:</td></tr>
<tr><td colspan="6">实训步骤:</td></tr>
<tr><td colspan="6">实训结果:</td></tr>
<tr><td colspan="6">实训感言:</td></tr>
</table>

参考文献

[1]潘丽娟主编：《银行会计实务》（第二版），人民邮电出版社2015年版。
[2]岳龙主编：《银行会计》，立信会计出版社2016年版。
[3]李燕编著：《金融企业会计》（第二版），东北财经大学出版社2017年版。
[4]王允平、关新红、李晓梅主编：《金融企业会计》（第五版），经济科学出版社.2017年版。
[5]赵贵峰主编：《商业银行会计学》（第二版），清华大学出版社2017年版。
[6]施晓春、柳明花主编：《商业银行会计》（第二版），中国财政经济出版社2018年版。
[7]丁贵英主编：《金融企业会计实务》（第二版），东北财经大学出版社2018年版。
[8]唐丽华主编：《金融企业会计》（第六版），东北财经大学出版社2019年版。
[9]刘学华编著：《金融企业会计》（第三版），立信会计出版社2020年版。
[10]王晓枫、毕金玲主编：《金融企业会计》（第二版），东北财经大学出版社2020年版。
[11]李贺等主编：《金融企业会计》，上海财经大学出版社2020年版。
[12]施晓春、程未主编：《商业银行综合柜台业务》，东北财经大学出版社.2020年版。
[13]李晓梅编著：《金融企业会计精讲》（第三版），东北财经大学出版社2022年版。
[14]中华人民共和国财政部制定：《企业会计准则》，立信会计出版社2022年版。
[15]中华人民共和国财政部制定：《企业会计准则应用指南》，立信会计出版社2022年版。